一度战略

华红兵 著

中国财政经济出版社

图书在版编目(CIP)数据

一度战略/华红兵著. —北京:中国财政经济出版社,2008.2
ISBN 978 – 7 – 5095 – 0485 – 7

Ⅰ.一⋯ Ⅱ.华⋯ Ⅲ.企业管理 – 市场营销学 Ⅳ.F274

中国版本图书馆 CIP 数据核字(2008)第 015595 号

中国财政经济出版社出版

URL:http://www.cfeph.cn
E – mail:cfeph@cfeph.cn
(版权所有　翻印必究)
社址:北京市海淀区阜成路甲 28 号　邮政编码:100036
发行处电话:88190406　财经书店电话:64033436
北京财经印刷厂印刷　各地新华书店经销
787×1092 毫米　16 开　21.00 印张　400 000 字
2008 年 2 月第 1 版　2008 年 3 月北京第 2 次印刷
印数:20001—30 000　定价:45.00 元
ISBN 978 – 7 – 5095 – 0485 – 7/F·0408
(图书出现印装问题,本社负责调换)

前言
解决比发现更重要

发现问题是水平，解决问题是能力！

当前，经营管理类的书籍很多，但多数书籍还停留在发现企业存在什么样问题的层面。《蓝海战略》给了我们一个发现未知领域的新视角，却没有给出具体方法；《长尾理论》给了我们一个认识问题的基本原理，也没有给出解决问题的答案；《世界是平的》、《世界是新的》给了我们一个全新的未来世界的希望，却没有告诉我们通向未来世界应该怎么走。

在一个剧变的时代，企业的对策是什么？在一个希望与困境共处的环境中，企业战略是什么？在一个充满挑战的营销局面里，企业的市场策略如何设计才能达到资源最佳配置状态？

这些问题，我思考了整整10年。10年来，我一边讲学，一边自筹经费与我的研究助教们访问、考察了一百多家新兴企业，重点调研了食品饮料、服装服饰、照明灯饰、医药保健、金融服务、汽车制造、宾馆餐饮、电子电器、手机、美容、房地产开发等15类行业，并建立了这些企业5年来的成长数据模型，从浩瀚的数据库中发现了新兴企业成长的规律。更为重要的是，我对企业未来市场的解决方案在调研过程中得到诸多成功企业的认同，这促使我下定决心写一本关于未来市场解决方案的书籍，《一度战略》就是在这样的条件下写成的。

中国制造已经闻名全球，中国经济正逐步被世人认知，但是，如果一本书单纯地描述企业成功的经验是没有什么实质性意义的。这两年，介绍企业成功经验的书很畅销，但我认为企业家读后虽有收获，但可借鉴的东西很少。为什么呢？因为行

一度战略

业属性不同、企业家性格不同、企业自身条件不同，企业所处的竞争环境不同，种种差异性导致了所谓成功的经验被另一个企业复制时变成了教训。

有没有一种可以普遍借鉴的成功模式？有没有一种可以被重复复制的操作手段？有没有一种可以在普遍意义上提升企业市场效率的途径？

《一度战略》在第四章提出了一个全新的商业模型，这个商业模型不仅适用于快速消费品、耐用消费品，还适用于加工型企业在市场转型中建立企业营销的战略。

企业在市场竞争中如何保持持续增长是个难题，但是更难的问题是，企业如何保持销量增长的同时还不放弃利润增长。为了解决这个难题，本书第五章从价值、溢价价值和溢价利润等全新的角度探索了一种"销量"和"利润"双赢局面的方法。

实现增长的最大障碍是企业自身资源的短缺，即便是大企业也存在市场资源的巨大浪费，所以本书第六章以一种全新的视野和途径，帮助企业实现可支配资源的放大效应，从而达到以小搏大的目标。

何谓一度战略？

一度战略是一套完整的思想、方法和途径的战略思想库，它不仅提出新的商业模式，而且找到全新的利润成长模式和市场营销的竞争模式。

一度战略还是关于未来市场的企业战略。战略的核心意义是寻找未来市场，而不是回顾和总结。所以，从这个意义上讲，一度战略是帮助企业成长为行业第一的学问，它的视角是决胜于未来市场。

正如水的沸点是100℃，企业的努力是必不可少的99℃。但是有时大量的基础工作并未使温水烧开，问题的关键是缺了1℃来加热。这1℃可能是思想、方法或途径的变化带来的。所以我说，"一度"是企业成功要素中关键的极少数。

为了弄清新战略是如何形成的，本书在第一章到第三章详尽解释了中国企业面临的问题，所处的环境以及西方管理学给出的解决方案。通过大量的比较与理性认知，读者一定会同意这样的结论：

一度战略是中国原创的第一套论述企业战略的学问。

因为要面向未来、面向国际化、面向企业实际，所以一度战略是努力把成功企业的特殊性转化成企业成功的普遍规律，其中难免言辞激烈、观点激进和思想超前，希望读者和我开展建设性合作，把中国原创理论变成千万家企业的创新行动，丰富并发展这套理论。

作者
2008年2月

有梦，才有可能

米 杰

红兵这本书终于要出版了！这是我等待9年之久的喜悦！结婚近9年来，他一直说要写一本奇书，写出来让全世界大吃一惊！我笑他讲"鬼话"。这不，书还没有出来，他竟然让我来为他的书写序！我笑说：鬼话出生之前是疯话！

我怎么可以给你写呢？我真的不敢！

写序的人当然应该都是些名人名家，那样书才会有份量！你应该去找北大、清华的校长或经济学家什么的，他们是名人，名人写序，书才会热销呀！我只听说过陆小曼为徐志摩写过序、恩格斯为马克思写过序……我当然不可以，我只是你的妻子！带大你的两个双胞胎女儿已经"成就斐然"了，现在居然让我为你的书写序？难道你真的不怕我会把你的"缺点"写给大家吗？

我一直在讲：红兵最大的特征就是不怕失败而且敢于面对失败！也就是我经常讲的厚脸皮呀！他说的一段很有意思的话真的打动了我——我本就是一颗小草，从小是农民，后来成为教授可还是农民习性不改。知道农民有什么优点吗？农民出身的教授基本特征就是一颗小草，从不附庸风雅。我真的不愿意让别人去写，他们怎会比我有性格，这就叫"草根文化"！他说：我是农民，我怕谁？

红兵的确是一个所谓的"农民"，他身上有着一股执着和耐力，抗"风寒"的能力特别强。他常对我说："知道好的拳击手为什么会赢吗？不是他的拳头比对手厉害，而是他的抗击打能力特别强！"

结婚9年来，我一直说他像个八爪鱼。近三分之一的时间用在路途奔波中，三分之一的时间用在了讲台和谈话中，剩下多一点的三分之一用在了写东西和休息中，回家少而又少，只是在不停地喊累。他飞来飞去，从不同地方带回来的从没有我和女儿的礼物，只是不同的N多资料！各行各业！光是我帮他整理的这本书的原稿就

一度战略

有8遍之多,他总是做那种不满意又重新来过的事情。我真的心疼那些纸,被他写过的纸,杂乱的正反面都是,单不说整理起来的费事,就是女儿拿来画画都是不能够用的。现在才知道"等待18年,只为这一天"的感受!

相当长的一段时间里,每天早上醒来的第一件事不是洗脸做饭,而是帮他倒掉烟缸里满满的烟蒂;收拾起一夜一夜写出来的稿子!不管是课稿还是书稿都是些关于"营销战略"与"赢利模式"的内容。我经常笑他,写了这许多的赢利模式,为何你自己不能够赢利?是的,他为了写这本书花费了太多的精力和时间,推掉了许多的讲课和商业活动。我敢说:"赔"进去的钱远远要比那可怜的稿费多得多!这本书耗去了我们生命中精力最旺盛、思维最活跃的人生时光。

因为外公也曾是毕业于北大的高材生,所以外婆经常说"读书人夜里是疯子,白天是呆子!"不过,呆子也有让人觉得可爱的地方!不是吗?

经常会有人当面夸奖他的成功,其实我一直觉得:成功的定义应该是你想要多大的成功!

这本书稿我还没有看完,因为有些地方还看不太懂。可我相信,这本书不仅仅因为它是红兵用了"太久"的时间磨出来的,还因为它是红兵这许多年来从企业实践中真正"走"出来的!一路上的艰辛,我和女儿就是最好的见证。相信他应该是高校中少而又少的卖过产品的教授!哦,忘掉了,是草民!

你看到过山野里遍地的草吗?它不是天生就是有的,它是由一条草根和一粒种子不知道要经过多少年慢慢地蔓延才布满大地的。

因为是草,所以让地球充满生机,

因为是种子,所以让生机布满大地,

因为我是他的妻子,所以想帮他圆了这本书的梦,

为了这本书,我们一起做了近十年的梦!

最后,还是用红兵经常说的一句话来收尾:

有梦,才有可能!

是为序,到此搁笔!

2007年9月12日于苏州新城花园酒店

思想远见未来

潘刚（内蒙古伊利实业集团股份有限公司总裁）

思想远见未来。在美国，有一个5岁男孩，学期初他爸爸说，如果考得第一，奖励你5美元。学期末的时候，男孩说：爸爸我考了第一名。他爸爸就奖励他5美元。爸爸把成绩单拿来，一看倒数第一！如果是中国父亲的话，肯定上去俩耳光，说："让你考第一，没让你考倒数第一。"但是美国的爸爸不是这样，他又拿出5美元奖励孩子，他说这样的孩子在未来有竞争力。为什么呢？因为爸爸的游戏规则没有制定好，没有讲清楚是正数第一还是倒数第一。这样的孩子，在未来他能够掌握住商机，因此他的成功概率更高。这个孩子后来成了美国石油大王——洛克菲勒。

远见卓识，向来就是如此神奇。思想的精髓就是远见变化，永远不为表象、定见、旧习所束缚。世界上唯一不变的是变化。如今的中国企业，已不能再用传统的经验和理论来做市场、打天下。思想或者思维是中国多数企业家目前最需要改变的东西。从中国制造到中国创造，从中国产品到中国品牌，创新和变革已成为时代的核心使命。创新，发端于思想。对于中国企业界，思想创新，才能掌控未来。而我一直坚信，长在中国大地上的思想之树，才能带来中国企业的基业长青。

有一个4P理论，其构成要素为：Product（产品）；Price（价格）；Place（通道、渠道）；Promotion（促销）。

4P理论及其衍生理念是贯穿今天中国大学营销教材的一个基础理论，导致结果如何？

许多行业大打价格战，最后的结果是陷入资金链的短缺、价值链的积弱和恶性的争斗。大学教材的4P理论，构建于西方发达的市场经济条件下的成熟市场。在成

一度战略

熟市场中应用的理论，拿到快速成长而急剧变化的中国市场里来，有很多地方不再适用。我们期待本土的智慧和文化，孕育出中国的营销战略及思想。唯有中国的创新思想，才能解决中国企业的实际问题。

观点的交锋是接近真理的机会而不是灾难。我们时刻需要新思维，新战略的洗礼，这是中国企业生死攸关的必然抉择。中国有很多学者和企业家，不独崇西方，不唯我独尊，不脱离实战，他们一直不断在探索和创新。华红兵先生一度战略的诞生，构建了一种新思维来支持企业变革，非常及时；把中国许多企业的成功经验与失败教训上升到理性高度，非常系统；提出了一条符合中国国情的营销战略路线——"6力模式"，非常智慧。其构成要素为：

1. 赚谁的钱？——顾客
2. 拿什么赚钱？——产品
3. 谁帮你赚钱？——渠道
4. 赚多少钱？——溢价
5. 怎么赚钱？——沟通
6. 如何赚更多的钱？——品牌

在市场经济变幻莫测、纷纭复杂的今天，企业会发现生意比过去难做了！创造价值的机会肉眼看不见了！有如一个渔民去打渔，近海的鱼都被捞光，打不到了。过去的鱼都漂在海面上，一抓就是一条，但是现在鱼在水下很深，要想捞到鱼就必须讲究方法，是什么方法呢？与此同时，又有无数的不知名企业，似乎一夜间就地崛起，原因何在？

一度战略给了我们一个耳目一新，又是触手可及的明确答案：以用户、客户、顾客为中心！不仅为用户提供所需，还要为用户创造价值！这是所有问题的核心和关键。用户中心的理念，让我们重新站立于新的起点和坚实的大地上。

伊利成为2008年北京奥运会赞助商，为我们提供了创造价值、打造核心竞争力和全面提升品牌内涵的机会；华红兵先生的一度战略的问世，又为我们的奥运品牌战略提供了思想支撑、理念引领和实战利器。伊利作为唯一的乳品赞助商，作为中国奶业唯一的民族品牌，使伊利早已成了中国人的伊利。以"绿色、健康、活力、人文"为伊利核心价值的品牌战略，正在一点一滴地植入伊利用户的心中。"民族的品牌，世界的伊利"正在加速变为现实。

一度战略的能见度、洞穿力和厚重感，给了中国所有致力于民族品牌的企业家们以新的信心和梦想。中国战略，中国制造，中国品牌，既需要本土企业及企业家们用心血去打拼，更需要用思想和智慧去导航。先进的、创新的思想一旦融入时代，一旦变为波澜壮阔的实践，必将催生新的伟大变革。让我们满怀希望和热情，去拥抱一度战略吧！

变革诞生希望，创新决定命运，思想远见未来。一度战略，就是变革的战略，创新的战略；一度战略，就是用户的战略，就是制胜的战略。

掩卷深思，一度很近，一度很远……

目录

前言···(1)
序一···(3)
序二···(5)

第一章　发现新财富秘诀·································(1)
　　第一节　都是时间价值惹的祸·····················(3)
　　　　发现时间价值·······································(4)
　　　　伸出第三只手调节·································(6)
　　第二节　财富在奔跑的时代，你怎能步行·····(7)
　　第三节　新财富核裂变秘诀·························(10)
　　　　经营理念革命·······································(10)
　　　　获利能力创新·······································(11)
　　　　"两高一新"原理·································(17)

第二章　红海和蓝海间有一片领海·················(35)
　　第一节　走出红海，走出蓝海·····················(37)
　　第二节　走进领海·······································(46)
　　　　丰饶经济学之惑·······································(50)
　　　　领海战略的根基——比较经济学·············(51)
　　　　你幸福吗?···(54)
　　第三节　中国企业的比较优势·····················(56)
　　　　从中国设计到中国品牌的飞跃·················(57)
　　　　启动另一半大脑·····································(64)

第三章 一度战略——向传统理论宣战 (65)

第一节 巨变的真相 (67)
第二节 传统的迷失与困惑 (69)
传统品牌正在遭遇尴尬 (70)
传统广告模式在逐渐失去效力 (72)
第三节 传统理论的误区 (73)
误区一：CEO不必抓营销 (73)
误区二：好产品、好技术、好团队、好投入就能稳操胜券 (77)
误区三：营销就是事实 (82)
误区四：品牌就意味着市场占有率 (84)
误区五：营销要满足顾客需求 (88)
误区六：定位决定购买 (91)
误区七：市场最终结果是两大品牌的竞争 (96)
误区八：做大就能做强 (98)

第四章 一度模式 (103)

第一节 陷入困境 (105)
第一种困境：质量已经不是竞争优势了？ (106)
第二种困境：成本还能降多少？ (112)
第三种困境：竞争之惑——规模与利润如何共舞？ (115)
第二节 思想的贫困 (118)
理论的尴尬与困惑 (118)
实践的迷茫与反思 (119)
体系的梳理与批判 (120)
波特的5力模型 (122)
第三节 一线曙光——6力理论 (133)
6力理论的提出——传统理论失效，营销往哪里去？ (134)
6力模型下的转化中介——让水沸腾的一度战略 (136)
第四节 6力模型的溢价利润 (137)
利润持续增长的基本模型 (137)
企业如何取得溢价利润 (139)
商业模型的重建 (141)
有效区分产品价值与顾客价值 (145)

第五章 一度价值 (149)

- 第一节 消灭资本 (152)
  - 品牌与股票 (155)
  - 大品牌价值被低估 (156)
- 第二节 溢价能力：面向未来的竞争力 (157)
  - 代加工与创品牌哪一个风险更高 (160)
  - 中国制造前方的岔路口 (162)
- 第三节 营销3.0时代——重新定义顾客价值 (169)
  - 顾客的价值观发生重大变迁的结点——2005年 (170)
  - 顾客价值到底是什么？ (173)
  - 新经济时代市场不存在顾客忠诚 (175)
- 第四节 你绝对不能低估互联网 (177)
- 第五节 价值创新的五大法则 (184)
  - 市场化进程的三个阶段 (185)
  - 究竟什么是企业的核心价值 (208)
  - 坚守核心价值100年不变 (210)

第六章 第三方策略 (221)

- 第一节 第三方顾客 (233)
  - 第一声爆炸与顾客新增 (234)
  - 第二声爆炸与消费解放 (237)
  - 第三声爆炸与客户链变动 (241)
- 第二节 产品的第三空间 (247)
  - 产品的整体概念 (249)
  - 产品线决策 (250)
  - 产品的第三体验空间 (252)
  - 产品服务价值的第三空间 (256)
- 第三节 第三方支付 (258)
- 第四节 品牌成长中的第三方策略 (271)
- 第五节 渠道和沟通的第三方策略 (275)
  - "马屁股定律" (275)
  - "左手手套"的故事 (277)

骆驼的教训 …………………………………………………（280）
　　窗子和镜子的故事 ……………………………………………（283）
　　关注1% …………………………………………………………（288）
　　公关沟通创造价值 ……………………………………………（289）
　　新闻，可不是简单的商业报道 ………………………………（291）
　　选择很沉重吗? …………………………………………………（297）
新名词索引 …………………………………………………………（298）
参考文献 ……………………………………………………………（306）
心·感动 ……………………………………………………………（310）
附录
　　一部战略宝典 …………………………………………………（312）
　　一坛老酒，越品越有滋味 ……………………………………（314）
　　我眼中的华红兵 ………………………………………………（315）
　　传道　授业　解惑 ……………………………………………（316）
　　我看好这一度 …………………………………………………（317）
　　营销策划金钥匙 ………………………………………………（319）

NO.1 第一章
发现新财富秘诀

彼得·圣吉在《第五项修炼》(The Fifth Discipline)中讲述了一个"水煮青蛙"的原理。当我们把青蛙放进开水中时,青蛙因巨痛而能奋力跳出。如果把青蛙放在常温的水中慢慢加热,青蛙就会被活活煮死。现在我们很多企业家的感觉,就像青蛙在温水里慢慢地死掉。因为他们没有意识到他们身处的市场环境正经历着一场深刻的变革。

第一节　都是时间价值惹的祸

2007年10月12日《北京晚报》发表了苏文洋先生的快评，题目是《为什么"大地主"是中国首富》。文中引述刚刚公布的《福布斯》和胡润排行榜，显示中国的亿万富翁人数已经仅次于美国，居世界第二。震惊之余，人们惊奇地发现：中国最富的10个人当中有6个人主营或兼营房地产，而名列榜首的是年仅26岁的"碧桂园"女老板杨惠妍。

"事实胜于雄辩，任何对中国房地产市场暴利加以粉饰的企图，都将是苍白无力的。"苏文洋先生进一步评论道，"如果说榜样的力量是无穷的，那么，我们必须关注什么样的人登上了中国富豪榜。假如是柳传志、杨元庆、袁隆平等人位居榜首，说明是科学技术是第一生产力。现在，荣登中国富豪榜首的人，只不过是一个资本游戏中的'大地主'而已，出自技术含量相当低的房地产业。这就让人们不能不问一个为什么。"

另外，据新华社2007年10月1日报道，杨惠妍持有70%股份的"碧桂园"土地储备已达4500万平方米，若以目前全年销售200万平方米商品房的进度计算，足够开发20年。

苏文洋先生在评论的最后发表了这样一个感言："不管怎么说，不能让少数人成为中国的'大地主'，大多数人成为给'地主'干长活的。工作了大半辈子才能买得起一套房子，和'干长活'有什么区别？"

这篇在网上转载率很高的文章引起了读者的激烈讨论，似乎舆论大有一边倒之势。我也认可他的分析，但却不能同意他关于"地主"和"干长活"的结论，这种煽动仇富心理的煽情式的结论，不利于对房地产市场的理性的探讨。试想，如果杨惠妍不是2007年的首富，老百姓是否就可以买得起房呢？如果股市没有房地产企业，那么股市是否就不会暴涨了呢？如果柳传志成为了中国首富，那么是否说明中国的科学技术已达到世界先进水平了呢？

杨惠妍之所以成为众矢之的，与这一时期的两个敏感话题有关。一方面是由于贸易盈余和国外投资增加所带来的资金"流动性过剩"，造成了股票和地产价格双双暴涨，由此引发了对资产泡沫化和通货膨胀的普遍担心；另一方面是大量没有购房能力的工薪阶层加重了没有能力支付房价的"民生"问题。在这种情况下，胡润和《福布斯》富豪榜来的恰是时机，极容易让我们产生仇富情绪，而忽视解决民生问题的理性方案。不得不说，碧桂园的地产多是二、三级市场的，它们的上涨并不是当

一度战略

今大中城市房地产价格上涨的首要原因。

坦率承认，我既不认识苏文洋先生，更不认识首富杨惠妍，我也不关心谁是首富，而关心的问题是：

1. 这些快速致富的企业为什么成长这么快？
2. 是否有一套完整有效的方案解决房价暴涨的问题？

实际上，第一个问题是解决第二个问题的根源，弄清楚第一个问题之后，"安得广厦千万间"的民生问题就迎刃而解。

决定房地产企业财富迅速扩大的主要动力来自于一个新概念——"时间价值"。

发现时间价值

时间有没有价值？对于企业而言，货币收入在不同的时间段所发挥的效能是不一样的。不仅如此，时间对于个人居民生活也存价值。比如说，当你的车子被撞后，尽管被修好，但是把它作为二手车销售时价格会大打折扣。车辆贬值就是时间价值减少，尽管车主不一定到二手车市场去卖。

2007年2月，在天津发生了这样一件事情：开着一辆夏利车的梁某不慎驶进逆向车道，与刘某驾驶的一辆威乐迎面相撞。交警部门对事故进行勘察，确认夏利车负全部责任。按理说，保险赔偿就可了结了，但刘某将夏利车的车主告上了法庭。刘某除了要求赔偿医疗费、车辆维修费、拖车费，还提出了一项新的赔偿要求，即"车辆贬值费"。刘某认为，他的新车无端被撞，即便是修好了，配件也不能保证原装，这就造成车辆价值贬损。经二手车鉴定评估公司评估，刘某这辆车的贬值金额为10700元。更让当事方梁某想不到的是，法院判决支持了刘某的诉讼请求。

我国目前的《交通法》中并没有"车辆贬值费"概念，更没有这一赔偿项目，但法院为什么支持当事人的请求呢？其实，这体现的是通过约束驾驶行为进而体现出来的社会公平。不要以为买过保险，开车时就肆无忌惮。正如一位妙龄少女，走在大街上无缘无故被人痛打一顿，并被毁容，那么仅仅赔偿医药费、误工费就想了事吗？会不会毁掉了一个可能成为国际女影星的时间价值？

因此，在一个公平的社会里，时间价值对任何人或经济组织而言都是客观存在的。

是不是绕得太远了，我们找的可不是"车辆贬值费"，而是房地产行业中有没有时间价值？这要从两个方面来谈。

其一，房地产企业靠收入增加获得净利润，但财富保障却靠的是时间价值的运用。

传统的理论认为，企业的利润是总收入和总支出的差额。但房地产企业除此之外又多赚了一笔钱，那就是土地在时间上的价值。比如说当年买的土地是10万元每亩，假设当年马上盖好房子卖会获得每亩地30万元收入，当年每亩地建房子的建筑成本是每亩10万元。那么，按理说这家房地产公司的利润应该是30万－10万－10万＝10万元。但实际情况却不是这样，这家房地产公司要等到明年才建好，到了翌年地价每亩上涨了10万元，变成每亩20万元，于是这家房地产公司多赚了10万元。因此每亩地投资10万元，赚回来的是20万元。地价、房价上涨越快，房地产业财富累积越快，时间价值起了关键作用。

其二，时间价值的原理使穷人变得更穷。

由于政府关于物价上涨指数的计算依据不包括房地产价格上涨的因素——政府沿用了西方经济学对通货膨胀的计算公式，所以表面上看日用消费品和耐用消费品上涨的幅度和工资上涨的幅度基本接近。实际上，对于中国大多数老百姓而言，购房是他们更主要的消费目标，而从2006年年初到2007年年底，大中城市的房价上涨了50%以上。所以相对于上涨的幅度，时间价值使穷人变得更穷。

因此，从这个意义上讲，房地产商应该付给穷人"房屋贬值费"。正如"车辆贬值费"道理一样，房子没有任何变化，仅仅是因为在较短时间内房价突飞猛进造成穷人的损失，理应由房地产商和购房者承担。国家通过征收高额"房产特别增值税"迫使购房成本加大，让富人承担由于时间价值带给穷人的损失。

房产特别增值税税额＝比上年同期上涨差额×（1－当地GDP上涨幅度）×特别税率

假设一套房子比上年涨100万元，当地GDP涨幅10%，特别税率50%，则该套房子的税额是100万元×（1－10%）×50%＝45万元。该税额由房地产商和购房者各自承担一半，因为他们都是"不适当涨价"的获益者。截止到2007年10月13日，中国人民银行已经一年内第8次提高存款准备金率，试图以加息措施遏制通货膨胀。但这样对遏制房地产价格上涨不会有明显作用。只有通过税收税率的大幅度调整，才能从根本上遏制房地产为富不仁的局面。

税收有政策杠杆作用。当中国不管大小房地产都在普遍大幅上涨时，过去制定的税率偏低，没有考虑到对穷人的更多公平。

据《新京报》2007年10月16日报道，9月份北京平均房租价格为2263元/月/套。这个价格相当于一个研究生毕业一年之后才能领到的月薪。如果投资于商务写字楼则预期回报率更高。如2005年以300万资金购买的商务楼300平米计算，首付款假设为20%即60万元，其余240万元采用15年期，月还贷款在14000元左右。投资者实际仅仅投资60万元，每月租金收入20000元；房子涨价100%，投资者回报等于每月6000元。租金剩余收入，再加上两年内房子的时间价值300万元。如此高的回报率，肯定会驱动"流动性盈余"资金向房地产流动。

房地产的投资对资金的吸收又进一步加剧了除房地产以外的内需不旺，负利率的不断增加又使居民不断注入资本市场，于是出现2007年股价、地产价、物价相互攀升的现象。这种"三价互动暴涨"的效应是改革开放二十多年来未曾出现过的，须引起高度警惕。

房价—股价—物价的循环传导给中国经济带来的是系统性的风险。房价上涨对股价保障的作用原理是土地要素非均衡地在不同产业间的配置，它不断强化资产价格泡沫的非理性增长。截止到2007年10月底，中国股市的总市值已经超过国家GDP总值。

可见，推动中国股价和物价的主要动力是房产和地产，而推动房地产价格不合理上涨的诱因是购房者的投资回报的投机动因。因此，从根本上打击购房者的投机信心是解决房价—股价—物价的系统性经济风险的关键。

一个可以借鉴的经济学理论——博弈论，再次成为2007年诺贝尔经济学奖的赢家。美国明尼苏达大学的赫维茨（Hurwicz）、普林斯顿研究院的马斯金（Maskin）和芝加哥大学的梅耶森（Myerson）贡献了在激励机制设计理论方面的新突破。比如说，按照传统经济学亚当·斯密的观点，市场这只看不见的手在理想情境中能有效分配资源。但是现实中总有各种各样的制度约束导致市场不能发挥作用。因此，当经济出现重大波动时，如何保持社会整体的福利最大化就不是自由市场经济那只看不见的手所能控制的。这时，就需要中央政府伸出第三只手在中国房地产利益集团和无房者的弱势群体之间博弈。但这种干预不能是行政命令式的，而应该采用市场化的手段来解决市场中的难题。

伸出第三只手调节

即使是在征收特别增值税之后，穷人还是买不起房，房子还是在涨价。怎么办？

首先让我们来分析谁在推动房价上涨。业内普遍共识是，出让土地的地方政府、房地产商和已购房者均是乐意看到房价上涨的最活跃因素。他们之间无形中结成一个利益同盟，所以让他们之间任何一个方面遏制房价上涨都是不可能的。除非中央政府出面干预。问题是，中央政府已是三令五申，并已经出台了各项政策办法。但是，这些出击的重拳没有真正击中导致价格上涨的房地产价值链（见图1-1）。

在房地产涨价的链条中，有一种关键的因素导致外资涌入和购买者踊跃。这种因素就是房租上涨所带来的投资回报。这种因素又加剧了穷人的负担。

如果有一种办法能使城市中80%的穷人买得起廉价房，付得起廉价房的房租——这种房租比市场上同类型的房租低50%，那么任何人多购房就没有意义，因为他高价买的房子实际上租不出去，形成了投资沉淀，还不如把款存在银行吃利息更好。

市场上不是有廉价房吗？问题就是现在市场上的廉价房不是用于提供廉价租赁的，而是用于购买的。但政府能提供的廉价房毕竟是有限的。

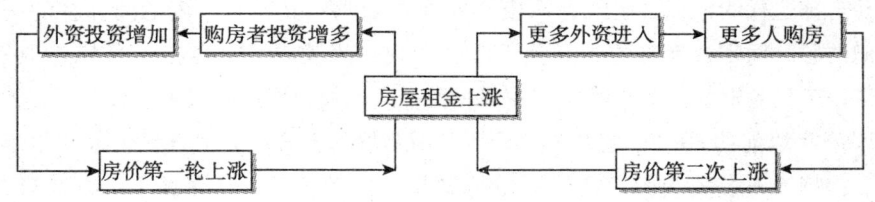

图1-1 房地产价值链

假设中央政府拿出1万亿元资金建出廉价房，并用于廉价出租，平抑市场租价，不就万事大吉了吗？问题是，中央政府一下子拿出1万亿元给100座城市，每座城市分走100亿资金，是有困难的。怎么办呢？

其实不难，中央政府可以成立"廉价出租房投资管理公司"，在投资建好房之后交由第三方，如众多的房屋租赁公司经营管理，但是，必须接受统一的出租价格安排。

或者中央政府完全可以在每座城市发行政府债券，债券的利息比较高，用房产特别增值税税额支付债券利息。"用穷人自己的钱盖房，拿富人的钱付穷人的利息。"这样一来，政府没用一分钱，让房地产涨价的链条断掉了。穷人在廉价租来的房子中慢慢积累实力，房地产的价格回落到让人可以接受的程度，社会的和谐音符奏响了。

胡锦涛总书记在党的十七大报告中说，科学发展观第一要义是发展，核心是以人为本，甚至要求全面协调可持续，根本方法是统筹兼顾。

解决房地产价格暴涨问题的希望会在不远的将来实现。

第二节 财富在奔跑的时代，你怎能步行

如果你深入研究胡锦涛总书记提出的"科学发展观"你将发现，科学发展观的第一要务是发展。鼓励快速成长、优质发展的良性生态价值链成为新的经济战略。这与这个时代的特征有着惊人的吻合。因为我们正在经历着一场剧变。

这场剧变不是量变，而是质变！由于这场质变是悄然而至的，新财富的增长机会与你擦肩而过；所以，**新财富的增长方式以一种更隐蔽的方式潜伏下来。它在向那些勇于探索的企业家招手，只不过需要一双能发现它的慧眼。**

一度战略

今天，你发现10年以前开奔驰的人如今在开摩托。10年以后，你是否发现这样的情境再次上演？

对于企业家而言，最可怕的是身处剧变却浑然不知。比如观察生活的麻木使我们容易忘掉这样的常识：空气是一夜之间变糟的吗？交通是一夜之间拥挤的吗？对于我们的眼睛而言，重要的不是美，而是发现！阅读本章，你会十分惊奇地发现，一百年以来世界财富的增长模式正在以一种惊人的加速度跳跃式地发展：

1980年以前的80年，世界知名企业的财富增长模式是在做加法。如沃尔玛、肯德基、福特汽车、麦当劳，它们一定是先开一家专卖店，经营好了，再开第二家、第三家……反复做财富的加法，终于使肯德基成了全球跑得最快的"鸡"！

2000年以前的20年，中国和世界知名企业的财富增长模式却是共同在做一道减法题。由于这20年世界市场的竞争越来越充分，世界知名企业把如何降低成本，以获得产品销售中的价格优势作为主要的企业战略，所以把工厂转移到劳动力成本和原材料成本更低廉的国家和地区成了世界浪潮。当中国改革开放的总设计师邓小平打开国门时，中国沿海地区的一大批企业家都迎面扑向这次历史性的机遇。

中国第一批企业家大多数是刚从稻田里插秧回来，洗洗手，脱下带有泥巴的裤子，换上西装变成了工厂主。他们甚至来不及到大学学一些基本的MBA工商管理的知识，他们用种了一辈子土地得出的基本规律——"既然国际订单给出的价格没有商讨的余地，那么降低制造成本就能赢利"——中国制造以成本低得不可想像的手法让世界大吃一惊。

中国，这一个东方睡狮，睡醒后做的第一件事是拾起利器傲视全世界。尽管睡醒后的雄狮是百兽之王，但它不忘记勤奋、节俭和吃苦耐劳，所以，只用了20年就成就经济大国的梦想。

当我们正陶醉于我们经济成熟时，一种新的游戏规则开始流行了，新规则给我们的暗示是：

不是我们跑得太慢，而是有一种方法跑得更快！

自2002年开始，尤其是2005年至今，世界上新出现的知名企业的财富模式大多是在做乘法！

10年之前，Google创业时才几千美元，其投资几乎可以忽略不计，而今天的Google公司市值达到1000多亿美金。Google财富的增长模式一定不是在做加法或减法，否则，怎么解释这种游戏规则？

1997年9月15日，同为24岁的美国斯坦福大学学生拉里·佩奇和谢尔盖·布林注册了一个域名——"google.com"。这个名称来自数学术语"googol"，意为"10的100次方"，用来指代巨大的数字或数量。佩奇和布林联合创办的谷歌公司于次年

9月7日正式开张。公司最初办公地点是美国加利福尼亚州北部一处民宅的车库。然而，如同其名称所含的"巨大"之意，谷歌引擎利用数学运算法则对其搜索结果进行有效分类。这一搜索引擎迅速推广，很快成为网络信息搜寻最常用的工具之一。

谷歌网站现在的日访问量超过5亿次。谷歌2006年收入达134亿美元，利润为37亿美元，其中广告收入占据重头。公司现有1.37万名员工，佩奇和布林这两名创始人各自身价约为160亿美元。法新社评论说，谷歌10年来凭借其对数十亿网页、图像、书籍和视频的索引，已发展为"人类知识电子中心"。

10年之前，苹果电脑公司负债累累，奄奄一息，没有人相信它能在竞争如此激烈的电脑行业中活下来。今天它不仅电脑领域蒸蒸日上，还在手机领域屡屡得手。其成功模式用加法和减法都无法解释。无独有偶，索尼和爱立信的日子并不好过，因为只会计算加法和减法，没有学过乘法。不过在21世纪初，这两位巨人联手尝试了一下，先做加法，后做乘法，于是它们的混血儿"索爱"（Sony Ericsson）在茁壮地成长。

中国的企业同样也开始了这场财富模式的竞赛。

曾把索尼作为追赶标杆的企业——中国的TCL，就没有那么幸运。TCL以做减法起家，把电话机做到行业老大。随后TCL做加法获得庞大的电子商业帝国，帝国花园里有电视，有手机，甚至还有电饭锅，销售网络铺天盖地。但是，当一种新的商业模式在床头出现，一个曾经如此伟岸的巨人，仍在酣睡。TCL又在被迫做减法，砍掉那些不赚钱的公司。试问，留下来的核心产业还能重现辉煌吗？

5年前，中国的企业界在仰慕海尔的张瑞敏和TCL的李东升这些耀眼的巨星时，来自浙江的一个叫马云的小个子玩起了财富乘法，他仅用了不到8年的时间，从孤寂无名迅速建立起庞大的网络帝国，成为中国乃至世界电子商务领域的传奇人物。如今这个小个子"巨人马云"无不骄傲地说："我拿起望远镜却看不到竞争对手。"俗话说30年河东，30年河西，然而现在则是三年河东，三年河西。

对这些做乘法企业成长速度惊诧之余，你是否发现他们竟然都具有惊人的相似性：

1. 快速成长并具有持续加快的能力。
2. 在快速成长过程中消耗的成本和费用很低。
3. 快速成长不以消耗品牌价值为代价。
4. 快速成长不仅是在产品、技术、渠道等传统要素上的创新，更是基于一种更加创新的理念、途径和策略。

这些还只是表象的特征，深入研究马云似的中国第二代企业家和最近几年国际国内的新型的快速成长的品牌（如表1-1），我们又进一步归纳出了如下三点：

一度战略

1. 经营理念彻底颠覆式的创新，带来的是企业营销模式的系统创新能力。
2. 获利能力的支撑点的创新是这些新兴财富的共同特征。
3. 不以牺牲成本换取竞争优势，是快速成长的企业做财富乘法的第三个秘诀——"两高一新"（见第三节）原理。

表1-1　　　　　　　　2006年十大快速成长的品牌

品牌	2006年品牌价值（10亿美元）	2005年品牌价值（10亿美元）	增长百分比（%）	国家/地区
Google	12.376	8.461	46%	美国
星巴克	3.099	2.576	20%	美国
Ebay	6.755	5.071	18%	美国
摩托罗拉	4.569	3.877	18%	美国
现代	4.078	3.480	17%	韩国
宝马	19.617	17.126	15%	德国
雅虎	6.056	5.256	15%	美国
诺基亚	30.131	26.452	14%	芬兰
苹果	9.130	7.990	14%	美国
Zara	4.235	3.730	14%	西班牙

资料来源：《商业周刊》，Interbrand公司。

第三节　新财富核裂变秘诀

当我们找到新财富的秘诀后，就需要对他们进行从内到外的解读，寻找出蕴藏在其中的内涵和规则。

经营理念革命

经营理念的彻底颠覆式的创新，带来的是企业营销模式的系统创新能力。

基于是模式的、系统的和开放的新型企业它们进入任何领域竞争都找不到竞争对手，犹如真正进入了无竞争境界。究其原因，我们发现这些行业新贵们并没有在任何一点上取得比竞争对手绝对领先的优势。如苹果电脑的核心技术未必绝对领先，阿里巴巴的技术不过就是普普通通的网上交易平台。但是，必须承认这些企业综合作战能力要比竞争对手保持了相对领先的优势。

一度战略的第一条规则：6力模型的模式创新。

本书把此项成功要素归纳总结为 6 力模型的模式创新：顾客 Customer、产品 Product、品牌 Brand、价值 Value、渠道 Place、沟通 Communication。

需要指出，6 力模型不是传统经营模型——产品、价格、渠道、促销的简单整合，而是在每项经营要素中都完全颠覆了传统的经营要素，并形成了一个具有可复制性的系统创新能力的全新的经营系统。

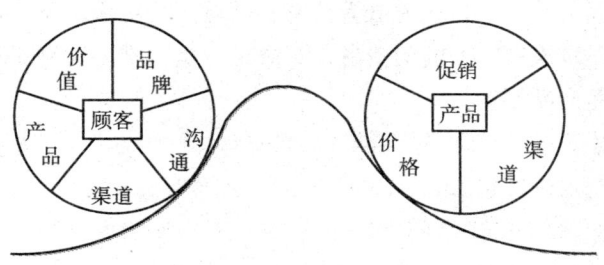

图 1－2　一条路和两个不同的方向

资料来源：www.no1cc.com。

如图 1－2 所示，在登顶财富的路上，以顾客为导向（Customer-oriented）的 6 力模型比以产品为导向的 4P 模型更容易接近成功的顶峰。关于 6 力模型，在本书第四章会展开详细的论述。

获利能力创新

获利能力的支撑点的创新是这些新兴财富的共同特征。

如果揭示 1980 年以前的财富加法（Wealth Addition）的秘诀，无疑是科技进步拉动产品创新支起了加法财富大厦。福特 T 形车的问世和福特工厂的流水线管理模式被喻为上世纪成功企业竞相学习的榜样。一个退伍上校发明了一种烹饪鸡块的技术，于是肯德基开始了"鸡生蛋，蛋孵鸡"的财富加法游戏。中国的海尔是改革开放 20 年以来最杰出的公司（当然，是在有了财富乘法之前最杰出的）。海尔没有在电器价格战中做减法，而是做了加法，上演了 20 世纪中国企业财富增值游戏中令人印象深刻的一幕。

产品，产品，还是产品，是加法财富大厦的支柱。

人们通常把上世纪企业成功的基本规律解释为"产品导向"（Product-oriented）。海尔的竞争伙伴格力的广告语最显著地证明了这一点——"好空调，格力造"。

同样，人们不会忘记新飞的广告语——"新飞广告做的好，不如新飞冰箱好。"这是在说，新飞冰箱绕了一个大圈，葫芦里卖的依然是"产品导向"模式。

乐百氏"二十七层过滤，才是真正的纯净水"的广告诉求更明显地说明"产品导向"型成功模型的奥秘：在一个竞争并不充分，产品相对短缺和信息并不发达的世界，谁能说清楚自己产品的独特优点，谁就能从消费者的腰包掏钱。

在财富按加法计算的时代，企业之间的竞争是只有一场比赛的游戏，上半场是比赛谁的产品创新速度快，下半场是比赛谁的广告做得响。这场比赛的运动员和裁判员是企业本身，消费者是掏钱买票且没有游戏规则制定权的观众兼拉拉队。银行是场外的博彩公司，赌对了，跟着胜者庆贺；赌输了，变成了不良金融资产。为银行的支票背书的是政府和广大的消费者，而决定胜负的唯一关键是谁拿到了获奖彩票。获奖彩票就是产品创新。

财富加法未尝不是一种选择。当年的加法运动的确成就了一些品牌企业，海尔成了明星，联想把加法做到了IBM，中石化、中石油还做到了世界500强……

并非所有的企业都有选择财富加法的权利。对于大量的中国中小企业来说，一无资金，二无技术，三无知识，唯一能做的就是选择另外一条道路——财富减法（Wealth Subtraction）原理。

中小企业这个概念的关键在"中小"两个字上。目前国内学者对中小企业的定义主要从规模角度去理解：独立经营，形式多样，相对大企业来说经营规模比较小，在本行业中不具市场支配或者主导地位的经济单位称为中小企业。有关部门也曾以5000万元为标准来界定，资产总额在5000万元以下，为小企业；5000万元到5亿元的为中型企业；5亿元到50亿元的，为大型企业；50亿元以上的，属于特大型企业。

根据中小企业主管部门提供的数据，截至2006年10月，中国中小企业总数达到4200多万家，占全国企业总数的99.8%。中小企业创造的最终产品与服务价值、出口总额和上缴税收，分别占总数的58%、68.3%和50%左右。中小企业已经成为国民经济和社会发展的重要力量。

廉价的资源、便宜的劳动力和比较宽松的税赋环境是降低成本换得国际订单的有利条件，于是广东、浙江沿海地区如雨后春笋般听到财富减法的算盘在成千上万名企业主手里"啪啪做响"。东莞有个耐克鞋加工厂，加工某种款式的鞋，工厂收取加工费50元，贴上耐克商标后市场零售价却在1000元以上。这就是东南沿海地区普遍的赢利模式。

然而，残酷的现实需要面对，以中国灯饰行业为例，从图1-3中我们可以看出，这几年来，灯饰行业的小企业的市场份额逐年减少，这也意味着他们企业的财富是在做减法。

财富做减法不只表现在传统制造行业，在技术产业也同样如此。再以我国计算机行业为例，2001~2005年这5年间，整个行业的利润也是逐年下降（见图1-4），整个行业的财富都在做减法。

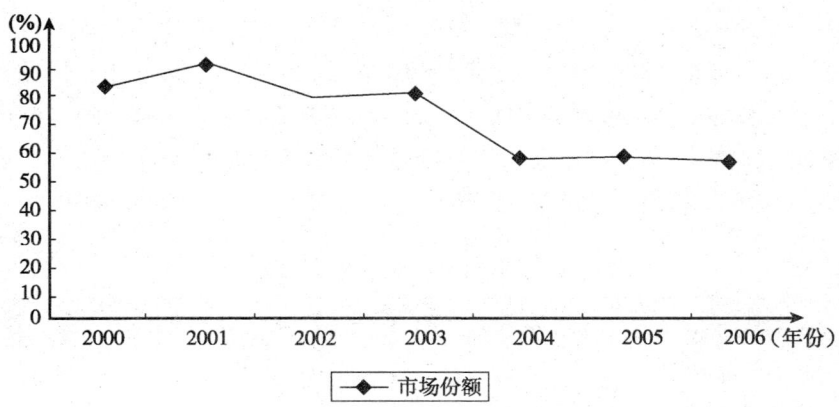

图1-3　2000~2006年小型灯饰企业市场份额变化趋势分析
数据来源：国家统计局，中国机电数据。

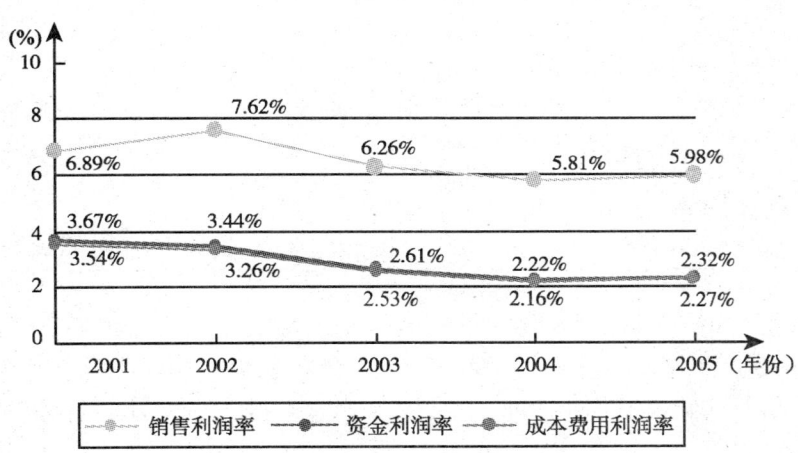

图1-4　2001~2005年中国计算机制造业绩利润率状况
资料来源：《中国产业地图　2006~2007》，社会科学文献出版2006版。

　　财富减法这条路并不好走，缺乏远见的企业主越来越感觉到这条路崎岖艰难，泥泞不堪，而且看不到希望。因为财富减法原理的唯一支柱是成本优势。众所周知，中国企业的成本优势将越来越不明显，各种成本、费用上涨的趋势不可阻挡。路在何方？当今中国，按减法原理办企业的人占中国企业家总数的绝大多数，他们是第一批推动中国国家财富成长的人，现在却遭遇了困境。现在中国中小企业的寿命是越来越短。有关调查表明：美国企业的平均寿命大约是40年；中国的集团公司平均寿命只有7~8年；中国中小企业的平均寿命只有5~7年，而且这几年平均寿命越来越短，甚至只有2~4年。不管它的确切数字是什么，至少我们知道，我国中小企业正在遭遇一系列的发展"瓶颈"。每次在给沿海地区大学的 MBA、EMBA 班讲营销课时,我都从每位诚挚、憨厚的企业家学员的眼神里读到了他们的焦虑、忧思和对前途十分茫然的困惑。你也可以从这些人到处听课学习的状态中嗅到一种"有病乱投医"的味道。如表 1-2 所示,这几年来各大学的 EMBA 班和 MBA 班的学费水涨船高,因为有市场、有需求。每年企业家们花在学习培训上的费用是惊人的。

表 1-2　　　　　　国内知名商学院 EMBA 学费一览表

学　校	2005 年学费（人民币万元）	2007 年学费（人民币万元）
上海复旦大学管理学院	27	29.8
中欧国际工商学院	26.8	30.8
长江商学院	26	40.8
北京大学中美合办北大国际 MBA 项目	25	29.0
北京大学光华管理学院	25	29.0
清华经济管理学院	25	32.6
上海交通大学——安泰管理学院	23.8	29.8
中国人民大学商学院	20	28.0
对外经济贸易大学商学院	18.5	22.0

最近的一次统计显示,在中国的企业中,每一天有 1 万~2 万家倒闭,每一分钟有近 10 家企业关门;而这些企业多数都是缺乏免疫力的中小企业。当大众传媒在关注那些名牌大企业家的一举一动时,谁来牵这些处于困境中的中小企业家的手?

基于对相对弱势的中小企业家的关注,本人决定写作一本《一度战略》给他们。不一定是完全正确,但肯定可以启发思考,帮助他们摆脱价格战的恶性循环。这算是一个中国学者的良知吧。

那么,怎样摆脱加法和减法,走进财富乘法的大厦?大量的研究表明,最近几年取得快速成长的根本途径和传统模式有着本质的区别,与财富加法原理靠产品与财富减法原理靠成本所不同的是,财富乘法大厦的基础支持是价值(见图 1-5)。价值有三种表现方式:

1. 品牌塑造(Brand Modeled)带来的价值回报。
2. 产品设计(Product Design)带来的价值回报。
3. 为第三方(The Third Party)创造价值带来的价值回报。

(这几项价值回报会在本书的第五章节里介绍)

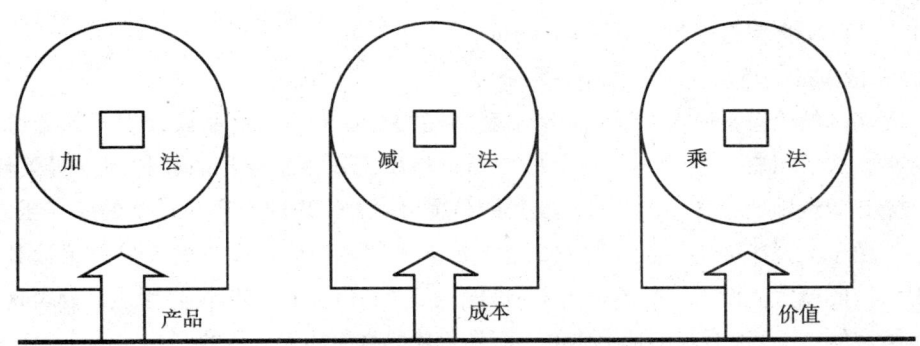

图1-5 三座财富大厦之比较

何谓价值?

一度战略认为,价值对于企业而言是一种以溢价方式(Premium Way)表现出来的赢利能力,同时,也是一种企业承担的社会责任和义务。价值对消费者而言,是消费者的心中对企业产品的货币表现形式的评估值,是消费者除对产品功能需求之外的文化需求和心理需求的满足程度。价值对于企业的渠道商而言,是一种市场终端的竞争力,是单店、单柜、单品赢利率、回报率的保证。价值对于企业的供应商、合作伙伴,或者是产业关联的其他第三方而言,是通过相互间创造价值从而共同提高赢利能力或降低成本费用的最佳途径。

比较一下财富加法、减法原理和乘法的原理,你将发现,无论是加法原理还是减法原理,其根本的市场竞争方式是以价格为手段,而乘法原理所采用的竞争战略是以价值为基础。

价值不同于价格。一方面价格是由工厂制定而让消费者被动接受的,在一个激烈竞争的行业,企业往往被迫采用降低价格的方式让消费者选择。因此,价格战不可避免。另一方面,价值是消费者一方确认的,企业所要做的工作就是围绕实现顾客价值的满足而创新各个经营要素。同样在一个激烈竞争的行业中,企业和顾客实现了价值联盟(Value Union),共同坚守一个价值规律,双方各取所需,企业实现了保持较高获利能力的增长。

世界上奢侈品营销战略的成功就是基于对价值规律的坚守。如奢侈品在世界范围内的营销模式有着如下共同特征:

1. 把99%的利润对准1%的人

让那些1%的人相信自己,因为是社会中的极少数精英分子,所以才会享用那些极品;而为了体现自己价值感,他们需要付出99%的人不愿意承担的高价位。那些1%的所谓社会精英会相信CK内裤的广告"从内而外的自信",总认为自己之所以在工作、生活中自信是因为穿上了CK内裤。

2. 把单品、单店获利能力放在第一位

奢侈品的渠道不追求数量，而追求获利能力；奢侈品的产品设计也不像普通商品追求款式、风格、色彩、外包装的创新；相反，奢侈品的产品品种却少得可怜。这样做有两点好处：其一，省去研发费用和渠道商、代理商对商品过季的库存压力；其二，便于实现通过年年涨价的方式给予消费者暗示：你所购买的奢侈品永远具有保值增值的能力。例如，世界排名第一的百达翡丽（Patek Philippe）手表，她是这样暗示顾客的："百达翡丽不是给你的，而是让你留给你的下一代的。"

3. 借第三方实现品牌价值共同增值的联盟

为什么奢侈品从来都是只待在五星级宾馆或者是豪华大商场？难道它们不知道批发市场或超级市场更具有人流量吗？原来，它们之间是品牌价值的相互借力，共同坚守一种溢价能力。

为什么奢侈品很少打折？

为什么奢侈品很少赠送促销？

为什么瑞士名表告诉你"名表每天误差3分钟均属正常现象"，而你却还坚信其物有所值？

我无意让中国的中小企业都去从事奢侈品，而是要从奢侈品的经营战略中总结出某些摆脱价格战的方法和规律。

结合中国式营销（Chinese Type Marketing）的六力模型，我们找到财富乘法的基本原理（见图1-6）。

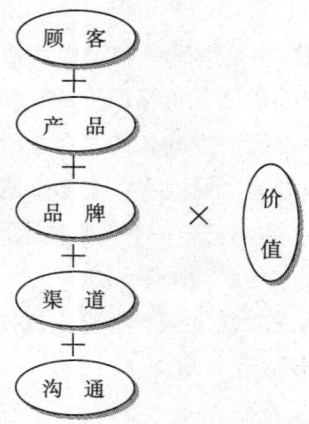

财富乘法 =（顾客 + 产品 + 品牌 + 渠道 + 沟通）×价值

图1-6 财富的乘法原理

资料来源：www.No1cc.com

"两高一新"原理

不以牺牲成本换取竞争优势,是快速成长企业在做财富乘法的第三个秘诀——"两高一新"原理。

1. 产品设计提高产品价值

如何提升中国产品的价值?如何从中国制造(Made In China)向中国创造(China Creates)转变?这些问题成了转型中国企业的热点。大量的中国中小企业是OEM企业,完全没有市场营销和创建品牌的经验,让这些企业一步登天去创建国际品牌难上加难。

一度战略认为,大量的中国中小企业具备创建品牌99℃的基础。如产品研发、制造、质量和技术。他们所缺乏的就是"99℃+1℃",这其中的"一度"(1℃)就是一条提升价值、创建品牌的,切合企业家实际的品牌路线图(见图1-7)。

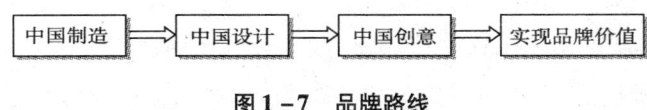

图1-7 品牌路线

以德国之声电台提供的资料和深圳市一品居公司为例,从中我们可以明显感受到中国并不缺少创意,更不缺少品牌建设所需的条件,而切实需要的是能够帮助企业提升价值、走品牌化路线的战略理论的规划和指导。

案例1-1 中国正在变成设计大国

2007年3月,由海尔集团设计和生产的一款减轻家务劳动的洗衣机荣获2007年度"红点设计大奖"(Red Dot Design Award),首次摘取世界顶级家电设计的王冠。这足以表明中国目前在产品设计领域正在迎头赶上世界先进水平。

中国企业不仅在家电领域试图摆脱纯粹加工的形象,去掉"盗版天堂"的恶名;在其他产品领域,中国厂家,例如生产手机的中兴集团、制造计算机的联想集团以及以电子产品为主的TCL集团,也都越来越重视提高自己的产品设计能力。

汉堡趋势研究中心是第一家在中国设立分支机构的德国公司,他们也为中国企业提供咨询。供职于该中心的耶姆利希解释说,产品外观设计的意义在中国之所以突然变得如此重要,原因在于和南美洲和非洲国家相比,中国的劳动力今天已不算廉价,因此中国厂家必须打出其他优势。比如,有时尚设计才能保住生存。

耶姆利希强调,中国在产品设计方面没能形成自己的特色。他认为,中国还需要10年到15年的时间才能形成本国的特色。中国消费者目前热衷于西方设

一度战略

计也是因为中国自己的设计师大都是在西方学成的，因而难免习惯使用"西方设计语言"。

麦当劳在全球颇为成功的一次广告宣传促销就有中国人的积极参与。几年前，无论麦当劳在世界的哪个角落做广告，播放的旋律都是"I'm love in it!"的广告主体曲。该曲就是在中国制作的。据说翻盖式手机也是中国人想出来的。

资料来源：德国之声电台。

案例 1-2　OEM 之路

2007年3月，深圳市一品居公司总裁来到一度战略企业案例研究中心。他们的总裁讲述了公司经营中的困惑。一品居公司是中国礼品市场八音琴音乐盒的主要生产厂家，每年的出口量占同行业出口量的40%以上。由于是为国际订单做OEM生产，50元出口价的八音盒在国际市场上的零售价可达300元人民币。尽管中国制造商利润薄，但是前几年还能小有斩获。可是，从2006年开始，制造八音盒的重要原材料锌的价格涨幅超过了100%，钕的价格上涨超过120%。屋漏又遭连阴雨，在原材料采购成本大幅上升的同时，人民币的升值和人工成本的提升又进一步加剧综合制造费用的提升，此外，国际订单并非提价反而要求年年降价。所以，一品居公司面临着所有广东省大量OEM企业共同面临的问题，在成本上升和订单压价所带来的越来越狭窄的利润空间里，传统的OEM企业感到受挤，压得喘不过气来。一品居的总裁问：一品居公司可否转型做国内市场？如果转型国内，如何运用一度战略设计一个转型的品牌建设模型（Brand Construction Model）？我们给出了一个基于一度战略的诊断报告（见表1-3）。

表1-3　　　　　　　　一度战略诊断报告

现状	成因	出路原理	产品设计 （差异化战略实现产品价值）
国内市场的八音盒就是播放一小段好听的音乐，功能单一，所以卖不上好价钱	国内市场的制造商没有充分考虑市场需求，对顾客的需求认知水平决定了对产品的定位	通过产品设计更多地满足消费者需求，并为消费者创造附加值，从而实现产品价值	音乐表达心情。能不能用不同的音乐表达不同场合中人们的心情和情绪？八音盒的盒子能否设计成首饰盒？在生活中，八音盒一般放在书架或床头，而这些地方正是人们放首饰的地方。然而在现实生活中，女人们花了很多钱买的首饰却没有一个方便的盒子放置，而是随手放到床头。有了"八音首饰盒"，实现了两种功能的需求

第一章　发现新财富秘诀

续表

现状	成因	出路原理	产品设计 （差异化战略实现产品价值）
国内市场需求量大，但是顾客对八音盒的认知仅限于音乐小礼品的概念，因此价格集中在低端市场	国内八音盒的产品还没有一家知名品牌，顾客并没有从礼品市场找到能体现礼品价值的品牌产品	品牌创新是从产品创新开始，而产品创新一定是改变行业的游戏规则，进行行业创新，从而实现从行业中脱颖而出	结论：把音乐小礼品的行业概念，重新定义为"手信礼品"。引导消费者不仅仅是过节日的礼品，而是日常生活、工作交往中必须持有的，既时尚又有文化内涵的"手信"。在商务交往中，"手信"又暗示自己和对方都要十分"守信"。这是一个前景十分巨大的市场
八音盒卖不出好价格。一品居公司的八音盒是国内老资格的资深制造商，有着国际市场的领先设计水平和产品从低端到高端的制造能力，如有珠宝和钻石的八音盒	两个原因导致高价位的八音盒不易让消费者接受。其一，八音盒在顾客心目中的"小礼品"的定位不易改变；其二，行业外的竞争对手如保健品，正在引导消费者的高端礼品市场消费	根据消费者的现实需求和潜在需求找到产品在市场中细分的方法。依据产品细分市场原理，让代理商、经销商和专卖店都能找到自己所需	三类产品组合满足三种不同的顾客需求。 1. "初次见面礼"的手信礼品系列。 2. "多次见面礼品"系列。 3. "贵宾见面礼"的高档礼品系列。 如此细分市场实际上就是帮助顾客找到购买的理由
现实生活中的八音盒礼品多数在柜台或简易的专卖店销售，因此，八音盒的低价位形象很难改变	国内音乐礼品专卖渠道尚未形成，所以，中高档的八音盒尚未建立特别的销售专区	重要的不是谁来买，而是谁来卖。一个具有全国连锁特许专卖店的模式，一定会把一个全新的行业概念推广到市场中去	渠道帮助实现产品价值。设计一个城市开设一家特许专卖店的方案，并且降低加盟条件。如投资20万元即可加盟，而且要让加盟专卖店年投资赢利率达到100%。到那时，中国人手中的礼品必将出现"人人提手信"送礼的现象

资料来源：www.No1cc.com

一度战略

两个小时的案例诊断时间很快过去了,听完了诊断结论,深圳一品居总裁愕然了:"原来礼品还可以这样做?"

一周后,他又打来电话告诉我,他已经开通了一个网站,我不得不钦佩中国企业家的执行力,我想,要是组建"一度战略+企业执行力"的"1+1"模式该会多好!

2. 品牌塑造提高品牌价值

著名竞争战略研究专家、美国经济学家迈克尔·波特 2004 年在北京演讲时说,顾客为什么愿意出很高的价格购买某一品牌的产品呢?那是因为这一品牌为他创造了价值。通俗点讲,就是顾客认为,这一品牌的产品或服务在顾客心中值这个钱!

有一次和一位来自浙江的企业家吃饭,饭间谈及企业做品牌究竟有什么意义。环顾四周看到隔壁餐桌上有一男一女正在吃饭,便和这位企业家说:"让我们来做一个实验,我敢打赌那位女孩子穿的 T 恤的品牌是英国名牌 BURBERRY。你是否敢找那位女孩核实一下?"这位企业家真的去问女孩子:"我的老师跟我打赌说,根据你的 T 恤上的英格兰特有的花格来判断,你穿的是一个叫 BURBERRY 的名牌,是吗?"那个女孩很吃惊,然后满脸兴奋地对他说:"说对了,是 BURBERRY。你们真有眼光!"

什么是品牌?我告诉这位浙江企业家"品牌对于那个女孩子来说就是一种眼光",当那位女孩子说我们真有眼光时,其实她在自我欣赏地称赞自己有眼光。所以,她为自己能得到别人的称赞而满足,得到了她是一个"有品位的女人"的认同,尽管为了这种认同感而不得不花费几千元人民币购买一件 BURBERRY,她会认为这很值得。

《一度战略》这本书所涉及的品牌概念与绝大多数品牌专家的理解是有区别的。
企业的品牌形象和产品质量之间没有必然的联系。

品牌是一种非理性的消费,是满足顾客心中的文化需求和其他非物质的消费需求;产品是一种理性消费,是为了满足顾客的物理、化学以及生物等多种功能性的物质需求。品牌和产品的出发点及归宿点都不一样,其运营手法和诉求点也不一样,所以,品牌和产品之间并非一定要信息对称地发生某种必然联系。

在企业家实际运营中,品牌和企业的产品之间的关联度越低,企业获得的顾客青睐越多。不仅如此,剪断他们之间的关联还有助于帮助企业避开触及法律法规的红线。

2003 年 9 月 2 日,麦当劳向全球发布了一条广告语"I'm love in it!",译成中文叫"我就喜欢"。这是麦当劳第一次在同一时间在全球采用同一种广告诉求。这条广告语采用的是中国创意，平面广告中所用的人物也是东方美女。

麦当劳究竟要干什么呢？因为麦当劳在全球遭到了批评，媒体和食品行业专家在纷纷指责麦当劳的食品是垃圾；麦当劳的薯条有致癌危险，麦当劳的汉堡包缺乏合理营养。印度政府曾起诉麦当劳的可乐中含有杀虫剂。

麦当劳不愧为品牌运作大师，它把产品质量和品牌形象做了一个有效区隔。你们不是说我是垃圾吗？可是为什么这么多人还喜欢我呢？因为"我就喜欢（垃圾）"！换句话说，你们不要管我卖什么，你们要问一问自己，你是否喜欢我。

现实生活中有很多东西有异曲同工之妙，二十几年前中国香港一首流行歌曲叫《偏偏喜欢你》；前几年又有一首歌卖得很好，叫《因为爱，所以爱》。这合乎逻辑吗？问你为什么爱一个人，你说："因为爱，所以爱。"实际上看似一句废话，却揭示了一个深奥的原理：在企业营销过程中，品牌消费是非理性的。在生活中同样有一句话很值得今天营销界的人士回味：恋爱中的女人智商基本为零。这说明，男人在恋爱中推销的并非一定是产品质量而是品牌形象。不然，怎么解释"天鹅肉常常被第一个癞蛤蟆吃掉呢"？

一度战略是从大量的企业实战策略出发，认为品牌价值的塑造不仅比产品质量更为重要，而且还认为，单纯卖产品功能所遭遇的挫败比卖品牌价值所遭遇的失败多得不胜枚举。

基于以产品功能为导向的运营模式在实践中迟早会遭遇毁灭性的打击。我们看看著名的化妆品牌SK-II为此付出的惨痛代价。

SK-II以前是日本一家小企业，1999年被宝洁公司收购；1999年进入中国大陆；2005年达到高端化妆品的前三位。它曾经做过这样的宣传："皱纹减少47%，肌肤年轻12年。"如此独特的卖点，立刻吸引了众多爱美女士。顾客都希望年轻，SK-II诉求的产品功能性卖点，恰恰满足了顾客追求年轻的心理，一度受到众多女性顾客的追捧。

但是结果怎么样？2006年9月14日，新华社消息，国家质检总局证实，广东出入境检验检疫机构从来自日本宝洁株式会社制造的SK-II品牌系列化妆品中检出禁用物质铬和钕。据专家介绍，铬为皮肤变态反应源，可引起过敏性皮炎或湿疹；钕对眼睛和黏膜有很强的刺激性，对皮肤有中度刺激性，吸入还可导致肺栓塞和肝损害。这则消息在互联网上像病毒一样广为传播，消费者开始抵制SK-II的化妆品。曾经的辉煌一去不复返，SK-II为此付出了惨痛的代价。

而基于品牌价值而创立的企业都可以取得快速健康发展的捷径。接下来看我所策划操作的一个案例。

一度战略

> **案例 1-3**　不卖陶瓷卖思想

2003年，作为广东东鹏陶瓷集团的子品牌金意陶诞生了，公司的投资额不足1000万元。1000万元能干什么？怎样实现快速成长呢？金意陶在创业之初就开始运用一度战略中的品牌价值塑造原理。三年来，金意陶的营业额从2003年的3000万元提升到2006年的5.8亿元人民币，几乎翻了20倍。金意陶成了建材行业成长最快的品牌，市场中最有价值的陶瓷品牌之一。

如何提升品牌，让经销商和整个社会认同金意陶这个品牌？我们发现很多同类企业在展示方面没能达到令人满意的效果。金意陶也是一样。当时金意陶其品牌地位及其知名度都不够高，也没有资本优势和知名度优势（Notability advantage），那么如何用展示提升品牌呢？从长远发展来看，就一定要做一个有差异化的大展厅。差异化体现在哪里？行业当时有几个好理念，如时装化、天下无砖、马可波罗的e时代等。金意陶展厅要有差异化，金意陶就必须要在有形和无形方面去实现本质性的突破，就是所谓的"思路决定出路"。金意陶的展厅一定要在整体创意上不同于其他同类企业的展厅，也就是尽力去做一个有深度、有创意的展厅。本着这个思路，我们就定义它为思想馆，并将中国的圣人文化、佛教文化、陶瓷文化、旅游文化等融入其中，把金意陶的展馆做成一个有思想的追随者而不是终结者。金意陶的"中国思想馆"展厅一经推出便震惊了业界。

"金意陶，不卖陶瓷卖思想"——金意陶所卖的瓷砖是有思想的瓷砖，如此提炼品牌价值让整个行业刮目相看。

上面的案例无不向我们说明着，由产品导向向品牌塑造过渡的同时，完成了由品牌塑造到品牌价值的提升。随着产品导向时代的渐行渐远，对于品牌价值塑造的关注成为必然。

3. 第三角度创新思维与第三条道路

树上有两只鸟，开枪打死一只，请问还剩几只？

在我多年的MBA教学经验里，多数的MBA班的学员给出的答案是："树上一只也没有了。"在他们的脑海中有一个思维定势叫非此即彼，这是习惯于在"有"和"没有"之间作出选择。试想，假如开枪打死那只鸟，鸟挂在树枝上没有掉下来的可能性有没有？

再想一个问题，象棋比赛有几种结果？相信100个人中有99%回答说，有三种，分别是输、赢、和。假设有这么一种情况，两个人正在比赛象棋时突然发生地震，比赛中止了，后来也没有再继续这盘棋。请问这盘棋的结果是什么？答案应该是一盘没有结果的棋局。那么，"没有结果的结果"是不是也是结果之一呢？

思维的惯性列车一旦启动，创新的大门随即关闭。错误思考的习惯像一列时速

200里的列车冲向黑暗的隧洞,没有尽头的隧道里阴冷无比,并且漆黑一片。跑得越快,光明离之越远。

比如在现实生活中,我们常常运用一些辩证法来解释万世万物,从矛盾论的角度来分析一枚硬币所具有的两面性,从而喜欢从"正、反"、"黑、白"等两种角度来看问题。实际上,二元论的经营哲学和人生哲学对企业创新工作最大的影响是否定了第三种、第四种可能性。问题是,一枚硬币只有正、反两个方面吗?

一度战略提倡低成本、低费用进行企业品牌建设,而且要实现这一点,就需要把企业各个战略要素的内涵、外延重建一个新秩序,以便于找到通向第三条道路的捷径。

● **品牌的第三条道路**。这里所说的第三条道路就是国际品牌和国内品牌的联合制造品牌。在日化行业,许多日化产品的品牌就是以这样的模式进行操作的。在其他行业,也有许多具有前瞻性眼光的企业在运用这种模式去运作。比如中山琪朗灯饰和江苏苏州的新城花园酒店就是很典型的实例。

案例1-4 琪朗灯饰的第三条路

中山琪朗灯饰成立于1993年,经过13年的创业,已经发展成为集研发设计和生产销售于一体的中型国际化现代灯饰企业。琪朗主要从事现代、水晶、欧式等各类民用灯具的研发、设计、生产与销售。

琪朗公司在不断的发展和壮大中,也越发地迷茫和困惑。公司每年的产值达到好几个亿,但是其产品70%出口,30%中高档品牌产品在国内销售,国内市场份额相对较低。其次,公司每年在新产品的设计和研发上投入大量的人力、财力和物力,产品的设计创新能力一直处于行业领先的地位,但是新品推出后,很容易被模仿复制。琪朗在北京、上海等国内80多个大、中城市设立了150多家终端专卖店,但是其终端设计并无新意,且其品牌受逐渐侵入中国市场的国际品牌的冲击较大。如何走出一条符合自己企业特点和现实的创新道路,一直是琪朗在思索和探讨的问题。2007年6月,琪朗正式和我签约对其公司品牌进行整体策划。

针对琪朗公司的现状和所遇到的困惑"瓶颈",我给出了这样的对策。如表1-4所示:

2007年10月19日,在中山市古镇灯饰博览会上,MOOLLONA一经推出就立刻引起了业内的轰动,申请开设专卖店的代理商已达60家之多,它的推出,代表着目前国内市场上最顶级的高端灯饰品牌的问世。

品牌之间是否可以融合并产生相互借势的可能,在一度战略的理论指导框架内,品牌之间融合产生市场竞争力成为可能。如五星级酒店是个品牌,这个品牌是否可

一度战略

表1-4　　　　　　　　　琪朗灯饰品牌整体策划

要素	策略	原理
品牌第三条道路	灯饰行业的极品是手工水晶蜡烛灯。而中国是灯饰的制造大国，世界玻璃的手工技术最好的是意大利一个叫MURANO的威尼斯小岛。那么水晶最好的在哪里呢？在捷克。所以，琪朗公司收购了捷克和意大利的两个工厂，然后共同推出精品灯。这个精品灯叫做MOOLLONA。因此，这个品牌就是三个国家最高等级水平的制造商联合出品的。目前是中国市场上最高端的灯饰品牌	顶级高端灯饰品牌在中国还没有，抢占行业内的蓝海领域，结合企业发展现状、行业特征和目标消费者的特征，三个代表灯饰行业最高水准的国家联合出品，一方面走高端品牌的国际化路线；另一方面也可降低高端品牌的制造成本
产品	这个灯是三国合一的混血儿，中国制造同时是意大利出品，还使用了捷克的纯粹的政府授权的水晶，所以叫世界级的手工水晶灯	产品以设计取胜，注入世界三个国家的文化，让竞争对手无法模仿复制
终端	我们在规划这个世界级精品品牌专卖店时，就描绘出这样的场景：在一个充满浓重欧洲风格的空间里，顾客进门就是一个红酒区，气质高雅的店员会送上您喜爱的红酒，并将所有的灯关掉。此时轻柔音乐响起，一盏盏晶莹璀璨、造型各异的水晶灯依次亮起。映入眼帘的是那一幅幅意大利文艺复兴时期风格的艺术品和油画，宛若置身于中世纪欧洲的艺术殿堂	重要的不是谁来买，而是谁来卖。让渠道终端融入音乐和艺术，体验式的营销让顾客去感知品牌所蕴涵散发出的浓厚的文化气息
沟通——文化营销	与我国的第一商学院合作成立MOOLLONA商学院，并且联合出品一本书：《为生活，决不妥协——MOOLLONA的欧罗巴之恋》	提高顾客感知价值的唯一方式就是——文化。让品牌理念和文化深深植入经销商和顾客心里，培养他们的狂热崇拜
MOOLLONA的品牌诉求	针对MOOLLONA的目标消费群，分析消费群体的心理特征和真实需求；结合产品和品牌的利益点，提出品牌诉求，给出一种高贵、纯正、精益求精的手工工艺品；提出MOOLLONA的艺术性与鉴赏性。针对竞争对手给出正向主张，提出品牌沟通语：不是所有的灯都是鉴赏品。向市场宣布MOOLLONA永远主张的都是一种好的生活态度。给出生活向导——生活需要品位，满足消费者的感官利益和情感利益	

以延伸到食品，江苏苏州新城花园酒店的探索模式值得借鉴。

案例1-5 当月饼遇上酒店

苏州花园伟业食品发展公司使苏州新城花园酒店集团在短短的10年声名鹊起，从一家名不见经传的单体酒店发展成为多元化的集团，年营业收入数亿元，公司成为苏州乃至江苏酒店业的佼佼者。

众所周知，酒店业的服务产品是由于时空的限制，它的属性既不能储存，又不能移动。集团总裁孙子元先生通过酒店管理运作的成功模式，前瞻性地认识到：企业的发展，必须与市场建立一种"孪生"关系，单靠酒店的创收渠道相当有限，不可能壮大企业，更不可能谈到可持续发展，而且酒店的竞争愈演愈烈，十分残酷。集团战略规划发展上必须利用酒店品牌的辐射效应，避开传统的红海竞争模式，来开辟蓝海战略。对此，酒店集团将目光和思维放在服务产品的内涵和外延上，对内提升产品的附加值，对外整合产品的产业链，运用独创的"花园"品牌，先后成立了新城花园酒店管理公司、花园伟业食品公司、花园商贸公司等企业。

花园伟业食品发展有限公司，是新城花园酒店集团旗下的公司之一，目前是华东地区乃至全国最大的食品生产基地之一，是华东地区最早研发生产以黄油月饼为代表的酒店业食品企业之一，是国内外许多知名品牌的专业制造商。每年仅月饼销售这一项就达到5000万元，占市场份额的58%，产品还远销港、澳、台地区和日本、美国、澳大利亚等海外市场。

花园伟业食品公司发展以黄油月饼为代表的酒店业食品，就是在专业的月饼生产厂家和酒店行业之间找到第三条道路（见图1-8）：酒店月饼依托新城花园酒店集团的品牌优势壮大，而酒店集团借助以月饼为代表的食品业来提升了整个集团的业绩和利润。可以预见，酒店月饼也将成会成为一个蓬勃发展的新兴产业。

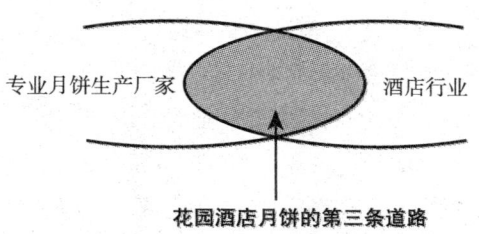

图1-8 花园酒店月饼的第三条道路

产业边界日益模糊的今天，第三条道路的捷径对于企业发展模式的创新便显得尤为重要。

一度战略

● **渠道的第三条道路**。渠道之间的融合产生的市场竞争力越来越大，如蒙牛和肯德基渠道联手，从 2008 年开始，在肯德基全国 2000 多家店里，可以买到蒙牛牛奶；再如中石化润滑油和奇瑞汽车渠道融合，使双方再采购急销售上实现渠道结合，利用两家企业在全球市场上的销售服务网络，进一步开拓国际市场，增强双方在世界上的竞争力与抗风险能力。在我国医药行业，药品营销主要走医院和药店这两种传统渠道。实际上，随着社会的发展，专业门诊和社区医院相继出现，为药品营销创造提供了第三个渠道（见图 1-9）。

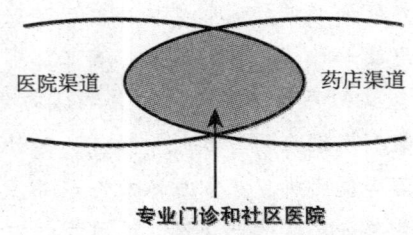

图 1-9　专业门诊和社区医院的第三道路

一般人生病是大病去医院，小病去药店，医院和药店是药品的两个传统渠道。大病去医院比较合适，但去大医院看病太昂贵。

假设你得了一种大病，去医院很值，假设感冒了去药店买药也很值。假设你感冒的同时还拉肚子，怎么办？去医院还是去药店，你左右摇摆不定。假设出现了这种情况，请问药店和医院之间有没有其他的渠道？还有诊所、社区医院。社区医院在中国已经呈现了一种鲜活的力量，而且社区医院就在社区周围，非常方便。

天津的天士力制药股份有限公司是国内著名的现代中药领军企业，在"非典"时期它们通过这种渠道变革取得了很好的营销佳绩。

2003 年年初开始，天士力开始迅速抽调全国 300 多名员工组成了集团的城乡结合部，向中国所有的社区和诊所开展进攻。很多药厂没有反应过来，还在三甲医院拼命地竞争，还在药店拼命地降价，而这时天士力悄悄转移了重点，开发第三种渠道。

因此在"非典"时期，中国很多制药企业效益滑坡，天士力却借助社区医院和诊所这个第三方，业绩稳健增长，并成为我国屹立不倒的中药旗帜。

● **价值（Value）的第三条道路**。在 21 世纪的网状经济（Mesh Economy）中，我们欣然发现许多新兴产业企业几乎都采取了有别于传统的赢利模式，对其产品或服务的使用者及直接顾客采取了完全免费的模式。譬如，从事互联网搜索引擎行业的谷歌，当用户打开 Google 时，消费者不需要向 Google 付费。但是 Google 还是赚到钱了，其利润来源点并不直接是最终消费者，而是千千万万个企业广告主。如图

1-10所示，这种模式让无数陷入价格战的企业找到新的赢利模式和利润增长点。

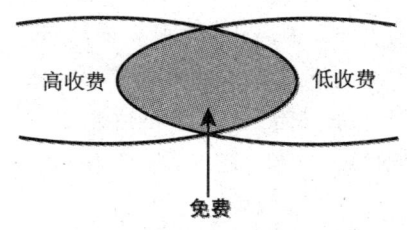

图1-10 免费模式示意

我们来看看最新出炉的互联网新贵Facebook的商业模式。它对网站的终端用户就是完全免费的，这种免费模式再加上网站功能的创意设计，迅速吸引了大量的用户，成为世界第二大交友网站，并且引来风险投资商的青睐。只要它的创始人愿意让公司上市，这个靠免费模式而迅速走红的交友网站公司将会获得巨大的财富。

案例1-6　Facebook：下一个Google

年纪大点的人经常会对如今互联网"新贵"（New Man）一代的速度感到惊异不已，就连媒体大亨默克多也是如此。两年前，他买下了世界最大的社交网站Myspace。然而没过多久，默克多就开始感叹Myspace已经过时，因为现在每个人都在上Facebook——目前的第二大社交网站，已有注册用户3100万人。

Facebook是哈佛大学学生马克·齐克伯格在2004年还不到20岁时和两个朋友创建的。这个网站要求用实名注册，因此注册者能很容易地与现在和以前的朋友或同事们取得联系。每个Facebook"档案"存储着用户的信息和照片，同时也是朋友们聊天、交换信息和互相"打探"消息的社交平台（Social Platform）。

Facebook在2007年夏天非常火爆，有人甚至把齐克伯格比作苹果公司具有超凡魅力的领导人乔布斯，把他的公司叫做"下一个谷歌"，并且预测公司很快就将上市。齐克伯格已经谢绝了雅虎（Yahoo）和维亚康姆（Viacom）等大公司提出的诱人并购条件。与此同时，Facebook正在招聘一名熟悉上市规则的"股市行政经理"。

不过齐克伯格说，他对"人们如此关注'这条出路'感到有点吃惊"。投资Facebook的风险资本家可能想套现，但齐克伯格才23岁，他并不急需这笔钱。他有点像谷歌的年轻创始人，相信自己能够，而且应该去改变世界。公开上市只会让他分心。

齐克伯格最希望做的就是，把人们之间"真实而且先前存在过的人际关系"用图表方式"绘制"出来。他称之为"社交图表"（Social chart）。图表由节点和连线组成，节点是人，他们之间的联系就是友谊。这个社交图表一旦形成，就会成为传

一度战略

播信息的一个有效机制。

在齐克伯格看来，Facebook 与其他网站的区别在于它真正成为一个"平台"。他认为，Facebook 正在演变成一种技术，其他人可以依托它创建新的软件工具或进行交易。2007年5月，齐克伯格就开放了 Facebook 的这些功能。现在已经有上千种工具使 Facebook 的用户可以分享音乐、玩游戏或者相互借钱。

资料来源：摘编自英国《经济学家》周刊，2007年7月27日。

● **沟通（Communication）的第三条道路**。传统的企业沟通分为企业内部沟通和外部的与市场消费者沟通两部分。在一度战略里，有一种新的沟通策略可以用内部沟通的方式实现和外部的沟通，从而降低营销成本，提升品牌的知名度和企业的市场份额，培养顾客的忠诚度。这就是沟通的第三条道路——企业研究院（Enterprise Research Institute）或商学院（Enterprise Business School），企业商学院可以把对企业内的员工培训转换为对外的培训（见图1-11）。我们不妨来看几个现实的案例。

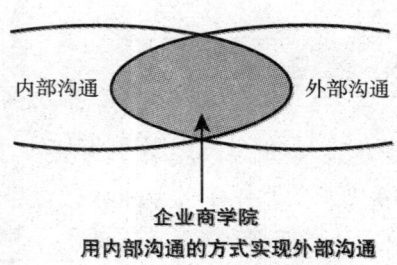

图1-11 企业商学院的新策略示意

案例1-7 三棵树和三能建商学院的奥秘

福建三江化工生产名牌涂料"三棵树"，是中国涂料界发展最为迅速的企业之一。刚开始他们企业也是做 OEM 的，不知道怎么做市场。他们也想做品牌，但是怕投入的钱太多。我在给他们企业做顾问的时候，建议这个企业先别想做品牌那么大的概念，先做渠道，并且用一种创新的方式和最低的成本来完善自己的渠道。于是，这个企业把 MBA 搬到企业里面，成立了中国涂料界首家商学院——三棵树商学院。

三棵树商学院，针对的可不仅仅是企业内部培训，更重要的是对渠道商、代理商的培训。如果用传统的方式请渠道商过来，不仅要报销差旅费还要提供食宿。而三棵树商学院呢，所有的代理商从全国各地赶过来的时候，都是自己订机票，而且自己住，自己吃。实际上这样的培训就是一次招商。这就是利用沟通的第三条道路有效地降低了营销成本。三棵树就这样一夜之间把自己的涂料嫁接给全国网络。

江苏通驰自动化系统有限公司是一家生产防窃电设备的企业，他们自主研发出一种防窃电设备，可以对用电户的用电进行精确实时监控，如有异常情况能自动通过手机短信和互联网等方式向管理部门报警。该公司的这套高科技防窃电设备已经取得了国家专利，市场前景广阔。

尽管有了国家专利的保护，仍然存在技术被复制的风险。技术容易被复制，那么只有文化难以被复制。所以在推品牌的时候，还要建立企业文化，这也是企业做大做强必须做的工作。在一度战略的指导下，通驰自动化系统公司建立了中国电力设备制造行业第一个企业商学院——三能商学院，聘请行业知名专家教授进行授课，对企业管理人员、经销商和员工进行业务培训。这样不仅增强了企业内部相关人员的业务技术，加强团队之间的交流和沟通，建立起一支有战斗力的销售系统，而且将企业的文化理念和品牌理念植入到渠道商经销商的心里，培养了他们对企业的忠诚度。

另一方面，通驰自动化系统有限公司进行了文化营销，请行业内专家撰写一本既专业又通俗易懂的电力节能相关的书籍，免费赠送给电力部门，并随书赠送一张通驰企业商学院网络培训口令卡。有这张卡，电力部门能在通驰企业商学院的网站上观看相关专业的专家视频讲座。同时，企业商学院还为电力部门提供各种电力行业的资料查询，如电力各种考试的试卷库、习题库等。通过赠书和赠学习卡，加强与企业与最终客户——电力部门的沟通、互动交流，也培养他们对企业的认知度和产品品牌的忠诚度。

案例1-8　没有围墙的研究院

在前面我们提到的天士力制药股份有限公司是国内著名的现代中药领军企业，其主打产品复方丹参滴丸连续四年位居中成药单品销量之首，早已成为现代中药第一品牌。

2003年，天士力集团成立了天士力集团研究院这样一所企业研究机构，不仅建立了没有围墙的研究院，实施"不求所有，但求所用，成果所有，利益共享"的合作原则，而且与国内外著名大学、研究机构建立了广泛的合作关系。研究院的成立，成为天士力集团实现企业发展目标的"智能助推器"。企业研究院为天士力培养出一大批科研技术人才，使其一直处于行业技术创新的领先地位。

在营销战略上，天士力建立"专家定位，学术推广"的全新营销模式，借助企业研究院在行业的技术领先和权威地位，召开新产品的学术交流会和发布会，对天士力的研发的新产品的推广和营销起到推波助澜的作用。

● 产品的第三条道路——离岸产品（off-Share Products）。传统产品是与消费

一度战略

者直接沟通的，是以有形的或者无形的形式存在的。有形的就是以实物形式提供的产品，无形的是以服务形式提供的产品。一度战略认为，其实产品也可以在有形与无形之间走第三条道路，拓展产品的外延界限。我们称之为离岸产品（见图1-12）。

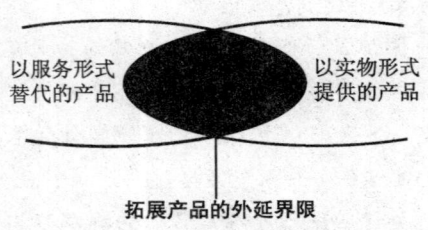

图1-12　离岸产品示意

以下叙述的中山邮政的案例是值得很多企业借鉴的。

案例1-9　第六媒体是谁？

在许多人的眼里，邮政是一个传统的行业，在21世纪互联网技术的高度发展的背景下，邮政的邮递业务急剧萎缩，面临困境。尽管邮递业务也积极开拓了EMS特快专递等一些附加值较高的业务，无奈面对国际物流大巨头UPS、联邦快递等在中国市场的大举扩张，还有多如牛毛的从事快递的小型物流公司的吞食，再加上邮政自身的体制和历史包袱沉重等因素，邮政的特快专递相对来说收费较高，并不能靠降低价格来获取竞争优势。如何能使自己的邮递业务能获取更高的利润呢？如何提高自己业务的附加值呢？这也是一直困扰国内邮政界的问题。

2007年5月，中山邮政提出发展"第六媒体"的理念。何为第六媒体？就是有别于现在的影视媒体、平面媒体、广播媒体、户外媒体、网络媒体这五种媒体外的第六种媒体，具体是将EMS这种以服务形式提供的无形的产品打造成可以提供媒体传播功能的以实物形式出现的有形产品，即利用邮政业务为企业客户提供信息传播的新型媒体（见图1-13）。

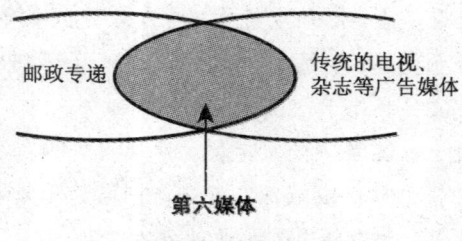

图1-13　第六媒体示意

第一章　发现新财富秘诀

与传统媒体传播相比，邮政传播具有一个显著特点：它是定向的大众传播和人际传播的结合。从信息的扩散过程看，邮政媒体的信息流动是一种双向的、保密性极强的信息流动，发布和接收者既可以是人际交流的参与者，也可以是专业的数据库直复营销的"点对众"的企业和目标客户。

据尼尔森媒介调研的最新数据显示，2004年，中国大城市如上海和北京的消费者每天接触至少40个电视广告，而且消费者看电视广告的时间正持续减少。所以不难理解，无处不在的广告越来越难以吸引潜在消费者的注意。

与此形成鲜明对比的是目前在欧洲，消费者平均每年收到88份带有企业信息的直复邮件，而在中国，这一数据则少于8份。所以，在中山邮政看来，利用邮政传播进行营销在中国仍有尚待开发的空间。

除了广告越来越多之外，媒体价格的持续走高，也给了邮政成为第六媒体以发展的机会。据一项媒体机构所进行的广告价目表调查显示，在北京和上海等大城市，媒体价格在过去三年迅猛增长，电视媒体收费平均每年上涨超过30%，平面媒体价格则上升10%~15%。这就意味着，企业的媒体投放成本在不断增加，但效益却在减少；花费多了，但取得消费者的注意却越来越少。

"第六媒体可以在客户希望的时间，以他们希望的方式，精准地聚焦他们的客户群发布他们企业的信息，提供他们需要的信息。"中山邮政局长刘英山是这样解释的。

越来越多的行业和企业也开始摆脱固有的产品定义模式，拓展产品的外延界限。美国耐克公司就是服装业的典范，耐克公司把精力主要放在提供产品设计和品牌服务上，而将具体生产承包给劳动力成本低廉的国家和地区的厂家，由他们来生产具体的贴有耐克商标的产品，以此降低生产成本。如图1-14所示，这种制造模式，使耐克得以迅速在全球拓展市场。耐克就是将自己的角色进行转型，由传统的提供产品的制造生产厂家逐渐转换成为自己的代加工企业提供产品设计和品牌服务的机构。

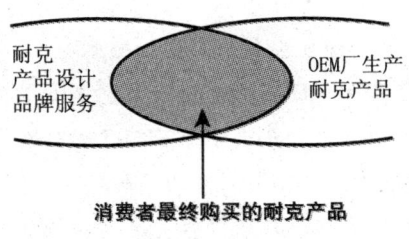

图1-14　耐克的产品制造模式

● 顾客（Customer）的第三条道路。一度战略对顾客进行了重新审视和定义，并建立了以顾客为中心的6力模型。如何真正做到以顾客为中心呢？传统的营销理

一度战略

论和知识教导我们,必须要满足顾客的现实需求和潜在需求;前者是在以产品为导向时代所倡导的,后者是在以品牌为导向时代所倡导的,而在今天这样信息泛滥的网状经济时代,满足顾客的现实需求是远远不够的,满足顾客的潜在需求简直就是一句难以实现的空洞口号。于是有这样一种可能,我们走两者之外的第三条道路,满足顾客的个性化需求(见图1-15),唯有这样才能实现狂热的顾客崇拜。

在强调个性化的时代,个性化定制已经成为了时尚,而且个性化定制也会创造出惊人的市场规模,如张裕集团的红酒定制。烟台张裕集团有限公司其前身是1892年由我国近代爱国华侨张弼士先生创办的烟台张裕酿酒公司,至今已有一百多年的历史。它是中国第一个工业化生产葡萄酒的厂家,也是目前中国乃至亚洲最大的葡萄酒生产经营企业。

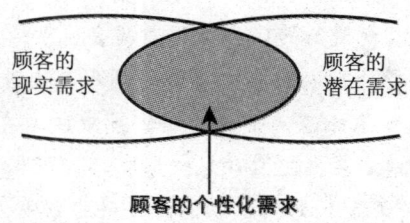

图1-15 顾客的个性化需求示意

案例1-10 张裕葡萄酒的个性

张裕卡斯特酒庄由张裕公司和法国葡萄酒业巨头卡斯特公司合资兴建,位于烟台至蓬莱的黄金旅游线上。张裕·卡斯特酒庄拥有毗邻大海的北于家葡萄园。这里有一片20世纪70年代种植的葡萄树,是国内树龄最长的葡萄树了,30多岁也正是葡萄出产最旺盛的年龄。

从20世纪70年代开始,为研究基地品种的酿酒特性,酿出有中国特色的高档葡萄酒,张裕公司首席总工程师,每年都将北于家村的葡萄单独做酒——采摘最佳成熟度的葡萄,进行手工酿造,并贮藏于张裕百年大酒窖的橡木桶中,不断品尝、选择、淘汰,将一些优秀年份的酒保存下来,如1992年、1995年份的红葡萄酒,1999年份的白葡萄酒,经多年窖藏后,口味极佳。因此,酒庄手工酿造的葡萄酒极负盛名。

为在葡萄酒高端市场大有作为,张裕·卡斯特酒庄将自己定位成中国首个专业化和提供个性化定制服务的酒庄,顾客可以根据自己的需要定制符合自己活动内容的标志和酒瓶。公司还采取了一种全新的直销模式:"整桶订购",每桶售价8万元左右。张裕采用一对一的营销模式和个性化的服务方式,向处于消费金字塔顶端的高端葡萄酒消费群体进行直销。因为这种直销所设定的最小交易单位为桶(225L,即750ml/瓶,300瓶),因而俗称"酒庄酒论桶卖"。

当新世界的葡萄酒越来越快地走下流水线时,时尚的人们却越来越多地钟情于代表农业文明的酒庄酒,原汁原味却充满个性化的酒庄酒变得年轻而时尚了。个性化使得酒庄酒变成人们追逐的时尚,因此卡斯特酒庄酒受到上流社会名人的争相追捧。

NO.2 第二章
红海和蓝海间有一片领海

在昆虫中,跳蚤可能是最善跳的了,它可以跳到高于自己几万倍的高度。为什么会这样呢?带着这个问题,一个大学教授开始了他的研究。可是他研究了一整天,也没有找到答案……

在昆虫中，跳蚤可能是最善跳的了，它可以跳到高于自己1万倍的高度。为什么会这样呢？带着这个问题，一个大学教授开始了他的研究。可是他研究了一整天，也没有找到答案。

第一天下班的时候，教授用一个高1米的玻璃罩罩住了一只跳蚤，以防它逃跑。就在那天晚上，跳蚤为了能跳出玻璃罩，就跳啊跳，可是无论它怎么跳，都在跳到1米高的时候，就被玻璃罩挡了下来。

第二天，教授上班取下玻璃罩，惊奇地发现，这只跳蚤只能跳1米高了。于是他来了兴趣。

第二天下班时，教授用了一个50厘米高的玻璃罩罩住跳蚤。第三天，教授发现这只跳蚤只能跳50厘米的高度。晚上，教授用20厘米高的玻璃罩罩住跳蚤。第四天，跳蚤跳的高度又降为20厘米。到了第四天下班时，教授干脆用一块玻璃板压着跳蚤，只让跳蚤在玻璃板下爬行。果然，到了第五天，跳蚤再也不跳了，只能在桌面上爬行。

可就在这个时候，教授不小心，打翻了桌上的酒精灯。酒精撒在了桌上，火也慢慢地向跳蚤爬的地方蔓延。奇迹出现了，就在火快要烧到跳蚤的一瞬间，跳蚤又猛地一跳，跳到了它最初的超过其身高的一万倍。

如果我们所做的一切都是沿着别人的脚步前进，我们的大多数想法最多只是半成品。可以这么理解，所谓规则就是向后看，最守规则的结果就是重演历史。

人类拥有的最大财富是大脑中的思想，每次思想的进步，都会带来产业发展模式的革命性飞跃。可以说，思想进步一小步，产业进步一大步。

第一节　走出红海，走出蓝海

红海战略推动了产业规模化发展，形成了产业集群。如浙江义乌的小商品产业集群、广东佛山的陶瓷产业集群、北京中关村的IT产业集群，甚至广东的一个叫古镇的地方也形成了灯饰产业集群。产业集群的最大优势是集中采购降低原材料成本，高度专业分工降低了工业品制造链的制造成本，一大批熟练工人的集中，形成加工技术优势，进一步通过效率的提升降低制造中的损耗，相对集中的产业群又便利了国际订单的采购。

可以这样讲，红海战略推动了中国经济第一次的产业革命，甚至出现了中国的一个小城市的经济指数变化会引起国际上的强烈关注。

首期"义乌·中国小商品指数"2006年10月22日由商务部在浙江义乌市正式

发布。"义乌指数"是商务部建立的第一个地方商品指数。根据《编制方案说明》，指数被描述为：依据统计指数与统计评价理念，采用合成指数编制方法，对市场运行状况指标进行综合处理后，反映义乌小商品价格的市场景气活跃程度，主要由价格指数、市场景气指数及若干单独检测指标指数构成。

"义乌指数"的指标共有40个，有反映价格的，包括场内交易价、网上交易价、订单价、出口成交价等；反映市场景气的，包括现货成交额、网上成交额、订单金额、出口成交额等。采样商品按四级分类，其中大类17个、中类68个、小类100个、细类1006个，每一个细类选择3~5个代表商品。数据从义乌小商品市场中的3000余家商户中采集。

"义乌指数"在商务部网站"中国商务天气预报"栏目发布，价格指数每周一次，市场景气指数、单项检测指数每月发布（见图2-1、图2-2）。

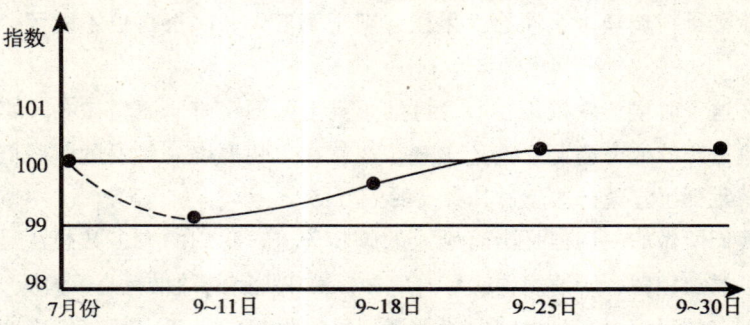

图2-1 2006年9月份义乌小商品市场价格指数走势

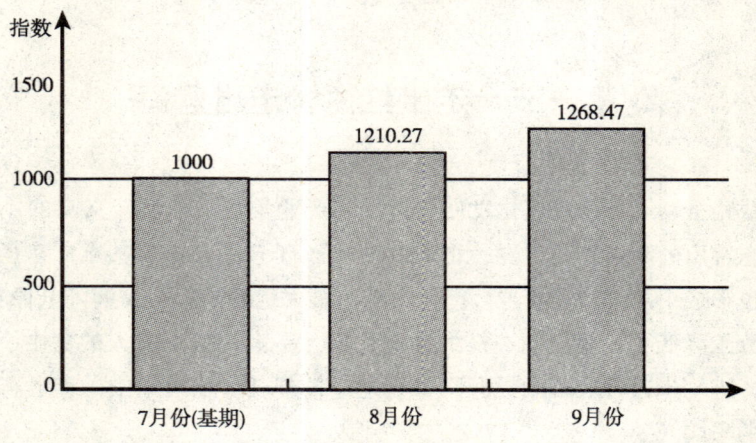

图2-2 2006年第三季度义乌小商品市场景气指数

当前，全球大宗商品的市场基准价格基本上取决于发达国家，如今发展中国家中国要影响全球小商品的价格，"义乌指数"能胜任吗？一个专业市场，其价格指数

第二章 红海和蓝海间有一片领海

的影响力首先取决于该市场的辐射范围。

目前,义乌已成为全球最大的小商品集散中心,与210多个国家和地区有贸易往来,每年订货交易额在300亿美元左右,集中了联合国亚太地区首家采购(信息)中心、外交部驻外机构供应处义乌采购中心、家乐福采购中心等一批采购"大户"。

2006年11月5日,中国首个反映塑料价格走势、分析价格演变趋势的工具——"中国塑料价格指数",在浙江省余姚市正式启用(见图2-3)。11月8日,被称为我国粮食价格"晴雨表"的郑州粮食交易中心正式挂牌,将为郑州价格加上了一个重要砝码。此外,浙江绍兴的中国轻纺城也正在着手编制类似的价格指数——"河桥指数"。

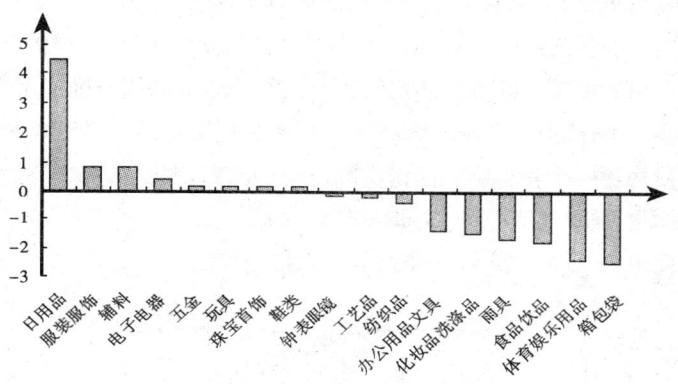

图2-3 义乌小商品指数分商品类别价格总指数涨跌幅排序
资料来源:连玉明、武建忠著,《景气中国》,中国时代经济出版社2007年版。

经过对产业集群的研究,中国的东南沿海地区处于一片红海战略之中,多数产业集群几乎形成垄断之势。这使得内陆省份发展新的产业集群的思路和出路变得空间狭窄,继续运用红海战略变得遥不可及。为什么?因为红海战略的结局必然是大量制造出低利润率的同质化产品,打价格战不可避免。继续重复这条路并非是中国中西部地区明智的战略选择。

那么试试蓝海战略。蓝海战略的立足点是差异化和低成本,它的手段是通过重建市场和产业边界,开启潜在需求,开创新的市场空间。长尾理论讲的是它的续篇,讲求从创意和网络入手,进入个性化生产的"蓝海"。在我看来,用经济学的一般原理来解释蓝海战略和长尾理论,讲述的都是同一种模式,叫大规模个性化定制(Large-scale Personalized Custom-made)。

这种定制原理的特点是:首先,数字化网络的技术运用才能降低成本。因为大小批量的生产都可以借助更低廉的网络成本优势实现经典经济学中的"边际成本递减"(Marginal Costs Decline),而只有"边际成本递减"才具有扩张性、侵略性和可

一度战略

复制性。遗憾的是，中国广大的中西部地区的主要特征是经济欠发达，正是这一点才导致西方学者眼中的蓝海战略无法在中国的中西部地区广泛应用。因为经济欠发达地区的首要目标是富裕指数（Affluent Index）。很难想像在湘西地区让农民省下买化肥的钱去买电脑，更难相信在大城市都难以推广的数字信息技术让中西部地区的人欣然接受。

其次，数字化的网络技术在西方开始普及时整整比中国早了20年。同时，有"数字化网络依赖症"的人群在中国意味着30岁以下的20世纪80年代的年轻人，而且是局限于城市化中的年轻人。掌握资源分配权者并不是这些30岁以下的人，30岁以上的决策者们把网络技术当做发展经济的竞争战术工具，而不是战略决策依据。尽管我们不应否认信息技术与网络技术会推动未来战略决策模型的变化，但是当我们还达不到蓝海战略要求的基本前提时，我们发展经济的战略模型是什么？

领海战略（Territorial Waters Strategy）提倡运用蓝海战略的基本理念和红海战略的成功策略，构建一个符合中国国情实际需要的领海（见图2-4）。所谓"领海"就是不管"红海"还是"蓝海"，关键要把它变成自己的海，又称之"取得领海权"。这在一定程度上与20年之前邓小平同志提出的"猫论"一脉相承。

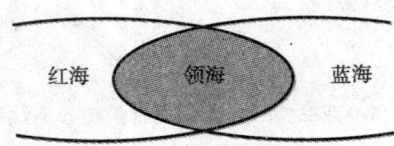

图2-4 从现实的红海到未来的蓝海之间形成的务实的领海战略

蓝海战略和长尾理论的第二个定制原理的基本特征是：实现了差异化和低成本的战略优化组合，改变传统"80/20"法则。

蓝海战略描述了一种关于取舍选择的突破性解决方案。自从迈克尔·波特（Micheal·Porter）在《竞争战略》和《竞争优势》这两部战略管理著作之后，市场竞争变成了一片红海，所谓"红海"是指竞争者之间互相杀红了眼，杀得血海一片。因为企业不得不在"差异化"和"成本领先"战略之间进行取舍选择，以便于取得竞争优势，最大程度地打败竞争对手，最大限度地占有市场份额。

可是，差异化战略就意味着成本增加，"成本领先"就意味着竞相降低价格，从而降低利润率。在这种"鱼和熊掌不可兼得"的两难选择中，企业如何摆脱血腥的你死我活的竞争呢？蓝海战略给我们描绘了这样一个蓝图：

通过价值创新，企业可以避免常规"差异化"战略下的高成本、高投入与高定价，从而实现买方与企业的"双赢"。企业需要做的，不是比照现有的产业最佳实践,而是改变产业景况,重新设定游戏规则;不是瞄准现有市场中"高端"或"低端"的顾客,而是面向代表着潜在需求的买方大众;不是一味地通过细分市场满足顾客的偏好,而是通过合并细分市场整合需求;不是把精力放在打败竞争对手上,而是放在全力为买方和企业自身创造价值飞跃上,并由此开创新的无人争抢的市场空间,彻底甩脱竞争。

价值创新是"蓝海战略"中最有价值的部分,它这样描述价值创新的途径:

要做到这一点,企业需要挑战两种常规战略做法,一种是只关注现有顾客;另一种是追求市场细分,满足顾客间的细微差异。通常,企业为了增加自己的市场份额,努力留住和拓展市场中的现有顾客,这常常导致更精微的市场细分,对产品和服务越来越量体裁衣,以求更好地满足顾客的偏好。竞争越是激烈,产品和服务的个性化程度就越高。由于企业竞相通过细分市场来满足顾客的偏好,他们开创的目标市场也就有过小的危险。

第一层次:目标市场。

第二层次:竞争市场。

第三层次:无竞争市场。

如图2-5所示,蓝海战略的市场结构图中的三个层次的市场,可以解读为第一层次的目标市场、第二层次的竞争市场和第三层次的无竞争市场。按照顾客识别的原理也可以依次理解为目标顾客、非目标顾客和潜在顾客。所以蓝海战略揭示了实现它的重要途径:通过价值创新所吸引、挖掘潜在顾客和非目标顾客从而摆脱激烈竞争的红海进入无人竞争的蓝海。

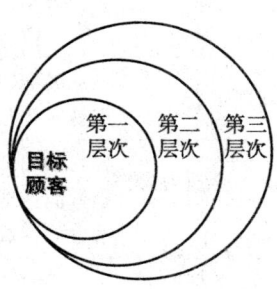

图2-5 顾客与竞争关系的三大层次

蓝海战略提出的价值创新原理无疑是给处于困境中的中国企业以亮点,但是它所指出的价值创新的实现过程却是荒谬的逻辑和不切合中国实际的狂想。那既不符合实际(企业采用蓝海战略的价值实现途径只会在增加成本的同时减少收益),也不符合经济学的最基本的价值规律。

首先我们看什么是市场经济。市场经济的核心动力和表现形式就是竞争。甚至

一度战略

市场经济这个词就源于"竞争"。至今还没有听说哪家企业进入了无竞争领域。领先型企业不同于一般企业在竞争领域的唯一区别,是领先型较早进入"无竞争区",但并非存在真正意义上的无竞争领域。假如第二个进入所谓的"无竞争领域",那么对于较早进入的领先型企业该怎么办呢?

按照蓝海战略的价值创新所实现的路线图,是否意味着第一个进入"无竞争领域"的领先型企业继续开拓第二层次和第三层次的市场?若是如此,有两个非常现实的难题需要蓝海战略来回答。

其一,市场的边界是不是空间无限大?边界的扩张是否出现卖豆腐的企业在和卖军火的企业来争夺市场?如果承认在人类目前科技水平下发现宇宙空间里只有地球适合人类居住的话,那么你就必须承认再无限的边界也会和另一个无限的边界重叠。这就意味着不存在无限边界的市场。

其二,开拓"无竞争领域"的市场成本有多高?蓝海战略并没有给予一个性质不同企业多种途径的选择方案。它只给了一个答案:互联网的技术应用可以降低市场开拓成本。这又回到了关于互联网在中国市场的现实状况的大前提中。蓝海战略是以一个高度发达的社会为前提的。我不是排斥互联网的作用,尽管谁都知道互联网改变世界也必将改变中国,但是现实中的企业困境不是仅仅靠互联网就可以解决的。市场竞争的实现途径依靠的是交换。请看中国企业是如何实现交换的(见表2-1)。

表2-1　　　　2006年地方举办的国际性会展情况

分类	地方	名称	基本情况
展会	北京	2006北京国际车展	为期10天,500多辆展车,1500多个厂家,10万观众
展会	青海	2006青海藏毯国际展览会	展会实现合同金额3960万美元,现货交易340万美元
展会	辽宁	中国国际人才交流大会暨高新技术展	2000余项高新技术项目,聘请经济专家方面达成1245项合作意向;聘请文教专家方面达成207项合作意向
展会	河北	第三届国际绿色农业精品展销会	13个国家和地区数十家公司、社会团体参展
交易会	上海	中国国际旅游交易会	历时4天,共接待参观者7.5万人次
交易会	海南	中国(海南)国际热带农产品冬季交易会	历时4天,共签订订单1237份,总成交金额105.72亿元人民币和1.86亿美元
交易会	云南	2006年中国昆明进出口商品交易会	参展企业达1180多家,经贸成交额累计达20亿美元

续表

分类	地方	名称	基本情况
交易会	广东	第八届中国国际高新技术成果交易会	42个国家和地区108个代表团,3278家参展商,9765个项目和2690家投资商,参观人数共达61.2万人次
		第100届中国出口商品交易会	共有来自212个国家和地区的192691名采购商到会,累计成交额达340.6亿美元,创历史新高
博览会	吉林	第六届长春国际农博会	历时7天,签订订单106份,总成交金额162亿元人民币,参会人数150万次
	辽宁	2006沈阳世界园艺博览会	184天盛展、接待中外游客1260万人次
	北京	第九届中国北京国际科技产业博览会	2048家企业参会,75个国际组织、外国政府代表团组,35个国家和地区3000多位境外来宾,23万参观者
		首届中国北京国际文化创意产业博览会	签订了184个协议,涉及签约资金37.63亿美元,折合人民币300多亿元
	浙江	2006中国义乌国际文化产业博览会	为期3天,在大件文化产业交流平台、培育文化产业交易品牌等方面做出了有益的尝试
	山东	山东(国际)文化产业博览会	总人数达96.5万人,合同类项目签约有137个,投资总额316亿元,融资总额217亿元
		中国国际消费电子博览会	参展企业达310多家,吸引境内外专业观众4.1万人
	江苏	第二届中国国际软博会	48项重大项目签约,12家软件人才培训基地被认定
		中国国际数码文化博览会	——
	广东	第二届中国国际文化产业博览交易会	共有90.63万人次参观,总成交额超过100亿元,超亿元的成交项目达28个
		中国国际中小企业博览会	参展企业3970家,其中境外参展企业948家;50亿元人民币的订单
		中国国际航天航空博览会	33个国家和地区约550家航空航天企业参加航展
	湖南	湖南第八届(国际)农博会	参会人数高达78万人次,实现交易金额132.8亿元
		中国(长沙)国际车博会	逾200家企业参展

一度战略

续表

分类	地方	名 称	基 本 情 况
博览会	广西	第三届中国东盟博览会	贸易成交总额12.7亿美元,签约国际经济合作项目132个,国内经济合作项目301个
	河南	2006中国·郑州首届大厨房文化节、现代厨房用品博览会、农副产品交易会	郑州"大厨房农副产品物流港"一期工程开业并投入运营

资料来源:连玉明、武建忠著,《景气中国》,中国时代经济出版社2007年版。

从区域看,2006年地方举办会展最多的是东部发达地区,而这些地区都是互联网普及率最高的地区(见图2-6)。

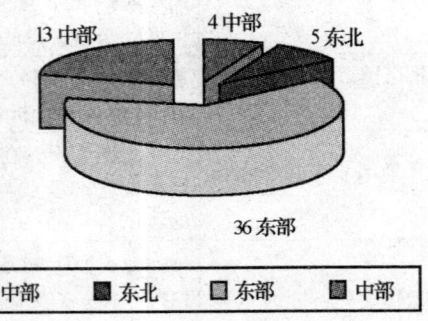

图2-6 2006年地方会展举办区域分布情况

资料来源:连玉明、武建忠著,《景气中国》,中国时代经济出版社2007年版。

成交额最大的是在广州举办的第100届中国出口商品交易会,共有来自212个国家和地区的192691名采购商到会,累计成交额达到340.6亿美元。

蓝海战略原想把世界和中国带向一个正确的方向,但是由于它实现工具的局限性,蓝海战略中最具有革命性的战略思想的光芒被掩盖住了。它不应该用一种工具去否定另一种工具,因为在现实生活中,即便是"网虫"们也不排斥传统工具。这正如互联网上出现了"网上书店",难道新华书店就一定会关门吗?各位可以留意一下到新华书店买书的人,看看他们大多数是不是年轻人。这又如同有了克隆技术,人是否就再也不需要怀孕呢?

按照领海战略的营销视野,消费者的消费行为和消费心理有一个特定规律。如表2-2所示。

也就是说,消费者的初次购买是由于消费者改变了过去的消费偏好所带来的消费行为。可是,消费偏好是容易改变的吗?

表 2-2　　　　　　　　消费者的消费行为和消费心理规律

消 费 行 为	消 费 心 理
初次购买	重复购买
推荐购买	消费偏好
消费习惯	消费忠诚

北京人见过那么多世面，却无法改变喝酒爱喝"二锅头"的情结。在提倡"与时俱进"的现代化过程中，在面对高档白酒和洋酒试图改变他们的消费偏好时，北京人做了一个有趣的选择——生产高档"二锅头"来抗衡竞争。

无怪乎那么多世界名牌的洋酒抢滩中国 20 年，都无法撼动中国白酒占市场主导的地位。这些名牌洋酒的制造者们应该是最先了解到"蓝海战略"的人。

中国的社会环境和国际环境有哪些本质性的重要差异呢？

● 企业间复制能力超强。

一家企业辛辛苦苦开拓的蓝海战略在最短时间内可以变成杀声阵阵的红海，所以完全采用蓝海的成本太高，风险太大。

● 中西方开拓新市场的效用模式不同。

西方市场是一个相对理性而成熟的市场，再加上有良好的市场保护机制，所以西方的企业在运用蓝海战略开发新客户时，大多是沿着"谁首先开发谁享有开发成果"的模式。这样的话，既然能享受开发后的市场成果，就不怕开发市场所必须要支付的消费者前期教育成本。

可是中国市场就不尽相同，请看作为中国最早普及保健概念的第一代保健品的先驱"太阳神"是如何陨落的。

案例 2-1　"太阳神"的陨落究竟意味着什么

虽然升起的太阳都有落山的时候，但是，中国保健品市场的名牌"太阳神"的陨落还是让我们有太多的惋惜，太多的遗憾！怀汉新，中国保健饮品行业的创始人，太阳神集团的掌门人。当他以每股 0.072 港元的超低价格将太阳神发行股本出售给香港曼盛生物科技有限公司董事长劳玉仪时，也就意味这"太阳神"走完了 14 年的升起、辉煌、衰退、陨落的全过程。

1988 年，"太阳神"在中国市场喷薄而出，光芒四射，其品牌的视觉形象是何等的耀眼，企业的经营业绩是何等的辉煌。即使是现在，当我们回想起"当太阳升起的时候"那雄壮浑厚的音符时，内心仍然会涌动着这一品牌所激起的民族豪情。1988 年太阳神集团成立。1990 年太阳神的销售额就达到 2.4 亿元。到 1992 年，太阳

一度战略

神已经红遍大江南北，成为中国保健饮品行业的一面旗帜，市场份额占到 63%。1993年是太阳神集团最辉煌的一年，营业额达到 13 亿元的最高纪录。也就是从这时候开始，如日中天的太阳神进入了"下午"的运行轨道，光芒逐渐暗淡下来，终于风光难再，日落西山。

保健品市场始终使用利润的"取脂定价法"，高额的利润、丰厚的回报引来了众多竞争者的染指。据统计，20世纪 90 年代中期中国市场上有各类保健品 3 万多种，仅各种鳖精、乌鸡精之类就有数百种之多。如果没有基于保健医学基础上的技术创新和产品开发，如果不能瞄准具体的消费者群体进行针对性的市场开发，也就很难在保健品市场上独领风骚。正是从这个意义上说，技术开发能力是企业生命力的体现。

10 年以前，中国保健品市场处于拓荒期，任何一种保健品，只要有一定的"推销"力度，都能够收到相当的市场效果。那个时候，各种小广告大街小巷漫天飞，家家户户的门缝里都塞满了保健品的说明书；周末的社区里随处可见身穿白大褂的"义诊大夫"，"诊"完之后不管你有病没病都向你大讲特讲"××口服液"的好处，而且必是如何如何地适合你。由于那时的消费者尚处于"试试看"的盲目消费阶段，或是尝试，或是盲从，别人喝也跟着喝。在企业家看来，"全国 12 亿人，1 人喝我 1 盒口服液，至少也有 500 亿元的市场。"那时候的企业家就是这样，没有理由不踌躇满志。市场一不小心还真是成就了几个经营保健品的名牌。

资料来源：张世贤，《现代品牌战略》，经济管理出版社 2007 年版。

用红海战略的企业会慢慢消失，可是用蓝海战略的企业会消失得更快。那么，请问用什么样的战略才能积极健康成长呢？

第二节 走进领海

如果你有一艘渔船，你是选择近海作业呢？还是深海作业？抑或有第三种选择（见图 2-7）？

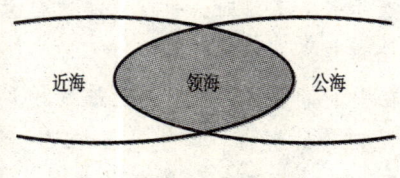

图 2-7 领海示意

第二章 红海和蓝海间有一片领海

选择近海，可是竞争船只太多，鱼虾又少；选择深海呢，尽管你知道那里的竞争对手少，可又担心"山高路远坑深"。当你读完这本书，我相信你会选择第三条道路，因为这条路的性价比最高。

内水（Inner Water）是领海基线向陆地一面的水域。它包括沿海国沿岸的河口、港口、海湾、海峡、泊船处、低潮高地等。

公海（International Waters）是海洋上除了国家专属经济区、领海或内水或群岛国的主权及群岛水域以外的全部海域。

领海（Territorial Waters）是一个从领海基线，即沿岸国陆地领土及其内水以外，或者群岛国群岛水域以外向海洋延伸3~12海里的海域。

相对于深处的公海而言，领海上活动的本国船都有合理合法的开采权和渔业权。

那领海战略究竟又意味着什么呢？我们先从湖南文化湘军的领海战略说起。湖南地处中国的腹地中南，她既没有南方邻居广东省的工业产业集群优势，没有东方邻居江苏、浙江、上海的沿海经济优势，没有北方邻居湖北、河南的中原文化的底蕴，也没有西部邻居船夫之国的富饶沃土。湖南要发展，依据什么样的战略呢？假设把湖南的东方和南方工业化程度比较高的邻居比作红海，把西部和北方内陆腹地比作尚未大规模开发的新兴市场蓝海，那么湖南用文化湘军的战略可以总结为经典的领海战略。

东、南是红海，北、西是蓝海，用南方的工业化复制北方的文化，变成领海。

文化产业是一个国家和地区的重要"软实力"（Soft Power）。据不完全统计，目前国内已有8个省提出要建立文化大省，其中湖南省已经成为领头雁。1996~2005年湖南文化产业产值年均递增12.0%，夺得中国文化产业发展的20多个第一（见表2-3），被誉为"文化湘军"。

表2-3　　　　　　　　　2005年湖南文化产业总产出、增加值

层别	行业分类	总产出		增加值	
		总量（万元）	结构（%）	总量（万元）	结构（%）
核心层	第一部分　文化服务	3 079 363	52.70	1 625 434	59.96
	一、新闻服务	784	0.01	656	0.03
	二、出版发行和版权服务	1 076 903	18.43	478 558	17.65
	三、广播、电视、电影服务	509 555	8.72	255 093	9.41
	四、文化艺术服务	73 704	1.26	47 171	1.74
	核心层小计	1 660 946	28.42	781 478	28.83

一度战略

续表

层别	行业分类	总产出		增加值	
外围层	五、网络文化服务	29 765	0.51	20 357	0.75
	六、文化休闲娱乐服务	1 209 418	20.70	712 980	26.30
	七、其他文化服务	179 234	3.07	110 619	4.08
	外围层小计	1 418 417	24.28	843 956	31.13
相关层	第二部分 相关文化服务	2 763 647	47.30	1 085 358	40.04
	八、文化用品、设备及相关文化产品的生产	2 312 061	39.57	761 619	28.10
	九、文化用品、设备及相关文化产品的销售	451 586	7.73	323 739	11.94
	合计	5 843 010	100	2 710 792	100

资料来源：连玉明、武建忠著，《景气中国》，中国时代经济出版社2007年版。

产业支柱"四轮驱动，两翼齐飞"

"四轮驱动"是指推动新闻出版、广播电视、演艺娱乐、报刊业齐头并进；"两翼齐飞"就是大力发展旅游业和会展业，推动文化产业全面发展。广播电视、出版、报业、娱乐是湖南文化产业的重要支柱，并形成了以湖南出版集团、湖南广播影视集团、湖南日报报业集团、长沙晚报报业集团、潇湘电影集团和长沙广播影视集团6家大型文化产业集团为代表的享誉全国的"电视湘军"、"出版湘军"、"动漫湘军"和"报业湘军"（见图2-8）。湖南广电集团资产由1992年的4亿元骤增至2005年的86.4亿元，综合实力名列全国文化产业50强第4位；湖南出版集团连续4年入围我国500强企业，已成为全国重要的出版基地；卡通形象"蓝猫"是全国动漫届的唯一驰名商标，金鹰卡通卫视是全国首批上星的三家卡通卫星频道之一。《体坛周报》2004年销售收入达到2.57亿元，发行和广告均占据了全国体育类报刊50%以上的市场份额，成为全国综合实力最强、发行量最大的体育类报纸。"超女"的整个产业链条直接总收益约7.66亿元，如果再按照上、下游产业链间倍乘的经济规律分析，"超女"对社会经济的总贡献至少达几十亿元（见表2-4）。

为什么湖南能发展文化湘军？为什么不是北京、西安、洛阳、南京这些历史名城？为什么不是中国儒教的发源地，曾出现过"一山一水一圣人"的山东？为什么不是有着足够经济实力发展文化大省的广东、江浙？

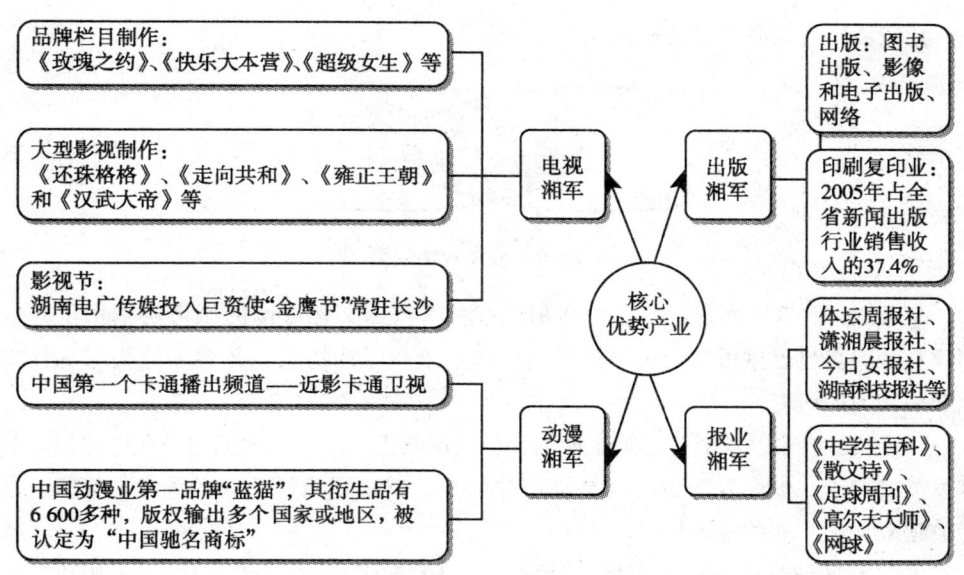

图2-8 文化湘军核心优势产业主要内容

表2-4 2005年"超女"产业链各利益方直接总收益

分类	具体企业	收入内容	收入数值（万元）
节目制作商	湖南卫视	冠名赞助	约2 000
		广告	至少1 800
		短信	约3 000
节目品牌运营商	上海天娱传媒	广告代言	至少1 000
		商业演出	约1 500
		唱片	约250
赞助企业	蒙牛乳业集团	酸酸乳饮品	约55 000
广告代理商	湖南电广传媒	广告业务代理	至少1 200
		股价增值	13 000
电信运营商	多个企业	运营服务费	约900
短信增值服务商	TOM无线、掌上灵通	增值服务费	约2 100
娱乐包装公司	多个企业	门票、唱片	至少7 700
广告代理商	超女相关网站	广告	至少100

资料来源：连玉明、武建忠著，《景气中国》，中国时代经济出版社2007年版。

一度战略

让我们回到领海战略的模型上来。如图2-9所示：

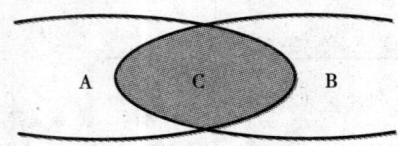

图2-9 领海战略模型

A区域：北京、西安、南京、洛阳这些具有浓郁文化底蕴的城市均采用垂直价值评估法突出自己城市在历史中的纵向优势。这种纵向历史比较容易放松对现代文化吸引能力的研究。

B区域：广东、江浙一带最主要的优势资源是工业产业化的能力。在中国经济高速发展的今天，他们自然不愿放弃自己的优势，越是强调自己的经济竞争优势，越是放松对文化产业的深入研究。

处于C区域恰恰是既无A优势又无B优势的湖南，但C区域却可以采用比较经济学的大脑集合红海战略的B区域和蓝海战略的A区域，形成自己差异化战略——领海战略，用B区域的工业化、产业化手段解决A区域，使其拥有文化资源优势成就了湖南省的文化产业化。

丰饶经济学之惑

A区域和B区域交叉的越多，C区域的比较优势就越大。传统的经济学研究是基于短缺经济，认为市场的短缺需求加快了工业化、产业化的形成；伴随着工业化中激烈竞争的出现，你死我活的红海战略应运而生。蓝海战略和长尾理论的研究是基于想摆脱红海战略的丰饶经济学。《长尾理论》（The Long Tail）的作者克里斯·安德森在书中反复提到一个名词叫"丰饶经济学"（The Economics of Abundance）。所谓丰饶经济学是作为与传统的短缺经济学（Scarcity Economics）的对比而存在的。丰饶与短缺，均指的是选择性的丰饶和短缺。传统经济是供给方规模经济，把单一品种实现大规模生产；大规模生产的必然结果是选择的短缺。新经济是需求的规模经济，数字化和网络化的信息革命的兴起极大地解放需求方差异化和选择多样性的选择空间。选择空间的丰饶是丰饶经济学的社会经济全球背景的重要支柱。

既然丰饶经济学的原理是信息技术推动选择空间的扩充，那么丰饶经济学还是没有改变与短缺经济学同样的价值分析模式，即以重点和控制为主的垂直方向的价值制造模式。因为选择空间的短缺或丰饶均是在同样的空间里进行垂直方式的历史比较，这就不可避免地使丰饶经济学成为了一个有一定的充分必要条件下的，受历史垂直比较局限的经济学。换句话说，丰饶经济学是有条件的，即信息技术的高度发达足以使整个社会的选择空间变得宽广而平坦。但这一点不仅在中国不能够完全成立，在世界上80%的国家和地区也不能成立。基于丰饶经济学的长尾理论所举出的大量快速成长企业的案例，也是基于IT技术的企业，这对于那些中国大量的并非基于IT技术和制造业和服务业而言，丰饶经济学、蓝海战略和长尾理论变得无法应用，遥不可及。

当然，我们不能以利己主义的眼光对丰饶经济学以及它的子孙蓝海战略、长尾理论求全责备。经济学之所以"经济"，就在于它以经济的眼光预测了未来，避免经济社会在通向未来的路上不够经济。

领海战略的根基——比较经济学

本书所提出的领海战略所依据的是比较经济学（Comparative Economics）（见图2-10）。由于比较经济学的价值分析工具采用的是以联系与条件为主的水平方向的价值制造模式，所以比较经济学立足于现实与未来的交汇处进行横向价值分析，从而为现实社会经济提供可以预测、可以应用的解决方案。可以这样形象地比喻，**比较经济学一半是红海，一半是蓝海，它为那些正在进行信息技术普及但尚未形成主流经济技术的国家、地区和经济组织提供了通向未来选择空间的光辉、现实主义大道。**

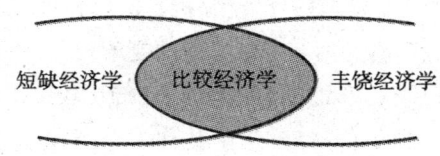

图2-10　比较经济学示意

英国历史学家汤恩比（Toynbee）（A. J. Toynbee，1889~1975）写过一本历史书《历史研究》（A Study of History），书中采用的就是用比较历史学的眼光来论述历史，改变人们用垂直眼光看历史的为研究而研究的教条模式。联想到2007年夏天，中国中小学生的历史教科书改变了以时间排序、垂直分析历史的方法，而采用了横向比较、水平联系的论述历史方法，这也是历史学本身的进步。再一步联想到湖南省的文化湘军现象，不就是运用比较经济学横向比较，水平联系得出的差异化比较优势的结果吗？

实际上，比较经济学并不新鲜。我们先回顾一下比较经济学的发展历程。

比较经济学诞生于世界经济跌宕起伏的20世纪30年代，源于美国。第一次世界大战结束后，美国凭借远离欧洲主战场的天赐良机迅速积累起巨额财富，成长为世界金融经济中心。1929~1933年经济大危机的恶果，不仅令整个美国经济几乎濒于"全部毁灭"的边缘，整个资本主义世界也陷入萧条的深渊。而反观世界的另一

一度战略

端——原苏联,却欣欣向荣,经济发展一日千里。1928～1940年,原苏联创造了一个行政指令的经济。斯大林的工业化、农业集体化,使苏联经济在一种高度集权的封闭式状态下一下子发展起来。

西方深重的经济危机证明,资本主义经济内在的"自动调节机能"已经愈益失灵;同时也宣告了以亚当·斯密古典学说为中心内容的自由放任主义传统经济理论思想的破产。如何拯救濒于崩溃境地的美国经济?经济学家们将目光转向了苏联模式,开始从结构和效果两方面认真比较分析两种经济体制的优劣。可以说,在那个时候从事比较经济学研究的经济学家们的心目中,比较经济学的存在是以资本主义制度与社会主义制度的对立存在为基础的。这种受"主义"比较法支配的比较经济学研究,一直延续了约30年。

到了20世纪60年代中期,两大"主义"制度内部渐渐出现了"变异",形成了不同的制度变种。在这个变异的"刺激"之下,比较经济学才得以打破以"主义"划分经济体制的窠臼,比较经济学作为一门学科才真正形成。

又过了二十余年,到了20世纪80年代末,前苏联东欧国家政治剧变所引发的经济制度变迁,对比较经济学提出了全面挑战。这是因为,在当时的比较经济学框架内,根本不可能对这种突如其来的制度变迁的过程进行描述和比较分析,而现实迫切需要对此作出有理有据的、透彻的比较分析。这样,现实的需要推动了比较经济学从研究对象、研究方法和研究内容等诸方面的变革。

历史在这里画了一道线。20世纪90年代以前的比较经济学被学者们称为"传统比较经济学",90年代以后的比较经济学则被称为"新比较经济学"。传统比较经济学具有这样几个缺陷:第一,仅凭借已有理论简单对各国经济体制进行分类和比较,而忽视了借助经验性研究对现有理论提出挑战;第二,受主流经济学理性最大化和必然进步两种观念的支配;第三,以结构主义为理论基础,只关注结构的经济方面,而把其他方面视为外生变量。

"新比较经济学"秉承了"传统比较经济学"的基本理念,但在方法、理论、内容和观点,甚至体系方面作了极大甚至根本性的改进。它从生产力变化以及经济环境、政治、历史、文化传统和地理条件等方面的差异来比较经济体制,因而能对经济体制的变异、多样性和演化过程做出历史性说明,并为政治经济和社会政策提供了较为健全的认识基础。

例如,美国爱达荷艾伯森学院(Albertson College of Idaho)的国际经济学家、福布莱特学者James Angresano教授,在其1996年出版的专著《比较经济学》中,运用演化经济学的方法、历史递进的方式,深入探究当今世界上各种经济体制形成的历史根源,并从哲学、历史、政治等多种角度作细致分析,比较了各自的绩效。

墨尔本大学政治学系的 R. C. Mascarenhas 教授在 2002 年出版的《工业资本主义的比较政治经济学》（A Comparative Political Economy of Industrial Capitalism）一书中，批判吸收了新古典经济学和新政治经济学的理论，借助制度主义的分析方法，着力分析在全球化和新技术革命背景下的工业资本主义的变化。他总结出了现代资本主义的三种代表模式：盎格鲁－美国模式、德国社会市场模式和日本－东亚模式，并对这三种模式一一作了分析和比较。

美国北卡罗来纳大学经济学教授 Steven Rosefielde 则强调文化因素对经济体制差异性的决定性影响，并且对权利和贫富差距给予了较大关注。他对比研究了完全自由经济和完全管制经济，并描述了欧美、日本、俄罗斯、中国和韩国等国家的市场经济体制。他在此基础上展望世界经济体制发展趋势的尝试，留给学界很多启示。

尽管比较经济学在今天得到很大的发展，体系在逐步完善，但是运用比较经济学研究经济战略的分析工具、分析方法却是我的发现。在研究战略应用时，应当这样来定义比较经济学：

比较经济学是在选择既存在短缺又存在丰饶的条件下，运用横向比较、水平联系的方法创造出来的价值模式，从而取得差异化的比较优势。

这其中的关键词是短缺和丰饶。

在比较经济学来看，短缺和丰饶是相对的。信息革命的结果是多样化的，不一定带来的都是选择丰饶的影响。短缺经济学和丰饶经济学的硬伤是硬性区隔选择空间的短缺和丰饶，忽视了以人为本，是纯粹的为经济而经济的经济学。

1. 横向比较，水平联系

横向比较是比较经济学的工具，水平联系是创新价值的方法，这两点找到了经济学在应用型战略研究中的坐标轴（见图 2－11）。

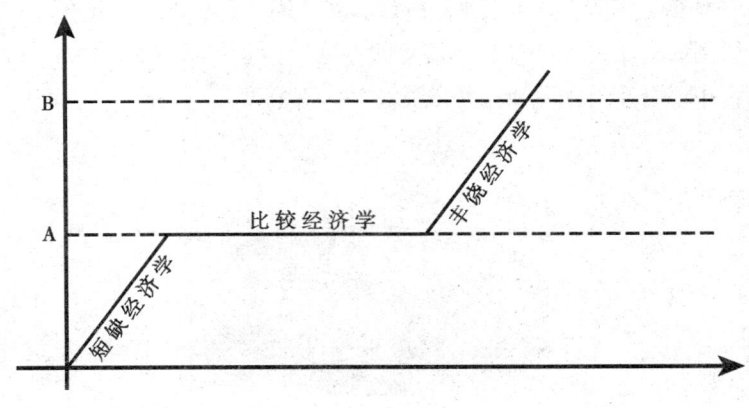

图 2－11　比较经济学

由于采用的方法是水平式的、横向式的,所以比较经济学不是僵硬的、静态的比较,而是日益更新的动态平衡过程。因此,在比较经济学的战略应用模型中,比较结果——差异化比较优势,可以从 A 到 B,再到下一个更高更远的水平点。

2. 差异化比较优势

既然是差异化,又何必是比较呢?所有的经济学在战略研究层面都试图解决"差异化"和"成本领先"两者能否兼得的问题。基于比较经济学的领海战略解决了这个课题,因为"差异化"和"成本领先"不是静态的垂直方向,而是动态的水平方向的比较结果。一个经济组织的任务就是保持比较优势并使优势逐渐扩大(见图 2-12)。

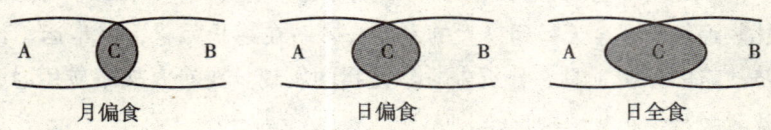

图 2-12 差异化比较示意

资料来源:www.no1cc.com

你幸福吗?

一份有趣的调查,有关幸福感的调查备受关注。2005 年公众幸福感调查显示:近五成被调查者感到幸福(见图 2-13)。中国社会调查所(SSIC)从 1995 年开始,每年都进行一次常规民意调查,旨在了解公众对现状的满意程度和幸福程度。从对 2005 年社会满意度调查的数据来看,在幸福感方面,设定了包括健康状况、物质生活水平、精神生活水平、受教育程度、国际地位、社会和谐度 6 项指标。公众在幸福感方面(平均值),近五成被调查者感到幸福。其中非常满意的占 10.5%;满意的占 37.1%;感到一般的占 32.9%,不满意的占 16.5%;很不满意的占 3.0%。在幸福感的 6 项指标中,公众对国际地位是最满意的,满意度为 74.4%。

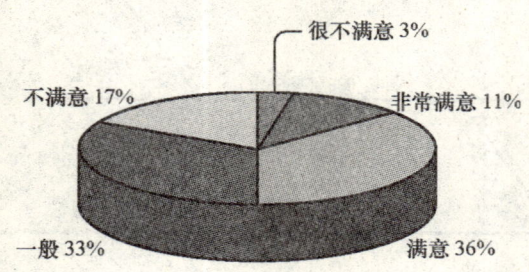

图 2-13 中国社会调查所公众幸福感调查结果

而另一份由中欧国际工商学院对外发布的《2005 中国城市及生活幸福度调查报告》，则重点反映生活在北京、上海、天津、重庆、成都、杭州、南京、沈阳、西安和广州等十大城市的幸福度感受。调查显示，在国内十大城市中，生活在杭州感到最幸福，而上海则最具吸引力。在十大城市人情幸福度的排名中，人情味最浓的城市是成都、重庆和杭州，而经济最发达的上海、北京和广州却正好名列人情幸福度排行榜倒数第二、第三和第一名。

此外，1 月 10 日国家统计局在其官方网站上公布了 2005 年全国群众安全感调查主要数据公报，对作为影响社会幸福感重要因素的群众安全感情况进行了调查。数据显示，对于目前的社会治安环境，认为"安全"的人占被调查人员总数的 37.1%，认为"基本安全"的占 54.8%，认为"不安全"的占 8.1%。与 2004 年相比，认为"安全"的比重上升了 2.6 个百分点，认为"基本安全"的下降了 1.6 个百分点，认为"安全"和"基本安全"的占到了 91.9%，比 2004 年上升了 1 个百分点。另外，还公布了群众最关心的各种社会问题（见图 2 - 14）。

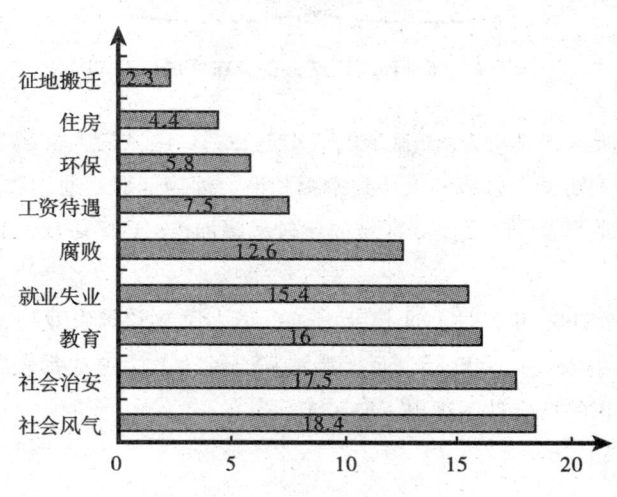

图 2 - 14　群众最关心的社会问题

资料来源：连玉明、武建忠著，《景气中国》，中国时代经济出版社 2007 年版。

何谓幸福，一是指快乐；二是指逃离痛苦的速度。因此，幸福是比较条件产生的。

国家主席胡锦涛提出的科学发展观也是这个道理。他在解释科学发展观时说，公平公正是和谐社会科学发展的基石。

有数据显示，目前我国基尼系数已达到 0.46，这表明中国的贫富差距已达到国际公认的中等水平和警戒线。2006 年以来，中央连接召开多个有关收入分配体制改革的会议。5月26日，中共中央政治局召开会议，研究改革收入分配制度和规范收入分配秩序问题；着力提高低收入者收入水平，扩大中等收入者比重。6月24日，有"经济宪法"之称的《反垄断法（草案）》首次提请十届全国人大常委会二十二次会议审议。这些都是朝着构建公平公正的社会秩序迈出的坚定步伐（见图2-15）。

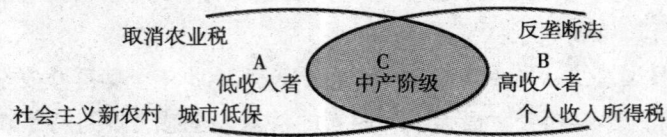

图2-15 构建公平、运正社会示意

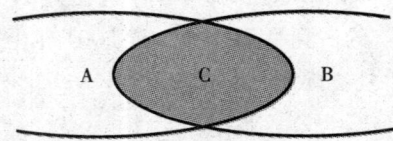

图2-16 不同区域人群分布区域示意

如图2-16所示，显然A、B区域的人群越少，C区域的人群越多，社会的幸福感、和谐感越强。处于C区域的人感到幸福和谐，因为他们是通过和A、B两个区域的比较而产生的幸福。C区域比B区域的比较幸福加倍，C区域比A区域的比较痛苦减少。

方法是什么？2006年1月1日起废止《中华人民共和国农业税条例》生效，惠及了占人口70%的农民；2000年《反垄断法》开始生效，这些都表明中国正在朝着一个构建公平公正的社会秩序迈出了坚定步伐。

第三节　中国企业的比较优势

中国是全世界瞩目的新型经济体。过去，全世界都感受到中国制造的强大生命力，中国制造颠覆了西方产业革命的众多领域的工业化模式。比如西方工厂用了几百年时间代代相传培养的产业人，可能一觉醒来发现被广东一个名叫东莞的小镇赶超了。而这所小镇里的人在30年以前还是日出而作、日落而息的种水稻的农民。当西方学者研究中国现象时，他们关注的话题变成：未来的30年，中国将带给世界怎样的奇迹？

第二章　红海和蓝海间有一片领海

中国的经济战略无疑是赶超欧美，不仅仅变成经济大国，而且要成为经济强国（Economic Power Country）。中国正不遗余力地培养下一代年轻人的数理知识和计算机知识（这是蓝海战略所描述的未来时代成功的必备条件），中国正在建立高度发达的通讯基础设施和交通设施（如今中国的任何一个大城市都像是一个大工地），中国广袤的中西部地区还在吸引外国投资。

不仅如此，中国开始学会着眼于未来，中国希望有一天看到世界顶级服装和飞机机翼都能在中国完成设计。中国企业已经越来越清晰地描绘在未来30年的历史将见证中国经历"中国制造（Made In China）——中国设计（China Design）——中国品牌（Chinese brand）"的伟大梦想。在参与全球合作的过程中，中国企业必须认清自己的优势，在横向比较、水平联系的战略思维中，确认自己的比较优势；在一个不断提升自己的比较优势的领海战略里保持差异化的全球优势。

从中国设计到中国品牌的飞跃

过去30年，当中国和西方的两位巨人握手时，西方的眼睛盯住的是中国廉价的劳动力和资源；未来的30年，当中国和西方再次握手时，西方的眼睛里对中国设计能力和全球品牌形象力惊羡不已（见图2-17）。

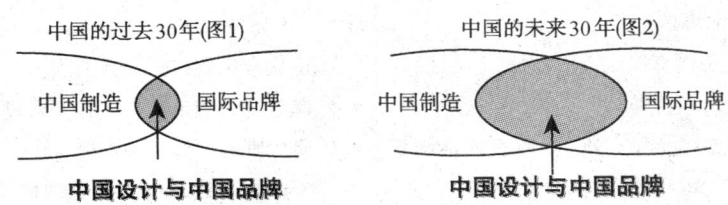

图2-17　中国前后30年比较示意

如果按照领海战略的水平分析法，中国企业在成为世界品牌之前须经历三个阶段——过去式（中国制造）、现在式（中国设计）、未来式（中国品牌）。如图2-18所示，通过中国设计从A点到B点的不断提升，中国企业越来越成为国际品牌。当然"中国设计"这个词的本身包括如下含义：产品设计、研发、技术和服务创意等一系列的创造性劳动。中国设计是中国企业在全球战略中一定要走过的一段关键之路。

- 中国设计有助于提高附加价值；
- 中国设计有助于提高制造业的进一步壮大；
- 中国设计是中国产品成为全球品牌的最为关键的内容。

为了研究"中国设计能力对中国企业的全球竞争力的影响"这个课题，10年来

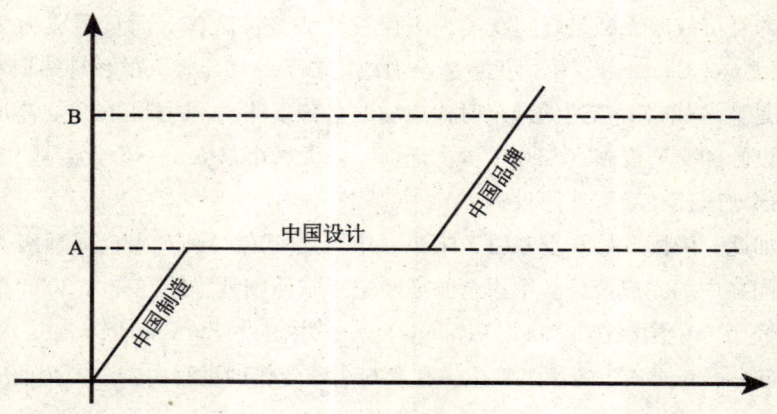

图 2-18 中国企业成为世界品牌的三个阶段

我翻阅了大量西方企业品牌成长的历史资料,跑了 550 家典型的中国制造企业。他们分布在塑料制品、成衣制品、箱包制品、灯饰、电光源、小家电、汽车配件、鞋业、内衣、建筑陶瓷、民用陶瓷、整体橱柜、家私家具、床上用品、窗帘布艺、电子元器件、锁、五金等二十多个行业。调查结果显示如表 2-5。

表 2-5　　　　　　　　　　中国设计的比较优势与困境

最大的比较优势是:	最大的困境是:
• 从全球范围而言,制造成本低 • 中国政策环境优势 • 中国产品的设计能力正逐渐被国际市场认可 • 由于全球信息的畅通,企业复制设计和技术能力很强	• 制造成本优势在一天天丢失 • 法制越来越规范,要求转变管理模式 • 价格战影响利润,调查的 500 多家企业中有 45% 企业说 2006 年有产值,但没有利润 • 不清楚战略方向,有 65% 的企业根本没有制定过 5 年以上的战略

调查报告还显示了一个十分有意义但值得担忧的现象,有占 45% 的企业家说对两件事情信心不足:

1. 中国国内市场

由于习惯了 OEM、ODM 式的国际订单订货式生产,这些企业家从未有过自己企业做国内市场的经验,更多的人愿意承认有过教训,所以,尽管国际订单所给的利润率很低,可他们仍乐意为之。

2. 创建品牌

这些企业家十分清楚企业创建品牌意味着什么,所以十分向往,但苦于不知道如何下手,从何处下手,不知结果会怎么样。甚至有 1/3 左右的企业家认为企业请设计公司、广告公司画了一个漂亮的 LOGO 就算有品牌了。可见，帮助中国企业家规划比较优势，确立一个明确而且简易可行的战略模型多么急迫而重要。

首先，我们来研究一个仅用 30 年成就一个国际知名品牌的策划。

案例 2-2　ZARA：平民的时尚

不做广告，不打折，不外包，并没有妨碍 ZARA 在服装界刮起一道又一道的西班牙旋风。作为时尚界的领袖，ZARA 的品牌战略显示了与时代精神和消费者深层需求的高度契合。

提起"时尚"一词，我们往往会想到雍容的 Chanel、高贵的 Dior，奢华的 GUCCI，甚至优雅的 Amani。"高档、时尚、奢侈"几乎就是他们的代名词，几十甚至上百年的发展史使其更多地融入了贵族感。有谁能够想到，昔日名不见经传的 ZARA 近年异军突起，带着它的快速时尚模式冲破时装巨头的垄断，在时尚界刮起了一道"西班牙"旋风，俨然成了时尚品牌的领导者。

也许对于很多中国消费者来说，2006 年才进驻中国内地的 ZARA 仍旧是一个陌生的名字。ZARA 始创于 1975 年，它既是服装品牌，也是专营 ZARA 品牌服装的连锁店零售品牌。现在，ZARA 已在全球 50 个国家拥有 700 多家分店，并且每年都以 70 家左右的速度增长。2007 年 ZARA 在全球 100 个最有价值品牌中位列 90 名。

"以史为鉴，可以知兴替。"不同时代品牌的兴衰史告诉我们一个伟大品牌的崛起往往与其品牌精神、整体时代精神及消费者深层需求高度契合。ZARA 通过品牌的 3V（Valuable Customer，Valuable Proposition，Value Network）战略，实现了其急速发展。品牌 3V 战略首先要细分品牌的价值客户，并要求有独特的价值主张来吸引这些价值客户；同时需要独特的价值网来支持品牌战略的实施（即品牌的 3Vs 战略）。传统的品牌战略通过营销组合的改变是不能满足这种需求的，它的赢利模式在全球所向披靡大获成功正是对此最好的诠释。

ZARA 为价值顾客提供一个价值主张（见图 2-19），或为重要顾客提供什么。按照细分理论，不同的顾客群有着不同的价值需求。正如同开宝马的人都追求张扬的个性和时尚，奔驰客户群需要尊贵感，不同的价值客户群有不同的价值主张。通过最大程度地满足不同顾客的需求，增强了品牌吸引力和顾客价值，也提升了品牌价值。

在激烈的市场竞争中，依逻辑解决问题的常规不再适用，企业需要把精力聚焦于通过新的创意开辟企业发展的"蓝海"。ZARA 与大多数企业从现有顾客那里学习经验不同，它通过对顾客价值的挖掘，教育潜在顾客消费与自身显著不同的价值主张，打破了"品种多、批量大"的传统天条，使"模仿、多数、少量"成为当红的

一度战略

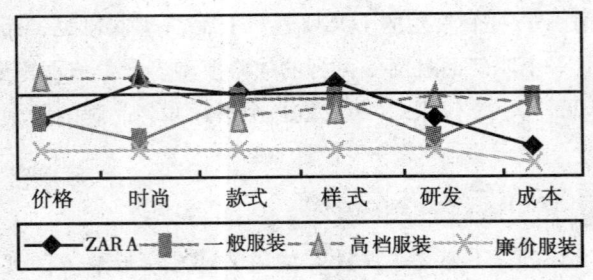

图 2-19 ZARA 价值主张示意

价值主张,让消费者认定了 ZARA 就是平价、多款、时尚的代表品牌形象。

在 ZARA 店,顾客总是可以找到自己期望的"流行"服装,省却了他们的奔波之苦。频繁的更换和更多的选择,造就了 ZARA 对于顾客的独特吸引力。这得益于 ZARA 对于产品设计与开发的巨大投入。ZARA 拥有的近 400 名设计师是典型的"空中飞人",他们经常坐飞机穿梭于各种时装发布会之间,或者出入各种时尚场所。据悉,在欧洲,ZARA 每年都要向那些顶级品牌支付几千万欧元的侵权罚款,但 ZARA 并没有因此放弃"模仿"。这种设计模式,显然从中赚取的利润要比罚款的数额高得多。此外,ZARA 还将其分散于世界各地的商店与其总部相连,店里的销售人员和店铺经理将他们所观察到的各种信息,随时随地通过特制的笔记本电脑和因特网发往总部。

与其他服装零售商相比,ZARA 每一款服装的生产数量都非常小,即使是畅销款式,也只供应有限的数量,常常在一家专卖店一个款式只有两件,卖完了也不补货。一如邮票的限量发行提升了邮品的价值,ZARA 通过这种"制造短缺"的方式吊起消费者的胃口,越是不容易得到的,越能激发人的欲望,这极大增强了顾客对于紧俏商品购买的积极性。

在明确了品牌的重要客户以及提供的价值主张后,就需要通过建立价值网络来对品牌战略实施进行保障,以保证执行的有效性。

成就高效灵敏的供应链

如果你发现最新一季的 Dior 新装刚刚在巴黎 T 形台上亮相,两周后,在 ZARA 就会出现 Dior 最新式样的影子。这并不稀奇,而且恰恰印证了 ZARA 创始人阿曼西奥对时尚的定义,那就是"**在最短的时间内满足消费者对流行的需要**"。ZARA 最短只需 12 天就完成一次周转。这具有决定意义的 12 天是 ZARA 高效灵敏的供应链战线出来的韵律,令业内竞争对手相形见绌。

在采购上,ZARA 拥有 260 多家布料供货商随时待命。这么庞大的供货商数量,除了削弱他们各自的议价能力以外,还更好地保障了原材料的稳定、快速和低价供应。通过保持对染色和加工领域的控制，ZARA 具备了按需生产的能力，从而根据销售季节实时的需要来染色。这样，ZARA 就能以最快的速度生产出顾客最想要的款式。

在生产上，ZARA 在西班牙设立了 20 个高度自动化的染色、剪裁中心，它并不是永远劳动密集型的大厂，而是将劳动密集型的生产工序外包给 400 多家合作厂商，从而使工厂能更灵活、更快速地调整生产规模。此外，当大多数时装生产商基于成本的考虑将生产线转移到一些低劳动成本的发展中国家时，ZARA 坚持把大约 80% 的时装集中在欧洲生产，只有 20% 会在低成本地区生产。这样无疑大大加快了 ZARA 的生产和配送速度。

在物流上，ZARA 在 La Coruna 有一个庞大的物流配送中心，以出错率仅为 0.5% 高速、高效地运作，成为 ZARA 服装的周转地，而非仓库，故 ZARA 的快速的时装周期才得以实施。在运输方面，因地理位置的优势（集中在欧洲生产），3/4 的货物是由货运承包商从物流中心用卡车运往欧洲的各个连锁店，保证在两天内到达，不仅运送成本低，而且速度快。至于将货物由欧洲运往较远的销售点，如美国和日本的连锁店，当其他竞争对手为节省费用以船运输时，ZARA 会不惜成本采用空运提高速度，这使得 ZARA 一骑绝尘。

打造协作和信息技术"比翼双飞"

要保证最短的签到时间，强大的支持系统是不可缺少的，对于 ZARA 来说，这主要依靠协调的工作配合和卓越的信息技术。

在工作配合上，ZARA 真正做到了协调一致。由于各个部门在工作衔接上不会出现任何问题，这在一定程度上保证了工作效率和工作质量。从一开始，ZARA 的服装款式并不是自行预测，而是直接来源于世界各地的品牌店，真正做到从顾客的需求出发，即时对顾客需求做出反应。然后，根据顾客的需求，ZARA 的生产、运营管理者和设计师聚在一起共同探讨将来流行的服装款式会是什么样子，用什么样的布料，大致成本和售价等问题，并尽快形成共识。之后，设计师们快速绘出服装的样式，给出详细的尺寸并准备好技术要求。因为布料和衣服上的小装饰品在 ZARA 的仓库中是现成的，所以制成样品只需要很少的时间。同时，因为整个团队都在同一个地方办公，讨论、审核、批准也是同样的快。一旦款式得到批准，生产指令马上出来，立刻在 ZARA 自己高度自动化的裁剪设备上完成，并被运送到相应的合作厂商组成的制作网络中进行缝合。最后，缝合好的服装送到 ZARA 的成衣和包装部门，其高效的分销系统会确保各种款式的服装都不会在总部停留太久。服装在分销中心被快速地分拣，及时销往各个专营店。

在信息技术上，其卓越性主要体现在三个方面：收集顾客需求的信息，服装信

一度战略

息的标准化，产品信息与库存管理。为了更好地收集顾客需求信息，ZARA 每一家专营店的经理都有一部电子手账，他们既可以为顾客实时检查货品，以提高服务质量，又可以实时将顾客的品位信息传回到总部。这样，每天关于时尚潮流趋势的各种信息都从各个 ZARA 专营店进入总部办公室的数据库，设计师们可以一边核对当天的发货数量和每天的销售数量，一边利用新信息产生新的想法以改进现有的服装款式。这种顾客需求的实时信息使设计师更能设计出符合顾客口味的时装，当顾客看到 ZARA 橱窗上有着他们心仪的款式时，他们更会乐于购买。

品牌"三不"原则

在 ZARA 的品牌管理模式中，有着著名的"三不"原则，即不做广告、不打折、不外包。这些形成了 ZARA 品牌的独特个性与气质，使得消费者对 ZARA 的品牌更加忠诚。

在不做广告方面，ZARA 可谓独树一帜。每年 ZARA 的广告额只占销售额的 0.3%，远远低于行业 3%~4% 的平均水平。ZARA 在广告以外的沟通策略主要有三个：一是通过电子邮件、顾客服务热线等来收集顾客意见，增加顾客的反馈渠道，既节约成本又保证效率。二是 ZARA 巧妙地运用商铺的地理位置来宣传自己。它的店址都选在最发达城市的最好地段，如纽约第五大道、巴黎香榭里舍大街、上海的南京路等。因此，ZARA 的邻居是路易威登、迪奥、香奈儿等顶级品牌，这无形之中就在提高自己的品牌水准。三是 ZARA 通过门店形象和体验环境来打造自己的品牌。ZARA 坚信"门店是最好的广告"，在全球的 700 多家专营店，每家都可以称为小型商场，装修豪华宽敞；拥有万余平方米的面积，上万种不同款式的服装，使消费者能够形成"一站式"购物环境。

在不打折方面，由于 ZARA 每件款式的产量少和不停地推出新品的策略，使顾客的购买欲望得以提升，只有少部分产品会囤积起来，故货品大多都能以正价卖出。一般 ZARA 最多只有不超过 18% 的服装不太符合消费者的口味，需要打折销售。这只有行业平均水平 35% 的一半；而且在一年之中 ZARA 也只有一年内有两个明确的时段内进行有限的降价销售，与业内普通采用的连续性降价方法绝不相同，因此它的折扣促销的成本大大降低。而且专卖店每周根据销售情况下订单两次，这就减少了需要打折处理存货的记录。以 H&M 经营状况最好的 2001 年为例，GAP 打折商品为 14%，H&M 为 13%，而 ZARA 只有 7%。有限的货品加强了顾客对于 ZARA 的新鲜感，每年消费者平均光顾其商店 17 次，而行业平均水平仅为 3~4 次。

在不外包方面，当同行们争先恐后采取外包策略时，ZARA 却几乎把一半的采购和生产牢牢抓住不放。母公司 Inditex 在巴塞罗那有自有的布料公司 Comditel，其中

Comditel 所产的 89% 的布料都供应给 ZARA。这样，不但可以加快 ZARA 的采购速度，还可以配合 ZARA 弹性生产所需要的灵活性。

入乡随俗的本土化策略

从 2006 年把战略的触角延伸中国，ZARA 已经在中国内地上海，北京相继开设了三家专卖店，由于远离总部往往在进货当天就被抢光。可是一个多月后这种情况得到了迅速的改观，很多款式都提供了充足的小（S）号和加小（XS）号。显然，ZARA 总部对中国市场做出了快速的反应。更加值得一提的是，为了贴近市场，ZARA 采用了由买手、设计、市场专员组成商业团队的设计模式，ZARA 的设计师经常会飞到中国，和买手一起参与对供应商的一些谈判。

中国是服装大国和强国，然而却只能成为"制造中心"，在品牌世界中无足轻重。ZARA 的历史不过 30 余年，在众多高档奢侈品牌垄断的时尚服饰行业脱颖而出，其成功的赢利模式在某种程度上预示着品牌世界的一场变革。这为中国企业打造全球品牌提供了一个良好的借鉴。见表 2-6。

表 2-6　　　　　　　　　　　分析 ZARA 的战略模型

领海战略	示意图	战略模型分析
产品设计	大众消费产品设计　　世界顶级产品设计　　ZARA的模仿消化设计能力	把国际最时尚的产品设计通过模仿变成自己设计的领海
市场优势	大众产品消费普通和低价位　　奢侈品代表时尚与高价位　　ZARA 时尚又便宜	把奢侈品的时尚元素和大众消费的低价元素结合，形成自己品牌目标顾客的领海
产品优势	大众消费品工业化批量生产和普通面料　　奢侈品手工制造和面料考究　　ZARA：工业化生产和精美面料的有机结合	把工业化的快速制造能力（12 天）和奢侈品的面料考究（通过大宗采购降低成本）结合，形成自己产品网络的领海

领海之所以是"领海"，就在于它既不是公海（未知的蓝海）也不是近海（已知领域的红海），而是属于自己且具有比较优势的领海。

一度战略

启动另一半大脑

丹尼尔·平克（Daniel pink）在《全新的头脑：从信息时代到概念时代》一书中解释说：

"科学家早就知道，神经学上的马森·迪克逊（Mason-Dixon）线将我们的大脑分成两个区域——左半球和右半球。但在近10年中，在核磁共振技术（functional magnetic resonance imaging）的推动下，研究人员已经开始更精确地辨别大脑左右半球的分工情况。左半球负责排序、文字和分析。右半球负责注意周围环境、表达情感和演绎推理。当然，对于由1000亿个细胞构成1亿亿个关联的人类大脑，其复杂性自然是令人瞠目。我们所做的一切事情几乎都需要两者的协同合作，但大脑的构造有助于解释我们这个时代的轮廓。"

"一直以来，大脑左半球都被认为是决定学习、工作、经商等领域成功的重要器官；左半球控制的是数学、逻辑和分析能力，这些能力是SATs考试可以测试的，也是注册会计师们需要运用的。但这些能力对当前个人的发展来说是必要但非充分条件。在这个世界里，外包的兴起、数据的充斥和选择的激增，让右脑的重要性大为提升，艺术才能、换位思考、统筹安排和追求卓越都是右脑决定的各种能力。

"明天我们并不会失去所有的工作……但是随着世界另一段的沟通成本下降到几乎为零，随着印度（到2010年）成为拥有最多会说英语者的国家，随着发展中国家技术工人的继续增加，西方国家公民的职业生涯将会发生巨大改变。如果数字处理、图表阅读和代码编写能在国外以更低的价格完成，并且通过光纤电缆即可发给客户，各种工作机会自然会转移到那里。

"但是这些比较优势只会带走某些种类的白领工作——那些可以缩减为一套规则、程序和指令的工作。这就是为什么诸如基本的计算机编码、会计、法律研究和金融分析等右脑控制的工作正不断地转移到大洋彼岸。与此同时，这也揭示了本土公司和员工——能设计整个系统的程序员，可以担任理财咨询师的会计师，更擅长交易艺术而非Excel表格的银行家——仍拥有大量非程序性工作机会的原因。"

那么，比较ZARA而言，中国企业缺什么？

- 缺乏低成本的制造能力吗？
- 缺乏一流的产品质量吗？
- 缺乏市场需求吗？

让我们的企业家尽快启动另一半大脑吧！

NO.3 第三章
一度战略——向传统理论宣战

从前，有位阿拉伯商人，他发现自己地毯的一角鼓了起来，于是他提脚去踩。不一会儿，地毯的一角又鼓了起来，于是他又提脚去踩。如此反复了多次，直到一条生气的蛇从地毯的一角溜了出来……

第三章 一度战略——向传统理论宣战

固守于我们脑海中的思维习惯天长日久变成了思维定势，打破这些思维定势才能养成创新的思维模式。就这种意义而言，创新就是破坏。

这是一个大胆摧毁营销旧秩序，建立营销新规则的时代。从籍籍无名到声名远扬之间只有一线之隔。一夜成名，一夜暴富，这个时代没有什么不可能。

这个时代讲求双赢与多赢，观念与规则都在不断创新，一定要与时俱进。

如图3-1所示，一度战略有四层空间：第一层空间是战略设计，是领海战略；第二层到第四层空间是战略执行，分别是模式创新、价值创新和策略创新。

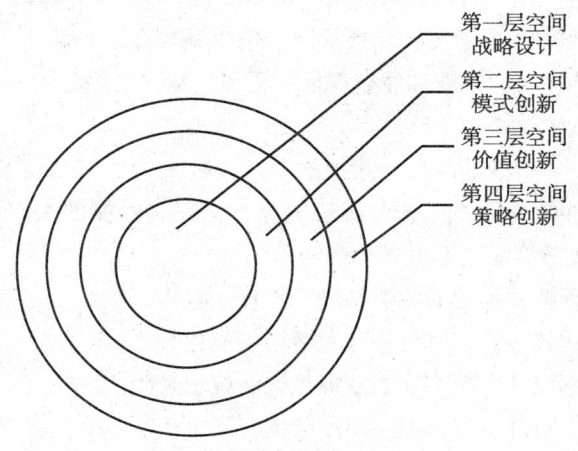

图3-1 一度战略的四层空间图示

在进入战略执行空间之前，让我们清理一下头绪。

第一节 巨变的真相

当你早晨一觉醒来，打开新浪网新闻频道看时事新闻时，你会觉得这个新世界的早晨真是可爱，再也不用花钱订报纸了，赖在床上点鼠标就知天下事。在你免费享用新浪网提供的新闻时，你是否知道一大批广告赞助商排队等着给新浪网交钱？

当你上午需要查阅资料，过去的习惯是办个阅览证到图书馆。如今的图书馆坐满了谈情说爱的年轻人，早已不是你需要的安静阅读环境。人们在自己的家里是不出声的，轻点鼠标进入Google或是百度，你就进入了一个浩瀚的知识海洋。你在免费享用搜索引擎时却不知这个提供免费搜索服务的Google的市值已经超过1 000亿美金了。

中午，当你上街，街上一夜之间冒出来的全是英文、法文的品牌店。当你走进

一度战略

名品店，促销小姐说她们的衬衣是手工制作的奢侈品，而且都是绝版衬衣，每种款式、色彩都不会重复，这叫绝版衬衣。你是绝版男人就要穿绝版衬衣。为了这个"绝版男人、绝版衬衣"的概念，你支付了人民币4000元。

下午，当你拿着机票去机场办理登机牌，特意提前两个小时，为的是找一个靠前排靠窗口的位置好好放松休息。可是当你去办登机牌时，机场工作人员告诉你说，窗口位置已经没有了。这怎么可能？你早来了这么长时间。机场工作人员给你解释说，很多乘客更早时间已经通过互联网办好了登机手续并挑走了所有靠窗口的位置。

当你下飞机时，你听到了股票大跌的消息，你马上上网卖掉所有的股票以减少更多的损失。晚上睡觉前你又打开新浪网，头条新闻是：今天下午，一篇博客文章引发了股市的动荡，而这则博客经查实是一场恶作剧，是假新闻……

你被这个新世界搞得晕头转向！

这就是我们今天所处的时代，我把这个时代称之为"三江汇流"的时代——密西西比河、黄河和多瑙河这三条分属于美洲、亚洲和欧洲的大河交汇处，在这里，来自异域浪花的碰撞奏响了新世界的交响乐。

- 美国的密西西比河代表我们身处信息技术时代。
- 中国的黄河代表我们身处中国制造的工业化时代。
- 欧洲的多瑙河代表我们身处欧洲品牌的概念时代。

本来这三个时代在同一水平坐标内，欧美用了100年完成了第一个时代——工业时代，又用了20年基本完成信息时代；现在正步入一个未来的时代，叫"概念时代"。

但是，我们中国改革开放30年一下子要同时迎接这三个时代的交汇。中国的特殊性就在于缺乏纵向的市场经济演进而直接进入了一个横向交汇的市场经济中，三条不同地区的江河以及它所代表的时代特征和文化特征在同一时间、同一地方出现了。所以中国企业面临的国内市场环境和国际市场环境呈现出一种复杂的结构性，并且因时代特征的不同所面临的解决方案也就不同（见图3-2）。

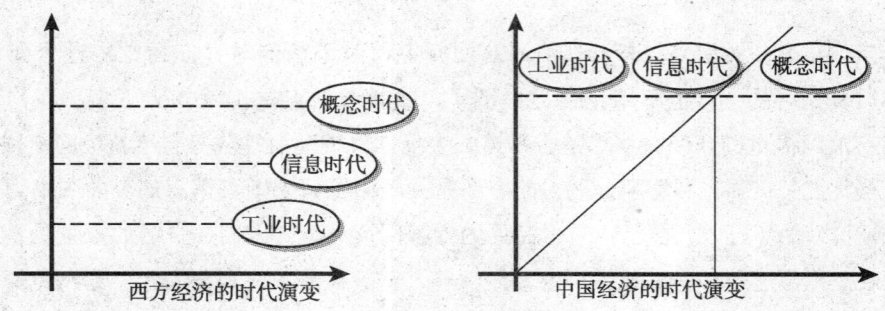

图3-2 中西方经济的时代演变

工业时代（The Industrial Era）

工业时代新经济方式的代表是中国制造，成本优势是中国制造的比较优势。中国向全世界提供了全新的关于供给的解决方案。

信息时代（Information Age）

信息、知识、互联网这些碾平世界的力量不仅仅改变了企业经营模式和管理模式，更为重要的是信息技术的应用改写了关于需求与消费的解决方案。信息技术使需求空间扩容的同时也改变了消费方式和支付方式。按照市场总需求决定总供给的经济学的基本原理，信息技术同时也深刻地影响着中国众多以实业为基础的产业。

概念时代（Concept Time）

产品设计、品牌与文化实际上是一种概念营销，这是欧洲人最擅长的营销方式。丹尼尔·平克（Daniel H. Pink）在《全新的头脑：从信息时代到概念时代》是如此描述的：

"20世纪，机器证明它们可以取代人类臂力。21世纪，科技证明机器可以比人类左脑表现更好——它们比可以拥有最高智商的人更好、更快、更精确地完成排序、简化和计算工作。国际象棋大师加里·卡斯帕洛夫（Garry Kasparov），就曾在和计算机的象棋对决中败下阵来。

"为了能在这个时代更好地生存下去，我们需要用'高概念'（High Concept）和'高接触'（High Touch）的天资来补充已经相当发达的高科技。高概念包括创造艺术美和情感美的能力，发现特点和机会的能力，撰写令人满意的叙述文的能力和创造发明的能力。高接触包括换位思考的能力，理解人类交往精妙之处的能力，寻找自身快乐和给别人带来快乐的能力，以及在探求目标和意义的过程中超出日常范围的能力。

"培养这种高概念、高接触的能力对任何人来说都绝非易事。在一些人看来，这似乎是不可能达到的目标，其实对此根本不用担心（或者至少不必那么担心）。这些最重要的能力基本上都是人类特有的品质。在南美的大草原上，住在洞穴里的人类祖先并不知道怎样将数字填入电子数据表，也不会排除程序代码的错误，但他们却在讲述故事，进行换位思考和从事发明创造。这些能力一直都是人类本性的一部分。只不过在进入信息时代后，我们的很多高概念、高接触的本性都已经像肌肉一样萎缩了。现在的挑战是将它们恢复原状。"

第二节　传统的迷失与困惑

市场在飞速发展，而我们传统的营销理念，尤其是学院派的营销理论远远滞后

一度战略

于时代的发展要求,因而往往拉错车、指错路,严重制约营销实践的发展。因此,在营销理念与实践上,摧毁旧秩序、建立新规则成为当务之急。"一度战略"当之无愧地挑起了这一历史与时代赋予的重担。

从默默无名到知名品牌,似乎并没有传统认为的那么遥远。我们看一看,对那些年代久远的品牌而言,他们花费了数十年时间和成千上万的资本才成就了今天,而今天的企业和企业家却可以一夜成名。

过去的一代企业家信奉的是两个词:一个是"机会",另一个是"勤奋"。他们信奉"宝剑锋从磨砺出,梅花香自苦寒来"。但是今天,你会发现机会转瞬即逝,越来越少;同样的勤奋却结不出硕果来。

我们再看一看现在的知名品牌,2005~2007年不到三年时间,你可能记住以下几个品牌:Google、百度、联想、索爱、蒙牛、三星。大家还记住了超女李宇春,听说了易中天、于丹,还有网上红人天仙妹妹,还有牛根生、柳传志等。

传统品牌正在遭遇尴尬

所有传统品牌的迷失都是因为在数字时代,在以知识、文化和网络为代表的时代,感觉到无所适从,感觉到处处被动。

我们不妨来先看两个表格,表3-1所列是十大快速成长的品牌,表3-2所列则是九大慢速成长的品牌。从这两个表格中,我们可以看出像福特、柯达等传统品牌财富增长十分缓慢。

表3-1　　　　　　　　　2006年十大快速成长品牌　　　　　　单位:10亿美元

品牌	2006年品牌价值	2005年品牌价值	增长百分比	国家/地区
Google	12.367	8.461	+46%	美国
星巴克	3.099	2.576	+20%	美国
Ebay	6.755	5.071	+18%	美国
摩托罗拉	4.569	3.877	+18%	美国
现代	4.078	3.480	+17%	韩国
宝马	19.617	17.126	+15%	德国
雅虎	6.056	5.256	+15%	美国
诺基亚	30.131	26.452	+14%	芬兰
苹果	9.130	7.990	+14%	美国
ZARA	4.235	3.730	+14%	西班牙

资料来源:《商业周刊》,Interbrand公司。

表3-2　　　　　　　　2006年九大慢速成长品牌　　　　　单位：10亿美元

品牌	2006年品牌价值	2005年品牌价值	下降百分比	国家/地区
GAP	6.416	8.195	-22%	美国
福特	11.056	13.159	-16%	美国
柯达	4.406	4.979	-12%	美国
戴尔	32.319	35.588	-9%	美国
Kraft	12.256	13.231	-7%	美国
微软	3.943	4.238	-7%	美国
必胜客	56.926	59.941	-5%	美国
辉瑞	4.694	4.963	-5%	美国
雅芳	9.591	9.981	-4%	美国

资料来源：《商业周刊》，Interbrand公司。

而像Google、ZARA这些迅速崛起的新品牌背后说明了什么？说明了传统品牌在迷失。因为是传统品牌的迷失才给了新品牌迅速崛起的机会。

当1906年亨利·福特开始在公司实验室指点T型车的草图时，他做梦也不会想到，他所创造的工业时代的品牌神话，在一百年后会成为一个反面的品牌案例。2005年，福特的业绩下降幅度是9%，2006年的下降幅度是16%；连美国的第一品牌——通用也出了问题。通用面临全球性亏损，只有在中国的通用尚且还能盈利。

我们一百年来把福特发明的管理工厂的模式奉为经典，但是一百年以后的今天，他们却成了被企业家弃之不顾的对象。

艾科卡（Lee Iacocca），是美国历史上一个有传奇色彩的管理学家，他曾拯救了克莱斯勒。但是他拯救完了又怎么样？今天克莱斯勒还是没有逃脱被奔驰收购的命运。

2007年1月23日，由世界品牌实验室（World Brand Lab）独家编制的2006年度（第三届）"世界最具影响力品牌100强"排行榜揭晓（见表3-3）。2006年世界最有影响力的几大品牌排名：Google战胜苹果，排名第一；苹果第二；娱乐视频网站YouTube第三；维基百科第四；星巴克第五。而7年前Google是无名小卒，创业资金区区几千美金，以至于可以忽略不计。2005年2月创办的YouTube更是宛如一夜之间占据了我们的头脑。9年之前，苹果公司奄奄一息，品牌价值也好似一败涂地；十几年之前，星巴克还只是美国西雅图的小型连锁店。在新的公司不断涌现的同时，我们却发现，这个排行榜上，一个老品牌都没有，这就是传统品牌遭遇的尴尬。

一度战略

表 3-3　　　　　　　　2006 年世界最具影响力品牌十强

排名	公司名称	品牌年龄（年）	国家	行业
1	Google	9	美国	网络
2	Apple 苹果	30	美国	计算机办公设备
3	YouTube	2	美国	网络
4	维基百科（Wikipedia）	6	美国	网络
5	星巴克（Starbucks）	35	美国	餐饮
6	诺基亚	141	芬兰	网络通讯设备
7	Skype	4	美国	网络通讯
8	宜家	63	瑞典	家居个人用品
9	ZARA	22	西班牙	服装
10	丰田	69	日本	汽车

数据来源：世界品牌实验室。

传统广告模式在逐渐失去效力

26 年前，杰克·特劳特（Jack Trout）和艾·里斯（AL Rise）在《定位》里说过：在这样一个传播过度的社会里，用古老、传统方法搞出来的信息是绝无成功希望的。而在今天我们同样面临着这样的困惑。

过去 10 年，脑白金电视广告每天在黄金时段、亚黄金时段滚动播出，专题片、功效片、送礼片三种版本广告相互补充，组合播放，形成了铺天盖地、狂轰滥炸的态势，产生了不同凡响的传播力度，引起了社会各界的强烈反响。这被称之为"脑白金现象"，一如之前的"哈医药现象"，人们对其议论纷纷，群起而攻击。人们对脑白金广告的攻击有两层意思：一是广告做得太多了；二是广告做得太差了。

然而不可否认的是，脑白金电视广告的轰炸策略让脑白金家喻户晓，使其在短短两三年内创造了十几亿的销售业绩，连续几年成为礼品市场的领头羊。

同样一个模型，史玉柱复制到另外一个产品黄金搭档上，黄金搭档就出现了营销的"滑铁卢"，营销战绩不佳。2001 年脑白金单项销售收入突破了 10 亿元，而 2007 年在四通控股有限公司发布的年报显示，2006 年脑白金及黄金搭档总共营业额 9.97 亿元，脑白金创造的保健品营销神话不再上演。

为什么 10 年前用的狂轰滥炸的广告方法现在不灵了呢？因为 10 年前的创新对于现在而言又已经成为传统。在今天这样一个以信息和网络为主要特征的时代，消费者每天都要被迫接受大量的信息。这一方面导致他们对于信息的茫然，因为他们很难从众多的信息中判断出哪些是有用的，哪些是无用的。这种状况必然导致另一种情况，即迫使消费者对信息采取普遍的态度，因为人脑在短时间内对信息的存储是有限的，为了不让自己的大脑全部充斥着无用的垃圾信息，人们不得不提高警惕，对信息采取一种本能的排斥。据尼尔森媒介调研的最新数据显示，2004年，中国大城市如上海和北京的消费者每天接触至少40个电视广告，而且消费者看电视广告的时间正持续减少。所以不难理解无处不在的广告越来越难以吸引潜在消费者的注意，传统广告的效力正在丧失。

今天我们企业所面对的现实是，除了广告越来越多之外，媒体的价格也在持续走高。据一项媒体机构所进行的广告价目表调查显示，在北京和上海等大城市，媒体价格在过去三年迅猛增长，电视媒体收费平均每年上涨超过30%，平面媒体价格则上升10%~15%。央视广告部负责人在2007年的央视黄金资源广告招标会上说，央视的标底价涨幅与GDP一致，平均涨幅在10%左右。这就意味着，企业的媒体投放成本在不断增加，但效益却在减少。花费多了，但取得消费者的注意却越来越少。

我们再来看一下"2006年世界最具影响力品牌"排行榜，可以惊奇地发现，排在前5名的谷歌、苹果、YouTube、维基百科（Wikipedia）、星巴克都很少做广告。在他们中间，做广告最多的恐怕属苹果了，但是，如果靠这点广告量，恐怕不足以成就今天的苹果品牌。

第三节 传统理论的误区

中国经济是一个全新的经济体，在这个新经济体面前，我们要学会清理思想的垃圾。中国是全球的机遇，也是全中国企业家的机遇。面对机遇，我们要学会全新的思维模式。

传统理论在现在的经济状况下出现了很多缺憾，残酷的现实逼迫我们需要开创新的理论，驱除过去错误的、不合时宜的思维模式。

经验的错误也同样可以成就一个错误的大脑，如果你还用10年前的经验来看待今天，那一定是错误的。企业家必须要学会打破经验，把经验甩在脑后，学会创新。那么，怎么去创新？就是破坏。什么是破坏？就是否定。人最困难的就是具备自我否定的能力，当你具备这种能力时，才会进行自我修整。

我们提出8种错误的假设，8种错误的传统理论，而这8种所谓的错误传统理论，都已经在过去十几年根深蒂固地存在于我们的大脑里。

误区一：CEO不必抓营销

1985年，海尔从德国引进了世界一流的冰箱生产线。一年后，有用户反映海尔

一度战略

冰箱存在质量问题。海尔公司在给用户换货后，对全厂冰箱进行了检查，发现库存的76台冰箱虽然不影响冰箱的制冷功能，但外观有划痕。时任厂长的张瑞敏决定将这些冰箱当众砸毁，并提出"有缺陷的产品就是不合格产品"的观点，自此，海尔业绩直线上升。

什么叫CEO？在企业传统观念里CEO的角色定位是抓管理的，不负责营销。管理学一直认为CEO的角色是抓管理的，"管理出效益"这是多少年经验的一句话。所以我们经常看到很多MBA的课程，管理非常重要，而把营销放在次要位置。这些课程的设置带来的最终结果是弱化了营销。所以，过去的观点认为，营销是归于营销部门管理，是营销副总做的事情，而且一提营销就好像是推销。而实际上，营销的最高境界是构建一种新的商业模式。

现在，中国很多企业都不重视营销，还停留在制造产品和经营产品的层面。这形成了中国独特的一个理念：CEO往往是抓管理的和研发的，不擅长营销，只擅长产品制造，副总负责营销。在组织机构里设置的就是生产大于营销。但是，反观现在的市场环境，我们应思考一下到底是市场重要还是产品重要。如果是市场重要的话，我们的营销还是副总管理的机构设置。其结果是市场的决策权掌握在一个根本不懂市场营销的CEO手里，市场的反应就会迟钝，企业就会丧失稍纵即逝的商机。实际上，近一两年GE的伊梅尔特（Immelt）、施乐的莫西卡（Moxika）、欧莱雅的欧文（Lindsay Owen Jones），等等，越来越多的在知名企业中具有营销背景的管理人员被提升为CEO。据有关资料统计，近年来有1/5以上的CEO具有营销背景。这个比例超过了出身技术和财务的群体，营销人正在成为CEO的最重要的来源。而在10年前，如果一个经理人出身技术和财务，或者从事行政管理工作，他们都会是下一任CEO的最好人选。

如图3-3所示，传统的塔式结构是基于工业化而非信息化而设计的，而且经我们研究发现，成功的企业CEO更擅长于营销，而不是管理。

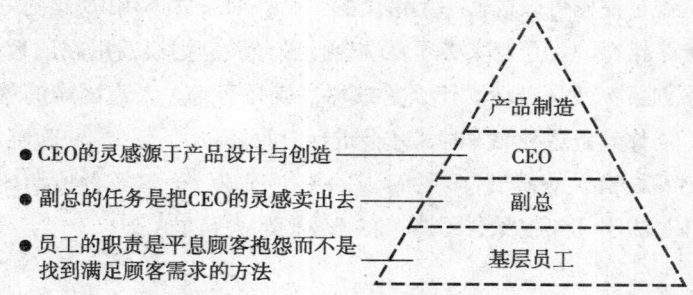

图3-3 传统塔式结构管理

第三章 一度战略——向传统理论宣战

市场比产品重要

产品与顾客谁更重要呢？很显然，是顾客更重要。

在产品同质化倾向日趋严重，市场竞争日趋激烈的情况下，技术不再成为企业领先的唯一理由，成本管理对利润的贡献也不会达到很大地步。如何以客户为中心，形成开创新的局面或更新旧有的商业模式，成为了企业制胜的关键。从这点说，营销已在企业中占据了最重要的位置。谁最了解客户？谁最了解市场？我们的研究发现，一些成功的企业 CEO 更擅长营销，而不是管理。

过去的管理模式是基于这样的设想：CEO 是负责产品设计和制造，尤其是 OEM 加工型企业，往往产品的灵感是来自于老板对最新时尚、流行款式的掌握。所以在这个塔式结构的顶尖部分是 CEO，随后 CEO 从产品中找到灵感，把产品设计制造出来交给营销副总，营销副总把产品卖出去。员工的责任在过去的塔式结构中是平息顾客的抱怨，而不是找到满足顾客需求的方法。我们在营销过程中员工经常是想办法别退货，出了质量问题要平息顾客的愤怒。塔式结构带来的是这样一个基本原理。

新的管理结构——链式结构管理

企业在不同的发展阶段，选择领队人的标准也应不一样。如果一个处在快速发展期、业务高速增长期的企业，开拓新市场的营销部门应该作为企业领导的重要候选部门，这就如同战争年代打仗的将领们成为国家领导人一样。因此，CEO 应该在新的结构下重新定位才能取得快速的发展。我们主张链式结构管理（Chain Structure Management）（见图 3-4）。什么是链式结构管理？一个企业能转动，因为它是一个链子，因为它是一个能够快速复制的链条，而整个链条的核心是市场和顾客。CEO

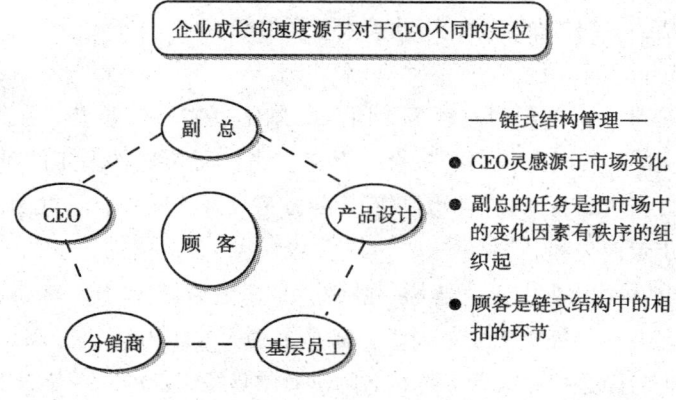

图 3-4 链式结构管理

一度战略

在这个链条中接触最多的是分销商。CEO 通过市场找到灵感，根据市场做判断、决策，然后把这种决策和判断交给副总。副总把这种设计和判断告诉产品制造和设计师。所以，工厂的厂长应该归副总管。然而，中国的很多 CEO 兼任厂长，厂长即 CEO。我认为，在链式结构里处于第三层的才是厂长，厂长由副总管那是了不得的，产品设计出来之后交给员工，员工再给促销商，促销商又以链条转给 CEO。

爱慕和海尔的 CEO 在忙什么

现在国内内衣的第一品牌是"爱慕"。爱慕内衣的 CEO 每个月只有 1/3 的时间在公司，2/3 的时间全在市场中。因此，我们看看爱慕内衣的链式结构设置，看 CEO 是干什么的。CEO 是不停地到市场上，听一听代理商的意见，听听市场的意见，看看终端的运营，看看竞争对手在干什么。去访问消费者，询问消费者："你认为 2008 年的内衣，什么样的设计最满意？"这几件事已经让他忙不过来了，所以他把工厂交给副总管，他自己天天在国内国外的市场上转。

张瑞敏是个炒作大王。当青岛海尔还是个地方性的小厂时，是什么让海尔的冰箱一下子闻名全国呢？他上演了一场"砸冰箱"的戏。如果他是一个老实巴交的人，他会在仓库里悄悄地砸掉。他把媒体记者叫过来，当着媒体记者的面砸掉，因为他没有钱做广告，他又想让全国人都知道。怎么办？炒作。

张瑞敏的下一个炒作是，当全国各地办 MBA 班的时候，其中有一个保留项目就是 MBA 学员到海尔参观。一个企业家管 1000 名工人，参观海尔后向员工做报告，讲参观海尔，海尔还需要做广告吗？不需要了。为什么敞开门接受全国的 MBA？他说让这些人全来参观吧，省了我做广告。

曾经有人问过张瑞敏，为什么在 2000～2005 年这 5 年时间，去各大学 MBA 演讲呢？实际上是在为海尔做广告。而海尔的主要竞争对手长虹却在做这样一件事情：上线投入广告费，下线打价格战，以此扩大市场份额。

很遗憾，5 年时间，海尔用了一个策略反击长虹。第一，海尔很少做广告。这个年代省下钱就是赚钱，电器利润很薄，而且海尔不仅省下广告费，在终端不降价，因此海尔用宝贵的 5 年时间积累了资金，迅速扩张。而长虹在多年的价格战中，消费者、经销商、供应商甚至包括地方政府等各方都被牵连其中，长虹因此四面受敌，在市场上一步步走向失利。

海尔在几年内成长为中国电器第一品牌，张瑞敏给各大 MBA 演讲的功劳巨大。假设每年 1 万名老师，每次 100 名同学，那是多少人？1000 万人。海尔还需要做广告吗？电视广告时间是按秒收费，可是老师讲海尔是按天算的，一年 365 天，这么多老师去讲海尔的案例，海尔能不红遍全国吗？

"爱慕"和"海尔"的成功案例反复告诫我们,我们重新定义 CEO 已经成了今天组织管理学的一个重要课题。

误区二:好产品、好技术、好团队、好投入就能稳操胜券

今天的顾客发生了重要变化,由追求产品的使用价值变成了精神享受。

如果说,20 世纪是追求风格卖给消费者,而 21 世纪则是要努力根据消费者的个性产品打造产品的风格。

曾经有记者问联想的总裁杨元庆:"联想进入手机市场的优势是什么?"他说:"第一,联想的品牌优势;第二,联想的团队优势;第三,联想的资本实力的优势。联想没有做不成功的理由。"但是联想手机今天并不成功……

中国目前大多数企业家始终抱着这样一个观点:企业的核心竞争力来源于更好的产品,更强的技术,更佳的人才团队,更大的资金投入,只要拥有这四个要素,企业一定能做起来。但是在一度战略的体系中,这四个要素并不是企业核心竞争力的根本。

在这种思想的指导下,很多企业家认为一个企业有了好产品、技术,有了好的团队和巨大的投入就一定能带来正果。但是实际情况并非如此!我曾经说过一个观点:有知识而没有文化的人,是用一个正确的方法得出一个错误的结果;有文化而没有知识的人是一个用错误的方法得出一个正确的结果。

当我们打开教科书的时候,当今流行的市场营销教材映入你眼中的多数是西方营销大师的传统观念,尤其是以 4P 理论影响最为深远。菲利浦·科特勒(Philop Kotler)曾经在《科特勒说》中说道:

"杰瑞·麦肯锡(Jerry McCarthy)教授在其《营销学》(Marketing,第一版,出版于 1960 年左右)最早提出了 4P 理论。不过早在他取得西北大学的博士学位时,他的导师理查德·克鲁维(Richard Clewett)就已使用了以'产品(Product)、定价(Price)、分销(Distribution)、促销(Promotion)'为核心的理论框架。杰瑞把'分销'换成'地点'(Place),使这个理论成为所谓的'4P'理论(大家认为我对 4P 理论的普及起到了推动作用。对这个理论的主要贡献应该是阐述了 4P 是战术上的,必须在对于 STP 的战略决策后进行。STP 即市场细分(Segmentation)、目标市场选择(Targeting)、定位(Positioning))。"

然而,4P 理论是以产品为导向的营销理论(关于 4P 理论将在第四章详细剖析),因此,技术、人才和资本被提到无比重要的位置。支持这个 4P 理论学说的人搬出一大堆成功企业的案例,来证明很多企业是有技术、有人才、有资本才成功的。

然而,随着市场竞争日趋激烈,媒介传播速度越来越快,以 4P 理论来指导企业营销

一度战略

实践已经暴露出了许多问题。

我们还是来看看现任美国西北大学梅迪尔新闻学院整合营销传播学教授唐·E·舒尔茨在2007年浙江大学管理学院EMBA教育中心举办的全球整合营销传播讲坛上怎么说的吧。

"品牌是一种比较便宜的营销方式",唐·E·舒尔茨教授说,能够将非常普通的茶叶做成品牌,而且能讲故事,这就是做营销的最高境界。

14年前,唐·E·舒尔茨出版了第一本整合营销传播学专著,被誉为"整合营销传播理论的先驱"和"20世纪全球对营销最有影响力的人物之一"。两年前,舒尔茨夫妇合作出版了一本新书,修正整合营销传播理论,他们还一同创办了AGORA国际咨询公司。

消费者控制市场

"市场上的控制力发生了巨大的变化,简单地说,就是控制力从营销者转向了专业消费者。"唐·E·舒尔茨认为,这是整合营销传播的核心所在。

而传统的营销方法都强调,营销的控制力掌握在营销者手里。无论是以产品为导向的4P理论,还是以渠道为导向的4C理论,营销者都强调对整个营销过程的控制力。

以产品为导向的营销方法主要适用那些大公司,他们有很多的资源,有很强的生产能力,还有很大的经济规模的优势,所以他们能够控制市场。

以渠道为导向的营销方法则主要是用于那些快速消费品行业和零售企业,比如可口可乐、家乐福和沃尔玛,他们在营销方面颇有专长,分销能力遍及全球。

但这两种营销方法对于中小型企业都不合适,因为这两种方法都需要巨大的资源支持。对于那些新出现的公司,他们必须用新的方法参与竞争。

这种方法的要诀就是以客户为主体的营销方法。企业竞争的核心就在于更好地了解客户,更好地服务于客户,更好地与客户建立关系,更好地满足客户的需求。

"传统的4P理论相信只要产品正确、价格正确、渠道合理、促销有效,消费者自然会来。现在看来,就算我们把四件事情都做对,消费者也未必会来。"唐·E·舒尔茨说。

星巴克的成功可谓是运用这种新的传播理论的一个成功案例。通过打造客户服务概念,让客户觉得在里面舒服愉悦,星巴克几乎没做什么推广,就赢得了消费者的喜爱。

"市场是被消费者所控制,我们必须要承认这个事实,一些老的模型和老的方法我们现在还在运用,但是在这个高速的变革当中,我们已经不能够再用。"唐·E·

舒尔茨说。

让消费者参与营销

因为市场的控制力已经从公司转移到消费者手中，因此，如何做到让消费者参与到营销过程中来，就变成了新环境下的整合营销传播的关键所在。

这种模式不同于传统广告中的反复刺激。唐·E·舒尔茨认为，许多营销人员相信他们能够帮消费者洗脑。通过大量的广告狂轰滥炸，结果效果却不好，导致消费者抵触。

唐·E·舒尔茨认为，人脑像网络一样，他们之间有关联，包括我们是怎么样思考的，然后将看到的事物关联起来，因此通过合适的联想能够唤起人们对品牌的认可度。

"以前的一个模型是认为我给你一个信号，你就会记住，这是不对的。"唐·E·舒尔茨说，"我给你一个信号，你会和自己的联想结合，你会不断将信号和自己的想法结合起来。"

唐·E·舒尔茨以脑白金为例，来说明这种道理，"你发出去了许多信息，并不意味着顾客收到这些信息，即便他们收到这些信息，也未必意味着他们会去购买这种产品。"

"广告不是做营销的全部，我们必须掌握消费者的需求，然后从各种渠道去服务他们。"

资料来源：《第一财经日报》2007年4月30日。

如果我们的企业家能学会用一个系统的眼光来看问题的话，我相信他们会得出这样的结论：工业经济时代的竞争目标是什么？工业经济时代的竞争目标是产品质量、技术垄断、成本优势、人才团队，甚至你的金融资本，你能从银行拿来多少钱。但是，当信息经济时代来临后，企业竞争的目标只剩下一个：顾客。竞争目标的改变导致了所有过去的竞争工具的失效。在今天这个时代，让所有的企业不管大企业还是小企业，有技术还是没有技术的企业，处于同一起跑线上；因为竞争的目标简单了，变成了顾客。

百度与 Google 的无硝烟之战

当你看到百度的视频广告时，你可能会得云里雾里，什么"我知道，你不知道。""你知道，我不知道。"这是怎么回事？我们看到一个老外，唐伯虎的出现使所有的人都去追唐伯虎了，以至于老外的女朋友都去追唐伯虎了。百度向中国人证明，百度是中文最好的搜索引擎，因此，它的目标是 Google。它暗示 Google 并不了解中国，但是这句话如果说Google不了解中国，它就跟Google惹上官司了。但是它用这样的意思表达，说百度是中国的唐伯虎。百度和Google的顾客的搜索技术如此单一，产品同质化。面对Google这个国际品牌，百度只能突出自己的比较优势。

我们今天处在这样的环境，在21世纪以信息化、知识化、网络化为代表的经济环境下，这与以往的经济发生了革命性的质变。许多企业家抱怨说在做企业、做生意的过程中，最近几年的顾客比前几年越来越挑剔了，而且更不容易把产品卖给他们了。中国的保健品市场的变化最能够体现出这一点。10年以前中国人需要保健品的时候，有一个广告打出来叫"中华鳖精"，结果中国人疯狂购买中华鳖精的时候，发现整个工厂只有一只鳖，还是观赏鳖——原来它卖的是红糖水。这时中国人真的受到了愚弄。有人说中国保健品的顾客纯粹是被保健品教育出来的，"顾客年年都上当，当当上的不一样。"就是因为这样，中国顾客渐渐成熟起来了。

产业边界模糊的信息时代生存法则——谁先打动顾客

我们过去理解的竞争对手都呆在行业内，但是你今天发现这个行业之外的其他行业也在逐渐成了你的竞争对手，并且抢走了你的客户。

市场的边界模糊让我们的竞争对手更多，在看不见的战场上，敌人躲在看不见的角落里，正准备成为我们强大的对手，这就是互联网带给我们的新世界。

在互联网信息时代，顾客追求的不再仅仅是商品本身，21世纪的顾客发生了很多变化：

第一，过去企业信奉"产品质量带来使用价值"，21世纪的顾客说"我需要精神享受"。

第二，20世纪——技术创新带来更多价值，21世纪的顾客持这样的观点——我体验、我快乐。我要体验我的快乐，而不在乎你的技术有多高。这叫"体验营销"（Experiential Marketing）。

第三，21世纪利用广告卖点吸引顾客，而21世纪的顾客不相信广告，"我只信我自己"。我们这一代人观察下一代，发现下一代比我们更加自信，以至于自信的有点自私，因为他只相信他自己，谁都不相信。

第四，20世纪的设计风格我们强调与众不同；但是21世纪说：我就是我，我有我的风格。20世纪是从工厂出发，但是21世纪不一样，21世纪是在追求不断地进行消费者的个性化定制。

《西游记》里面的角色很有意思，几个人历经艰难完成这个壮举，但是整个角色里人们最讨厌的角色是谁？猪八戒。为什么？猪八戒太捣乱了，如果没有猪八戒事情会顺利得多。但是我们做个假设，假设没有猪八戒的话，《西游记》这本书也不能

第三章 一度战略——向传统理论宣战

看了。为什么？没有故事情节，不到20个字就完了："三个大老爷们儿从西面驮了一捆书回来了"，没情节。正是因为猪八戒不停地犯错误，整个《西游记》才显得丰富多彩。我研究《西游记》发现两个特点，《西游记》里面的所有员工，基本上都是被前公司辞退的，孙悟空被辞退了，偷窃罪；猪八戒也是。

我们在女生中做过调查：在《西游记》的角色里，你如果找老公，想嫁给谁？几乎所有的女生的回答都是：猪八戒。这一点让我们百思不得其解。猪八戒奇懒无比，他如果今天办企业，办一个赔一个。要是孙悟空办企业都不用差旅费了，一个跟头就过去了。

现在女人说嫁人嫁给猪八戒，20年前女孩子找老公的标准是老实人；今天老实人都是被那些现代女人嘲讽的对象了。

所以，"80后"和"80前"最大的区别在哪里？"80后"赶上了计算机和信息化，因此在80年以前我们的世界是一个平面的，我们是一个点到另一个点思考问题。"80后"的人的世界不是一个平面，是立体的、网状空间，"80后"的人思考问题比我们先进，因为信息化和互联网改变了他们的思考模型，他认为任何事情都是相关联的，没有边界的。这就带来了一个问题：由于信息之间的关联出现了产业边界的模糊。

在2005年以后，我们忽然发现这种产业边界的模糊给企业带来很大问题。比如从竞争对手来理解，信息化给我们带来麻烦了，因为你忽然发现一个很有趣的问题：我们过去理解的竞争对手都呆在行业内，但是你今天发现这个行业之外的其他行业也在逐渐成了你的竞争对手，并且抢走了你的客户。市场的边界模糊让我们的竞争对手更多。在看不见的战场上，敌人躲在看不见的角落里，正准备成为我们强大的对手。这就是互联网带给我们的新世界。

1991年，世界两大知名品牌柯达和富士还在中国倾销胶卷。柯达和富士当年在中国市场卖胶卷的价格远远低于在欧美市场的价格。他们的目的是什么？用低价营销击跨中国的胶卷产业。当时很多中国本土品牌消亡了。我记得当年乐凯发出了惨痛的呐喊声："救救中国品牌！"但是到了今天谁还在用胶卷拍照？几乎没有了。中国的品牌乐凯不用战斗了，柯达和富士的胶卷同整个胶卷产业一同消亡了。现在不用着急和洋品牌搏斗了，整个行业全都死亡了，我们进入了一个崭新的数码世界。

产业边界模糊的信息时代给顾客造成了这样的问题：

第一，信息化造成信息泛滥（Information Overload），信息的洪水造成了淹没，顾客开始排斥"王婆卖瓜式"的营销。

第二，知识化造成了顾客选择性记忆广告，顾客面对这么多信息怎么办？

第三，信息化带来的另外一个结果是，产品和顾客之间的信息越来越不对称。

一度战略

今天的竞争已经让你防不胜防，为什么？市场这个词本意就是竞争。今天大企业和小企业的竞争处于同一起跑线上，面对同样变化的陌生顾客，像计算机一样"清零"了。今天大企业和小企业的产品同质化严重，这迫使大企业和小企业在竞争中平起平坐。所以，竞争者之间只剩下一个问题决胜负：谁先打动顾客，谁先打动顾客谁就能取得胜利。

误区三：营销就是事实

"卖质量不如卖故事"，营销中没有事实。这是基于这样的一种理念：一个企业家往往依靠的是自己企业的产品质量，可消费者接受的往往是一个故事，而不是质量。信息不对称就带来这样的问题。

美国有种啤酒是喜立兹啤酒（SchlitZ），他们做了这样的广告卖点，他说每一滴啤酒都经过了高温蒸汽消毒，所以这个啤酒就大受欢迎。我想问一个问题，是不是所有的啤酒厂都经过高温消毒呢？显然是的。但是很多企业没说，因此喜立兹就说我的啤酒跟你们的不一样，我每一瓶啤酒都经过高温蒸汽消毒，带给消费者的感觉是他们的啤酒最干净、最卫生。

每一瓶啤酒都经过高温消毒，就像粤菜一样，拿水消毒一遍的时候，实际上是一种心理安慰的过程。你觉得病菌让你"洗"一下就都能够彻底干净了吗？并没有，这是一种心理。

传播最快的往往是让人感受到新奇甚至是不能够被大众接受的东西，芙蓉姐姐凭借网络迅速走红就是很好的证明。

因此，并不是你的产品质量好，才引起顾客的兴趣，而是你讲的故事好，打动了顾客，所以顾客是被"温柔的一刀"切掉了。今天的时代，产品质量的同质化已经非常严重，在这个时候最重要的是谁的故事编得好。这就是概念时代的概念营销。

营销中关键不是你卖的什么产品，而是你的思想、你的理念。善于做OEM的企业往往认为，看得见、摸得着才有用。今天互联网改变了我们，恰恰是看不见、摸不着的才是最有用的。因为顾客变了，信息化带来的思考方式变了。所以信息不仅仅适用于像百度、新浪这样的基于IT技术的产业，同样适用于像蒙牛这样的传统产业。信息化也在改变着我们，因为那是信息化的核心。它实际上在卖什么？它是在卖一种思想。

"先相信，后看见"

社会科学与自然科学不一样。

社会科学的基本规律是基于某种假设，通过推理找到结论。

第三章 一度战略——向传统理论宣战

社会科学是先相信，后看见。

所以，社会科学和自然科学不一样。你不要说社会科学是造假，错了，社会科学的基础原理与自然科学不一样。为什么不一样呢？社会科学的规律是基于某种假设，通过推理找到结论。社会科学的第二条规律是，通过某种假设，通过情绪化，非理性地认知得出的结论。社会科学的重要前提是基于一种假设，并且相信这个假设是正确的。所以，社会科学是先相信，后看见。

从社会科学角度来说，个体、顾客接受认识的规律是"假设—逻辑—结论"，结论认识前就先相信结论正确，然后进行自我推理，最后得出这个假设是正确的。个体接受认知的第二条规律"假设—情绪—结论"，经过体验这个结论是正确的，所以自己的情绪放大，更加相信这个结论是正确的。

比如，SK-Ⅱ为什么5个面膜放在一个袋子里卖1000块？为什么很多女人趋之若鹜？因为她们相信这个面膜会让自己的脸变白，因为它号称会年轻12岁，皱纹去掉47%，所以很多女人愿意花1000块钱去买。

爱美是女人的天性。据统计，成年女人平均每天花在化妆上的时间是40分钟。每天晚上都要看看镜子，看看脸上有没有痘痘，有痘痘就要"战痘"一晚上。每天早上看看有没有眼袋，有眼袋就恨不得用电熨斗把它烫平。女人的爱美情结被营销专家看到了，因为她爱美的时候就容易忘掉价格而关心价值。女人会花1000块买一袋面膜，其实可能这个面膜的成本就3块钱。是什么原因使她忘掉了价格？她认为美是最重要的，既然为了美，就不停地往脸上抹东西。

连续几年的春晚，赵本山先卖拐，再卖车。为什么赵本山总能成功地把产品卖出去？这就证明了顾客是愿意接受他的产品，他才卖得出去。

我们所处的这个时代是"先相信，后看见"的时代。如果说一个普通的女工手里面提着一个LV的正牌的手包，你一定怀疑是假的。假设是一个市长夫人手里提着一个假冒的LV，你相信是真的还是假的？

营销中没有事实

在21世纪很多企业，很多顾客，不是被产品的质量打动的，而是被产品的故事打动了。所以再好的技术，再好的产品，再好的人才团队，再好的资金，未必能成功；成功一定要有一个美丽的故事。因此，顾客往往无法辨别和抗拒某个结论的假设前提的真伪。

我们看看顾客购买前的反应。人之所以购买是因为被打动，打动自己的是一个容易相信的故事。由于相信了故事，也就相信了故事中角色的存在，比如价格、技术、服务风格、产品设计的风格。

一度战略

马丁·路德·金在美国发表过一篇著名的演说《I have a dream》。实际上今天我们的消费者也活在各种梦想的时代，每一个企业讲故事的背后都是在告诉顾客应有怎样价值观，告诉顾客他的梦想是什么。

在我们今天看到的很多案例中，顾客都是被打动的。我们一提起瑞士就知道瑞士的军刀和手表，一块名牌手表5万块，你可能也在想它为什么这么贵。因为它带给你的是一个品牌故事。

所以，我们每一个人理解一个品牌时，听这个品牌背后故事的时候，我们都活在对这个品牌的崇拜中，而这个崇拜就是一个美丽的故事。

我们要给消费者一个为什么只购买你的理由。有的大企业在产品上的竞争力非常大，但就是缺少一个能够让顾客购买的理由。

误区四：品牌就意味着市场占有率

今天，我们有很多企业家对市场营销都有这样一种看法，就是：市场营销以占领市场，扩大市场份额为宗旨。什么是品牌？品牌就意味着市场占有率。但在21世纪的今天，市场份额越大，企业经营就一定越好吗？我们很多企业现在面临这样的困惑，在过去10年中，企业全速去拼命掠夺市场份额，最近两三年都尝到了苦涩。小肥羊连锁之前拼命扩张，结果2006年整顿，砍掉6家总店。为什么？因为它发现连锁店扩张后单店的成活率下降了。

先做大、后做强？

世界顶级奢侈品开店非常少，因为它注重的不是市场份额，而是顾客对品牌的崇拜。奢侈品培养的是顾客忠诚度。21世纪不是一个盲目追求市场份额的年代，追求的是对顾客的心智资源的占有。换句话说，今天并非营业额越大的企业越有竞争力。过去我们说"先做大，后做强"。现在我们发现倒下的都是大企业。我们不得不反思这样一个问题：未来的中小企业在战略上，应该是基于什么样的设想？传统的营销教材，无论是管理学还是营销学，都基于一种错误的逻辑建立起来的。传统的教科书用经典的教育给予了一个完美的注解，没有人怀疑这种假设的正当性、合理性和科学性。

100年来，世界营销史揭示了这种假设的联系：

第一，商场如战场，市场竞争是你死我活的关系，因此必须扩大份额，让竞争对手窒息。

第二，由于市场资源是有限的，所以扩大了自己的份额，就变相地压缩了竞争对手的地盘。

第三,随着市场份额的扩大,带来的是营销投入的提升,企业营销规模越大,抗风险能力越大。

第四,出于市场份额提升的需要,大份额的市场营销的开支变得不可避免,因此出现了"先做大,后做强"的战略需要。

第五,很好的现金流是获得银行支持和供应商支持的必要条件。

第六,创建品牌的目的就是提高市场占有率。

这个基本假设是否是正确的呢?军事学家克劳塞维斯对战争的定义是:"战争是使敌人服从我方的暴力行为。"这似乎验证了市场如战场的观点。但是,克劳塞维斯还说了这样一句话:除了把对方打倒之外,让对方服从我们的方法还有两个:一是对方认为胜算的可能不大;二是获胜的代价过高,对方就会和我们讲和,服从我们的标准。这就是《孙子兵法》中讲的"不战而屈人之兵"——兵法的最高境界。

换一种方式化敌为友

中国人在和国际市场接轨的过程中,并不知道西方很多经济学家、企业家,他们更懂得战争不一定非要打倒对方,可以换一种方法让你化敌为友。

市场不再是只分敌我,而是都有可能成为合作伙伴。这个理论非常重要,它强调把竞争对手变成你的朋友,一起进行产业联盟合作。对方输,你未必赢;对方赢,也未必意味着自己输。

"果冻我要喜之郎"的广告深入到了每一个中国儿童的内心。当喜之郎成为果冻的代名词的时候,假设你是一个洋品牌、国外资金,想进入中国,你是否有能力和果冻喜之郎打仗呢?喜之郎已经占有了儿童的心智模式,你要想收拾、干掉喜之郎要付出更大的代价。问题是有一个更好的方法可以在中国获得领先地位,那就是可以同喜之郎谈控股(Holdings)、参股(Shares)。

高露洁在做牙膏成功时,突然想推出高露洁牙刷,因为牙膏和牙刷是密切相关的。高露洁很聪明,它知道在中国占垄断地位的牙刷是三笑牙刷。它说我不做高露洁牙刷,我用资金跟三笑牙刷参股,变相地控制了这个第一品牌。

中国有一则家喻户晓的寓言《龟兔赛跑》,乌龟和兔子赛跑,第一轮最后是乌龟赢了。兔子说:"我第一轮输掉了,我腿比较长,凭什么我输?我们再赛跑一次,这回我不打盹了。"果然这轮兔子赢了。第三轮,乌龟说:"你腿长,我怎么跑过你?这次第三轮赛跑,我们得变变游戏规则,赛程是一半陆地,另一半要过一条河。"结果兔子跑到河边过不去,乌龟慢慢悠悠到河岸,慢慢悠悠晃过去了。第三轮乌龟赢了。到第四轮,两人都成了好朋友,乌龟说:"我们和解吧,在陆地你跑得快,你背着我;过河你过不去,我驮着你过河。"

所以市场中不再是只有敌我,也有可能是合作。

蒙牛在创业初期最强大的竞争对手是伊利,伊利控制了奶源,这时蒙牛打的广告语是"为中国'乳都'喝彩"。

可口可乐在历史上也曾经帮助百事可乐,当百事可乐要倒下的时候,第一个伸出援助之手的不是银行,而是他最大的竞争对手可口可乐。

顾客的心智资源是企业最重要的资源

巴菲特(Warren Buffett)说,他投资的秘诀在于要区别企业的三种价值:

第一,这个企业有没有市场价值,市值评估是多少。

第二,这个企业有没有账面价值,有没有净利润、净资产。

第三,这个企业有没有内在价值。

至于什么是内在价值,巴菲特笑而不答。

什么是内在价值?所谓内在价值就是顾客心中的价值,不是占有市场份额而是占有顾客的心,是占有顾客的心智资源。

一个企业是否真正能够占有顾客的心智资源才是最重要的。当代最有竞争力的公司不是拥有市场占有率,而是拥有顾客的心,叫顾客的忠诚度(Customer loyalty)。这一原理也就是世界奢侈品的营销原理。譬如在"世界顶级奢侈品排名"(见表3-4)中排84位的爱玛仕Brikin手袋,价格从最基本的款式5万人民币左右开始,到豪华的珍贵皮质为30万左右不等。而且一只包在订购后,要6个月到1年才能取到货——每只包都是师傅们手工制作,一个皮包的完成时间为3个月。就算是这样,爱马仕每年的waiting list还是长到泛滥。

表3-4　　　　世界顶级奢侈品百强品牌(前100强)

排名	品牌	主要产品	排名	品牌	主要产品
1	Bentley 宾利	车	51	FendiBiga 芬迪	皮具
2	Burj Al-Arab 伯瓷	酒店	52	VacheronConstantin 江诗·丹顿	手表
3	Rolex 劳力士	腕表	53	Elizabeth Arden 雅顿	香水
4	Chanel 夏奈儿	时装、香水	54	Hummer 悍马	名车
5	Estée Lauder 雅诗兰黛	化妆品	55	Burberry 巴宝莉	时装、化妆品
6	Tiffany 蒂芬尼	珠宝	56	Wontblanc 万宝龙	墨水笔

续表

排名	品牌	主要产品	排名	品牌	主要产品
7	Mercedes 奔驰	轿车	57	Cartire 卡地亚	手表
8	Gianni versace 范思哲	时装	58	Anna Sui 安娜·苏	时装
9	Louis Vuitton 路易威登	皮具、箱包	59	Balenciaga 巴黎世家	时装
10	Hennessy 轩尼诗	高级干邑	60	Coach 寇兹	皮具、手袋
11	American Express 美国运通	旅行信用卡	61	Davidoff 大卫杜夫	雪茄
12	Johnnie Walker 尊尼获加	威士忌	62	IWC 万国	手表
13	Prada 普拉达	时装、眼镜	63	Givenchy 纪凡希	时装
14	Lancome 兰蔻	化妆品	64	Ferragamo 费尔格蒙	服饰、皮具
15	Chivas 芝华士	威士忌	65	Cerruti 1881 切瑞蒂	时装
16	Four Seasons 四季酒店	酒店	66	Judith Leiber 珠迪丝·雷伯	眼镜
17	FERRARI 法拉利	赛车	67	Issey Miyake 三宅一生	时装
18	Bose 博士	音响	68	Guerlain 娇兰	化妆品
19	BMW 宝马	轿车、摩托	69	IRARD-PERREGAUX 芝柏表	表
20	Armani 阿玛尼	时装	70	Lexus 凌志	汽车
21	Moet & Chandon 酩悦香槟	香槟酒	71	Lanvin 朗万	时装
22	Calvin Klein 卡尔文·克莱恩	内衣、香水	72	DONNA KARAN 唐那凯伦	服装、眼镜
23	Rolls-Royce 劳斯莱斯	轿车	73	Oscar de la Renta 奥斯卡·德拉伦塔	时装
24	Tag Heuer 豪雅表	名表	74	Wahl Eversharp 威尔·永锋	钢笔
25	Harley·Davidson 哈雷戴维森	摩托	75	Missoni 米索尼	时装
26	Ralph Lauren 拉尔夫劳伦	时装	76	Waterman 华特曼	钢笔
27	Emirates Palace 酋长宫殿	酒店	77	Sonia Rykiel 索尼亚·里基尔	时装
28	Hilton Group 希尔顿集团	酒店	78	Junyue Hotel 香港君悦酒店	酒店
29	Remy Martin 人头马	名酒	79	Thierry Mugler 蒂埃里·穆勒	时装
30	Absolut 绝对伏特加	伏特加	80	italina 伊泰莲娜	珠宝
31	Gucci 古姿	时装、香水	81	The Elizabeth 伊丽莎白酒店	酒店
32	Jaguar 捷豹	轿车	82	Jaeger LeCoultre 积家	名表
33	Starbucks 星巴克	咖啡店	83	Valentino 瓦伦蒂诺	时装
34	porsche 保时捷	名车	84	HERMES 爱马仕	皮具

续表

排名	品牌	主要产品	排名	品牌	主要产品
35	Oakley 奥克利	眼镜	85	Diesel 帝柔	时装
36	Dior 迪奥	时装、化妆品	86	Surin Beach 双棕榈树酒店	酒店
37	CADILLAC 凯迪拉克	轿车	87	Panerai 沛纳海	名表
38	PAGANI 帕格尼	名车	88	Cendant 圣达特	酒店
39	Patek Philippe 百达翡丽	名表	89	Yves Saint Laurent 伊夫·圣·洛朗	时装
40	Cohiba 高斯巴	雪茄	90	BAUME & MERCIER 名士表	名表
41	Martell 马爹利	名酒	91	Chaumet 绰美	珠宝
42	Adui 奥迪	汽车	92	ChristianLacroix 克里斯汀·拉克鲁瓦	时装
43	Ritz-carlton 丽嘉酒店	酒店	93	A. LANGE & SOHNE 朗格	手表
44	Piaget 伯爵	手表	94	Breguet 宝玑	手表
45	ErmenegildoZegna 杰尼亚	时装	95	Shiseido 资生堂	化妆品
46	Parker 派克	笔	96	Nina Ricci 莲娜丽姿	时装
47	Bacardi 百加得	名酒	97	CELINE 赛琳	时装皮具
48	Bugatti 布加迪	汽车	98	YSL 圣罗兰	化妆品、太阳眼镜
49	AudemarsPigeut 爱彼	手表	99	Bill Blass 比尔·布拉斯	时装
50	Bvgari 宝格丽	珠宝	100	OMEGA 欧米茄	名表

资料来源：世界品牌试验室。

误区五：营销要满足顾客需求

我们今天经常看到肯德基和麦当劳总是人满为患。现在很多人抨击他们卖的都是垃圾食品，它的汉堡包是垃圾，它的薯条容易致癌，它的可乐在印度正遭到起诉，说里面有杀虫剂。就是这样一个东西，人们为什么还会去麦当劳、肯德基呢？因为就麦当劳与肯德基与中餐比较来说，它代表的是美国文化，符合了人们对一种价值的追求。

营销是什么？营销是通过交换，满足顾客需求的过程。这是菲利浦·科特勒给营销下的一个定义，也是传统营销理论中最经典的部分。这个说法对不对呢？对我们的实际生活产生哪些影响呢？

顾客需求满足理论是基于创造顾客满意和超过顾客满意，而顾客满意取决于顾客对产品与服务价值的预想与实际效果之间的比较。基于以上观点，20世纪的1960年，美国著名广告商R·雷斯（Rosser Reeves）在其《实效的广告——USP》一书中提出了他的著名的USP理论，即"独特销售主张"（Unique Selling Proposition）。其基本要点是：

1. 每一则广告必须向消费者"说一个主张"，必须让消费者明白购买广告中的产品可以获得什么具体的利益。

2. 所强调的主张必须是竞争对手做不到的或无法提供的，必须说出其独特之处，在品牌和说辞方面是独一无二的。

3. 所强调的主张必须是强而有力的，必须聚焦在一个点上，集中打动、感动和吸引消费者来购买相应的产品。对此，传统营销学用了一个概念——USP（独特销售主张）。

USP是一种有广泛影响的广告创意策略理论，就是俗称的卖点。这是广告公司做策划的最善于用的一招。你的产品有USP吗？你的产品有卖点吗？

USP在数字时代遭遇的危险

传统USP营销学说统治世界50年，尤其是当今世界的营销界，很多广告公司用USP打动了中国大多数的企业家。这个说法对不对呢？我们看一下USP的做法，在今天的数字时代正面临着失败的风险。为什么？因为数字时代以知识、信息和网络为特征，同质化竞争已不是什么商业秘密，通过网络一下就可以搜索出N个。所以，在知识文化的时代下，信息的公开性正挑战着企业的独一无二的销售主张。

欧典地板不是说真正的很"德国"吗？网上一查就知道没有。因为广告公司的提法："我们要做一个独立的USP产品卖点"，并且这个卖点是竞争对手无法提供的，可以打动消费者。但是这个提法在今天，到了2005年的销售市场，遭遇了失败。为什么？因为信息化最大的好处是公开性，全面的公开、公正和开放。

未来的中国随着信息和互联网的发达，没有秘密可言，你在网上可以看到你想看到的一切，互联网将会成为一个推动信息公开化的重要力量。互联网的介入又为信息传播提供了巨大的力量。在这种情况下，怎么做到独一无二呢？是做不到的。正是有这种情况，我们看一下独一无二所带来的傲慢的代价。

我们在前面讲过的SK-Ⅱ的案例，它做了这样一个宣传：皱纹减少47%，肌肤年轻12年。这个卖点够独特，独一无二，谁都不敢这样做，它敢作出承诺，并且使

一度战略

产品的卖点强化。顾客需要年轻，这种需求恰恰 SK－Ⅱ 做到了满足。但是被广东出入境检验检疫机构查出该化妆品中含禁用物质铬和钕后，举座哗然。

随后，SK-Ⅱ做了一个极为错误的决定，消费者要求退货，SK-Ⅱ说要退货必须具备这几个条件：第一，必须持有由卫生部制定的皮肤过敏证明；第二，消费者必须有消费凭据；第三，产品未使用一半以上。当媒体和政府都在揭示他的产品有问题时，这个日本品牌居然如此傲慢。这种代价是中国的消费者在互联网上像病毒一样广为传播抵制 SK-Ⅱ 的信息。

USP做法在数字时代遭遇的危险：

第一，他们都是以花哨的内容，吸引消费者的注意。在这个信息爆炸的时代，消费者面临大量的信息，导致信息超载越来越突出，争取消费者的注意力越来越困难，企业的广告投入和获得效果之间的差距越来越大。

第二，难以控制信息的目标受众。大众媒体的受众有相当一部分不是目标客户，造成企业宣传的浪费。

第三，消费者一般都需要付出额外的费用。这样增加了消费者的精力和金钱资本，同时降低了这些信息的宣传效果。

USP的做法实际上是一种推销的做法，因为信息的传递方法主要是一种推进式传递。这种推进式的传递，企业利用各种各样的媒体把信息"强行"地推到顾客面前，强迫顾客拿出一部分时间和精力来关注信息。这种强行使信息传递的方式导致的最直接后果是顾客对信息的反感，一见电视广告就换频道已经是司空见惯的现象。我们经常讲电视里面的广告时间是"垃圾时间"、"上厕所时间"。我们曾经做过一项调查，一个城市当一个电视剧正在热播，忽然这个城市的供水部门发现，在晚上20：50~21：00这个时间段，城市的用水量忽然间增加。为什么？后来才知道电视剧热播，这个时间是广告时间，整个城市都在用抽水马桶。

"推式"信息传递方式的一个基本的假设前提是顾客需要和欢迎信息。在信息短缺的工业经济时代，这种假设是成立的。但是在信息爆炸的今天，这种假设在很大的程度上失去了它的前提。顾客的时间和精力有限，他们不可能也不愿意关注太多无用的信息，他们只希望能迅速、有效地得到自己需要的信息。

所以，在一个信息爆炸的时代，人们对广告的讨厌已经让广告的效果衰减。在信息爆炸的时代，跟工业经济信息短缺的时代不一样，在信息短缺的时代，一个广告可以成就一个企业，就像秦池当年"每天开出去一辆'桑塔纳'，每天迎接回来一个'奥迪'"。这在今天这个时代显然是不行了。

在数字时代，我们正确的提法不是满足顾客需求。满足顾客需求在中国已经不是一个最新的理论，但是，我们不应该定位在满足顾客需求，而是**应该找到体现顾**

客价值的渠道，并满足它。换句话说，满足的不是顾客需求，而是顾客所需求的价值。

顾客需求的价值和顾客需求有什么区别呢？我们拿品牌来对比，工业时代的USP描述的是一种功能、需求的满足。在数字时代，品牌代表了某种价值，讲述一个故事，成就一个梦想，打破一种游戏规则，这是2005年之后的新营销主张。

可口可乐究竟卖的是什么？卖的是一种精神、文化。麦当劳究竟卖什么？麦当劳在中国市场卖的是汉堡包的制作工艺书和快餐店的管理流程，快餐店卖的是把知识打包转化成的价值。

误区六：定位决定购买

《吕氏春秋·察今》中的一个寓言故事："楚人有涉江者，其剑自舟中坠于水，遽契其舟，曰：是吾剑之所从坠。舟止，从其所契者入水求之。舟已行矣，而剑不行。求剑若此，不亦惑乎？"这便是我们耳熟能详的"刻舟求剑"的故事。

美国营销战略专家杰克·特劳特（Jack Trout）和艾·里斯（AL Rise）于1980年出版的《定位》（Positioning）一书中提出"定位营销观念"。这套营销理论被称为"改变美国的营销理念"和"有史以来最富影响力的营销学与广告学著作"，被大学MBA奉为管理战略的圣经。很多人深信，是定位决定了购买，成为驱动企业成长的力量。

所谓定位就是让品牌在消费者的心智阶梯中占据最有利的位置，使品牌成为某个类别，当消费者产生相关需求时，将定位好的品牌作为首选。定位论认为，在信息时代竞争从市场转到消费者的心中，所以，品牌战略的核心原理就是通过核心定位占有消费者心中的一块核心资源。应该承认，定位论的学说，是迄今为止世界营销学上最接近事实的营销答案，确实是最新的学说。

为了证明定位论的正确，特劳特举了两个有名的例子：

- 高露洁牙膏十几年坚守定位"防止蛀牙"。
- 奔驰坚守"豪华舒适"，宝马坚守"驾驶者乐趣"的定位。

为了进一步证明定位论的正确，特劳特又举了个反面的典型案例。

——RCA公司和通用进军电脑业。

不祥之兆

1969年，我们为《工业营销》杂志写了一篇文章，题目就直接叫《定位是人们在如今的仿效市场上玩的游戏》，并且把RCA公司当作一个主要例子来谈。我们在文章里用了一些新名词，并且作了一些预测，依据的都是一种叫做定位的游戏规则。

一度战略

(这是"定位"这个词第一回用来描绘这样一个过程:即如何应用人们头脑中已经被一个规模更大、资格更老的竞争对手占据的地位)。

其中有一个预测的结果准确得惊人。我们写道,就计算机制造业而言,"任何公司向 IBM 公司业已占有的地位直接发起挑战都无望获得成功。"

这句话里的关键词当然是"直接"。同市场中居领先地位的对手展开竞争固然有取胜的可能(我们在文章里提出了几个方法),但定位规则说"直接"取胜是不行的。

这话在当时引起了一些异议。这两位是何许人也,竟然敢说像 RCA 这样财大气粗的公司别想在计算机业有出头之日?

于是,到了 1970 年,RCA 公司向计算机业全速进军。商业报刊上连篇累牍地报道了这件事。

"RCA 向龙头老大万炮齐发。"《商业周刊》1970 年 9 月 19 日刊登的一篇文章标题如是说。

"RCA 与 IBM 势均力敌!"《财富》杂志 1970 年 10 月一则新闻如是说。

"RCA 计算机大促销是对 IBM 的当头一棒!"《广告时代》1970 年 10 月 26 日刊登的一篇报道用的是这样的标题。

正是为了不使世人对公司的意图发生误会,该公司董事长兼副总裁罗伯特·萨尔诺夫(Robert W. Sarnoff)做出了一个预测,说是到 1970 年年底,RCA 在计算机业"稳居第二"。萨尔诺夫先生说,他的公司这次投入的资金"远远超过了我们以往开拓任何业务(包括彩电)所做的投资,以期在计算机业取得一个坚实的地位。"并指出他们的目标是在 70 年代初占据一个利润丰厚的地位。

"我能行"精神终究得死

不到一年的时间,灭顶之灾出现了。"2.5 亿美元的灾难袭击了 RCA",《商业周刊》1971 年 9 月 25 日刊登的一篇报道的标题如是说。

那是好大一笔钱呀。有人设想,如果把那么多钱全换成百元大钞,码在洛克菲勒中心的人行道上,那摞钱的高度能超过萨尔诺夫在 RCA 大楼 53 层上的办公室的窗口。

那是个计算机制造商倒霉的时代,由于公司的计算机业绩多年来总是不能盈利,通用电气终于在 1970 年 5 月放弃了它,把剩下的烂摊子卖给了霍尼韦尔公司。

看到两家主要的计算机制造商相继无功而退,有人忍不住会说出"我早就对你说过"于是,我们后来在 1971 年又写了《重提定位话题:通用电气和 RCA 为何不听劝?》(该文发表在《工业营销》1971 年 11 月号上)。

第三章 一度战略——向传统理论宣战

那么，面对 IBM 这样的对手，如何展开广告和营销活动呢？这两篇有关定位的文章提出了一些建议。

如何与 IBM 之类的对手抗衡

计算机业经常被比作是"白雪公主和七个小矮人"。白雪公主已经在营销史上确立了无可匹敌的地位。

IBM 在计算机业占有 60% 的份额，而那些矮人当中最大的一个所占份额还不到 10%。

如何与一个拥有相当于 IBM 地位的公司抗衡？

首先，你必须承认现实。

第二，计算机业内部的人想做的事情，你不要去做。要像 IBM 那样做。

要想同 IBM 已经确立的地位直接发起挑战，根本没有成功的指望。历史迄今证明这是一个真理。

该领域里的小公司可能认识到了这一点，而那些大公司却似乎觉得能够利用自己的强大地位与 IBM 展开竞争。那么，听听一位垂头丧气的经理是怎样说的吧："我们根本没有足够的钱去这样做。"你无法由此及彼。

有句老话说："以火攻火。"已故的霍华德·戈西奇（Howard Gossage）却常说："那是愚蠢的做法，你得以水攻火。"

IBM 的竞争对手可以采取一个更好的战略，那就是利用他们在预期客户的头脑里已占据的地位，将其与计算机业中的一个新位置挂上钩。例如，RCA 公司原本应该如何为其计算机产品定位？

我们在 1969 年写的一篇文章里提出了一个建议："RCA 公司在通信方面居领先地位。假如它把某种计算机产品的定位与它的通信业务挂上钩，就能用得上其拥有的地位。尽管它这样做会放弃许多业务，却能建立一个强大的滩头阵地。"

以 NCR 公司为例，该公司在现金出纳方面拥有一个强大的地位。

NCR 公司集中精力开发零售数据记录系统（你也可以称为计算机化现金出纳机），从而在计算机业务上取得长足的进步。

当然，在毫无希望的情况下，要想找到一个恰当的位置往往是白费工夫，还不如把精力集中在公司业务的其他方面。查理·布朗（Charlie Brown）说过："没有躲不过去的难题。"

事实上，彻底的失败往往胜过彻底的成功。

失败者往往认为问题的关键是应再加努力。一家处于败势的公司即使再怎么样也不会有多大收效。

一度战略

问题不在于其本质，而在于时机。要想通过额外的努力去获得较大的收效，就应当早一点把劲使在确立产品优势上，这才是可贵的东西。有了它，便可万事俱备；没有它，事情确实会变得很难办（就像爱斯基摩人说的那样，只有跑在头里的狗才能看到一路的景象）。

通用电气公司的史密斯和琼斯

举个例子也许能有助于理解这个原则，两位男士一心想坐通用电气公司的头把交椅，一位叫史密斯，另一位叫琼斯。

史密斯是一位典型的"我能行"式企业经理。公司任命他主管计算机业务，他兴致勃勃地接受了。

相反，琼斯却很现实。他知道通用电气公司进入计算机业已为时过晚，无法在其中占据主导地位。到了眼下这一步，要想赶上IBM，代价太大，即便它能做到这一点。

由于史密斯没能使计算机业务有所转机，琼斯便有了参与的机会。他建议通用电气退出计算机业，最后公司把这个业务部门卖给了霍尼韦尔公司。

这就是雷金纳德·琼斯最终当上了通用电气公司首席执行官的原因之一。斯坦福·史密斯（J. Stanford Smith）则转到了国际纸业公司（International Paper）的麾下。

总的来说，计算机业中这种优胜劣汰的现象在所有的行业里都能看到。每个行业都有一个强大的胜者和一群失败者，计算机业里有IBM，复印机业里有施乐，汽车制造业里则是通用汽车。

谁要能够理解定位在计算机业里的作用，以后遇到任何情况，这方面的知识几乎都能派上用场；反之亦然。

IBM忘了通用的教训，1969年大举进军复印机，侵犯了施乐的定位，结果无功而返。特劳特认为"IBM的规模比施乐要大得多，而且拥有巨大的技术、人力和财力资源。当IBM推出系列复印机与施乐竞争时，情况发生了多大的变化呢？变化不大。施乐仍然保持10倍于IBM的复印机市场份额。"

真理前进半步就是谬误。本来，定位论学说是个好东西，但是定位论的提倡者的僵化坚持导致了这种理论在数字时代的尴尬遭遇。我们分析上述特劳特例举的大品牌，发现：

1. 全国牙防组事件曝光，高露洁还坚持"没有蛀牙"吗？
2. 奔驰350不是既舒服又强调驾驶乐趣吗？宝马7系列不比奔驰600宽敞舒服吗？

3. 通用进军电脑业，并不错误，而是方法的错误。如果从别的电脑产品进入电脑市场，而不是大型主机，结果很可能就会改写。

4. IBM进军复印机也不是定位错误。而施乐早已经渐渐淡出了人们的视线，在今天的复印机市场，充斥我们眼睛和脑海的是佳能、夏普、东芝等日本品牌，佳能也取代施乐成为复印机市场的第一品牌。

不定位，怎么能行

定位论限制了我们的思维，我们需要重新创造，创造出过去没有的东西。这尤其对我们习惯于生产制造的企业来说是一个福音。

杜拉克（Peter F. Drucker）在《管理务实》中说："企业的最基本功能，是营销与创新。"定位论间接反对的是创新。在数字经济时代，竞争处于多层空间，消费处于网状结构，产业边界模糊，使产品之间的关联度加强。一个否认关联性的定位论，无法适应当今企业的变革和市场的深刻变化。

我们回过头再看定位论，看一下定位论的重要观点。定位论是一种战略营销，它要求企业首先从顾客市场发现需求，然后从竞争对手中找出缝隙，制定策略，最后使自己定位好，以至于今天很多企业家说一个企业不定位怎么能行。这就是定位论的原理。

但这需要两个基本前提：顾客和竞争要素在较长时期内不变，企业满足顾客需求而竞争对手做不好。如果你的定位是正确的，一定要求第一要素顾客和第二要素竞争在长期时间内不变，因此你才能做到与众不同，超越对手。我想问的是，顾客的需求是一成不变的吗？竞争对手就那么傻，让你今年经过分析定位好明年就不变了？

所以，定位论是一个僵化了的模式，如同刻舟求剑的故事一样，哪里能够找回我们的剑呢？定位论在理论上是不成立的。这种定位论实际上是工业经济时代的产物，因为在工业经济时代，大家都是比工厂制造能力。比工厂制造能力就是比究竟在同行业中谁的技术创新更快，技术创新可以使企业在一段时期内保持优势。但是现在，新经济时代产业竞争越来越模糊，而这种产业的模糊使竞争越来越复杂，替代品的增多使顾客的选择余地增加。

比如你是塑料行业的，人们使用塑料是基于某种用途，但是今天人们发现铝合金完全可以代替塑料，人们发现还有更好的木材可以代替塑料。顾客的选择余地加大了，在加大的过程中，这就需要我们不能用一个僵化的思想定位这个企业是干什么的，因为竞争对手不仅仅是行业内，还有可能是行业外。

所以，定位论是一个严重阻碍、束缚我们手脚的一个理论。**在产业边界越来越**

一度战略

模糊，使竞争关系复杂的时候，替代品使顾客竞争选择加大，随着信息的高度发展，一方面是用户的潜在需求进一步加大；另一方面用户面对杂乱无章的信息显得不耐烦，消灭了企业辛苦构建起来的个性化定位。

误区七：市场最终结果是两大品牌的竞争

中国的民营企业家好像一粒种子，本来可以蹲在温室里，享受着温暖，沐浴着阳光，在那里有充分的养分和水分，他不必担心，一切都为它安排好了。忽然之间，一阵风后，把这粒种子不小心吹到了悬崖上。悬崖上没有温暖只有寒冷，这粒种子为了生存的念头拼命地生长。他生长的目的就是把大石头推开，找到阳光，找到温暖，一不小心就成了参天大树。这就是中国的民营企业家。

特劳特的《定位论》中的重要观点认为市场最终结果是两大品牌的竞争。这种论点的支持者可以举出一系列的例子：全球的航空是不是剩下了波音和空客的竞争？可乐就剩下了可口和百事的竞争；鞋就剩下了耐克和阿迪达斯。这就意味着你的企业做到第三就会面临着被淘汰的危险，所以要求在行业内必须做到数一数二。显然这是二元法则。他们在《定位论》里是如此描述的：

确立领先地位

历史表明，第一个进入人们头脑的品牌所占据的长期市场份额通常是第二个品牌的2倍、第三个品牌的3倍；而且，这个比例不会轻易改变。

我们不妨看一下百事可乐和可口可乐之间的那场激烈的营销战斗。百事可乐的营销活动连年获得成功，但在可乐业比拼中占据优势的又是谁呢？当然是可口可乐。可口可乐每销售6瓶饮料，百事最多只能卖掉4瓶。

事实就是如此。在任何产品类别中，第一品牌的销量总是大大超过排名第二的品牌。赫茨超过艾维斯，通用汽车超过福特，固特异（Goodyear）超过凡世通（Firestone），麦当劳超过汉堡王，通用电气超过维斯汀豪斯（Westinghouse）。

许多营销专家没有看到位居第一的巨大优势，过分地把柯达、IBM和可口可乐等公司的成就归功于"营销上的精明"。

领导产品的败绩

然而，一旦处于不利的地位，一旦在营销中领先的公司在新产品类别中没有争到第一，该新产品通常就会败在别人手下。

与佩珀博士公司（Dr. Pepper）相比，可口可乐是一家巨型公司。然而，当可口可乐推出竞争性产品"皮伯先生（Mr. Pibb）"时，这家总部设在亚特兰大、拥有庞大资源的公司竟然没能对佩珀博士公司的销售产生多大影响。"皮伯先生"仍然是一个可怜的二流品牌。佩珀博士每销售6瓶饮料、可口可乐最多只能卖掉一瓶"皮伯先生"。

据说,柯达下属的大型公司罗切斯特(Rochester)涉足一次成像照相机业务,是为了彻底打败宝丽莱。事实远非如此。宝丽莱的业务实际上得以扩大,而柯达却只能分得一小杯羹,代价却是损失了一大块传统照相机业务。

所有的实质性优势几乎都集中到了领先者的手里。如果没有任何强有力的反面理由,消费者很可能在下一次购物时仍然选择他们上一次购物时所选的品牌,商店也很可能储存那些品牌领先的商品。

那些规模更大、业绩更好的公司一般都挑选好学校的一流毕业生。事实上,来这些公司求职的人数和资历通常也胜过其他公司。

几乎在每一步上,领导品牌都具有优势。

例如,你在坐飞机时会发现,航空公司在飞机上往往只提供一种牌子的可乐、一种牌子的姜味汽水、一种牌子的啤酒等。

下一次坐飞机时,不妨再观察一下这三种品牌是否依然是可口可乐、加拿大无酒精饮料(Canada Dry)和百威,它们分别是可乐、姜味汽水和啤酒的领先品牌。

不稳定的平等

在某些产品类别中会出现两种领导品牌并驾齐驱的情况,这是事实。

但这些产品类别从根子上就不稳定,这也是事实。你迟早会看到其中一个品牌占了上风,独占鳌头,最终形成稳定的5:3或2:1的局面。

消费者就像一群小鸡,他们更喜欢一种人人明白并且接受的等级制。

赫茨胜过艾维斯,哈佛大学比耶鲁大学强,麦当劳比汉堡包有名。如果两个品牌地位相当,过不了几年,其中的一个很可能会占上风并且在市场上独领风骚。

例如,在1923~1930年之间,福特汽车与雪佛莱在一场正面交锋中难分伯仲。到了1931年,雪佛莱占了先。在以后的年月里,包括大萧条和历年战争所造成的经济混乱期间,雪佛莱只有4次屈居人后。

应该付出额外努力的时机显然是局势不明的时候,即双方都不占有明显优势的时候。只用一年时间赢得的销售战的胜利,往往能维持好几十年。

喷气式飞机需要用110%的额定功率才能使轮子离开地面。但是,当它达到3万英尺高度时,驾驶员可以把功率降低到额定的70%,照样使飞机以每小时600英里的速度飞行。

特劳特《定位论》的理论论据是:

1. 人们在购买产品时,通常不会记住7个以上的品牌,这就是说,消费者心中的购买清单是有限的。

2. 在消费者决定购买前,人们往往记住的是前两名品牌,并且从前两名品牌中选择其中的一个。

3. 那些基于第三级以下的品牌生存会很艰难。

所以,特劳特拿了一大堆的证人、证据来证明他的观点。他说牙膏有高露洁和佳洁士,可乐有可口和百事。他进一步劝告我们中国人说,你们要定位,你们要老老实实做好制造,你们哪有创造品牌的脑袋?所以,特劳特进一步劝告我们说,一定要把品牌建立在消费者心智上数一数二的位置上。

特劳特(Jack Trout)的定位论诞生在五六十年代,那时是饥饿的年代,当你定好自己的个性时,你就会得到消费者。但是,如今生活在信息时代的人们启动了一个重要的工具保护自己。Google和百度使信息变得越来越公开,打乱了顾客心中稳定的品牌排序。假设你去超市买牙膏,你脑袋里只有两个品牌高露洁和佳洁士吗?不一定。所以信息化时代打乱了你的排序,你不知道当时想买什么。

一度战略鼓励中国的中小企业勇敢地超越。我这里提出了一个最佳模型(见图3-5):OEM的企业可以在未来2~3年内,设计这样一个模式:50%做加工,50%为自有品牌,效益的50%来自于国际市场的贸易和出口,50%做中国市场。这叫4只轮子跑路,4只轮子肯定比2只轮子或1只轮子跑得快。

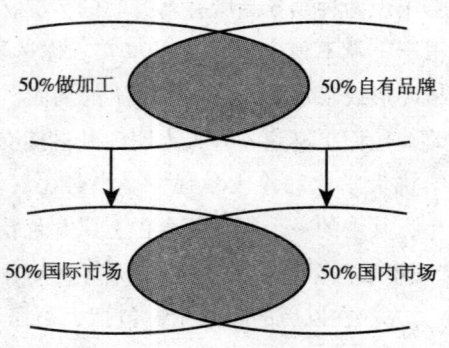

图3-5 OEM企业的最佳模式

误区八:做大就能做强

在今天这个数字化时代,科技被广泛地同质化拷贝,做到技术独占,越来越困难。随着竞争的加剧,价格战不可避免,可是制造成本在提升,企业的利润在哪里?我们注意到规模越大的企业,反而利润下降。规模越大,风险越大。

国际上按照销售收入进行排序的前 500 名大企业，习惯上被称之为世界 500 强，在如此观念的引导下，许多企业将做大与做强等同起来，认为做大的过程便是做强的过程。而事实上，做大和做强在本质上是完全不同的，做大和做强各自有着独立的核心思想。做大和做强不是一码事。企业成长表现为企业经营的规模及其业务范围不断扩张的过程被称为"做大"；而企业成长表现为不间断地积累企业发展的动能，向更富有生机和活力的企业组织发展的过程被称为"做强"。

从企业自身发展的客观事实可以看出，做大和做强其实是两码事。大不一定强，而强的本身也不一定大，两者之间没有必然的联系。《黔之驴》中的驴子是比较大，但却没有小得多的老虎强，可见大并不等于强。企业在追求"做大"和"做强"的指导思想上是有所差异的，具体强调的侧重点也不同。"做大"强调的是企业规模在量上的一个概念，而"做强"则是强调企业竞争力在质上的一个概念。至于"做大"和"做强"中的"做"字，实际上是一个实施的过程。也可以这样说，做大强调的是规模的扩张，如产品的销售区域的扩大；而做强是强调产品竞争力的提升，如同产品的内在升级。

先做强、后做大

先做大后做强，还是先做强后做大？对于做大和做强的先后问题，恰似问鸡蛋和鸡哪个在先，哪个在后一样，已经演化为一个持久的辩论话题。但就企业本身来说，其经营的最终目标是实现经济效益和利润的最大化，企业的做大和做强只是实现这个目标的手段。对企业而言，竞争力强的企业其盈利能力也较强；而企业单纯在规模运营上膨胀并不一定盈利能力便强，或许短期的规模优势能在销售收入上占得上风，但其销售利润未必能领先。**从长远来看，还是竞争力上占优势的企业更能适应市场的发展，进而赢得更大的生存空间。**有很多企业在走先做大后做强的道路，其中不乏失败的经典案例。尤其在 20 世纪末期，个别企业为了做大而做大，追求"超规模"和"跨越式发展"，忽视企业资源整合和管理，最终形成表面上虚胖而实际上营养不良的情况。其中德隆、普尔斯马特、三株和巨人都是如此，在企业做大的同时，经济效益却降低了，随之而来的不可掌控的经营风险最终演化为"多米诺骨牌效应"！

在后人慨叹其创始人掌控资本魔方高超技艺的同时，也为后世企业的健康发展敲响了警钟。可以说，**企业竞争力是决定企业经营成败和命运的诸多因素中最主要的因素**。将有限的规模扩张转化为直接的经济效益也是企业竞争力的表现。所以，从这个角度看，**要做大必须先做强，做强是做大的主导和根基。**

就从加工领域来说，未必规模越大，竞争力越强。比如说，有很多产业受季节

一度战略

性影响，旺季的时候因为规模大，自然赢得的市场也越多；可是一旦到了淡季，却也因为规模大，闲置的资源也越多。而闲置本身就是一种投入、一种耗费，所以往往得不偿失。尤其是在没有品牌的大量的老加工企业的规模面前，这些不仅仅是边际收入的递增，也意味着边际利润的递减。真所谓"成也规模，败也规模"。

我们再把目光转向互联网产业。Yahoo 和 Google 这两个网络巨子如今的境况虽谈不上天壤之别，差距也在逐渐拉大。从 2006 年 Google 的年报中可以看出，其在整个 2006 年都是牛气冲天，一年 4 个季度保持 10%～19% 的增长速度，引发了投资者的热捧。2006 年 11 月，谷歌股价成功突破每股 500 美元的心理价位，成为市值最高的互联网企业。和谷歌相比，雅虎 2006 年成绩就显得不那么漂亮，净利润较上年同比下降 11%，股票下跌了 35%。

造成这一结局的很重要的一个原因是：雅虎在过去的几年，热衷于收购 Web2.0 公司，大事扩张规模，提供的服务几乎涵盖了互联网的所有流行元素。这样就造成其业务"全而不精"，缺乏一个中心。而谷歌所有新业务都以其搜索为中心主题展开，集于自己的优势原点发展业务，不盲目追求大而全的规模。

其次，在运营模式上来说，谷歌的竞价排名比雅虎的定价排名更为创新，更具有优势，更能吸引客户的关注。

雅虎和谷歌在人才管理模式上大相径庭。雅虎总裁塞梅尔薪酬总额达到 7170 万美元，是美国上市公司中屈指可数的高薪，且与 Google 公司 CEO 施密特的 1 美元工薪形成鲜明的对比。但是高薪酬并没有带来高绩效，雅虎在企业人才管理模式上的"大企业病"也是雅虎发展道路上的障碍。

案例 3-1　　雅虎：困兽斗

简化组织架构，整合 Web2.0

Google 之所以能成为雅虎最大的竞争对手，主要是两者的业务有许多相似之处。不同的是，Google 的商业模型和它的用户界面一样简洁明了，所有新业务都以其搜索为中心主题展开。而雅虎最大的问题正是缺乏一个中心，其业务"全而不精"。

雅虎在过去的几年，热衷于收购 Web2.0 公司，提供的服务几乎涵盖了互联网的所有流行元素。由于没有及时整合，以至于与收购的公司之间出现业务重叠。比如，雅虎音乐搜索（Yahoo! Music Engine）与 Music Motch.com，Fickr 和雅虎照片，美味书签和 Myweb 服务，雅虎社交媒体（Yahoo! sociol Media）和雅虎 360 博客等。发散型的发展还造成资金和精力过于分散，公司先后错过了优质网站 Myspace、facebook 和 youtube 的最佳收购时机。但这些都不能阻挡雅虎的收购热情，出任 CEO 仅仅两天，杨致远便以1亿美元收购了大学体育网站Rivals.com。

雅虎已感觉到"本是同根生，相煎何太急"。2007年5月，雅虎宣布关闭原来的图片共享网站，只保留两年前买来的Fickr。针对旗下仍然存在大量相互竞争的网站，加大整合力度，是新CEO的首要任务之一。

杨致远表示自己担任CEO不是临时性过渡，为收复失地，他将重新命名一个CTO，迅速重组一支优秀的管理团队。"我们的目标是打造一个快速执行、管理透明和严格自律的雅虎，一个群策群力、积极应对挑战的雅虎。"为了更有效地将受众转化为营利，雅虎将加强了解用户、客户和员工，把中心放在增加产品特色、投资创造力和创新。

从去年底开始，雅虎内部实施了组织架构重组。调整之后，公司架构为受众组、广告发行组、技术组三个运营部门。杨致远称，架构重组的目的是要以客户为中心，为用户、广告主和发行商提供更好的服务，以此增加利润。由此可见，雅虎今后将更加重视提高有受众参与的Web2.0技术和业务。

以门户为中心，继续搜索

塞梅尔（Terry Semel））任CEO的6年中，雅虎的销售额从2001年的7.4亿美元增加到2006年的64亿美元，公司的运营也从亏损转为盈利10亿美元，股价增长了2.25倍，用户数量从当初的1.7亿增至5亿。然而，这些增长奇迹被近年崛起的互联网新星Google打破。

雅虎大举收购新兴互联网公司的进程中，错过了对Google的收购，这一疏忽造就了今天最头疼的竞争对手。的确，Google的竞价排名广告（Adwords）模式比雅虎的广告模式更精确、更细分，从而迅速超过雅虎。

华尔街分析师一度建议雅虎并购或出售，甚至是放弃搜索业务。Cantor Fizgerald分析师布朗说，如果是我管理雅虎，就会考虑各种可能性，因为继续搜索不大可能会改善业绩。

在质疑声中，雅虎是"明知山有虎，偏向虎山行"。2007年2月5日，雅虎推出了在内部秘密研发两年之久的搜索广告平台"巴拿马（Panama）系统"。

美国搜索引擎调研机构Reprise公司的数据显示，雅虎目前从每次搜索查询广告获得的收入为4美分，而Google的记录是11美分。在应用巴拿马广告系统之后，雅虎搜索的广告主每一次点击成本下降了6%，平均点击率增长了32%。虽然从一季度广告收入来看，该系统尚未给雅虎带来明显收益，但杨致远相信，巴拿马广告系统将是雅虎近来一段时间的重要利润来源，公司将重点推广。

此外，雅虎也不遗余力地开发移动搜索这个金矿。6月20日，雅虎在新加坡召

一度战略

开的亚洲通讯会议上宣布，它与菲律宾环球电信公司等亚洲6大移动通信运营商已经达成合作意向，共同推广雅虎的移动搜索业务 OneSearch 服务。

迄今为止，雅虎仍然是最成功的互联网公司之一，保持着很多优势，包括品牌优势、即时通讯、新闻聚合等服务方面都有卓越表现。每个月全球5亿用户访问其网站。作为最大的互联网广告销售商之一，雅虎2006年的销售收入是64亿美元，利润为7.51亿美元（见图3-6）。

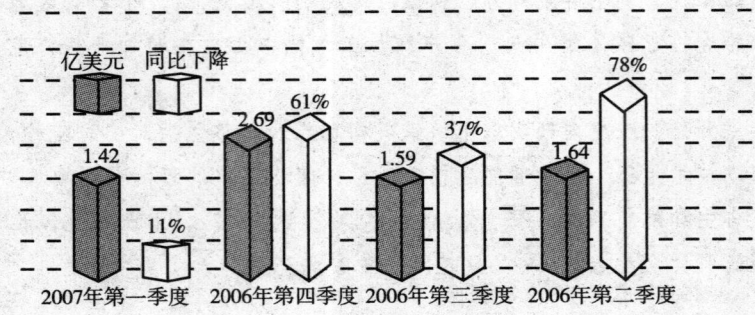

图3-6 雅虎净利润

资料来源：《俏丽》，2007年8月号。

在 Alexa 流量排名中，雅虎目前依然高高在上。其中，52%流量来自邮箱业务，咨询内容也占有相当比重，而搜索业务的流量只有11%。在咨询内容方面，雅虎时事新闻、财经新闻、股票信息、科技新闻、体育新闻等信息都在门户网站上保持着稳固优势。依托门户的优势，雅虎的品牌广告和增值服务还有广阔的发展前景。

NO.4 第四章
一度模式

在博弈论（Game Theory）中，有一个经典案例——囚徒困境，非常耐人寻味。

"囚徒困境"说的是两个囚犯的故事。这两个囚徒一起做坏事，结果被警察发现抓了起来，分别关在两个独立的不能互通信息的牢房里进行审讯。在这种情形下，两个囚犯都可以做出自己的选择：拒不承认或者供出他的同伙。那么两个分处异室的囚犯面对警察的"威逼利诱"是选择合作还是背叛？

第四章　一度模式

在博弈论（Game Theory）中有一个经典案例——囚徒困境，非常耐人寻味。

"囚徒困境"说的是两个囚犯的故事。这两个囚徒一起做坏事，结果被警察发现抓了起来，分别关在两个独立的不能互通信息的牢房里进行审讯。在这种情形下，两个囚犯都可以做出自己的选择：拒不承认或者供出他的同伙。那么两个分处异室的囚犯面对警察的"威逼利诱"是选择合作还是背叛？

这两个囚犯都知道，如果他俩都能保持沉默的话，就都会被释放。因为只要他们拒不承认，警方无法给他们定罪。但警方也明白这一点，所以，他们就给了这两个囚犯一点儿刺激：如果他们中的一个人背叛，即告发他的同伙，那么他就可以被无罪释放，同时还可以得到一笔奖金。而他的同伙就会被按照最重的罪来判决，并且为了加重惩罚，还要对他施以罚款，作为对告发者的奖赏。当然，如果这两个囚犯互相背叛的话，两个人都会被按照最重的罪来判决，谁也不会得到奖赏。

那么，这两个囚犯该怎么办呢？是选择互相合作还是互相背叛？从表面上看，他们应该互相合作，保持沉默，因为这样他们俩都能得到最好的结果：自由。但他们不得不仔细考虑对方可能采取什么选择。A犯不是个傻子，他马上意识到，他根本无法相信他的同伙不会向警方提供对他不利的证据，然后带着一笔丰厚的奖赏出狱而去，让他独自坐牢。这种想法的诱惑力实在太大了。但他也意识到，他的同伙也不是傻子，也会这样来设想他。所以A犯唯一理性的选择就是背叛同伙，把一切都告诉警方；因为如果他的同伙笨得只会保持沉默，那么他就会是那个带奖出狱的幸运者了。而如果他的同伙也根据这个逻辑向警方交代了，那么，A犯反正也得服刑，起码他不必在此之上再被罚款。所以结果就是，这两个囚犯按照不顾一切的逻辑得到了最糟糕的报应：坐牢。

中国企业在市场竞争中正面临着这样的困境：在产品同质化且激烈竞争的市场博弈中，价格战是提升业绩的主要选择手段，很多企业陷入到了囚徒困境的市场博弈中：杀敌一千，自残八百。如果我方不降价，对方降价怎么办？

第一节　陷　入　困　境

人们常说"狡兔三窟"，是说有极强生存能力的兔子通常要为自己挖三个藏身的窝，当兔子遇到袭击时，它可以有三个免去死亡危险的机会。问题是，假设这些安身之处都被对手封住时，兔子要不要思考用什么方法才能彻底改变这种被动的局面呢。

中国企业普遍面临的三种困境是——

一度战略

第一种困境：质量已经不是竞争优势了？

中国改革开放伊始，企业找到的第一个解决方案就是企业全面质量管理，质量管理在中国企业中大受欢迎。由 Motorola 和 GE 倡导的六西格玛质量管理理念，至今还是企业管理的经典解决方案。日本企业随后倡导的全面质量管理更是在中国企业界得到了迅速的普及，企业纷纷学习如何提高他们的产品质量，优化内部操作流程。ISO9000 质量认证体系在企业迅速普及，到了今天，没有质量认证体系的企业几乎是凤毛麟角。

中国制造以近乎完美无缺的产品质量显示出强大的市场竞争力，我们从电脑、手机、家电、汽车四大行业的市场份额来说明中国制造的质量优势。

如图 4-1 所示，中国制造的中国品牌台式电脑在市场份额中占到 60% 以上。其中三大著名品牌联想、方正和清华同方的市场占有率总计达 49.7%。如果没有和国际品牌近乎一致的产品质量，不可能有这么大的市场占有率。

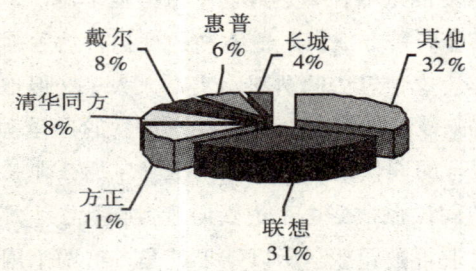

图 4-1　2005 年中国台式电脑市场各品牌市场份额

如图 4-2 所示，中国的联想笔记本电脑已成为全球五大笔记本电脑 PC 商之一。

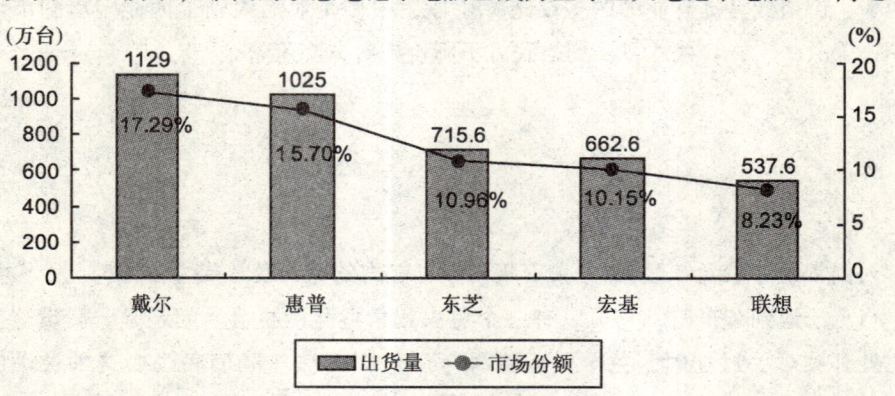

图 4-2　2005 年全球前五大 PC 笔记本电脑出货量及全球市场份额

如图4-3所示，中国国产手机起步时间短，但几乎占据了国内市场的半壁江山，这其中质量优势功不可没。

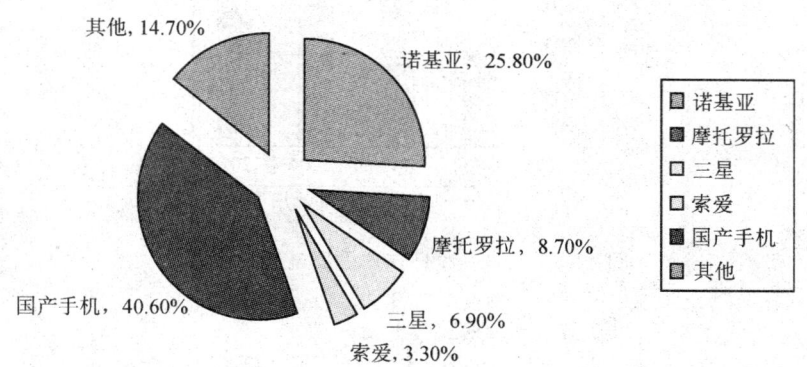

图4-3　2005年中国手机市场国产手机及主要国外品牌市场占有率

如图4-4所示，中国家用电器产品的出口量呈现逐年上升趋势。

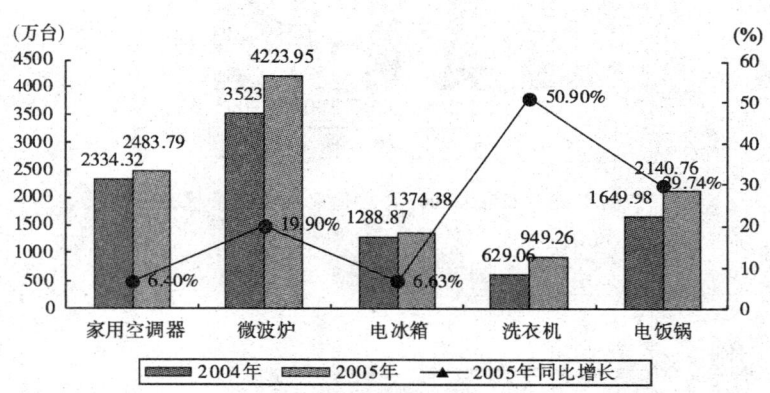

图4-4　2004~2005年中国主要家电产品出口量状况

如图4-5、图4-6所示，到2005年，中国彩电的产业规模和企业规模已居世界首位，彩电出口转向高端。这说明中国彩电的制造质量不仅达到国际先进水平，而且遥遥领先于它的竞争对手。

如图4-7所示，其中奇瑞轿车和吉利轿车一直是中国民族品牌的骄傲，他们从微型轿车的研发开始，逐渐向中高端轿车的技术质量靠近，而奇瑞轿车企业发展的速度远远大于奇瑞轿车在路上行驶的速度。本人在大学的MBA课堂上曾经预言，国产品牌奇瑞在未来十年必将成为中国制造的第二个"通用公司"，独步全球的日子不会太遥远。这其中既有本人对民族品牌的挚爱，又有对中国制造的产品质量的信心。特别是2007年夏天，奇瑞生产出第100万辆汽车时，我更加确信我的预言即将实现。

图4-5　2001~2005年中国彩电产量状况

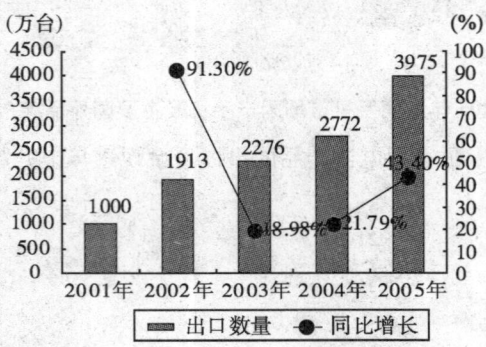

图4-6　2001~2005年中国彩电出口量状况

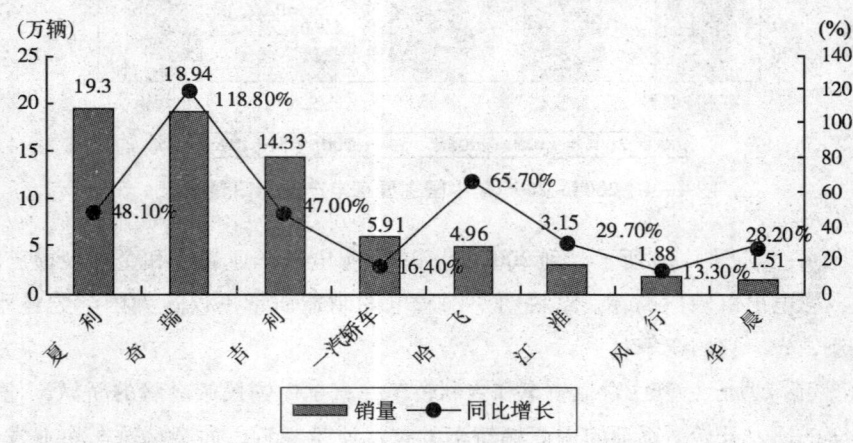

图4-7　2005年中国主要自主品牌乘用车销量比较

但是，我对中国制造的信心却并不能随着另一种担忧而与日俱增，当我们仔细分析这四大行业的利润率逐年变化的情况时发现，强大的中国制造能力能否制造出一个"企业没有利润区"的困境（见图4-8）。

第四章 一度模式

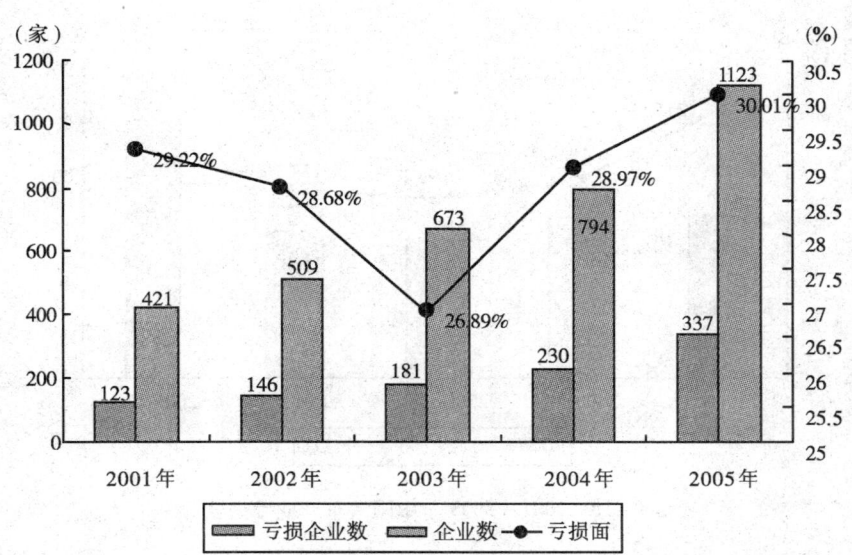

图4-8 2001~2005年中国计算机制造业亏损企业状况

如图4-9所示,当发现企业亏损数量越来越多和三大利润率指标逐年下降的趋势时,我们有理由担心未来的10年计算机行业将怎样积累实力。

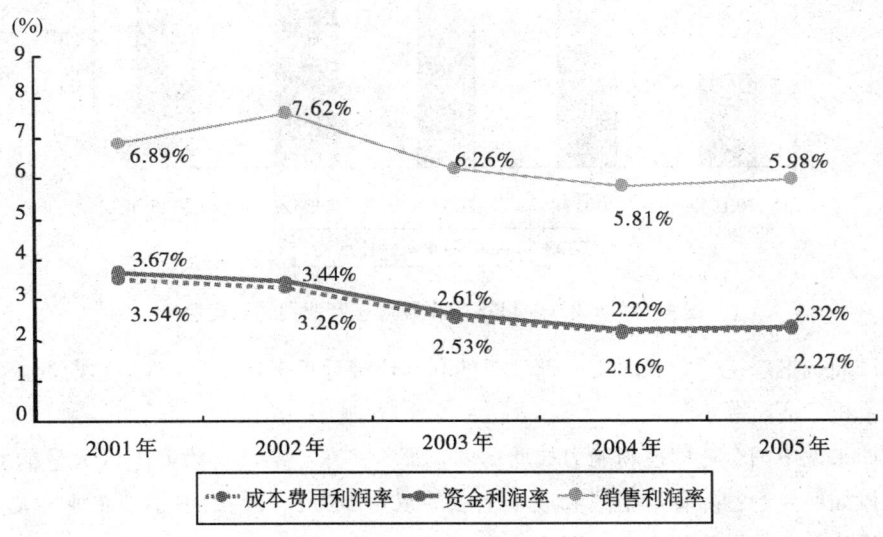

图4-9 2001~2005年中国计算机制造业利润率状况

如图4-10、4-11所示,似乎有一只看不见的手在给中国汽车企业拉手刹,中国汽车制造的质量优势越靠近国际水准,中国的汽车行业越接近零利润区。一些汽车的渠道商抱怨说"现在卖一部汽车的利润快接近卖一套进口沙发的利润了"。同时

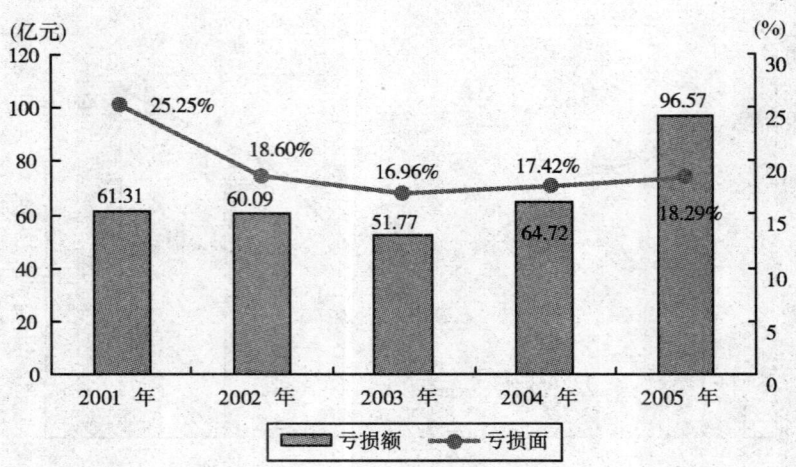

图 4-10　2001~2005 年中国汽车产业亏损状况

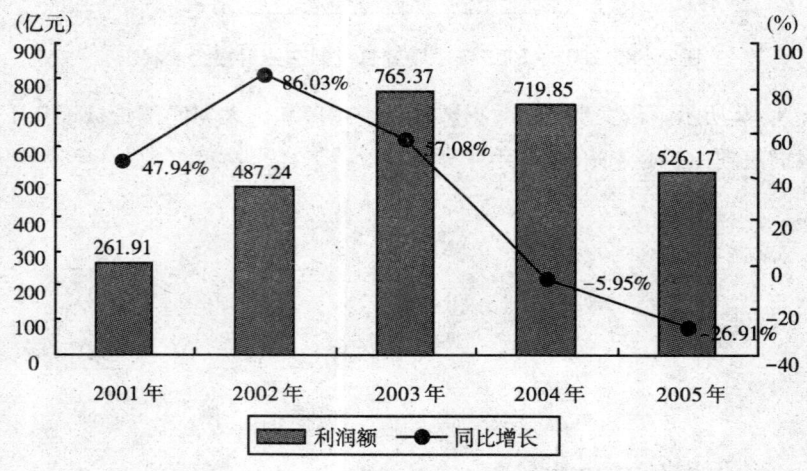

图 4-11　2001~2005 年中国汽车产业利润额走势

手机厂商也抱怨说"现在每卖一部手机的利润快接近卖雪糕了"（哈根达斯的盈利能力令手机厂商羡慕不已）。

　　如果说中国企业的盈利能力如此薄弱，那么广东、浙江等沿海地区大量的 OEM 企业该如何生产？随着价格战和成本上涨的双重压力，大量的中小型企业，尤其是竞争优势单一的无品牌企业，更是对未来前途充满担忧。

　　为什么产品质量越来越好，而亏损企业却越来越多呢？难道这是大工业化规模生产的必然结果吗？

　　不幸的是，企业还在认为产品质量问题仍然是产品滞销的重要原因，认为产品的技术不够先进导致了企业产品差异化不足，附加价值不高，带来了利润率下降。

那些找不到利润区的企业忽视了一个重要的事实：在产品极大丰富的今天，不仅每家企业都可以生产出完美无瑕的产品，而且伴随着信息化、网络化而来的是产品的同质化和技术的同质化。因此，卓越的产品质量不再存有优势。

产生"质量不是竞争优势"这一重要论断的另一个重要依据来自于顾客。很多厂商抱怨今天的顾客越来越挑剔。处于被信息化、知识化和网络包围之中的顾客已经不满足于对产品功能性利益的需求，正在向文化需求、心理需求以及社会需求等顾客价值的需求制造上转变。

如同一位猎人，拉满弓箭，蓄势待发，可射出的箭并未击中目标，因为在他费力瞄准的时候，靶子已经移动了。如图4-12所示。

图4-12　射不中目标的猎人

于是这位猎人陷入困境。如图4-13所示。

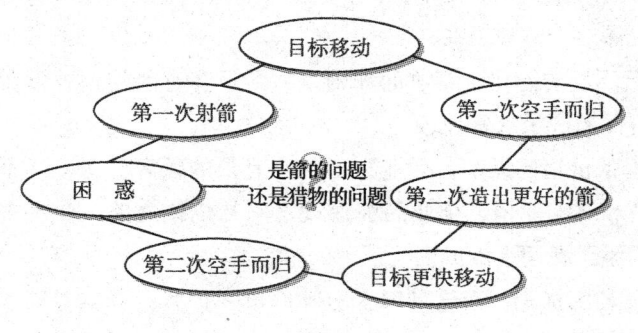

图4-13　猎人的困境

一度战略

第二种困境：成本还能降多少？

沃尔玛的一位店长说："事实上，在目前的规模下，与中国本土的低价格竞争，沃尔玛并没有压倒性优势。"

曾经是世界500强排名第一位的沃尔玛来到中国市场，面临着十分尴尬的困境，沃尔玛的传统优势"天天低价"、"无所不包"的销售模式在全球，尤其是在中国渐渐失去过去几十年屡战屡胜的魔力。沃尔玛中了中国零售商设下的埋伏，在以成本优势领先的中国制造商和零售商面前，谁敢挑战价格的极限？

手机行业在2005年之前也有成本优势显威的时候，中国国产品牌的手机以低价优势和漂亮的外观设计两把利剑，把洋品牌打得节节败退。波导手机广告语中一句"手机中的战斗机"，至今洋品牌还搞不懂究竟是什么意思。中国国产手机一半占领了中低端手机市场，打得洋品牌只得退缩到高端市场的大城市防守。

然而，2005年开始，三场大雨几乎浇灭了中国手机方兴未艾的炮火。

第一场雨是竞争对手的苏醒。他们醒来的第一件事是扩大在中国的工厂规模，从而制造出更低成本的手机。

第二场雨是制造成本的上升。随着劳动力成本、燃动力成本、原材料成本、运输成本、广告成本和管理成本等的普遍上涨，在外资工厂享有税收优惠等更多降低成本的政策优势的条件下，中国产品的价格优势不复存在。

第三场雨是顾客的变迁。2005年以后的顾客似乎认定了一种消费逻辑："好货不便宜，便宜没好货。"在全球顾客消费升级浪潮的推动下，中国市场顾客在"年年消费都上当，当当上得不一样"的市场教育中变得理性，变得成熟，好像一个羞涩的小姑娘一夜之间变成了小媳妇，学会了理财，学会了挑剔地过日子。她不再相信"价廉质优"的市场神话——质优怎么可能价廉？优质才会优价。

陷入成本困境的还不仅仅是手机商，大量的OEM企业和出口贸易型企业在成本的困境中陷得更深。具体表现在：

1. 随着经营环境的恶化，竞争的加剧，为了争夺有限的顾客资源，企业不得不忍痛降价。打折促销成了家常便饭。

2. 不仅有降低价格的无奈，企业为了争夺有限的顾客资源，又不得不进行狂轰广告、扩充渠道和终端促销。企业品牌建设之路是烧钱之路，使本来就存在降价之烦恼的企业又增添了费用上涨的困扰。

3. 更为严重的困扰是，当这种因企业外部市场扩张，成本过高，企业转向从内部管理压缩成本时，企业家发现，即使把在MBA所学到的所有有关成本管理办法都用上，也不得不承认，由于采购以及劳动力市场环节等不可控的因素，使得企业降低成本再度成为不可能。他们陷入了成本上涨、价格下降、管理失败而利润越来越少的恶性循环，唯一能做的便是等待一种新的经营模式的出现，像沙漠中的寻宝者等待绿洲的出现一样急切渴望而又无奈。

如图4-14所示，困境来自于企业从A点经B点到没有利润的C点的滑落，而以洋品牌为主的竞争对手正从C点到D点再到E点的上升过程之中。

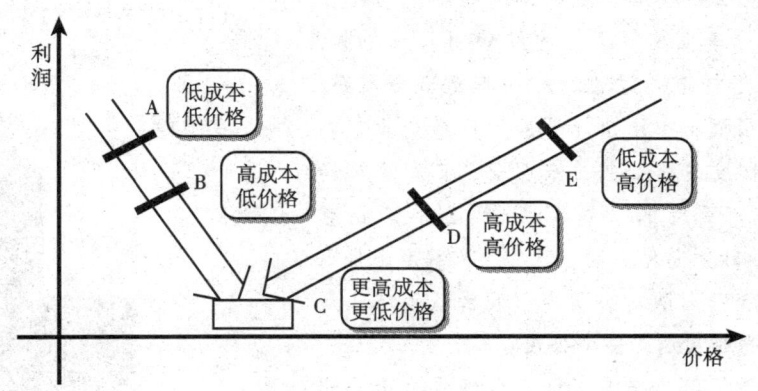

图4-14　企业的成本困境

百事（中国）投资有限公司非碳酸饮料的市场总监董本洪对此亦深有体会。2006年3月百事可乐在上海成立美国本土之外的第一个海外研发中心，即是希望贴近中国本土消费者并为他们量身打造。而百事在全球也开始逐步加大对非碳酸类饮料的投入，希望能从中找到未来长期的增长点。从三年前开始，董本洪和他的团队就开始考虑如何开发出既与百事品牌保持一贯连续性的产品，又符合中国年轻一代消费者的非碳酸类产品。当时市场上非碳酸类的饮料大多以橙汁为主，这是和全球其他任何一个市场都不同的独特现象。

但董本洪经过考察后——在百事内部，考察市场的最直接办法是深入用户家庭进行深入访谈，每个市场部的人员每年都要进行这样的工作，而董也身体力行——认为"橙汁时代"会过去，混合口味的饮品会主导市场。

百事在上海的研发中心立刻根据这些新的信息进行产品开发，加之百事也拥有世界鲜榨果汁行业稳占头把交椅的"纯果乐（Tropicana）品牌，在历时1年的研发和6个月的测试后，于2007年夏天率先在华南市场推出了低浓度和混合果汁为卖点的新产品"果缤纷"。

第一个主打的是热带美味，有芒果、葡萄、番石榴等6种，这6种搭配是为中国量身订做的热带饮品。另外两个香槟美味和木瓜美味，其特色在于用中国人很喜欢的花香去提味。木瓜里面有茉莉花香，香橙里面有的是金银花。

一度战略

肯德基连锁店的利润占美国市场之外 1/3 的百胜集团，在中国建立了一个名为"为客疯狂"的系统。他们用很多方法真正把餐厅经理提升到最重要的位置，同时，很多活动在品牌推广方面都是全球首创，如三对三篮球赛，代言奇奇、生日聚会等。现在，这些经验已经在全球市场分享，其他国家的经营团队来中国，学习他们怎样把餐厅营运和品牌塑造得最好。而在产品层面，中国市场开发的产品老北京鸡肉卷，在印度尼西亚、马来西亚、日本等市场都有销售。百胜的全球 CEO 大卫·诺瓦克（David Novak）总结原因，认为很大程度上是因为中国的管理团队对公司有很强的认同感，从而把这种精神传递了整个公司。

早在三年前，中国市场就已经成为诺基亚在全球最大的市场，但当时诺基亚遇到了强大的国内对手，后者在中国各个省级城市以及二三线城市布下了密密麻麻的渠道网络，这是诺基亚在全世界任何一个国家市场都不曾遇见的情况。在对手的压力下，诺基亚在中国市场的表现并不如人意。但很快诺基亚调整了方向，结合自己原有的全国总代理和逐步向下的各类

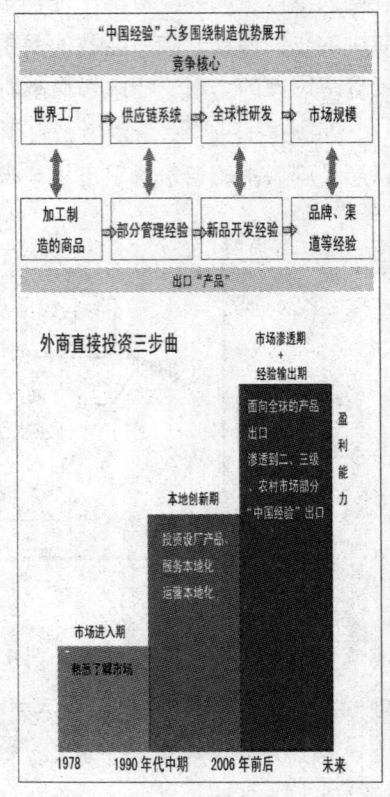

图 4-15 "中国经验"大多围绕制造优势展开

升级代理模式，同时借鉴国内厂商的做法，开发了一套能否覆盖到各级城市代理商、零售店、专卖店的复合型渠道，同时在促销上下了很大的工夫。结果诺基亚一举超过摩托罗拉，成为中国市场的第一。

从去年开始，在芬兰总部的推动下，诺基亚在中国的这些做法开始被巴西、俄罗斯市场有选择性地吸收。当地的员工开始结合自身的特点，也建立更为完善的渠道覆盖体系。

资料来源：《环球企业家》，总第 137 期。

从 2005 年以来的市场剧变的信息中可以看出，百事可乐、肯德基、诺基亚这些快速反应的企业开始转变自己的经营模式，他们正在把从中国市场得到的经验向全球复制。这其中既有摆脱价格的喜悦，又有利用品牌价值和成本优势扩大利润区的成果。

产生这种转变的直接原因是顾客需求的变化，那些高度同质化、易模仿的营销

策略其实并不能吸引理智的消费者,不能使他们满意,更不必说让他们忠诚。因为当这些企业还在想方设法降低成本以满足顾客性价比的需求时,顾客已经在根据他们所获得的价值与所支付的成本间进行权衡,来决定是否购买。

另外,互联网上的信息化使企业的经营行为越来越透明,消费者对广告的拒绝反应,使得越来越多的消费者相信,企业的广告费、促销费和降价损失最终还是消费者承担,这叫"羊毛出在羊身上"。可见,那些无效而泛滥的广告、促销、降价才是企业市场运作成本失控的真实原因。实施这些营销策略的费用并不与其效果成正比。

如图4-16所示,企业真正应该关注的是如何通过产品创新创造顾客价值,如何创造沟通渠道使消费者乐于接受。所以说,困境经常来自于对困境的观察角度,成本困境就是如此。

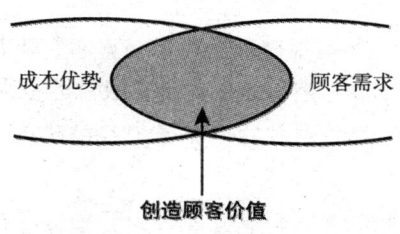

图4-16 创造顾客价值示意

第三种困境:竞争之惑——规模与利润如何共舞?

中国制造业陷入这样一种困境:企业规模越大,利润率越低;行业增长越快、行业中亏损的企业越多。一般理论上认为,这是竞争带来的必然结果,以乳品业为例(见图4-17、图4-18)。

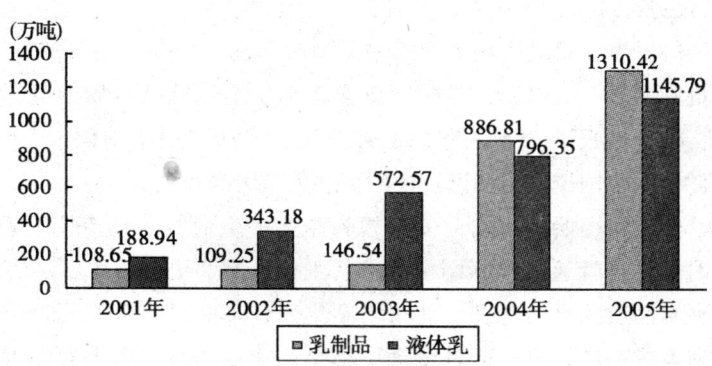

图4-17 2001~2005年中国液体乳及乳制品产量状况

一度战略

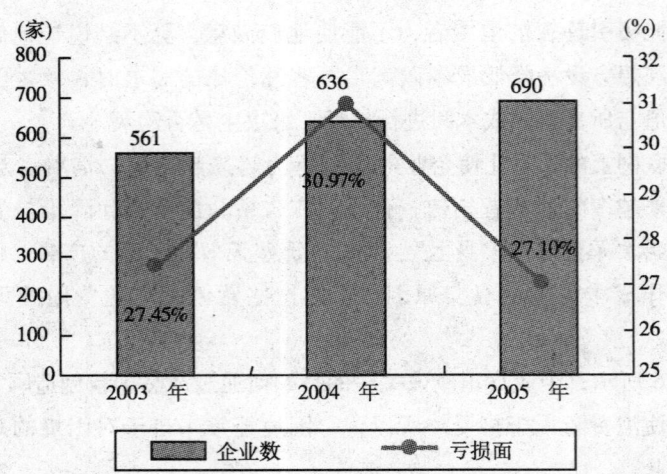

图4-18　2003~2005年中国液态乳及乳制品规模以上企业亏损状况

据《财经时报》报道，中国规模以上（年销售额500万元以上）的乳品企业有700多家，仅2006年一年，由于各大企业打价格战总的亏损就达50亿元，而整个行业的盈利才55亿元。目前30%左右的企业处于亏损状态，30%左右的企业在艰难维持。

一个企业最根本的、最朴素的企业公民行为是要赢利，国资委研究中心主任王忠明是这么认为的。我想伊利集团也同样这样认为，伊利集团从一个地区小厂发展成为中国乳业的领军者，并逐步成长为整个行业中最具创新精神、产品结构最齐全、抗风险能力最强的本土巨头。在代表内资民族企业与外资、合资企业的竞争与竞合中，伊利近些年来表现抢眼。据世界权威品牌评估机构"世界品牌实验室"公布的"2007年中国500最具价值品牌"的评选结果显示，乳品行业内，伊利集团的品牌价值年内大幅增长15亿元，从2006年的152.36亿元飚升至167.29亿元，以高出第二名近77亿的优势持续笑傲中国乳品行业。

随着伊利的发展，伊利所代表的"中国制造"和"民族崛起"的本土品牌腾飞，已经带动一批中国乳业的兴起，为中国企业崛起于全球乳品市场创造了良好的外部环境。同时，伊利的民族创新进程，也将进一步推动"健康中国人"计划的深入，为中国人更健康、中国企业更和谐、中国更强创造无限可能。

近年来，伊利集团始终将食品安全视为企业的生命线，坚持品质领先、品质第一，从起步时开始，就通过不断制定标准、细化流程、更新技术，培养员工品质意识。正是这种对品质的严格把关，使得伊利集团在不断推出各类新产品的同时，不仅得到了消费者的一致认可，而且带动了整个产业的升级，为乳业的发展开创了广阔的空间。

第四章 一度模式

从2007年伊利集团中报可以看出,伊利高附加值、高科技含量的产品表现十分突出,目前已占伊利业务总额的40%以上,趋近发达国家乳业巨头的业务结构。事实上,伊利集团将创新意识融化到企业管理和生产的每一个环节,结合中国乳品行业的特有生存环境,不断进行科技创新,开发出更多高附加值、高科技含量的产品,从而进一步增强企业的核心竞争力。2007年伊利集团相继推出两款奥运新品,"金典有机奶"和"营养舒化奶",都具备国际领先水平,堪称由中国制造到中国创造的范例。这标志着伊利集团继开创中国的"液态奶时代"之后,又成功摆脱了中国乳业过度依赖液态奶发展的不利局面,率先完成了产品业务结构的战略升级,率先达到了产品结构与国际接轨的战略目标,为中国乳业的健康发展寻找到了广阔的新蓝海。

今天的世界正在向全球化、信息化的知识经济时代转变,经济全球化加大了市场开放的程度,让越来越多的竞争者有同台竞技的机会。越来越多的新技术被广泛采纳,从而缩短了新产品的开发时间,产品更新的速度越来越快。所有这一切都表明市场环境在急速变化,企业不是孤立的,任何企业都不能置身于特定的市场环境之外而发展。

近些年来,一些具有重大影响和主导地位的理论与实践包括价值链管理、质量管理、组织和流程再造、企业文化、基于资源与能力的管理及顾客满意度等,虽然这些理论的提出和运用对于今天的企业竞争来说必不可少,但它们却似乎并不能真正为企业竞争优势提供清晰的思路。同时,规模经济、范围经济、纵向一体化及企业流程等管理实践,曾经都是构建企业竞争优势的来源,它们也发生了变化,而且,这些也似乎并不能成为企业永续经营的支柱。

这些管理思想和方法要想在建立企业竞争优势上行之有效,就必须建立一个共同的前提:能够为顾客提供超越竞争对手的优势价值。否则很难想象这些努力和认识会取得什么成效(见图4-19)。

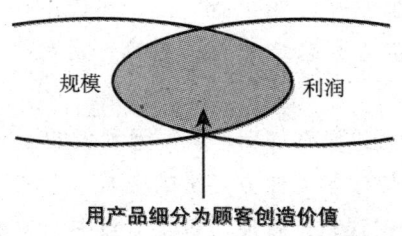

图4-19 用产品细分为顾客创造价值

一度战略

第二节 思想的贫困

理论的尴尬与困惑

中国的营销理论从来是滞后于中国企业实践的。主要表现在从西方借鉴的营销理论既不能系统、完整地适应中国企业营销实战，也不能帮助中国企业完成系统的全面提升。

这些年，在我们帮助过的一百三十多家企业中应用西方理论情况来看，多数企业承认从西方营销理论中学到了部分原理，应用了部分战术，但无法按照当前流行的西方营销理论中的任何一门学派所设计的营销体系来应用于实践。

中国企业采用的实战操作模型是拼盘原则，即从某种学派中拿来自己认为有用的东西拼凑成自己企业的营销体系，以至于中国企业家相信营销体系是有个性、有特殊适应性的，实际上不可能有一种营销体系让所有企业共同适用。

如果中国没有一整套完整的营销体系来指导企业实践，那么后果将不仅是学术界的贬值，更是企业界的灾难；企业家会越来越相信经验的作用，而经验从来都不是创新的帮手，因此，从战略上讲，一个没有完整营销理论的国家，一个相信经验的企业，是不可能取得系统创新成果的。

更为严重的问题是，当中国企业家不相信任何一种营销理论体系可以全面指导企业家实践时，当他们纷纷强调企业的特殊性、产品的个性、行业的特性时，那么他们即将或者说已经陷入了一个巨大的误区。即他们在承认经验，忽视知识，强调个性大于共性的同时，也否定了营销学这门知识的核心价值——营销理论是最具应用价值的科学。

如果有人说我们中国有自己的完整营销理论体系，那么请问是什么？谁能拿出来说服自己，说服企业并验明正身？一个可能的事实是，学术界认同的理论体系，企业家摇头；企业家总结的营销系统，常常被学术界认为是不可复制的偶然。

其实并不是中国营销理论没有创新，从每天发表的论文来看，中国营销理论的创新一天也没有停止过。鉴于学习西方经济的虔诚，中国学术界常常不愿意怀疑西方的理论体系与结构是否错误，这就使得每年盘点中国营销理论创新时，发现多数是战术创新、工具创新，至多是修补西方理论体系。也难怪企业家感叹我们学术界是百家争鸣，层出不穷。

而企业的反应是当好观众，无所适从。一头热，一头冷，问题就出在当前

第四章　一度模式

的营销体系姓"西"不姓"中"上。穿上了中山装也无法改变蓝眼睛、大鼻子的西方人的事实。显然，当这个穿中山装的西方人每天吃中国火锅时一定会叫苦连天。

这就需要承认一个事实，我们的确缺少一部中国营销宝典。要制造一个新宝典，我们必须有勇气彻底颠覆旧宝典。

实践的迷茫与反思

中国企业的营销实践走了一条根本不同于西方的道路。西方的商学院 MBA 的毕业生可以直接走上企业高管的岗位上而并不会感到不适应。他们的成功模式多是先用理论武装自己，而后去企业实践或创业成功。中国的企业家却不是从理论起步的，他们是脱掉泥巴，穿上西装，先创业成功后再到大学或商学院 MBA 深造。中国企业走的是从实践到理论的过程。

如果这一点还不能证明中国营销理论的滞后，或者说是核心价值的丢失的话，那么下面的现象如何去解释实践者对当前理论的迷茫和否定：统计显示，每年大学的营销专业最受考生欢迎，毕业生越来越多，因为企业每年招聘最多的是营销专业的毕业生，这又进一步说明实践工作对营销人才的渴望。

可是，是否注意到这样一个普遍现象，几乎所有的企业招聘时都对应届毕业生关上了大门，而青睐那些有一两年工作经验的营销专业的大学生。奇怪，企业理应需要有知识的大学生，可为什么对有着刚刚毕业有着新鲜知识的大学生产生抗性呢？结论只有一条是正确的，可以推断出，大学里的营销知识与企业实践不仅是脱节的，而且是矛盾的。企业招聘时欢迎有工作经验的大学生，是不是意味着企业不乐意为错误的知识掏学费，而让别的企业出教育成本？

当冲突不可避免时，一定是其中一方出了错，错误不在第三方——那位求知路上的年轻人并没有错，他只是为夹在冲突之中而迷茫，应当反思的是理论而不是实践。可年轻的应届毕业生不知道这一点，他们更不理解他们找不到工作的原因，也许其中的智者认为大概是理论指导应用到实践需要一个过程吧。只有极少数人后来明白，他们找不到工作的原因不是学到的理论太少，而是学到的错误理论太多！本人就是这个极少数。从大学任教讲营销，再到企业实践用营销，然后又回到大学讲营销，16 年的轮回终于明白了当今营销理论错在何处。很多人讲营销要革命，我看那不是真正的营销革命，而是缝缝补补。我认为，革命是先颠覆而后重建！

一度战略

体系的梳理与批判

观点的交锋是接近真理的机会而不是灾难。

让我们打开教科书,梳理20年来的营销理论,从4P理论到6P、12P理论,从4C原理到整合营销,再到今天的林林总总,如插位营销、切割营销、K营销模式、精细化营销、直复营销等。

如果说营销理论的核心价值取向是从哲学高度审视某项营销理论是否完成了一个个要素间可以循环复制使用的科学体系,那么诸如切割营销、插位营销等所谓的营销理论只是一种战术工具箱的不同命名而已。

而整合营销是从现代传播学的视角审视经济现象,因此,整合营销很好地完成了企业营销的经济外循环,并不是企业营销成功动力的核心发动力,也可以解释为是为广告学服务的营销理论。

再看看4C原理〔顾客(customer)、沟通(communication)、成本(cost)、便利(convenience)〕,它最大的科学性是推进了4P理论的完全市场化,首次承认了"顾客"、"成本"以及要素之间关联要素"便利"和"沟通"。但4C原理并不具备企业应用中的可操作性,很显然4C从出发点到落脚点都是顾客:"成本"是顾客的使用感受;"便利"是顾客的时间和空间的价值感受;"沟通"更是顾客所接受到的产品、服务和信息的传播效用的价值感受。显然4C原理是对的,它是企业营销的至高境界或是企业经济学的文化价值享受。

但企业家会问,为了达到如此高的营销境界,企业能做什么或是应该怎么做呢?4C告诉你,广州在北京的南方,但没有说清楚怎么样才能从北京到广州。判断一门营销学是否是一套科学体系的关键在于它的一些哲学思想是否先进,它的要素和子系统是否完整、科学,它的工具箱是否解决了当前和未来的市场难题。当然,科学的营销体系不仅能指出未来怎样成功,还能解释过去为什么成功。

毋庸置疑,影响现代营销人最深刻的营销理论依然是4P理论,尽管后人把4P理论向前推进一步到6P、12P,但4P理论的确是当今营销教科书的基石。正如千变万化的英语语言最终还是26个英文字母的不同组合一样,4P理论的核心思想影响深远。它提出的产品、价格、渠道、促销四要素组合是目前所有营销语言中最简洁、最成体系的表述。

不仅如此,4P理论生动而具有感染力,它指出任何企业要取得成功,首先要有一个好产品并为之定位,接着为产品制定一个渠道商和消费者认同的价格体系,然后建立渠道网络,建好终端网络后搞促销。

如果允许我推演4P的营销逻辑的话,4P理论的原理好像从来没有人怀疑其权威性，但是4P错了。

　　首先是营销哲学思想的苍白。4P理论是从产品出发到终端消费者的营销逻辑，是典型的二元论、平面化的思维系统。用此思维武装过的大脑，一定是"只顾埋头拉车，不会抬头看路"的思维定势。如，在激烈的市场竞争中，要不要重视对竞争者和潜在的竞争者或替代品的研究？如果没有竞争者的因素，4P理论是否有营销要素的丢失？况且，对竞争者的研究，不仅仅是一个要素的添加，而是一个多元化营销思想的逻辑空间。世界仅仅是"一分为二"吗？世界为什么不可以"一分为三"？

　　其次是导向错误。当4P理论把产品放在首位时，中国就变成了世界的加工厂。为什么呢？因为既然产品是营销成功的首要因素，那么固定资产的投资是第一位的。中国企业对厂房、设备、实验室的投资常常不惜代价，而用于市场营销的流动资金却捉襟见肘。因为4P理论说过，产品制造是第一重要的。

　　也许4P理论中的产品要素在西方企业看来并不能被完全理解为工厂制造的物理、化学乃至生物层面。但在一个缺乏基础经济学知识的中国企业家部落里，产品指的是工厂制造。面对21世纪的经济增长方式的转型与提升，中国有那么多习惯于OEM工厂做法的投资者，从中国制造到中国创造显得步履艰难，4P理论"功"不可没。

　　再者是，4P理论误导中国企业打价格战。在一个崇尚消费者体验产品价值的时代，在一个世界经济越来越倚重品牌经济的时代，中国企业忙于打价格战，从国内打到国外，杀敌一千，自残八百。因为4P理论说过，价格是第二重要的成功因素。

　　营销战略主要是三个层面的内容：首先是营销组合变量的操作；二是营销组合中单一变量的操作；三是产品进入市场的策略。营销战略是企业战略的职能战略内容，无论集中在哪个层面上，它的战略目的都是为了获得市场，创造顾客。而在创造顾客的过程中，营销战略思想是随着营销观念而变化的，经历了从过去旧的交易营销观念到现在的新的关系营销观念，营销战略思想也从简单到预算、战略规划到质量预算，战略规划到质量和价值传递，再到现在顾客价值，这种新的价值传递战略理念的转变。其演变的过程如图4-20所示。

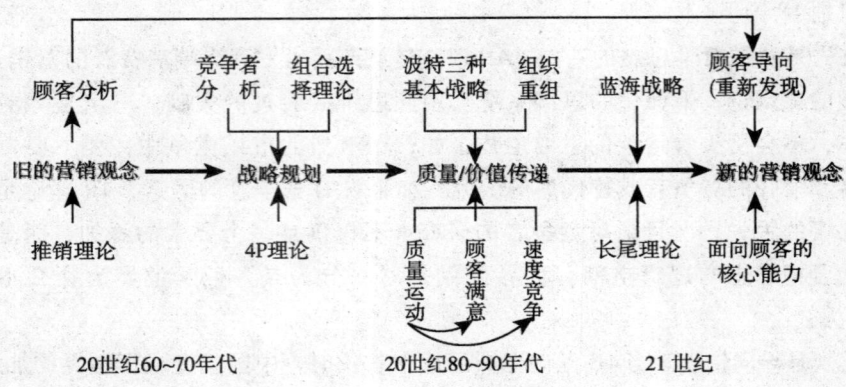

图 4-20 营销战略演变过程

波特的 5 力模型

波特认为 5 种竞争作用力——进入威胁、替代威胁、客户价格谈判能力、供应商价格谈判能力和现有竞争对手的竞争——反映出的事实是：一个产业的竞争大大超越了现有参与者的范围。顾客、供应商、替代品和潜在的进入者均为该产业的"竞争对手"，并且依具体情况会或多或少地显露出其重要性，如图 4-21 所示。这种广义的竞争可称为"拓展竞争"（Expanding competition），这 5 种竞争力共同决定产业竞争的强度以及产业利润率，最强的一种或几种作用力占据着统治地位，并且从战略形成的观点来看起着关键性作用。

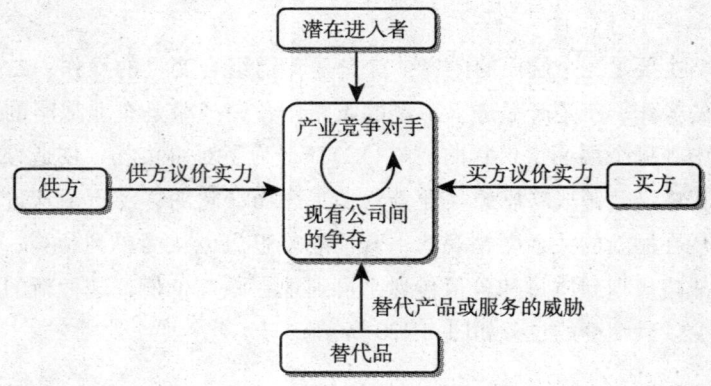

图 4-21 五力模型示意

在 5 种竞争作用力抗争中，有三种提供成功机会的基本战略方法，可能使公司成为同行中的佼佼者：

1. 总成本领先战略；

2. 差异化战略；
3. 目标集聚战略。

关于波特的理论缺陷，中国学者周三多和郭统钎在他们所著的《战略管理思想史》一书中，是如此批评波特的竞争理论的：

波特的竞争理论开拓了战略领域的新视角，在20世纪80年代独树一帜，占据主流地位。在80年代的环境中，该竞争理论有其合理性。但进入90年代，企业经营环境发生变化，竞争理论的局限性凸显出来。

波特对竞争理论的研究是在现存产业中进行的，即对产业的选择是基于在位企业。80年代信息革命的到来，技术不断的创新，引发了产业的变革，产业边界日益模糊，着眼于未来产业及其战略的构建更有意义。最有效地面对产业变革而建立长期竞争，有些方面的论述有所缺陷。五力模型随着市场环境变化频率的加快，计划制订越来越难以完成，认为对环境中可能的趋势、潜在的把握等方面需加强检测和控制，但实际上环境是很难预测的。于是新的战略大师提出，公司战略除了要指导现有产业范围内的竞争以外，更要在塑造未来产业构架上展开竞争，以帮助企业不断创造和把握新的商机。其成败直接取决于企业在产业形成阶段是否具备对未来产业发展的预见能力，并在此基础上以最快、最经济的方法来获得符合未来需要的技术专长，获得先行者优势。在这种情况下，就必须在强调机会重要的同时，考虑到有无资源和能力的支持，重视资源和能力的建设。

波特认为，这三种战略是每一个公司必须明确的，因为徘徊其间的公司处于极其糟糕的实施步骤，他们要求的条件是不一致的。成本最低战略目标的实现主要依托于规模化生产，规模化生产方式为实现总成本最低战略而批量化生产标准化产品，难以满足消费需求的多样化。全产业范围的差别化的必要条件是放弃对低成本的努力。差异化战略意味着为特定客户"制定"是很昂贵的，通常包含了特权价格和超额利润。

1980年以来企业经营环境的变化，特别是经济全球化的趋势，产业边界的融合与变动、技术变革的加速及顾客需求的多样化，使企业的生产组织方式彻底摆脱了传统经济模式的局限。消费者市场空间扩大，每一种差别化产品冲破区域化限制的樊笼后，在整个世界范围内都会构成大量需求，任何特殊商品都将面对全球范围的潜在市场。这样，商品一旦可以批量生产，就具备了按照相应的规模效应降低成本和竞争性价格的技术经济条件。企业面向全球范围按照消费者需求情况，决定所生产产品的种类与数量，对每一种产品组织规模化生产，合理降低单位成本和总成本，使得集结于全球市场、规模化生产差别化商品所需要的费用正以与网络经济的扩展速度相同的速率迅速下降。这就是所谓的"大规模定制"。因此，在网络时代下，企业可以利用先进的网络技术，针对全球市场范围客户群的需求，进行"大规模定制"，

一度战略

实现成本领先与差异化两种战略的"共赢",打破了波特的关于两者不可兼得的论断。

案例 4-2　　PPG：平面直销2.0的先行者

PPG是上海的一家主要以平面直销形式销售男士衬衫为主的营销型企业。公司自2005年创立至2007年,短短两年的时间创造的业绩被同行业乃至整个营销界刮目相看,至今PPG已经获得两轮的风险投资近5000万美元,每天大约可以卖掉1万件衬衫(中国衬衫销售量第一的雅戈尔每天大约是1.3万件),估计2007年销售额将会达到10亿~15亿元。

PPG被看成2007年服装行业的一匹大黑马。然而,年销售额近10亿元的PPG却没有一家店铺,甚至没有自己的工厂。

就在平面媒体的"性价比"不断下降的2005年,PPG推出了自己的第一篇卖衬衫的广告,此后便一发而不可收拾。男装、报纸、直销……当这些看似毫不相干的元素融合在一起时,一个服装行业的发展奇迹诞生了,一个全新的平面直销2.0时代悄然而至。

在报纸上卖衬衫,PPG开创了国内服装业销售的先河。以前的服装销售大多来自终端店铺,最多也就是极少数"Fashion"一族在网上淘上一淘;而PPG只专注于平面直销,基本放弃了终端销售。这种"前无古人"的举动在很多人眼里就是一次冒险,而事实上,它是基于PPG缜密、全面的市场分析与品牌定位之上的。

相比女性而言,男人似乎更关注"国家大事"。细心的人会发现,大街上,办公室、机关单位捧着报纸的更多的是男性,所以说男性是阅读平面媒体的主要人群。PPG卖的是男士衬衫,自然抓这个宣传渠道没有错误。

同时,PPG也不忘刺激一下女性,即使有女性阅读者看了,那种抢眼的色彩也会使人眼前一亮,为自己心爱的人送上一份温馨的礼物。在这方面,PPG早就想到了,为消费者准备了漂亮的礼品盒和精美的贺卡。不过这个是要适当收费的,这就是PPG的精明之处。

男人大多不喜欢逛街购物,似乎人所共知。男人更喜欢简捷的购物方式。这些因素对于PPG而言,意味着平面直销有很大的可能性,而且市场的风险将会更小。

很多时候,其实别人没有做过的事非常多,但做别人没做过的事,我想更多的时候可能是一种勇气。PGG仅仅是做了服装行业或者是平面直销没有做过的事,利用平面直销做了服装生意,在一些同行业开始注意它的时候,它已经获得了阶段性的成功。

好看又卖货的平面直销2.0广告

平面广告的创意套路有很多,例如危机板、说教版、恐吓版、感情版、恶俗版等。2.0 时代的平面直销广告，不同于传统的平面直销广告，它介于传统的医药保健品广告和品牌广告之间，好比"带刺的玫瑰"，不仅"唯美"而且"杀伤力"很强。

PPG 在报纸上卖衬衫，本身就是一种创新，而其在平面直销广告的创作上，更有诸多可圈可点之处。

广告的终极目的就是"卖货"，PPG 的平面直销广告，看起来很舒服、美观，广告内容又充分阐述了产品利益和促销信息，从而比较好地实现了功能与艺术的完美结合。

经研究发现，人们从骨子里更为喜欢"低价名牌"。"用更少的钱买到更为超值感的东西"，对于一个没有太多背景可言的 PPG，在这方面做得相当到位。

PPG 总是在醒目位置上说上这么一句话："全棉皇家牛津纺衬衣，采用 18 公里上等的优质棉纱才能制造出一件皇家牛津纺衬衣，这就是为什么 30 多年以来，它一直成为畅销全美的产品。"短短几十字，PPG 的价值感跃然纸上。接着广告又从"选择 PPG 的四大理由"做分条解释，从经典、畅销、人群、独特设计等方面，逐步完成了读者对 PPG 建立价值感、品牌感、文化感等一系列的过程。"5 件装衬衫，原价 845 元，现价 458 元"，一件"皇家牛津纺"每件不到 100 元。到商场随便一件品牌衬衫就要 200 元以上，PPG 的"超值感"随之建立。为了消除顾客最后的疑虑，"90 天无条件退货"，更是一道"撒手锏"，心动的人还犹豫什么？

2.0 时代的平面直销，追求的不仅仅是广告的成功，更追求整个营销链条的顺畅与可持续成功。PPG 自身没有店面，没有工厂，没有物流，甚至没有太多专业的人员。对于 PPG 而言，巧妙、合理的整合营销能力，从体系上保证了 PPG 超常规的发展道路。

提到物流，现代的物流企业已经今非昔比，形成了一整套服务系统，涵盖了运输、仓储、货品管理，甚至可以根据客户的要求提供个性化的服务；城市之间的快递网络也早已形成，"第三方物流"的概念也早不是什么新鲜词。

质量管理外包可能很多人不太了解，PPG 公司的质量管理全部交给了 SGS 中国。SGS 中国也就是通标标准技术服务有限公司，是全球认证巨头瑞士通用公正行（SGS）和原中国国家质量技术监督局所属的中国标准技术开发公司合资建立的检测认证服务公司。为制造商提供产品质量问题分析与解决方案，全面的效率提升方案，供应商管理服务以及供应链风险解决方案等整套服务，甚至是个性化的服务，"第三方认证"的概念也早已在国际市场风行。PPG 很多生产质量管控的细节都由 SGS 中国去完成。

电子商务 + 目录销售 + 平面直销

PPG 并不只做平面直销，在其经营方式上还有目录销售（catalogue marketing）

一度战略

和电子商务，通过给平面直销产生消费的会员邮寄精美的目录手册，引导顾客打电话或上网进行二次消费；或者是顾客通过网络直接订购后再邮寄目录进行销售；或者干脆就在目标人群集聚地进行直接目录投放。几种方式的结合形成了 PPG 良性的销售循环，而且这种多模式互动的结合也必将是未来提高企业营销竞争力的主要手段。多种销售模式互相依存，各有特点，谁都有可能成为企业的主要工具之一，但绝不会是全部。PPG 虽然没有传统的地面终端渠道，但它却把电子商务、目录销售、平面直销结合得非常到位，这就是它的优势所在。

资料来源：《销售与市场》，总第 278 期。

PPG 的战略简直就是一度战略的最好注释，恰好印证了一度战略模型。

● 领海战略，如图 4-22 所示。

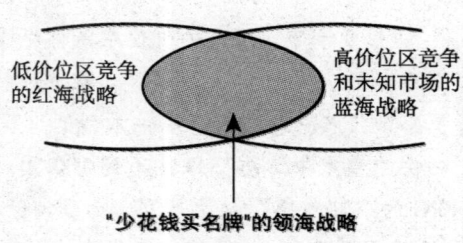

图 4-22　PPG 领海战略示意

第一个策略是全系统营销，PPG 的 6 力模型的构建，如图 4-23。

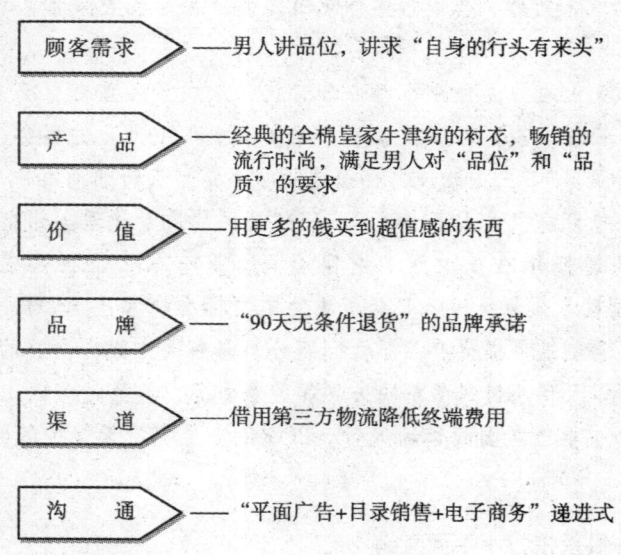

图 4-23　PPG 的 6 力模型的构建示意

● 借助现代企业战略和营销新理念，PPG 实现差异化战略和成本领先战略的兼容，确立在一个传统行业的新的比较优势。

至于 PPG 的战略是否符合波特提出的三大战略中的第三大战略——目标集聚的战略呢？波特认为，目标集聚战略常常意味着对获取的整体市场份额的限制。在这一点上，PPG 显然可以突破整体市场份额的限制，而目标集聚战略必然包含着利润率与销售量之间互为代价的关系，而 PPG 显然没有为了利润率而放弃销售量（见图4－24）。

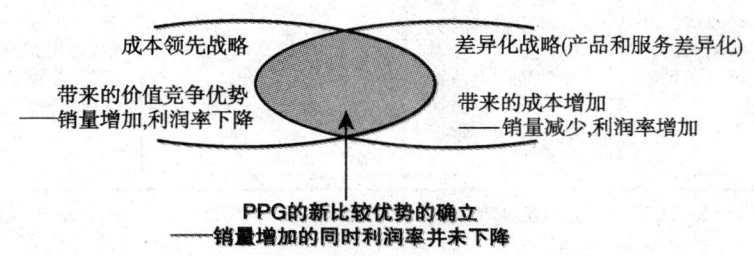

图4－24　PPG 比较优势的确定示意

更为重要的意义还在于，PPG 证明了从 2005 年开始，企业的财富是用乘法计算出来的，而不是加法或减法（见图 4－25）。

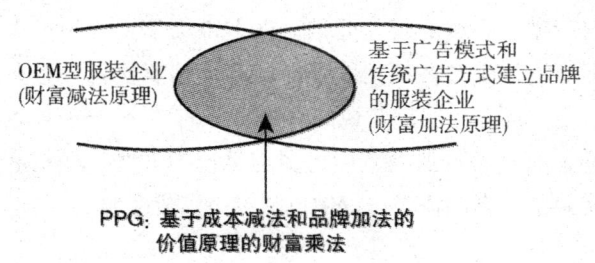

图4－25　PPG 的财富乘法示意

营销的发展历程

营销，也称作市场营销，从产生至今已经近百年了。它是在 19 世纪末 20 世纪初自由竞争资本主义向垄断资本主义过渡，资本主义基本矛盾日益尖锐化的基础上产生的，迄今大体经历了四个阶段：形成阶段、应用阶段、变革阶段、发展阶段。

如图 4－26 所示，营销的发展起源于生产能力的大大提高，初期重点在于解决销售问题（即产品销售遇到的困难）。其主要内容是推销术、分销及广告等方面的问题，而且仅限于某些大学的课堂中，并未引起社会的重视，也未应用于企业营销活动。随着生产过剩,产品大量积压,经济危机在西方国家蔓延,营销理论开始走向实践,但在内容方面仍停留在产品的推销、广告宣传等流通领域层面。

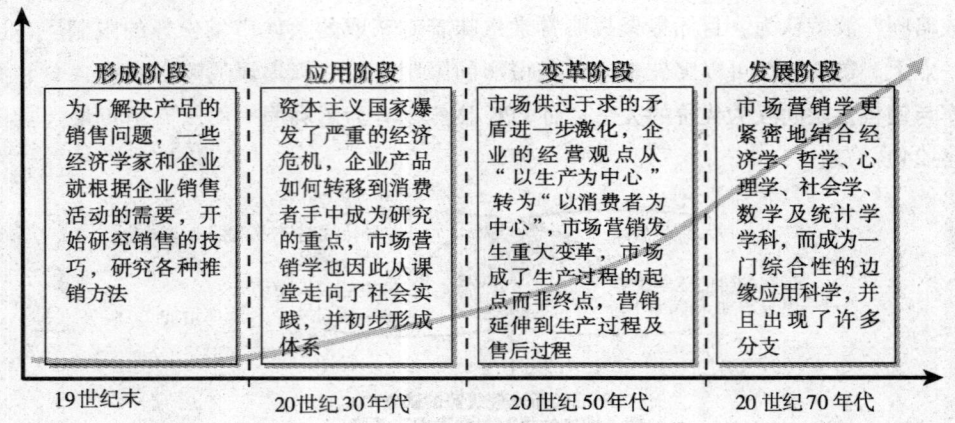

图4-26 营销的发展历程

随着第三次科技革命的发展,劳动生产率空前提高,社会产品数量剧增,花色品种不断翻新,市场供过于求的矛盾进一步激化,原有的只研究在产品生产出来后如何推销的市场营销学,显然不能适应新形势的需求。市场营销发生了历史性的变革,被认为从传统营销发展成为现代营销。许多市场学者纷纷提出了生产者的产品或劳务要适合消费者的需求与欲望,以及营销活动的实质就是企业对于动态环境的创造性的适应的观点。即今天我们常说的"顾客导向",市场营销活动不仅是推销已经生产出来的产品,而是通过消费者的需要与欲望的调查、分析和判断,通过企业整体协调活动来满足消费者的需求,营销也就突破了流通领域。

营销解读

西方关于营销的定义很多分为宏观角度和微观角度两种。从宏观角度上,麦肯锡(E. J. Mccarthy)认为,"营销是一种为满足社会或人类需要,实现社会目标的一种社会经济活动过程。"菲利普·科特勒(Philop Kotler)指出,"市场营销是与市场有关的人类活动。市场营销意味着和市场打交道,为了满足人类需要和欲望,去实现潜在的交换。"从微观角度上,美国市场营销协会的定义为:营销"是对思想、产品及劳务进行设计、定价、促销及分销的计划和实施的过程,从而产生满足个人和组织目标的交换"。菲利普的定义为:"认识目前未满足的需要和欲望,估量和确定需求量的大小,选择和决定企业能最好地为其服务的目标市场,并决定适当的产品、劳务和计划(或方案),以便为目标市场服务"。麦肯锡的定义为:"是企业经营活动的职责,它将产品及劳务从生产者直接引向消费者或使用者,以便满足顾客需求及实现公司利润"。

在中国,营销可以分解为对"营"与"销"的解读。"销"侧重于流通领域,旨在将产品送达消费者,是企业的绩效所在;"营"侧重于生产领域,旨在制造能够具有竞争力、能够销出的产品/服务,是企业的绩效源泉。只有"营"字领先,"销"字当头,营销一体,这样的企业才会如鱼得水。

在定义解读的基础上,以下几点对营销的进一步理解非常有帮助:
1. 营销是一种企业活动,是企业有目的、有意识的行为;
2. 满足和引导消费者的需求是营销的出发点和中心;
3. 分析环境,选择目标市场,确定和开发产品,产品定价、分销、促销和提供服务以及它们之间的协调配合,进行最佳组合,是营销的主要内容;
4. 实现企业目标是市场营销的目的。

因此,一度战略认为,营销是满足客户需求并为其创造价值的学说,是平衡社会需求的学问,是一门颇具挑战性、实战性的学问。

西方营销理论(4P→4C→4R→4V)

西方营销理论很多,总体来说经历了 4P→4C→4R→4V 的演进。虽然这些理论在中国的运用中存在一些问题,但他们在整个营销理论中的地位以及对后来许多营销理论的影响仍是十分重大的,对他们的解读有利于我们更好地理解中国式营销的创新之处。

4P 理论

4P,即产品(Product)、价格(Price)、渠道(Place)、促销(Promotion)。在 20 世纪的 60 年代,美国营销学学者麦肯锡教授认为,一次成功和完整的市场营销活动意味着以适当的产品、适当的价格、适当的渠道和适当的促销手段,将适当的产品和服务投放到特定市场的行为。

4P 理论的产生有其一定的历史背景。当时,市场正处于卖方市场向买方市场转变的过程中,市场竞争远没有现在激烈。因此,4P 理论主要是从供方出发来研究市场的需求及变化,及如何在竞争中取胜。该理论提出由上而下的企业运作原则,也就是由上层主导重视产品导向而非消费者导向,以满足市场需求为目标。通俗地说,要成立一个企业,首先必须要具备一个产品,然后为这个产品制定一个价格,有了价格还得为它的流向设计一条销售渠道,最后,假如销售不畅,还得为这个产品做广告促销。运用业界流行的一句话,也就是"消费者,请注意了"。

后来又有很多学者专家,如菲利普·科特勒在 4P 的基础上增加了包装和服务,使其成为"6个P"（还有人甚至提出更多的P）。无论是4P还是6P或者是30P，其宗旨是一致的，也就是企业机构完全是站在自我立场思考市场营销的，消费者始终处于被动地位。可以说，营销组合的4P学说涵盖了企业运作的主要精髓，以至于几十年来被世界各国的企业营销人员常用不衰。

然而，随着市场竞争日趋激烈，媒介传播速度越来越快，以4P理论来指导企业营销实践已经暴露出了许多问题，4P理论越来越受到挑战。主要受到以下四个方面的质疑：

1. 要了解、研究、分析消费者的需要与欲求，而不是先考虑企业能生产什么产品；

2. 了解消费者满足需要与欲求愿意付出多少钱（成本），而不是先给产品定价，即向消费者要多少钱；

3. 考虑顾客购物等交易过程如何给顾客方便，而不是先考虑销售渠道的选择和策略；

4. 以消费者为中心实施营销沟通是十分重要的，而不是仅仅以产品为中心，通过互动、沟通等方式，将企业内外营销不断进行整合，把顾客和企业双方的利益无形地整合在一起。

直到30年后即20世纪的90年代，罗伯特·劳特朋（Robert Lauteerborn）教授创立了4C学说，使4P在理论界的地位大大下降，甚至有被取代之势。但客观地来看，4C理论是传统营销的代表之作，虽然到现在来看似乎有些过时，但仍然对我们今天的营销研究具有很好的借鉴意义。

4C理论

20世纪90年代，劳特朋教授创立了震惊世界的4C学说，全世界几乎所有的企业管理研究者和市场营销专家一致追捧4C，并把4C喻为企业进入现代营销的重要标志，大有完全取代和否定传统4P之势。4C理论以消费者需求为导向，重新设定了市场营销组合的四个基本要素：即消费者、成本、便利和沟通。它强调企业首先应该把追求顾客满意放在第一位，其次是努力降低顾客的购买成本，然后要充分注意到顾客购买过程中的便利性，而不是从企业的角度来决定销售渠道策略，最后还应以消费者为中心实施有效的营销沟通。与产品导向的4P理论相比，4C理论有了很大的进步和发展，它重视顾客导向，以追求顾客满意为目标。这实际上是当今消费者在营销中越来越居主动地位的市场对企业的必然要求。与4P相比，4C理论的核心思想是：先别研究你的产品，而是考虑一下顾客的实际需求和欲望；当你要定价的时候，也请你先考虑顾客愿意为之付出的成本；同时请忘掉渠道，去考虑顾客究竟在哪里更便利地购买到本产品；最后，请忘掉促销，而要主动地与顾客进行双向的沟通。

真正将"消费者请注意"转变为"请注意消费者"。从这点出发，有人认为4C是对4P的颠覆，而实际上，我们对他们的研究发现，变化的原因仅仅只是"换个角度看世界"，两者仍然有许多相通之处，只不过侧重有所不同。

在4C理念的指导下，越来越多的企业更加关注市场和消费者，与顾客建立一种更为密切和动态的关系。1999年5月，大名鼎鼎的微软公司在其首席执行官巴尔默德主持下，也开始了一次全面的战略调整，使微软公司不再只跟着公司技术专家的指挥棒转，而是更加关注市场和客户的需求。我国的科龙、恒基伟业和联想等企业通过营销变革，实施以4C策略为理论基础的整合营销方式，成为了4C理论实践的先行者和受益者。家电行业中，"价格为王"、"成本为师"都是业内的共识，以前都是生产厂家掌握定价权，企业的定价权完全是从企业的利润率出发。正是由于没有真正从消费者的"成本观"出发，导致了高端彩电普及不快。而现在消费者考虑价格的前提就是自己"花多少钱买这个产品才值"。于是作为销售终端的苏宁电器专门有人研究消费者的购物"成本"，以此来要求厂家"定价"，这种按照消费者的"成本观"来对厂商制定价格要求的做法就是对追求顾客满意的4C理论的实践。

但是我们应该认识到，任何理论都不是万能的，尤其是时代在进步。从企业的实际应用和市场发展趋势来看，4C理论依然存在不足，主要表现在以下方面。

1. 4C理论以消费者为导向，着重寻找消费者需求、满足消费者需求，而市场经济还存在竞争导向，企业不仅要看到需求，而且还需要更多地注意到竞争对手。冷静分析自身在竞争中的优、劣势并采取相应的策略，才能在激烈的市场竞争中立于不败之地。

2. 随着4C理论融入营销策略和行为中，经过一个时期的运作与发展，虽然会推动社会营销的发展和进步，但企业营销又会在新的层次上同一化，不同企业至多是个程度的差距问题，并不能形成营销个性或营销特色，不能形成营销优势，保证企业顾客份额的稳定性、积累性和发展性。

3. 4C以顾客需求为导向，但顾客需求有合理性问题。顾客总是希望质量好、价格低，特别是在价格上的要求是无界限的。只看到满足顾客需求的一面，企业必然付出更大的成本，久而久之，会影响企业的发展。所以从长远看，企业经营要遵循双赢的原则，如何将消费者需求与企业长期获得利润结合起来是4C理论有待解决的问题。

4. 4C仍然没有体现既赢得客户，又长期地拥有客户关系的营销思想；没有解决满足顾客需求的操作性问题，如提供集成解决方案、快速反应等。

5. 4C总体上虽是4P的转化和发展，但被动适应顾客需求的色彩较浓。应根据市场的发展，需要从更高层次以更有效的方式在企业与顾客之间建立起有别于传统的、新型的主动性关系，如互动关系、双赢关系、关联关系等。

针对上述问题，4R 理论产生，但由于 4C 理论在实践中的广泛应用，当前它仍是营销理论中最重要的部分。

4R 理论

4R 营销理论是由美国学者唐·舒尔茨（Don E. Schultz）在 4C 营销理论的基础上提出的新营销理论。4R 分别指代关联、反应、关系和回报。该营销理论认为，随着市场的发展，企业需要从更高层次上以更有效的方式在企业与顾客之间建立起有别于传统的新型的主动性关系。该理论塑造的营销系统具有以下操作要点：

1. 紧密联系顾客。企业必须通过某些有效的方式在业务、需求等方面与顾客建立关联，形成一种互助、互求、互需的关系，把顾客与企业联系在一起，减少顾客的流失，以此来提高顾客的忠诚度，赢得长期而稳定的市场。

2. 提高对市场的反应速度。多数公司倾向于说给顾客听，却往往忽略了倾听的重要性。在相互渗透、相互影响的市场中，对企业来说最现实的问题不在于如何制定、实施计划和控制，而在于如何及时地倾听顾客的希望、渴望和需求，并及时做出反应来满足顾客的需求，这样才利于市场的发展。

3. 重视与顾客的互动关系。如今抢占市场的关键已转变成为与顾客建立长期而稳固的关系，把交易转变成一种责任，建立起和顾客的互动关系。而沟通是建立这种互动关系的重要手段。

4. 回报是营销的源泉。由于营销目标必须注重产出，注重企业在营销活动中的回报，所以企业要满足客户需求，为客户提供价值，不能做无用的事情。一方面，回报是维持市场关系的必要条件；另一方面，追求回报是营销发展的动力，营销的最终价值在于其是否给企业带来短期或长期收入的能力。

4R 营销理论的最大特点是以竞争为导向，在新的层次上概括了营销的新框架。该理论根据市场不断成熟和竞争日趋激烈的形势，着眼于企业与顾客互动与双赢，不仅积极地适应顾客的需求，而且主动地创造需求，通过关联、关系、反应等形式与客户形成独特的关系，把企业与客户联系在一起，形成竞争优势。第二，提出了如何建立关系、长期拥有客户、保证长期利益的具体操作方式。这是关系营销史上的一个很大的进步，真正体现并落实了关系营销的思想。第三，4R 营销的反应机制为建立企业与顾客关联、互动与双赢的关系提供了基础和保证，同时也延伸和升华了营销便利性，是实现互动与双赢的保证。第四，兼顾成本和双赢两方面内容，为了追求利润，企业必然实施低成本战略，充分考虑顾客愿意支付的成本，实现成本的最小化，并在此基础上获得更多的顾客份额，形成规模效益。这样一来，企业为顾客提供的产品和追求回报就会最终融合,相互促进,从而达到双赢的目的。

当然,4R 营销同任何理论一样,也有其不足和缺陷。如与顾客建立关联、关系,需要实力基础或某些特殊条件,并不是任何企业可以轻易做到的。

4V 理论——让消费者产生共鸣

在 4R 理论之后又有 4V 战略的横空出世。4V 战略最开始出现是在 20 世纪末,它的核心认为一个企业要想取得成功,一定要定位差异化,你要提供与众不同的产品功能和服务功能,同时产品要有附加值,要让消费者对你的服务和产品产生共鸣。这就是 4V 战略。但 4V 战略仅限于理念层面,在策略和执行层面几乎是泛泛而谈(见表 4-1)。

表 4-1　　　　　　　　　　　　　4V 战略示意表

	差异化(Variation)
4V 战略	功能化(Versatility)
	附加价值(Value)
	共鸣(Vibration)

从 4P 到 4V,传统营销理论不断演变与进步着,但面对更为快速变化的市场,这些理论都存在这样或那样的缺陷,而六力理论正是在这样的背景下应运而生。

第三节　一线曙光——6 力理论

观点的交锋是接近真理的机会而不是灾难。

一位哲学家要过河,没有桥,只有一只小船和一个摆渡的老人。哲学家上了船之后,便问老人,你懂数学吗?老人说不懂,哲学家说那你失去了 1/3 的生命。老人划着船,没有说什么,等到小船划到了河的中心,哲学家又问老人,你懂哲学吗?老人仍然摇摇头,表示不懂。哲学家说那你又失去了 1/3 的生命。也就是说,在哲学家的眼里,老人 2/3 的生命等于就是白活。就在这个时候,一阵大风刮了过来,小船开始摇晃,老人突然开口说话了,他问哲学家,你会游泳吗?哲学家摇摇头,说不会。这时,老人告诉哲学家,那你将失去全部的生命。

传统的营销理论在今天网状经济条件下失效了,一度战略构建了一个 99 度的框架——一个基本的商业模型。这个基本的商业模型是 4P、4C、4R、4V 理论模型结合多层经济后的创新模型,是对现实中的新的营销战略的重新思考,这就是顺应时代需求，横空出世的 6 力理论（Six Strength theory）。

6 力理论的提出——传统理论失效，营销往哪里去？

4P 理论乃至之后一系列的 4X 营销组合战略，它们解决了企业与企业之间的竞争，也解决了企业与客户之间的游戏规则，但是不能解决在网状经济下的网状营销。时代已经发生变化了，现在的社会已经在互联网和经济活动日益频繁的情况下，进入到了一个多层经济的时代。换句话说，以前所有的传统理论都一定是基于这样的关系，企业和企业之间竞争，而且对方的企业是看得见的，就在行业内；另外，有一个基本游戏规则，我们只要把顾客搞定了，一切就 OK 了。但是今天在网状经济条件下这套理论失效了。

4P 理论的基础学说是从产品开始的，有了产品打价格战，而一度战略的精髓则是以顾客为中心的 6 力模型，如图 4-27 所示。

1. Customer　　顾　客　　赚谁的钱？
2. Product　　　产　品　　拿什么赚钱？
3. Place　　　　渠　道　　谁帮你赚钱？
4. Value　　　　价　值　　赚多少钱？
5. Communication　沟　通　　怎么赚钱？
6. Brand　　　　品　牌　　如何赚更多的钱？

图 4-27　一度战略的 6 力模式

在现代企业利润模型下，利润 =（顾客 + 价值 + 品牌）-（产品 + 渠道 + 沟通），是基于三项收入减去三项支出，如图 4-28 所示。

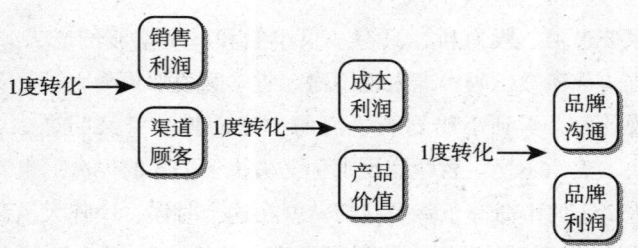

图 4-28　三大利润模型

我们看一下，数字时代转化了企业利润模型（见图 4-29）。

利润 =（顾客 + 价值 + 品牌）× 转化系数 -（产品 + 渠道 + 沟通）× 转化系数。

第四章 一度模式

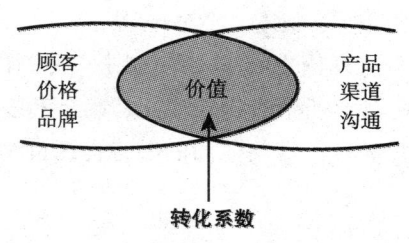

图 4-29 数字时代利润模型

6 力理论的新思维

6 力模型是对顾客进行重新审视。

从整体来看，6 力模型对顾客进行了重新的审视，摆脱了现代营销由于哲学的贫困带来的实战中的困惑。辩证法认为，"统一之物分为两个部分以及对它的矛盾着的部分的认识，是辩证法的实质"，"对立面的统一就是承认自然界的一切现象和过程具有矛盾着的、相互排斥的对立倾向"。在市场经济条件下，生产者和消费者是市场的主要组成部分。生产者让出商品的使用价值，获得商品的价值；消费者让出价值，获得商品的使用价值。因此，在现实的交易之中，生产者希望用最低的成本换取最高的利润，而消费者则希望用最少的钱买最好的东西，于是就产生了两者的矛盾。虽然生产者和消费者是一对矛盾体，但却是相互依存，不可分割的。人们的衣、食、住、行离不开生产者的生产，生产者生产的东西需要消费者的购买才能实现其价值。因此，市场的主体生产者和消费者，就是对立统一的实体，两者既相互依存又相互矛盾。

传统理论中没有很明确地告诉我们该怎样对待顾客，尤其没有告诉我们，在中国的体制和国情下，我们怎么去对待我们的顾客。那么顾客到底是什么呢？在 6 力模型中，我们提出"顾客就是丈母娘"。换句话说，就是用中国化的实战眼光，来看待我们的顾客，以博取丈母娘的欢心。丈母娘肯定不是完人，她们是有缺点的，但我们不能因为丈母娘有缺点而去责备她。我们一定要记住：市场是不能责备的，顾客永远是对的。随着社会的进步和观念的更新，"丈母娘"同样也在进步，也在更新观念，我们千万不要用一成不变的眼光来看待"丈母娘"。不了解中国的顾客，就等于不了解中国的市场；不了解中国的市场，就等于不了解中国的"丈母娘"。

传统的理论都认为顾客就是消费者，但是在 6 力理论里，顾客的涵盖得到了扩张，顾客不仅仅只是终端的消费者，渠道商也是企业的顾客，而且是最重要、最难以掌握的顾客。因此，6 力理论认为"重要的不是谁来买，而是谁来卖"，渠道商提

一度战略

升到一个比终端消费者更为重要的地位。这一切基于中国的文化和国外的文化不一样，中国的代理商和国外的代理商也有很大的区别。在中国，很多企业有这样的困惑，发现自己的渠道商不是那么听话和遵守规则，甚至有些渠道商"有奶便是娘"。因此，培养自己渠道商的忠诚度，占领他们的心智资源也是6力理论所要探讨和解决的。

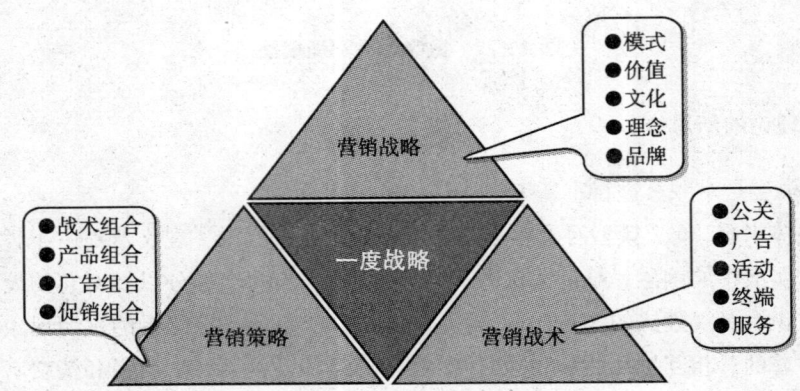

图4-30 一度战略的新思维体系

图4-30展示了这种新营销模式中包含的立体图，传统的营销哲学停留在战略和战术的二维层面，一度战略将其扩展到三维空间。最重要的，一度战略把营销理论推向中国化，更深入地从中国学者对营销学的研究方法和价值倾向角度分析，不仅仅停留在西方理论的中国阐释层面（这个层面通常是借鉴西方的经典理论做中国的文章，用中国的实践优化西方经典理论），而是上升到西方理论的本土化创新层面。这个层面是在吃透西方理论方法，又深入解读本土市场的基础上，进行西方营销理论方法的中国本土化创新。它与前两条路径的根本区别在于，解读中国市场不仅是检验西方理论，更是要改写西方理论，最终创建中国的营销理论架构。

6力模型下的转化中介——让水沸腾的一度战略

我们看看6力理论中6个基本要素之间的关联。品牌在整个价值系统中的作用：作用于顾客，使顾客的忠诚度进一步提升；品牌又作用于产品，让产品产生附加值；品牌改变了价格，让价格变成了价值；品牌改变了沟通，因为一个有品牌的沟通是有内涵的沟通；品牌同时又改变了渠道模型。6个要素之间相互关联，就好像一个木桶，决定这个木桶盛水多少的是最短的那块木板。

那么6力模型下的99度怎么去构造？这是一个基本的商业模式，我们把这个基本的商业模式理解为3个硬件和3个软件。所谓的3个硬件是什么？3个硬件指的是顾客、产品和渠道。而产品一定要提供最优质的产品，渠道要找到最好的渠道，顾客要有最"铁"忠诚度。3个软件是什么？是价值、沟通和品牌。

6力追求的方向，是要追求有忠诚度的顾客群，要打造有价值的产品，渠道不是过去的传统模式，它不仅可以展示产品，而且可以实现信息搭载，价格要有吸引力，沟通要有效力，品牌要有影响力。

第四节 6力模型的溢价利润

盈利能力不足是今天中国企业家普遍头痛的问题。而盈利能力取决于两种能力的相互作用的结果。

1. 销售增长的能力。
2. 在增长过程中的溢价能力。

用一个公式表达如下：

企业的盈利规模 = 销售规模 × 销售收入溢价利润率

换言之，一个具有超强盈利能力的企业必须具备两个条件：其一是销售收入持续高速增长；其二是企业收入的高速增长不以损失利润率的增长为前提。甚至是伴随着企业收入的增长，企业有能力获得比收入增长率更高的利润增长率。溢价利润率（Premium Profit Margin）是指企业同期正常利润率的超出部分。企业在经营活动中，取得收入高速增长的同时保持利润率的一般性增长尚属不易，而要获得更大的利润率增长则更是难上加难。但是，如果我们找到收入持续增长的一般性模式，基于这种模式所获得的超额利润增长原理，就可以从利润的源头来解决普遍的利润短缺的困扰。

利润持续增长的基本模型

从经营模式角度看，影响收入持续增长的一般性模式的因素是：

1. 收入增长的基本模型
2. 收入持续增长的标准化模型

从利润模型看，基本模型是单一收入制造利润的模式，如4P理论所设计的一项收入减三项支出的模型。

基本模型条件下的利润总额 = 价格 −（产品 + 渠道 + 促销）

在基本模型条件下，由于行业竞争的结果促使企业降低价格以获取更多的销售

一度战略

订单，而为了获取更多的订单和出于讨好顾客的需要，企业又必须在产品设计制造、渠道开发维护和渠道促销，销售折让方面投入更多的成本。所以，一方面是收入呈下降趋势；另一方面是成本呈上升趋势，其最终的结果是企业的收入增长并非伴随着利润而增长。当收入下降和行业平均成本的上升已成为不可逆转的市场规律时，企业接近零利润或亏损时，就出现了一种企业增长中的"滞胀"现象，即收入增长、利润下滑。即便是名牌企业也没有逃出这种规律。以中国白酒中的两个高端品牌五粮液和茅台对比来看，如表4-2所示。

表4-2　　　　　　　　　　2005~2006年第三季度财务指标

	茅台06三	五粮液06三	茅台05三	五粮液05三
主营收入（亿元）	32.5	59.6	25.8	49.7
主营利润	22.9	26.4	17.2	19.2
营业利润	15.7	15.5	11.5	11.6
净利润	9.5	10.2	7.0	7.7
毛利率（高度）	84.5%	71.5%	—	—
预收账款	23.8	2.3	15.4	3.0
净资产收益率	17.8%	12.6%	—	—

资料来源：糖酒快讯。

茅台的经营指标全面超过了五粮液。销售毛利率（高度）：茅台84.5%，五粮液71.5%；销售净利率：茅台29.2%，五粮液17.1%；净资产收益率：茅台17.8%，五粮液12.6%；更能反映市场供求状况的预收账款：茅台23.8亿元，五粮液2.3亿元（比上年还有所下降），这是价格的保障。

茅台在市场的地位已全面超越了五粮液，销售收入与利润额超过五粮液只是一个时间问题。众所周知，龙头企业可以获得超过市场利润率的超额利润，茅台就是这样一个企业，白酒业当之无愧的国酒，有望成为首屈一指的白酒品牌。

目前来看，尽管茅台市盈率比五粮液高，但真正优质的企业是很难用市盈率来衡量的。茅台的产能释放后，每股收益有望达到2元以上，市盈率也将降到25倍以下，未来更是不可限量。巴菲特说过，真正的投资是投资企业而不是股票。若干年后回头看，我们会发现前面的任何价格都是低估的。

五粮液，这个中国白酒的知名品牌面对2006年的财务报表肯定会头痛不已：主营业务收入远高于茅台，但净利润却足足比茅台少了3亿人民币！其利润总额和净利润更是比2005年同期下降了5.92%和4.43%，五粮液在与同样是行业巨头的茅台的竞争中，赢得了份额，却丢失了利润。

企业如何取得溢价利润

为什么会出现这样的结局呢？按照4P理论收入增长的基本模型来看，五粮液的价格并未下降，其产品成本、渠道成本和促销成本等三项成本的合计也未必高于茅台，为什么利润的增长却不尽如人意呢？

问题的关键在于，4P理论指导下的企业盈利模型不仅仅是让企业受价格下降和成本上升的影响，而且使企业利润趋零，更重要的是，让企业即便是在价格不下降和成本不上升的条件下，也无法取得盈利能力的竞争能力。所以，不是自己不能盈利，而是对手盈利能力更强。这就是传统的4P理论的局限性，它并不具备帮助企业取得溢价利润的能力。如表4-3所示。

表4-3　　　　　　　　　　五粮液和茅台的经营策略之比较

策　略	结　果
1. 品牌扩张 　　五粮液的品牌繁衍了100多个子孙，如"五粮神"、翠屏春等。五粮液还曾经和38家企业合作经营了交杯喜、交杯福、长江源、六百岁、喜寿宴等40多个低端白酒品牌	良莠不齐的子品牌不仅模糊了其纯正高档的商标形象，还直接造成利润的减少
2. 沟通策略 　　中央电视台长期开展"企业文化展播"广告宣传，还通过户外广告和大型的文化活动等事件营销	广告效果所带来的知名度并非伴随着美誉度和知名度，广告传递的是"高档、高价"的内涵，但这并不是五粮液品质的真正价值
3. 顾客价值 　　随着1000元左右的高档白酒水井坊、国窖1573的推出，五粮液在顾客心目中的"高档价值感"被竞争对手分流了，五粮液的高档白酒价值形象变得模糊起来	顾客的价值感一旦受挫，购买信心就会降低，从而影响顾客推荐其他顾客购买的欲望。而顾客的初次购买和重复消费是广告和促销及产品品质的影响结果，但顾客的推荐购买取决于顾客心中的价值，而顾客心中的价值恰恰是品牌的溢价能力

表4-4　　　　　　　　　　比较顾客的购买过程和影响要素

购买过程	初次购买	重复购买	推荐购买
消费心理	消费偏好	消费习惯	消费信心
企业行为对消费行为的影响	广告、促销、渠道的作用力	品牌、质量、终端的作用力	顾客价值的作用力

如表4-4所示，品牌在顾客心中形成的价值感决定了消费者的消费信心，也决定了消费者对关联的潜在消费者的推荐程度，而消费者推荐别人购买是不需要企业付出营销费用的，这就是说，企业获得了不需追加成本的利润回报，即企业的溢价利润。

据说，能够摧毁地球上生命的只有两种武器，一种是核弹，一种是病毒。它们都具有强大的复制能力，而且是以几何乘法原理的扩张。从经营角度看，核弹和病毒都是具有"溢价利润"的增长模型。

当然，企业收入不完全来自于初次购买，还来自于重复购买的企业收入，利润也是消费者初次购买与重复购买的合计。溢价利润则可能来自于消费者初次购买产生的推荐，也可能来自于消费者重复购买后的推荐，还有可能来自于那些并没有产生实际购买的消费者的关联顾客的推荐，如图4-31所示。比如说，在饭店吃饭送酒水时，想喝酒的人会问："今天喝什么酒"，坐在一旁的不会饮酒的女士会说："还是喝某某品牌的酒比较好"，因为她们刚看过报纸的一篇有关该产品的报道。那么这位不会喝酒的女士，我们称其为"关联顾客"（Relevance Customer）（见图4-32）。

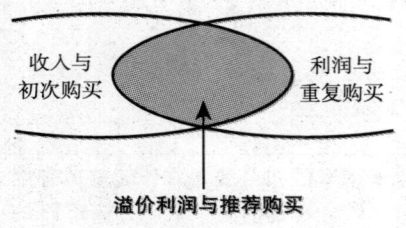

图4-31 溢价利润与推荐购买

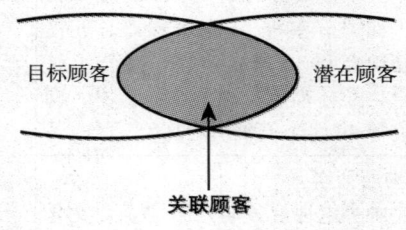

图4-32 关联顾客

请注意，区别关联顾客和潜在顾客的意义十分重大，因为关联顾客对于消费者的选择会产生重大影响。她并不了解产品品质，也许永远不想了解，但她对品牌价值的评价和消费者的评价共同构成了顾客价值。这就突显了4P理论的局限性，因为它是以产品为导向，以广告促销为策略，以目标顾客和潜在顾客为诉求争取对象。在21世纪信息化、网络化相互关联的社会中，4P理论忽视，乃至遗弃了关联顾客对目标顾客或潜在顾客的作用，从而指导企业建立的营销模式不具有溢价盈利能力。

当我们进行以上分析之后，似乎得到这样一种可能，其实五粮液的市场竞争力和企业的溢价能力应该比茅台更强，为什么呢？因为五粮液的品质和口感口味更适合大多数人对白酒的需求，它所创立的"至正至纯"的中国浓香型白酒的形象并未丢失。问题是如何塑造顾客的价值感并坚守这一规律。五粮液完全可以树立现代白酒的大旗，在顾客心中种树，告诉顾客，五粮液是现代人喝的现代派国际白酒的标志。当茅台诉求年份酒并强调传统工艺窖藏原理的时候，五粮液不应该采取跟随策略也推年份酒，而应该指出传统工艺的窖藏未必一定是健康酒、好酒的唯一途径。相反，现代工艺技术不仅解决了白酒在传统窖藏工艺中的"去毒留香"的难题，现代社会的环境污染不仅不能使窖藏工艺发挥效能，而且会产生负效应。而现代五粮液所运用的培植有益菌群的高科技使现代白酒中添加更多的有益物质。拿空气污染和水质农作物的污染说事，从源头开始，挑起高档白酒品质的争议，重建五粮液才是真正好酒的顾客价值。放弃10年来传统企业家形象的宣传策略，重新制订游戏规则，或许是一条不错的建议。

为了更清晰地描述2005年之后的企业财富是乘法原理的结果，即企业的财富＝企业的规模×财富的溢价能力，我们有必要找到财富溢价能力的核心概念——顾客价值。最重要的是两条原理：

1. 依据顾客价值重新制订一套标准化的商业模型；
2. 做好如下三者之间的区分：顾客价值与产品价值，顾客价值与产品价格，顾客价值中顾客的含义与传统定义的顾客之间的联系和区别。

商业模型的重建

如图4-33所示，从4P到6力的横向比较，发现6力模型比4P模型在企业收入方面多了两项，分别是顾客和品牌；而在企业的成本方面保留了两项必要的支出项目，分别是产品和渠道；改变了一项成本要素，即从促销变为沟通。

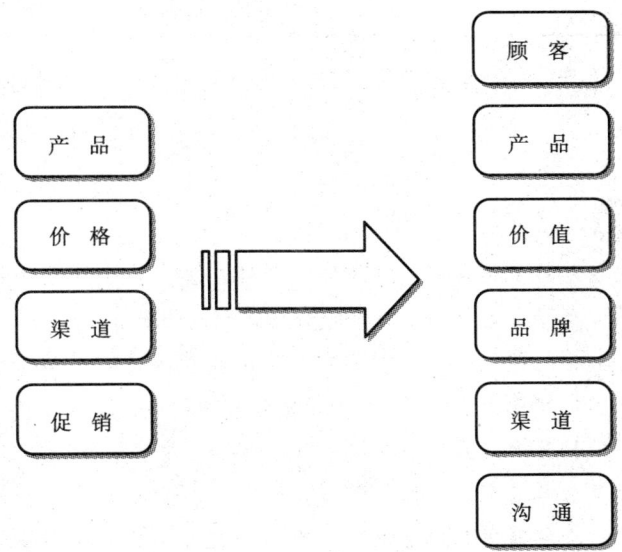

图4-33 从4P到6力模型示意

企业利润 =（顾客 + 价值 + 品牌）-（渠道 + 产品 + 沟通）

以上基本模型的创建为企业溢价利润的标准模型的重建提供了可能。

企业溢价利润 =（顾客 + 价值 + 品牌 - 渠道 - 产品 - 沟通）× 顾客价值

如同管理学中的木桶原理，决定木桶容量大小的是构成木桶 6 块木板中最短的那块木板，而水位就是顾客价值。假定 6 块木板一样整齐，那么决定这只木桶容量的因素将是木桶水位的高低。

那么谁又来决定木桶中水位的高低呢？这里必然要谈到本书对市场营销学的新定义：营销是满足顾客需求并为其创造价值的学问。这就意味着，企业溢价利润中的乘法变量"顾客价值"的大小取决于两种要素，一是顾客需求的多少；二是创造顾客价值的大小。这两种要素中前者是市场素质，后者是市场能力；前者是基础，后者是创造性的提升。

在弄清楚以上问题之前，有必要区别关于价值与价格的概念。

表 4-5　　　　　　　　　　　价格与价值概念比较

价　格	价　值
1. 价格是厂商制订的让顾客接受的产品性能的货币表现	1. 价值是消费者心中对产品的综合性能评价的货币表现
2. 价格是行业中所谓竞争对手都可以使用的竞争工具	2. 价值是竞争对手不能使用的具备企业的属性的竞争工具
3. 价格 = 成本 + 利润	3. 价值 = 成本 + 利润 + 溢价利润

在价值创造之际，让我们观察一下 2005 年以后市场的基本能力和顾客需求发生了哪些变化。

案例 4-3　告别低价时代

继续拼命压低你的价格，还是错失你的顾客？让众多企业痛不欲生的选择现在可以避免了：一场席卷全球的消费升级革命已经登陆中国。

事实的确如此，这些手头上并不宽裕的中国新型消费者一边节衣缩食，一边爆发出的对于"昂贵"消费品的强烈欲望让人吃惊。看来，任何一个收入水平的消费者都可能成为狂飙购物者。人们现在越来越愿意为"物有所值"的东西付钱。"消费者和市场的成熟度都在提高。"

低价也有了失灵的时候。这使得整个市场正在发生不可逆转的变化，并重新调整了消费品制造商和零售商们的游戏规则：一方面，过去依靠成本和价格优势占据市场份额的厂商，现在需要寻找新的魔法了；另一方面，对于过去从价格战场上败退而只能据守市场的厂商而言，现在他们有了新的武器，有机会去撬动更大的市场（见图4-34）。

波士顿咨询（香港）合伙人兼董事总经理廖天舒的结论是，中国正处于一个"消费升级"的火热阶段。在过去的16年（1990～2006年）里，中国消费者收入增长将近7.7倍；与之相比，发达国家只不过是在1.6～2.5倍之间。跟欧美消费者相比，中国总体上对生活水平的提升更感到满意，但也因此承受了更多的生活压力。收入的上升以及工作的压力，导致近50%的消费者，其中不包括不同年龄段和不同收入阶层，都在向往"消费升级"——相比中国这个激进的数字，美国和欧洲消费者升级的愿望还只停留在29%和23%左右。

在这些想花更多钱的人中，独生子女的消费态度最超前——在中国，20多岁年龄段的人收入不一定高，但消费愿望强。30~40岁年龄段的消费者升级愿望最强也最有实力，他们也是在改革中受益最多、没有经历社会断层、收入殷实的一群。而在席卷而来的消费升级浪潮中，就连年纪大的人也在发生着令人惊异的改变。

在这些越发挑剔的消费者中，有50%以上的人想要买更好的品牌，这种渴望已经超越了以往单纯的对价格的敏感——这个比例在欧美只是20%、30%

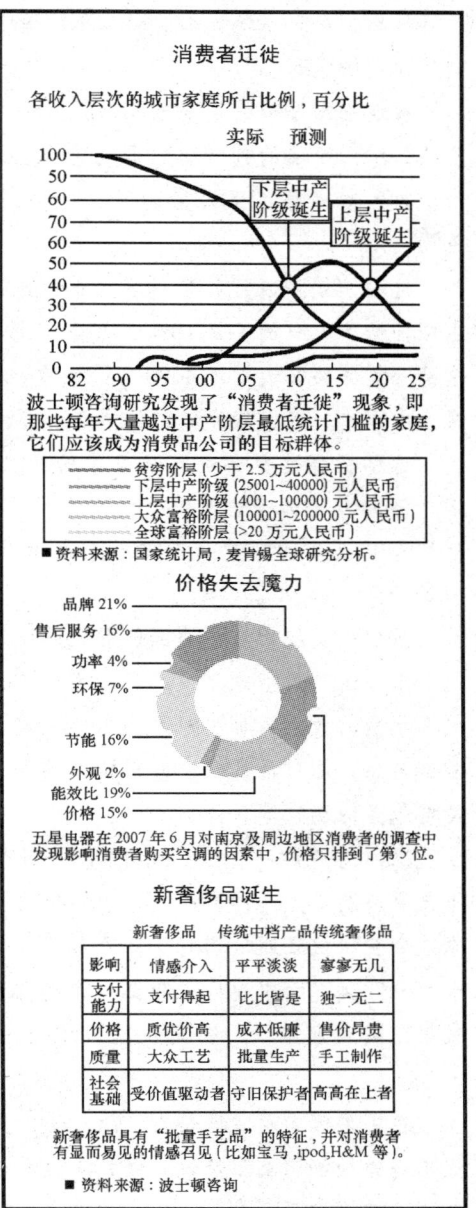

（在欧美，品牌因素排不到消费升级原因的前3或前5名）。当然，这里有"中国特色"的因素：一个是中国起点低，从低端市场起步的消费行为降无可降，只有往上走；另外一点则是，品牌对中国消费者而言，意味着质量的保证和使用安全的保证。

图4-34 "告别低价时代"的特征

一度战略

　　显然，年轻一代更加时尚、更加追求情感体验和品牌个性的消费者在强力地影响着他们的父母。

　　在波士顿咨询的划分方式里，月收入在8000元以上的家庭为相对富有的高收入阶层，中产阶层的判断标准是月收入在5000~8000元的人群。占城市家庭的6%。而低收入家庭每年正大量的跃过这一门槛，成为产生新的旺盛消费需求的"新移民"。

　　这种"消费者迁移"的现象正明显地发生着：目前，5000元以上月收入的家庭占中国城市人口的不足10%，占城市消费的25%左右。波士顿咨询预计到2010年，这部分群体将壮大到近4000万个家庭，所占消费量也会达到36%。而他们将很容易成为中国二、三、四线城市的消费主力，被任何消费品制造商追逐。

　　这些新型消费者不再只看中价格，而是随时准备为健康食品、子女教育、休闲产品和各种体现自我价值的服务付更多的钱。这是新一代消费升级的中坚力量，他们会花很多的时间进行产品比较和研究，一个中国中产阶级的新生活标准将被制定。

　　沃尔玛发现，自己的低价形象开始不幸地被与"低品质"有关的暗示联系在一起。比如像高清晰电视这样的高科技产品，放在百思买（BestBuy）让人感觉时尚、技术优良；放在沃尔玛却给人以老旧过时的感觉。沃尔玛要想获得持续增长，必须尝试转型，使自己从专注的低价战略中脱身，转变成一个更加注重用户体验和提供良好服务的连锁零售商。

　　惠而浦则是一个相反的例子。一开始，惠而浦认为中国仅仅"是个发展中国家，不需要最新最先进的产品"，试图在中国只卖低端产品。但是迅速发展的中国经济和本地企业很快证明他们犯了一个错误——钱包逐年充实的中国人对新家电产品的需求十分旺盛，而本地厂商在低端市场靠价格战几乎把惠而浦拖垮。惠而浦亚洲区总裁胡克明后来承认，公司被卷入了中国热，却没有制定出一个清晰明确的战略和定位。

　　在中国市场及时调整自己的定位、离开低价区域的跨国公司基本都尝到了甜头。沃尔玛的一位店长回忆说，原先沃尔玛在中国曾经试图以全面打低价牌来抢占市场。他所管辖的店面开在一个三线城市的居民区内，一开始，他们在店中突出低价形象，却收效甚微。

　　在中国的多数三四线城市中，沃尔玛和家乐福俨然与他们在中国以外海外市场的定位已经稍有不同，他们不再是全线产品桌上的低价杀手，而是强调自己与散布在区域里的一些阴暗潮湿的本土超市之间有着天壤之别，并努力突出自己既保证产品品质和使用安全，又在大多数产品上"物有所值"的形象。在低价战争中脱身，并保持逆向思维的方法，已经被证实在未来的中国市场上将十分有效。最终，那些能为顾客提供差异化服务和价值的公司将会胜出。

资料来源：《环球企业家》，总第 137 期。

有效区分产品价值与顾客价值

北京航空航天大学经济管理学院营销学教授张明立博士帮助我们实现了对产品价值和顾客价值的区分。

顾客价值是产品价值转化而来的，在不考虑顾客成本的条件下，即使有相同的度量单位，产品价值也不一定等于顾客价值，或者说并不是全部的产品价值都肯定能够转化为顾客价值，两者之间存在着差异。同样，产品价格也不一定等同于顾客成本，或者说并不是全部顾客成本都一定能转化为产品价格，两者之间也存在着差异：

1. 顾客价值和产品价值之间存在差异的原因

顾客价值的多少取决于顾客需求的满足程度，依赖于顾客的主观感受。但产品价值却并不是由顾客需要的满足程度来决定的，它是由产品的客观属性决定的，也就是由围绕核心产品生产的实际产品和外延产品决定的，包括质量、特色、设计、品牌、包装、附加服务等。如一台电视机的产品价值主要是能够接收电视信号并将之转化为图像、声音信号，这是由电视机电路结构决定的。而顾客价值既不是由电视机的电路结构来决定的，也不是由电视机接收的电视信号来决定的，顾客价值是顾客需求的满足程度，是通过使用电视机满足顾客的需求的程度，如收看娱乐节目能够满足顾客放松、愉悦的需要。收看教育节目满足了顾客学业上进的需要。同一台电视机，具有同样的产品价值，但不同的人通过使用电视机得到的顾客价值是不同的。举个极端的例子，假如有 A、B 两个地区，A 地区无法接收到电视信号，B 地区有丰富的电视节目，一台电视机放在 A 地区使用，顾客获得的顾客价值为零，因为没有电视信号，不能满足顾客看电视的需要，将此电视机移到 B 地区，顾客就可以获得较高的顾客价值，因为电视节目丰富。同一台电视机，其客观属性没有变化，所以产品价值肯定是不变的，但对于不同地区的顾客，其顾客价值显然有着很大的差异。

2. 产品价值转化率

顾客价值的获得虽然依赖于产品价值，但却并不等同于产品价值。顾客从产品中获得的价值和产品所能提供的价值可能一致，也可能不一致。假定顾客成本为零，大多数情况下，产品价值大于顾客价值，这时，顾客通过消费产品满足了需求，但并未完全发挥出产品的作用，这就是产品还未能满足顾客的其他需要，但顾客并不知道。如顾客购买了一台电脑，由于计算机技术知识的缺乏，使本来功能强大的电脑，仅仅发挥了打字机或游戏机的作用，这时产品价值大于顾客价值。有些情况下，产品价值可能等于顾客价值，这时产品价值全部发挥出来满足顾客的需要。如顾客口渴时购买饮料饮用，如果购买量适当，应该说产品价值全部转化为顾客价值。可以用如公式4-1来表示顾客价值和产品价值之间的关系。顾客价值等于产品价值和产品价值转化率的乘积减去顾客成本。产品价值转化率（Product value conversion rate）是指有多少产品价值转化为顾客价值，产品价值转化率位于0~1之间。可以看出，产品价值相同时，产品价值转化率越高；则顾客价值越高，产品价值转化率越低，则顾客价值越低。

$$\textit{顾客价值} = \textit{产品价值} \times \textit{产品价值转化率} - \textit{顾客成本} \qquad (4-1)$$

3. 顾客成本和产品价格之间存在差异的原因

顾客成本是指顾客因为消费满足需要的产品而付出的金钱、时间、精力等综合方面。顾客成本具有多方面性与持续性。多方面性指顾客成本除了包括货币成本外，还包括时间成本和精力成本等其他方面的成本。持续性指顾客成本贯穿于产品的整个消费周期，在消费周期的各个阶段顾客都可能要付出成本。产品价格包含在顾客成本之内，顾客成本不可能小于产品价格。因为产品价格仅仅是顾客在购买阶段支付的一部分货币数量，而顾客成本中除购买阶段以外，在产品消费周期其他阶段也要付出成本，除了货币方面的成本外，还包括时间、精力等方面的成本。即使是货币方面的成本，有时也不仅仅是产品的价格，还有其他方面的货币成本。例如，顾客准备购买轿车，那么在轿车的购买阶段，除了轿车的价格外，顾客还要承担17%的增值税和3%~8%的消费税，缴纳车辆购置附加税、城建税、保险税、牌照费、环卫费等十几种费用，高达几万元。当然，在大多数情况下，产品价格是顾客成本份量最大的一部分。在有的情况下，在整个产品消费周期内，顾客仅需支付产品价格，而无需支付其他方面的成本，这时产品价格就是顾客成本。

4. 产品价格占有率

公式4-2表示了顾客成本和产品价格的关系。顾客成本等于产品价格和产品价格占有率的比值。假设顾客在整个产品消费周期内付出的所有成本都可以折合为货币形式，则产品价格在总的货币数量中占的比例，就是产品价格占有率，位于0~1之间。产品价格占有率越高，意味着顾客支付的产品价格以外的成本越少。当产品价格占有率等于1时，表示顾客支付的产品价格以外的最大成本；当产品价格占有率等于0时，表示顾客成本中不包含产品价格，此时产品价格也为0，如一些需反馈使用意见的试用品。

$$\textit{顾客成本} = \textit{产品价格} \div \textit{产品价格占有率} \qquad (4-2)$$

不仅要区分价值与价格、产品价值与顾客价值,我们还要区别在信息经济冲击下的时代,顾客这一传统概念在新经济条件下是如何实现变迁的(见图4-35)。

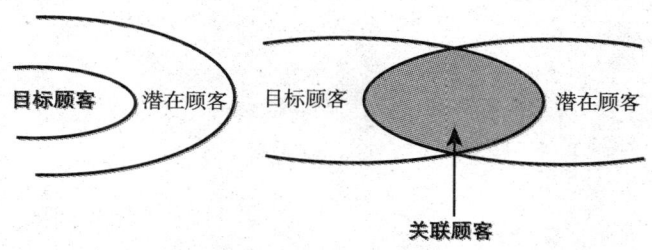

图4-35 传统顾客与现代顾客比较示意

伴随着产业边界越来越模糊,信息的公开性和人们之间沟通的便利性的畅通,关联顾客会越来越多,关联顾客的价值创造成为决定企业取得溢价利润多少的关键因素。关于这一点,在后面的章节中会有重点论述。

在财富的殿堂里,传统的商业模式从前门进殿,溢价财富就从后门溜走,新模式和新机会也乘着快艇从海上逃之夭夭。守旧老人捡起了破旧得有些发黄的书籍,讲起了昨天发生的故事……

但愿6力模型不被守旧老人捡到。

NO.5 第五章
一度价值

　　世界变平了，资本在未来市场竞争中的作用力变弱了。大企业和小企业处于同一起跑线上，这就意味着一种有趣的现象出现：处于财富金字塔顶端的大企业家和处于底层的小企业家被迫居于一室，并且一起喝早茶。

美国联邦储备委员会前主席格林斯潘（Alan Greenspan）在他的新书《动荡的世界：新世界的冒险》（The Age of Turbulence: Adventures in a New World）中说，到2030年，世界面貌在很大程度上将取决于中国市场经济的发展，如果中国继续推进自由市场经济，定将把世界推向新的繁荣之巅。他赞扬中国在转向市场经济后经济蓬勃发展，财富急剧增加，大大改变了世界经济的面貌。格林斯潘预计，今后美国通货膨胀将加剧，经济增长放慢。格林斯潘还表示，欧元有可能取代美元，成为各国外汇储备的优先选择。至于日本、俄罗斯和印度的发展前景，格林斯潘并不十分看好。

中国会不会在未来的20年成为经济强国？我认为格林斯潘先生的预言也许会实现，但不会是在20年之后，可能会在10年之内实现。为什么呢？因为他所依据的是这样一个国际经济秩序（见图5-1）：

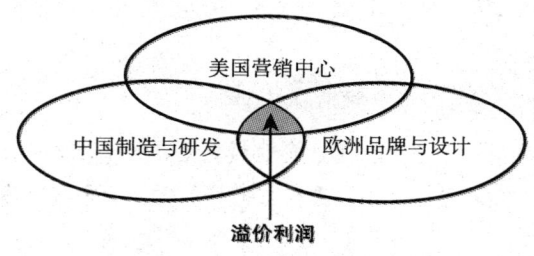

图5-1　国际经济秩序示意

中国制造、欧洲设计和美国人的营销共同分割了世界主要财富。现实生活中，一如格林斯潘所料，欧洲的品牌正在中国大行其道，书架上都是美国学者的营销书籍……但是，格林斯潘先生，您错了，难道中国就永远学不会欧洲人的品牌之道吗？难道美国的书架上不会出现中国学者的营销书籍吗？今天的中国企业家们已经掌握了把水温烧到99度的原理，一定会尽快学会给水温再加一把火的一度战略，掌握用营销与品牌之道创造产品的附加价值和企业的溢价利润。

正如挖水井的道理一样，假设已经挖到99米深，还差一米就接近水源了，我们为什么要放弃呢？

企业创造的溢价利润总和是企业发展的加速器。中国企业不是不会跑，而是缺乏加速器。所以，当企业规模很大时，企业的获利能力并不是很强。未来的十年，企业之间的竞争不再是规模之争，而是获利能力之争。

所幸的是，信息技术把世界财富碾开了一扇巨大的门，走进新财富大门的并非都是拥有雄厚资本的企业。资本短缺不是阻碍企业由弱变强的决定性因素，价值短缺才是决胜未来的力量。这对于那些没有雄厚资本的大量中小企业而言，是个利好消息。因为中国中小企业资本短缺的先天性不足，在今天这个信息时代并不会成为

一度战略

其快速发展的理由。

世界变平了，资本在未来市场竞争中的作用力变弱了。大企业和小企业处于同一起跑线上，这就意味着这样一种有趣现象出现：处于财富金字塔顶端的大企业家和处于底层的小企业家被迫居于一室，并且一起喝早茶。

第一节 消灭资本

在10年以前，我曾提出这样的观点，有人认为是废话；即便在3年以前我又提出这样的观点，有人认为是病话。但是在2007年的今天，我再次重复这样的观点时，已经开始有人赞同了。2007年9月18日江苏《扬子晚报》有这样一篇报道：

案例5-1　QQ表情成就财富传奇

网友们聊天时使用的丰富多彩的QQ表情都是免费的，但可能你不知道，每发送一次QQ表情，你就替别人打了一次工。重庆打工仔郭吉军就是靠它挣了150万元。

制作QQ表情意外发现商机

郭吉军是四川乐山人，在他打工的餐馆旁边有一家店，提供用电脑制作人像和婚纱的服务。郭吉军感觉电脑很好玩，于是就到这家店里打工。几年后，郭吉军掌握了很多制图方面的应用软件，并且学会了用软件制作各种QQ表情。

一天，郭吉军在网上溜达时，发现了一个可以免费申请域名做个人网站的地方，于是他以自己名字的谐音注册了个人网站，把自己平时收集使用的软件和制作的QQ表情传到了网站上，供网友们免费下载使用。

令他没有想到的是，他随意制作的这些QQ表情在网上竟然流传开来。由于他的QQ表情里镶嵌有自己网站的网址，很快，网站的点击率也上来了。

一个月后，一个网友要郭吉军把这些软件和QQ表情打包压缩后制作成光盘卖给他。这笔买卖，郭吉军赚了50元。

QQ表情带来网站超大访问量

没想到自己的随意之作，竟然意外产生了经济效益，郭吉军于是开始一门心思钻到网站的经营之中。他不但花钱申请了国际域名，还拿出自己多年打工挣的钱，配置了各种设备。

此时，郭吉军知道个人网站如何在网上赚钱的模式了，那就是加盟互联网联盟。

这些联盟收取了客户的费用，与客户签订推广合同，接着将业务分发出去，让各种类似的网站帮着推广自己的产品。只要网站的访问量达到一定数量，就可以与这些联盟联系，成为他们的加盟网站，然后对方根据这个网站每天的浏览量付报酬，访问量越大，网站挣的钱就越多。

于是，郭吉军不停地发各类QQ表情，并把这些表情传到自己的网站和其他网站、论坛上。很快，网站的访问量攀升到了每天1万次。

2003年1月，郭吉军的网站开始有广告收入了，并且随着网站访问量的增加，收入也越来越多。郭吉军从中看到了自己做网站的前途。

剑走偏锋　创财富传奇

没过多久，郭吉军又从中发现了另一个提高网站人气的方法。2005年6月，全国掀起了超女热潮，他便按超女特征做了很多夸张、搞笑的超女QQ表情放到自己的网站上，结果深得超女粉丝们的喜爱。那次，郭吉军狠狠地赚了一大笔，月收入很快就突破了1万元。

超女QQ表情的成功，开阔了郭吉军的视野，他开始关注许多知名论坛上的热门帖子，然后抓住其中的关注点，把事件或者人物制作成QQ表情发到这些论坛上。

随后，郭吉军开始关心起时事新闻。2006年元旦，郭吉军收到朋友发来的一则视频短剧，这是胡戈恶搞陈凯歌电影《无极》的短片《一个馒头引发的血案》。他当即意识到，胡戈的恶搞会引起陈凯歌的强烈反应。于是，他立即制作了陈凯歌和胡戈的QQ表情。伴随着这个热点事件的进展，他的那些精心制作的QQ表情被无数人点击下载，他赚得盆满钵满。

郭吉军发现道路上那些充满不同含义的交通标识很有意思，就把这些标识取出来，按不同的排列组合，加上一点文字就成了非常搞笑的QQ表情。同时，他还把流行的手机铃声、歌曲、网络红人、流行影视剧，甚至时兴的网游等，都制作成QQ表情放到自己的网站里。

随着腾讯公司的知名度越来越大，QQ自定义表情的使用也越来越广泛，腾讯公司开始收购QQ表情。得知这一消息，郭吉军就把那些已经用过的QQ表情，通过中间商卖给了腾讯公司。

到2007年2月，郭吉军的网站已有了上百万个页面，每天的收入稳定在2500元以上。这些天，郭吉军盘点了自己这几年做QQ表情的收入，发现竟然赚了150万元。

网络赚钱须"取之有道"

互联网专家表示，在基于宽带连接的Web2.0时代，每个人都是网络的主人公，

一度战略

网上购物也已成为一种越来越流行的消费行为。在这种环境下，每一个新奇的点子都可能成为通往财富的点金石，似乎利用网络赚钱比现实中成本更低，更为容易。

但是随着互联网技术的成熟，网民的成熟，网络赚钱也在慢慢走上流行发展的道路。"带头大哥"倒下了，QQ大盗入狱了，选秀黑手被曝光了……利用网络漏洞赚钱已经越来越没有出路。"君子爱才，取之有道"，网络为人们提供了一个更为宽阔的舞台，但网络世界亦须遵守现实世界的法律法规。只有合理地运用自己的特长和创意，才能在网络世界闯出属于自己的天地。

托马斯·弗里德曼（Thomas L. Friedman）在他的《世界是平的》（The World Is Flat）一书中是这样描写今天这个时代的：

柏林墙的倒塌，个人电脑风行，网景、工作流、外包、离岸经营、开放源、内包、供应链、提供信息和类固醇都像互补产品一样可以相互强化对方的作用。它们只不过需要时间汇合在一起，并以互补互利的方式共同起作用。这个时刻在2000年左右出现了，当碾平世界的十大因素以如此的规模和如此的强度汇合在一起时，位于各大洲的亿万人就突然开始发觉，某些东西……全是新的。他们不能总是非常确切地描述发生了什么，但是到2000年之前，他们感觉到，他们能够联系到此前他们从来联系不到的人，他们受到了来自此前从来不能挑战他们的人的挑战，他们正在与此前从来没有竞争过的人相互竞争，他们正在与此前从来没有合作过的人相互合作，他们正在做此前做梦都没有想到的事情。

他们正在感受的是一个正在平坦的世界化的世界。

碾平世界的十大因素的汇合已经创造了一个全新的平台。这是一个全球性的、以网络为基础的竞争平台，在该平台上存在多种形式的合作。这一平台能够使得世界上任何地方的个人、群体、公司和大学，出于创新、生产、教育、研究、娱乐等目的进行合作，这是前所未有的创造性平台。这一平台的运作目前已经不再受地理、空间、时间的限制，在不久的将来甚至不再受到语言的限制。再往前发展，这一平台将会处于一切事物的中心。财富和权力将会越来越多地聚焦到那些成功地完成了以下三个基本任务的国家、公司、个人、大学和群体手中：建设连接到这个平坦世界平台的基础设施；通过教育来获得更多能够在这一平台上创造、在这一平台下工作，以及成功介入这一平台的人才；最后，通过成功治理从这一平台中获得最好的东西，并且防范最坏的副作用。

然而，并非所有人都能进入这一新的平台，这个新的竞技场。当我说这个世界已经平坦化时，我并不是指我们变得越来越平等了。我想说的是，更多地方的更多人现在能够进入这个平坦世界的平台相互联系、竞争和合作，不幸的是，也是前所未有地相互毁灭。

这将被视为这个星球上最大、最复杂和最令人惊叹的事件。通过晶体和无线电波，我们的种族开始把所有地区、所有进程、所有事实和概念连接成一个巨大的网络。这个胚胎性的神经网络将演变成为我们文明的一个合作性接口。

就在我们创造出这个全新的、更高水平的竞争场地时，西方的公司和个人很快就适应了这一新事物；而从前一直被排除在外的30亿人也突然发现，他们可以自由地加入竞争并与其他人开展合作了。

除了极少的一部分，这30亿人之前从未被允许参加过竞争和合作。我指的是中国、印度、俄罗斯、东欧、拉美和中亚国家，他们大多在20世纪90年代才开始开放，此后这些地方的人民就开始越来越自由地加入自由市场的博弈。这30亿人民是什么时候和新的竞争场合、新的工作流程汇合到一起的呢？就是在世界被变平后，就在上百万的人可以更加平等和水平地开展竞争和合作时，就在他们可以获得更加廉价工具的时候。的确，世界的变平让这些人不必离开家门就可以加入竞争。

实际上神话已经开始，并还在延续。

在".COM"一度风靡的新经济时代，大洋彼岸的纳斯达克曾经创造了一个又一个的股市神话。很多创业者只要提出一个创意或设计一个方案便可在股市中融资、上市，一夜之间就可以从身无分文而攫升为身价亿万的财富新贵。

如果说《扬子晚报》刊登的打工仔创富的故事还不足以证明"资本被消灭"时代的到来，那么到2007年上半年热火朝天的中国股市去看看，在股市中最"牛气冲天"的并不是大企业、大品牌，而是那些名不见经传的小企业。这是否也证明，股民也相信企业之间的竞争在今天这样的时代，小企业未必输给大企业。

关于这一点，中国学者蒋廉雄先生和陈锡富先生在《销售与市场》上撰文发表了如此评论：

品牌热和股票热是中国市场和社会两个耀眼但又显得怪异的景象。自20世纪80年代末中国企业开始品牌启蒙，品牌热就此酝酿。到20世纪90年代经历了品牌发展时期，现在进入国际化初期，企业品牌营销如火如荼。两年前政府部门提出建立自主品牌的口号，将品牌热引向高潮。大企业纷纷以建立品牌作为经营的愿望，虽然多数企业尚未取得所期望的成效，但其热潮持续走高。

而市场另一头，中国股票经历了历时5年的漫长熊市后步入牛市，股市一路高歌，股指已冲破5000点新高。如此的股民数量倍增，虽不至于像媒体所说的"全民炒股"，但以股票热来形容其状，名副其实。

品牌与股票

品牌和股票，在消费领域，似乎是两个没有关系的东西，但是在企业的经营领

一度战略

域，股票和品牌是有着内在联系的企业战略或经营相关物。品牌是企业实现更高市场渗透率、更高销售收益和获得长期优势的战略和经营工具，而股票是企业实现融资，增强发展能力的战略和经营工具。

品牌对于企业的价值在于其具有市场效应和购并财务价值。其中市场效应包括更大的购买吸引力、消费者忠诚，较低的竞争脆弱性、危机脆弱性，高的毛利率，对提价不敏感、对降价的反应更高的消费者，成功的品牌延伸等。同理，在股票市场，企业的品牌越响，其股票的市值相对应该更高，在牛市中其股票涨幅也应相应更高。

在经营战略上，品牌和股票本是连根生，但在中国股市中，品牌和股票同根相生却难以相系，兀自两头热。在品牌那一头，以大品牌著称的康佳、长虹、海尔等许多企业，它们推出新品牌代言人，品牌广告、促销等营销声势浩大；但在股票这一头，许多大品牌的股票在2006~2007年的牛市中涨幅反而不如小品牌甚至非品牌的公司股票。

而且分析者们发现，在2007年第一季度，个股涨幅最大的前20只股票中是流通盘小，业绩不优，市场价值低的小品牌或非品牌公司的股票，很难觅得国内所谓大品牌的身影。

大品牌价值被低估

大品牌价值被低估最根本的原因还要回到其品牌本身的营销战略是否有效这一层面。大品牌的营销战略内容上虽然自成体系，初看也合乎市场逻辑，但实际上往往脱离行业发展本质，导致营销推广的力度很大，市场反应犹如雷声大雨点小。他们的市场转型、战略调整、新的战略布局在投资者心中往往沦为空洞的战略口号。

例如，作为黑色家电起家的制造公司康佳，2006年4月宣布未来3年内重点发展以彩电、手机和汽车电子为主的三块业务，希望将来销售额翻三番。但是到了2007年8月，康佳宣布退出汽车电子这一第三大战略产业。

同样境况的还有长虹电器，2006年4月，长虹公司在北京隆重举行新品牌形象新闻发布会，宣布为了适应3C融合趋势及打造全球品牌，推出新品牌形象"快乐创造3C生活"。长虹董事长赵勇认为长虹3C产业布局已基本完成，未来要通过全新的3C产品为消费者创造一种更加聪明、舒适、酷的生活方式，从而领跑中国3C信息家电产业，实现从"中国制造"到"中国创造"的跨越。娱乐界明星徐静蕾也因此成为长虹历史上第一位品牌形象代言人。但3C产业尚未见雏形，未来之状难以预料，战略布局何谈完成呢？

而且，对企业来说，从传统的家电制造企业转向3C企业不只是战略转弯，而是换车换轨。从股价趋势上可以发现，在康佳和长虹宣布其新战略时，其股票价格没有走高，在进入此轮牛市后，两只股票的升幅也低于大盘。在根本性方面，大品牌公司要避免"营销空雷"现象所招致的战略失效或失败。小品牌企业经营追求收益，这样的策略可能来得更实际，而大品牌往往追求空洞的战略目标而易犯浮躁。

看来企业之间的比较将不是品牌强弱和企业规模大小之间的竞赛，市场竞争的核心是企业之间获利能力的竞争。发展快的企业的盈利模式往往不是两只眼睛同时盯着一般性的利润增长方式，而是用另一只眼盯着财富增长更快的溢价利润的增长模式。

那么，取得一般性利润增长的模式是什么？一般性利润增长的核心价值体系是什么？而溢价利润的增长模式又是如何取得的呢？

第二节　溢价能力：面向未来的竞争力

企业战略的实质是回答一个问题：未来的顾客在哪里。这既是一个"取"或"舍"的决策过程，又是管理科学中的逻辑次序的问题：未来的顾客在哪里——企业的未来在哪里。弄清楚了这个问题也就清楚了管理科学研究的始点在哪里的问题。

以往的企业战略计划的制订，恰好颠倒了这个管理逻辑次序：企业常常以自己现存的资源或所谓的核心能力来确定企业未来的发展方向，延续企业核心优势的话题常常是企业战略计划制订的主题。简单地说，当企业试图发现未来的顾客时，它的办法不是"向左看、向右看"或是"向前看"，而是"向内看"。企业往往认为这样制定的战略计划才是切实可行的。

保守比创新所付出的代价往往更大

2007年9月20日出版的《中国企业家》杂志，刊登了记者刘涛的一篇有关中国制造的报道：

2007年8月11日下午，这位佛山市利达玩具有限公司的副董事长给厂里2500多名员工结清了工资，并给每人额外多发了100元钱。员工们都很高兴，他们觉得这100元也许意味着老板有信心、有办法带领大家走出近日来利达所遭遇的"信任危机"。但张树鸿没有对员工期许的眼神回以鼓励的言语，他开着一辆农用车到今年他新盖的三栋厂房看了看，之后在这个十几年来他精心打造的玩具帝国的一间仓库内，张树鸿选择了上吊自杀。

张树鸿今年51岁，香港人。1993年，他参与投资创办佛山利达公司。由于其他股东或身体不好，或年龄已大，都不参与佛山利达的具体事务，把经营全权委托于

一度战略

张。十几年间,在张树鸿的亲力经营下,利达从当年的无名小厂变成了佛山第二大玩具企业,并与美国最大的玩具商之一美泰建立了15年的合作关系,在出事前利达还被美泰称为"最可信任的供货商之一"。但今年8月,正当张树鸿大建厂房,四处招募工人,准备迎接出口旺季的到来时,一场"祸事"从天而降。

2007年8月2日,美泰公司宣布召回96.7万件铅含量超标的儿童玩具,这批产品正出自佛山利达。起初,美泰以"正在调查中"为由,拒绝透露生产厂家的名称。但美国媒体迅速把这一时间与之前来自中国的"有毒的宠物食品"、含有二甘醇的牙膏和"致命轮胎"联系到了一起,并称:中国人先是抢走了我们的工作,后来试图毒死我们的宠物,现在又想毒死我们的孩子……

据一位与张树鸿相识多年的广东玩具企业向《中国企业家》透露,尽管舆论压力日益加大,但在8月2日美泰仍然坚持将新的订单交给利达生产,它对利达产品的信任由此可见。为此,张树鸿迅速换掉了此前带来问题的油漆供货商,并启用了经过美泰认可的油漆供应商。张树鸿急于出货,以弥补召回可能带来的高达3000万美元的损失,并于8月3日、6日两天先后向佛山市出入境检验检疫局提交报告:"恳请贵局予以监督及跟踪检查,尽快恢复生产和出口业务。"

但据当地媒体报道,地方检疫局的回应是,除非美泰方面能出具证明,承认自己对此事有疏忽并承担部分责任,否则利达产品不能出货。"我们把此要求转述给美泰,没料到美泰不但不提供帮助,反而把公司的名字对外公布。"一位利达高层在事后这样向媒体表述。

8月9日,国家质检总局发出通告,要求利达停业整顿,暂停产品出口,情节严重的违法犯罪当事人将移交司法部门严厉查处。这对急于扭转困局的张树鸿来说是一个沉重的打击,此时利达厂房里还摆放着新生产的价值大约1600万港币的合格产品,但这张禁令使张树鸿丧失了从困境中自救的信心。至今,广东地区不乏有玩具厂商认为,是政府的一纸禁令让张树鸿感到绝望而自杀。

9月4日,当本刊记者来到位于佛山南海区的利达厂区时,这里已经是一片凋零。此前招募新工的牌子还冷冷清清地竖在三层办公楼的下面,厂区内停着几辆小型货车,零零散散地摆放着一些还没有被清理走的货物。门卫对记者似乎已经十分熟悉,对于各种提问均以沉默作答。事实上,不仅是记者,邮寄员、洽谈业务者都不被允许进入厂区。

玩具生产厂在用料和检测上的不够严格与受到外国采购商的利润压榨直接相关。有数据显示,一款玩具上每一种颜色的检测费用在450元左右,颜色越多,费用越高,而这一成本通常要中国工厂独自承担。但近些年,铜料、纺织材料、石油化工价格不断上涨,加上人民币升值、劳动力成本提高等,玩具成本大幅提升。但国外的采购商不但没有提高采购价格，反而在不断压价。中国玩具厂的利润空间甚至不到5%，这迫使一些生产商不得不在原材料上寻找利润空间，最终造成产品质量出现问题。

除了压价，一些外国采购商还向中国玩具厂索取回扣。知情人士透露，一些品牌商在下单的时候明确表示，你的利润我很清楚。如果你不同意把利润的2~3个点返还给我，我的单就转给别人。由于竞争无序，利润再低的订单也有企业接。一个典型的例子是，前几年美国一家大玩具公司的总裁到年底时向广东地区的玩具厂提出，由于出现经营型困难，需要每家企业从利润中向其返还10个点，如不同意，今后将很难从这家公司拿到订单。

"在全球化的产业链中，各个环节既是利益的共同体，也是责任的共担体。责任与利润应该是成正比的。国外采购商获得的利润越大，责任越大。"北京安邦咨询公司副总裁贺军说，"但由于中国企业在产业链上的弱势地位，使得别人一股脑、一刀切地把问题推向中国制造，而我们却无力，也不敢还击，只能自我消化。除了升级，中国制造企业别无出路。"

在这篇名为《谁在威胁中国制造》的文章开头，刘涛先生做了这样的评述：

中国制造凭借物美价廉在过去十几年间逐渐获得了全世界的认可，但在收获微薄利润并消耗大量资源的背后，中国制造所获得的来自全球买家（包括消费者）的认可却是如此的脆弱，如此的吝啬。作为全球产业链上的一环，一个产品从确立标准、设计产品、确定供应到进入生产、批发、零售环节，在这个漫长的旅行中，中国制造基本上只承担了一个简单的"加工工厂"的角色。

如表5-1所示，6个月间发现问题的多数中国制造。

表5-1　　　　　　　　　2007年中国制造危机事件

3~4月	FDA在中国出口的宠物食品原料小麦蛋白粉中查出三聚氰胺，被怀疑是宠物中毒死亡的元凶
5~6月	中国牙膏被曝含有二甘醇，"有毒牙膏"风波相继在中美洲、美国和新加坡等地上演
6月	FDA对来自中国的五种水产品实行自动扣留，并拒绝其入境，称其含有未经批准的兽药残留
	美国消费者安全委员会和RC2公司宣布在全球范围内收回150万件中国生产的玩具火车，称其油漆中含有可能导致儿童中毒的金属铅
	48万中国杭州产轮胎在美国遭"召回"，美方称其存在安全隐患
	华晨向欧洲出口的中华BS6型轿车未能通过德国全德汽车俱乐部的撞击实验
7月	欧盟对中国产"MAX + Collection"和"ZhenYing"牌童椅，以及中国产"FunnyBaby"牌儿童玩具发出消费者警告
8~9月	美泰先后三次宣布召回中国制造的玩具

一度战略

　　这个弱势角色致使中国政府给予中国制造的一些优惠政策，最终变成了对国际采购商的补贴；工厂员工应该享受的一些福利最后进入了采购商的口袋；中国制造试图提升品质、改善质量的利润空间，被精明的采购商压榨而去……反过来，当产品的销地国家出现由于不符合当地标准、设计失误、质量缺陷等问题，以及由此造成的各种事故时，消费者、采购商包括舆论则会一起将矛头指向中国制造。张树鸿死了，但是否还会有下一个张树鸿呢？

　　中国制造正被客气的"合理"刀割，切体不见血，却痛到心，中粮集团董事长宁高宁对此曾有深刻的总结，在产业链全球化过程中，最关键的是"是你组织别人的资源达到自身发展的目的，还是你扮演一个被别人组织去达到别人目标的角色"。今天真正威胁中国制造生存的是我们普遍的只能扮演一个被组织者，还不能升级为一个组织者。

　　应当说，佛山利达玩具厂十几年来通过代加工的商业模式是获利的，所以这家企业已经习惯了这种商业模式的操作。甚至今天中国有众多的企业家依然相信：为国外品牌代加工是一种低风险的商业模式。

　　然而，代加工一定是低风险的吗？创品牌和自主创新就一定是高风险的吗？

代加工与创品牌哪一个风险更高

　　从战略计划上而言，代加工与创品牌两种商业模式都有风险，前者的风险比后者的风险可能更大。因为企业最大的风险来自于其在战略思考中的缺陷——你认为不可能发生的事情今后会越来越多地发生，这就是世界变平后的中国企业家首先必须面临的思维方式的改变。

　　举一个有趣的例子，看看科学家怎么说——

　　1994年7月16日，休梅克二列维9号彗星的第一块碎片，以每秒60公里的速度（相当于每小时13.4万英里）进入木星的同温层。几秒钟以后，它爆炸了，一束羽毛状的、因受冲击被加热的彗星物质，混合着来自木星大气的高温气体形成烟柱，扶摇直上，高过木星上层达3000公里以上。

　　这些羽毛物质重新坠回木星同温层后，沿着彗星的进路，留下一个巨大的新月状黑斑，由一块体积略小的巨大黑云部分围绕着。

　　两天以后，彗星碎片以更加巨大的力量冲击木星，以致所形成的羽毛烟柱从某些观察波段看来，竟比木星本身要亮出50倍。

　　撞击周的末期，木星被打得"鼻青脸肿"，留下了21块伤疤，有的黑色伤疤甚至比地球还大。冲击结束后9个月，木星南半球装饰着一个黑色物质形成的带子，即使用小望远镜观察也十分清晰可辨。

第五章 一度价值

以上是一位天文学家对这次彗木对撞过程简要但真实的描述。

这次撞击强烈地震撼了人类,从一定程度上改变了人类的思维方式。有人曾测算过,如果这次撞击发生在地球,我们人类的命运或许就像恐龙一样。而地球和木星都是太阳系里的一颗行星,从某种意义上说,发生在木星的事件同样有可能发生在地球。据说,彗木对撞事件后,美俄双方首脑曾达成协议表示,一旦类似的事件降临地球,双方的核武器将无条件共同来对付这一人类共同的敌人,而不再是互相瞄准对方。

彗木对撞事件,使许多人相信了新灾变论,相信天外灾变事件是完全可能的。灾变也是自然界的一种正常现象。同时人们也认识到,新灾变论并不是对达尔文进化论的否定,而是对它的补充和发展。生物界的进化是在渐变和激变中交替进行的,渐变和灾变是统一的。

一般而言,人们对事物的认识,总是先问"是什么",得到答案后再问"是怎么样来的"。实际上,只有先找到"为什么",才有"怎么办"的解决方案。

就战略设计而言,我找到了推动中国企业产业升级的三种力量。如图5-2所示:

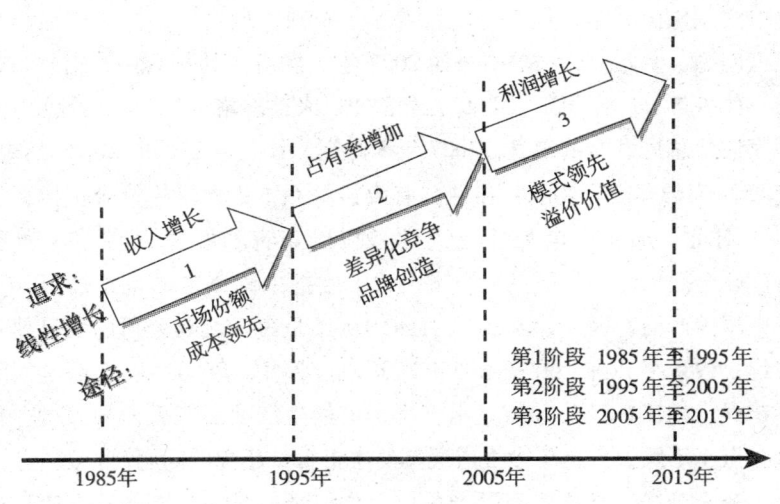

图5-2 推动中国产业升级的三种力量

三种推动力推动了中国火箭的高速升空,中国企业必须要面对十分复杂的经济环境。因为西方企业用了几百年的漫长过程有步骤、有计划地完成了从工业经济、市场经济再到信息化时代的转变,他们用岁月积累的经验抵消了时代转变中企业战略转型的痛苦。可是中国企业却要用不到30年时间来完成西方企业300年的转型壮举,这就是中国企业困境中的历史因素。

一度战略

请不要过分指责中国企业家在战略上的稚弱，时代留给他们思考战略的时间太少，他们被日常的生存性课题压弯了腰，所以，很难抬起头来看看明天的路指向何方。

当媒体普遍在帮助中国企业家反思中国制造的种种弊端时，是否忽略了一个基本的事实逻辑，即如果中国企业不从中国制造开始，又何以最快速了解西方企业的管理经验？如何建立面向未来的基础性产品研发设计？如何积累最基本的商业经验？……

习惯于"中国制造"的企业家并不是不知道品牌的重要性，也不是不知道市场营销的紧迫性，更不是不知道从战略角度创新商业模式的重要意义，而是他们被媒体骂得不知所措，被那些只知道指责而拿不出具体办法的学院派学者搞得一头雾水。在众说纷纭之中，在"一人一个处方"的医生面前，病人不知所措，往往会延误最佳的治疗疾病的时机。

让我们来分析一下中国企业成长三个阶段背后的真正病因。

中国制造前方的岔路口

还是以广东佛山利达玩具厂为例。表面上看利达玩具厂是因为产品质量缺陷而引起的系列问题，实际上，在美泰公司2007年3次召回的玩具中，铅含量超标的玩具只占很小的一部分，而源于采购商美泰长期以来被忽略了的产品设计缺陷问题。

据国家质检总局发布的消息，2007年8月以来，美泰召回的2020万件中国产玩具中，有85%都与其设计要求存在缺陷有直接关系，铅含量不符合美国要求的产品仅占15%。对此，加拿大马尼托巴大学教授巴布吉和西安大略大学教授比米什（Beamish）联合做出的一份研究报告指出，不应把中国制造的玩具被召回的责任完全归咎于中国生产商，因为近80%被召回的玩具是由于玩具公司的设计错误而导致的。报告说，1988年以来，在美国550次玩具召回中，76.4%以上都是因为玩具公司的设计错误；相反，只有10%是由于生产商的生产质量问题而导致的。但美国媒体却置这一点于不顾，只是集中报道玩具油漆铅含量超标的问题。

另外，令人奇怪的是这些问题产品，是如何经过海关及有关检测部门，流入美国市场的呢？美国相关部门对进口产品的检测力度又是如何呢？一位义乌的玩具生产商表示，进口玩具在美国海关通常不需要开柜检查，只偶尔会进行抽检。据《华尔街日报》报道，美国食品和药物管理局（简称FDA）的一位退休官员威廉·哈伯德（William Hubbard）表示，FDA对进口食品进行检测只是特例，并非必须。他在2006年7月国会参议院作证时说，美国每年从海外进口的食品接近1000万批，而FDA实际检测的只有几千批，这意味着绝大多数海外食品都是未经FDA检测就直接

第五章 一度价值

进入了美国。哈伯德说,他可以提供许多表明FDA的监管架构面临资源不足、人手不足等问题的统计数据,这说明FDA无法履行其许多确保美国食品安全的职责。

尽管在产业链上存在的诸多漏洞使问题玩具最终进入消费者手中,但在这个链条上只有利达迅速地倒下了。

如图5-3所示,像佛山利达玩具厂一样的中国企业只是商业链条的一部分,夹在产品设计与品牌销售之间,更谈不上了解顾客的消费需求。

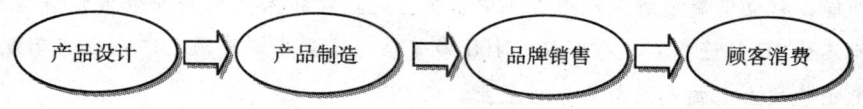

图5-3 商业链条图示

中国制造的未来十年有三条道路供选择:

1. "中国制造+中国设计"

创意设计也是企业自主知识产权的一种主要形式,我们不能要求所有的中国企业家完全脱离中国制造,但可以让中国制造变成中国创造。中国制造变中国创造的第一条道路就是融入设计因素。

中国设计不仅仅指产品的外观设计,还包括产品的功能性、研发技术上的设计,还包括实用新型原材料的采购环节的设计。

产品价值=产品制造+产品设计

产品设计=外观设计+技术创意+原材料创造

据此原理,企业首先应该在管理流程再造中把研发部门一分为二,建立外观设计部和技术创意部,然后还应该从采购部门分出一个新部门,叫"新型材料选购部"。

佛山利达玩具厂的高管人员因为使用含铅量高的涂料而产生如此毁灭性的结果,如果他们早一天看到如下这则报道,结果会怎样呢?

案例5-2　带橙香的涂料

据2007年9月5日出版的《IT经理世界》杂志报道——

有一件事肯定让天津市鎏虹科技发展有限公司董事长张刚很高兴,那就是他们公司的原材料几乎可以免费获得。鎏虹科技的主打产品是"真橙涂料",这种涂料取材纯天然的柑橘果皮,提取其中的橘子油,经过与亚麻籽油、梧桐油、大麻树脂等植物提取物的科学配比,生产出无毒无害,并且在耐磨性、遮盖性、附着力和颜色

一度战略

等多方面都毫不逊色于石油化工原料生产的涂料。

对装饰材料有害物质含量的严格控制成为不可逆转的潮流。涂料大企业如立邦公司等也适时推出许多新型产品，都以低VOC、环保型为主要营销概念，之后多乐士等厂商跟进，两家大厂商几乎垄断了家装涂料市场。另外，2005年开始，随着国际油价明显走高，以石化产品为原料的行业生产成本大幅上升，再加上实力雄厚的外资涂料企业2005年已经悉数进入中国，主要几家如立邦、阿克苏、诺贝尔等都在扩大产能，建立密集型的生产中心，中小企业无论在技术上还是资金上都进退两难。以木料漆的3C认证为例，全国只有100多家企业达到生产资质。广东省当年就倒闭了一批销售额上亿元人民币的涂料企业。

张刚首先翻阅了大量的资料，发现中国古代就有利用桐油保护木制家具的先例。从原理上讲，橘子皮提取的橘子油可以产生和桐油相同的保护功效，如果将其做成膜状物，添加覆盖材料成分，就可以做涂料。之后他们通过一系列实验，克服了干燥慢、耐磨性差、遮盖性差、鲜艳度不足、附着力差等问题，最后终于研制出这种完全无毒害，达到食品安全级别的涂料。在涂刷时它能散发出淡淡的橙子芳香气味，给使用者自然柔和之感。

2004年底，张刚得知2005年北京故宫将进行"百年大修"，他预感到这是一次良机，因为古迹当初建造时还没有化工涂料，由于保护故宫墙体的需要，"真橙涂料"这种取材天然植物的产品必然成为文物保护单位最佳选择，而且量产的"真橙涂料"符合市面上中档涂料的价格，在工程招标中具有明显优势。不出张刚所料，"真橙涂料"顺利入选，一种用人们难以相信的橘子做的涂料，粉刷在具有几百年历史，而且是国家标志性文化古迹的墙体上。

2006年9月开学时，天津市第四中学的学生们走进粉刷一新的教学楼，没有以往刺鼻的气味，而是淡淡的橙子清香。这全赖"真橙涂料"的功劳，在短短一个暑假就使新教学楼粉刷完毕并投入使用。

2. "中国式制造 + 中国式营销"

"中国式营销"的概念是本人在十年前首次发表的营销理论，在百度上搜索"中国式营销华红兵"，你会得到上百万条网上新闻线索。十年来，中国式营销的概念已深入人心，新华书店书架上以"中国式营销"为主题的书籍有上百种之多。而"中国式营销"这一理论的原创者却从未以此标题写过书籍。

中国式营销的核心原理是：从中国国情出发创建企业差异化的品牌竞争优势，从而提高市场份额达到壮大自己的目的。

"中国式制造"加上"中国式营销"，在中国企业发展的第二个阶段，创造出火箭般的速度优势（见表5-2）。

表5-2　　　　　　　　　　中国企业年度成长冠军榜

年度（年）	企业	企业领导人	成立时间（年）	成长速度（%）	所在行业
2002	蒙牛乳业	牛根生	1999	1947	乳制品制造
2003	小肥羊餐饮集团	张钢	1999	1519	餐饮
2004	新疆天地集团	郑大清	1995	1442	房地产业、生物药业、电子通讯等
2005	空中网	周云帆、杨宁	2002	26848	移动通讯增值服务

资料来源：《中国商业评论》，2006年第7期。

几乎中国每一个优秀企业，都曾经历过一段高速成长的过程：

海尔：1984～2001年，销售额348万元增长到688亿元，年均增长79%；

联想：1988～2000年，销售额从190万元增长到284亿元，年均增长122.8%；

华为：1999～2001年，销售额从120亿元增长到255亿元，年均增长45.8%；

万向：1981～2001年，销售额从287万元增长到86.3亿元，年均增长49%；

蒙牛：1999～2002年，销售额从4365万元增长到20多亿元，年均增长265%。

中国式营销的"123法则"

以营销为导向的中国制造企业在2005年以前获得了超级速度的增长，这种增长的战略设计依据的是"一种推动，两种原理，三种目标"的中国式营销的"123法则"。

- 一种推动

2005年以前获得高速成长的推动力来自于"资源优势"或"资本优势"。

如小肥羊、新疆天地集团所依托的内蒙草原与新疆生态资源，空中网所依托的移动通讯平台资源，联想所依托的中关村人才资源等。蒙牛除了内蒙草原资源优势之外，还拥有外资注入的资本优势，所以蒙牛才真的"牛"起来。

- 两种原理

成本优势和品牌优势又给这些企业插上了腾飞的双翼，2005年以前高速成长的企业所具有的强大竞争力来源于他们对成本优势的依赖大过他们对技术领先的追求。这就意味着，激变式品牌企业的核心竞争力也偏重于中国制造的成本优势的建立。

格兰仕的成功不能不说是"品牌+成本优势"的相互作用的结果。

- 三种目标

一度战略

如果中国企业的第一阶段比作1.0战略,那么第二阶段就是营销2.0战略阶段。这个阶段的主要目标是:

1. 销售收入提速;
2. 市场占有率提速;
3. 产品创新提速。

3. 营销战略3.0版本

营销战略3.0版本是完全摆脱中国制造的以顾客价值为中心的一种品牌营销和产品设计时代。

2005年以后的这个新时代的基本特征是"一个中心,两个基本点和三种目标":

一个中心——关注顾客价值;

两个基本点——企业品牌营销和产品设计升级;

三种目标——(1)营业收入提速;(2)净利润提速;(3)毛利提速。

也许我们用物理学中的两位大师的能量原理来解释第二阶段和第三阶段的联系和区别应该更准确。

历史有着惊人的相似之处,2005年以前政府绩效考核的目标主要是该地区的GDP。2006年至今,政府在绩效考核时提出了绿色GDP的概念,把节能降耗和环境治理列入重要内容。股市也在2006年以前表现得十分疲软,十年间上市公司的市盈率并不是很高。股民的期望值在2006年开始变得胃口越来越大,连股民也开始进入了关注盈利率的营销战略3.0时代。

牛顿力学原理的解释

2005年之前,高速成长的企业都姓"牛",所以符合牛顿力学原理,牛顿的力学公式告诉我们:

$F = M \times A$

力量 = 质量 × 加速度

企业的竞争力 = 资产 × 资产加速度

企业的营业收入 = 资本 × (品牌 + 产品)

牛顿在研究了万有引力定律时,迷恋于地球沿着固定轨道围绕太阳转动的绝妙规律。惊叹之余他始终不解"地球什么时候开始"和"为什么会围绕太阳转"的奥秘,于是,牛顿把地球围绕太阳转归结为上帝的第一次推动。

牛顿描述了这样一个宇宙图景:各个行星围绕太阳做椭圆运动。其维持圆周运动的向心力来自太阳的引力。然而,这里有一个关键的问题,就是行星必须首先是运动的，太阳的引力将行星吸进太阳系，而不可能有行星的圆周运动。令牛顿百思不得其解的就是行星最初的切向运动是怎么来的。对此，牛顿只能解释说，最初是上帝先做了"第一次推动"，行星有了最初的切向速度后，就完全可以按照他的万有引力定律来运行了。他说："没有神力之助，我不知道自然界中还有什么力量竟能促成这种横向的运动。"这就是牛顿受到后世非议的关于上帝"第一推动"的由来。所以，后世的科学史家评论说："牛顿把上帝赶出了太阳系，但还让上帝在太阳系外推了太阳系一把，然后，太阳系内就再没有上帝什么事了。"

后人非议牛顿的上帝"第一推动"，主要是认为"第一推动"思想是科学在哥白尼革命后向宗教神学的复归。这种思想也阻碍了牛顿的科学研究，使其后半生碌碌无为。

从现代宇宙学来说，"第一推动"完全可能在物理学框架上解决而无须"神助"。如果牛顿能活到现在，他自然不会再去问太阳系的"第一推动"。但以他的个性，他一定会问宇宙大爆炸理论那个不存在时间，也不存在空间的"宇宙奇点"是怎么回事？说不定他又会说那是上帝的"第一吹气"。其实，这不正是科学真理无限逼近的一个过程吗？

爱因斯坦相对论的解释

对于"第一次推动"，牛顿解释为是上帝的力量，而爱因斯坦是这样解释的——可以打这样一个比方来说明时空弯曲：假如4个人各拉紧床单的一个角，床单这个二维空间就是平的。放一个小玻璃球在上面，如果不去推它，它就会保持静止或匀速直线运动状态不变（假如床单足够光滑，微小的磨损力忽略不计）。如果在床单中央放一个铅球，床单就会凹下去，这个二维空间就弯曲了。这时如果再放置一个小玻璃球，它就会滚向中央的大球。按照牛顿的观点，这是由于大球用"万有引力"吸引小球。按照爱因斯坦的观点，则是由于大球的存在使空间弯曲了，并不存在什么"引力"，小球落向大球乃是弯曲空间中的自由（惯性）运动。

当然，这个比喻说的只是"空间"弯曲，而广义相对论说的则是四维"时空"的弯曲。太阳的存在使四维时空弯曲了。行星绕日运动，就是在弯曲时空中的惯性运动，行星轨道是四维时空中的短程线。

爱因斯坦提出了一个新的关于质能关系式的公式：

$E = mc^2$

能量＝质量×光速的平方

如果用牛顿的公式来解释企业的规模是怎么得来的最恰当不过，但是推动企业不断提速的能量的源泉是什么呢？显然是用爱因斯坦的相对论公式解释企业能量的来源。

企业能量＝企业规模×溢价利润率

企业利润＝营业收入×溢价利润率

企业获利能力才是企业发展源源不断的能量来源。按牛顿公式和爱因斯坦的公式，以打火机为例：

- OEM型企业生产的打火机

假设成本为1元，定价为1.2元，数量为1000万只

利润＝1000×（1.2－1）＝200（万元）

- 国内品牌打火机

假设品牌打火机的成本为2元，定价为4元，生产数量为1000万只

利润＝1000×（4－2）＝2000（万元）

- 国际品牌打火机Zippo

假设国际品牌打火机的成本为20元，定价为420元，生产数量为1000万只

利润＝1000×（420－20）＝400000（万元）

在数量（1000万只）恒定的前提下，第2种模式中利润2000万元是基数（1000万）和成本（2元）的倍数相乘的结果，而第3种模式中，利润400000万元是基数（1000万）和成本（20元）的平方相乘的结果。

产品数量×产品价值的平方＝溢价利润

产品价值的平方就是顾客价值。假设顾客知道Zippo打火机的成本为20元，但顾客认为以420元的价格购买是值得的。所以Zippo取得比第一种和第二种更强大企业能量的企业价值。由于这种溢能价值的取得不是依据低廉价格的制造成本优势，而是相反的，这种模式不怕成本高，甚至成本越高，顾客价值越高。**在财富乘法的游戏中，假设基数不变，而乘数越大，那么结果值越高。**

例如，给Zippo打火机加钻石装饰，销售给那些全球结婚的新娘，告诉她们"在新郎送给你钻石戒指时，你应该给他什么"，你应该给他一个"打着爱情之火的钻石Zippo打火机"，因为"钻石恒久远，爱的Zippo永留传"，或者更简洁地说"钻石恒久远，一机永留传。"

钻石打火机的成本为1000元，销售价格10000元，顾客是能够接受的，因为新郎送给她的钻戒不会低于100000元，新娘当然不会亏待对方。于是Zippo的利润公式是：

1000×（10000－1000）＝9000000（万元）

既然顾客价值是企业财富第三阶段的乘法中的乘数，那么顾客价值真的有那么高吗？从下面这一个有趣的例子你可以了解到顾客价值的时代变迁和消费升级。（见

表5-3)。

表5-3　关于孩子与狗的消费比较

有关事宜	孩子，1000元/月	狗，800~1000元/月
出生	专门的妇幼保健院负责孕期围产保健，有助产士负责接生，具备出生证明	一些专业的宠物医院承接从配种、孕期到接生的全过程，有犬类出生证明
喂养	专用奶粉、米粉、果菜泥等婴幼儿食品，市场产品分类很细，奶瓶、汤勺等喂养的工具也很全面	一只大狗每天大概需要吃掉0.5~1公斤的狗粮，折合人民币约13元/天；宠物食品除了饲料、处方粮、干燥鸡肉、鱼虾罐头等主粮外，还有给宠物们"换换口味"的休闲食品。有各式宠物喂食机
住宿	婴儿床大约在400元左右，也有专门的睡袋销售	专门的狗屋在300~1000元不等，冬暖夏凉的电子宠物床需600元一张。还有宠物活水饮水机、电热毯、沙发、喂食桌等
服装	纯棉织品价格在几十元到上百元不等	宠物服装产品的细分程度绝不亚于人穿的服装，有带帽防寒服、防水皮夹克、休闲外套、吉祥如意唐装、学生装等，还有项链、手镯类的装饰品
洗浴	一般在家里完成，洗浴用品丰富	一些宠物美容院提供剪毛、洗澡服务，像修趾甲、做头型、洗眼、刷牙等圈套服务项目，一次消费在200元以上，条件好的每月4次
玩具	图片、益智玩具、音乐玩具等	宠物玩具有绒毛玩具、电子发声玩具、橡胶玩具和麻绳玩具等
医疗	儿童医院治疗感冒、上火、腹泻等病症，一般几个月打一次疫苗	宠物医院设有外伤处理，80~300元/次/只，静脉注射30元/次/只，卵巢摘除手术150~300元/只，宠物防疫针也要60元/次
托管	雇用专职保姆，700元/月	雇用专职看护人员600元/月，宠物医院节假日寄养服务收费分别在30~50元不等

资料来源：《中国民航》，2007年第8期。

第三节　营销3.0时代——重新定义顾客价值

"物美"一定"价廉"吗？"价廉"一定"物美"吗？

一度战略

在营销3.0时代，顾客开始怀疑一直以来的物美价廉传统价值观。越来越多的顾客倾向于"物美"可能会"价廉"，但机会不多。然而"价廉"就一定会"物美"吗？

物美价廉的宣传让消费者年年都上当，当当上得不一样。说今天的消费者成熟理性也好，或者是见多识广也罢，自2005年之后，中国市场的顾客价值观发生了深刻的革命性变化。

顾客的价值观发生重大变迁的结点——2005年

为什么把2005年作为营销3.0时代顾客价值观发生重大变迁的结点？为什么拿2005年作为一个新营销、新战略的开元之年？

这是基于如下几个理由：

- 2002年中国加入WTO后，中国市场在2002年当年并无重大改变，这是由于中国市场需要三年时间过渡消化WTO的游戏规则。终于从2005年开始WTO的国际贸易游戏规则开始发力，第一波受影响最大的企业是外贸型企业；第一批受惠的顾客是爱车族，2005年是中国市场汽车大降价的一年。

- 2005年开始，人民币升值的压力越来越大，2006年人民币开始升值，随着升值的步伐加快，外向型企业的成本抬高了。

- 自2005年那一年开始，国际奢侈品品牌开始大举进入中国，宾利（Bentley）轿车也是在那一年的上海国际车展上正式亮相，日用消费者中的奢侈品如香水、服装、箱包、化妆品、打火机、皮鞋、手表、洋酒、跑车等开始规模式的渠道建设和品牌宣传。搜狐的张朝阳正是在第一年买了条名叫"Sunseeker"的豪华游艇。芝华氏酒（Chivas）正是在2005年开始在中国市场打电视广告。

- 在2005年这一年的CCTV广告招标中，洋品牌的广告费投放比例第一次超过了中国本土品牌，而在以往年份中，中国本土品牌垄断了中央电视台。具有市场营销晴雨表的CCTV广告招标的企业结构变化，从另一方面说明了洋品牌已经掌握了中国市场的本土化营销特征，中国企业营销中的本土化优势开始丧失。

- 2005年政府制订的法规越来越多，第一批受到反商业贿赂调查的企业是所有的大中型药厂。正是在这一年中国西部大开发正式付诸实践，随着西北、东北、华北的经济加热，打工妹在家门口就能很容易找到一份好工作。相应的问题出现了，广东省争夺打工妹成了广东省政府和企业的重要工作。企业的用工成本开始大幅度上升，据资料显示，自2005~2007年，企业的工人工资上涨了1倍，远远超过了三年来GDP上涨的幅度。

- 新媒介激活了新的商业模式。湖南卫视的"超女"问世，显示了媒介可以把一个草民包装成明星的强大威力。另一方面也让那些用了20年勤奋努力的老牌明星汗颜。

- 互联网成为明星。低成本打造名牌成为可能。芙蓉姐姐没有花钱却成了明星。在2006年清华大学组织的一场名人名师论坛上,我有幸作为名师受邀,而和我一同受邀的竟然是芙蓉姐姐。主办方告诉我说:"她就是'一度战略'的最佳案例。她的出场费是按小时计算的,比你华老师高很多。"

伴随着顾客价值的变迁和时代的剧变,2005年后开启的新经济时代条件下的企业商业模型的战略选择开始发生变化(见图5-4)。

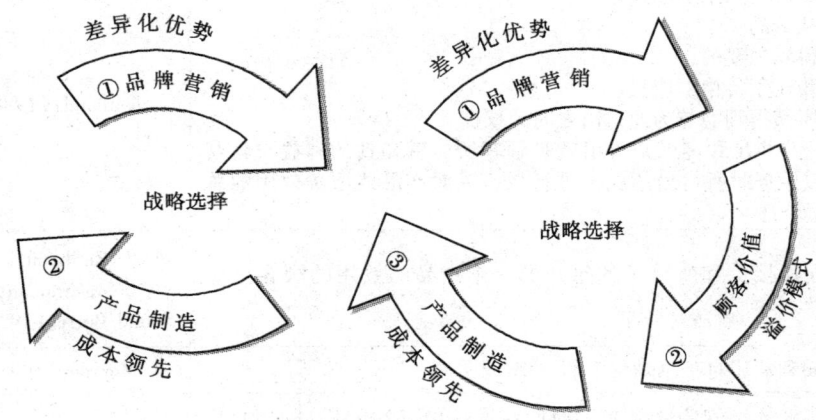

图5-4　2005年前后企业商业模型的战略比较

顾客价值的学说不仅在实践中发生了变化,而且在理论上也发生了根本性的变化。

不同的学者对于顾客价值有着不同的理解,张明立博士在他所著的《顾客价值——21世纪企业竞争优势的来源》中帮助我们整理了西方学者对顾客价值的研究(见表5-3)。

表5-3　　　　　西方学者对顾客价值概念研究概述

价值的定义	给出定义的学者
顾客经济价值(EVC)的概念,是指在已知核心产品与其他产品的综合信息,可获得竞争产品的情况下,消费者愿意支付的最高值	Forbis,Mehta (1981)
价值是一位顾客为了得到一个商品愿意付出的价格,这种支付的意愿为商品提供给顾客并被感知的收益	Christopher

续表

价值的定义	给出定义的学者
在市场中价值通常被定义为"合理价格上的质量"，并且被认为是对消费者而言比质量更加重要的，因为价值是消费者能够承担得起的质量	Progressive grocer (1984)
使用价值代表了产品在顾客的使用过程中所展示的相关价值，尤其在工业产品中，价值分析者只考虑使用的价值（产品的用途和可靠性），而不是考虑它的存在价值（魅力与美观、成本价值、交换价值等）	Reuter (1988)
在 Zeithaml 的价值模型中，价值是： 1. 低价的； 2. 得到想要的； 3. 相比于价格的质量； 4. 所获得利益与为此付出之间的权衡。 进一步指出顾客感知价值就是顾客所能感知到的利益与其获取产品或服务时所付出的成本进行权衡后对产品或服务效用的总体评价	Zeithaml (1988)
基于所接受和所给予的感知的一个产品的效用的顾客全面评估	Zeithaml, Parasuraman, and Berry (1990)
感知利益相对于感知付出的比率	Monroe (1991)
购买者的价值感知代表了他们在产品中感知的质量或利益，与相对于通过支付价格而感知的付出之间的一种权衡	Monroe (1991)
考虑到可获得的改变的供应商的产品和价格，顾客公司在为供应商提供的产品支付价格的交易中所获得的一系列的经济、技术、服务和社会利益，在以货币单位衡量时的感知价值	Anderson, Jain, and Chintagunta (1993)
顾客价值就是相对于你的产品价格调整后的市场感知质量	Gale (1994)
合意属性相比较牺牲属性间的权衡	Woodruff and Gardial (1996)
说到顾客价值，我们指的是当顾客使用完供应商生产的优秀的产品或服务，并发现产品提供了一种附加价值时，建立在顾客和生产商之间的情感纽带	Butz and Goodstein (1996)
顾客价值就是一种相互影响的相对偏好的体验	Holbrook (1996)
在一个具体的使用状态下，顾客在给定的所有相关利益和付出之间的权衡下，对供应商为他们创造的价值的评估	Flint, Woodruff, and Gardial (1997)
价值就是利益与付出之间的权衡	Woodruff and Gardial (1997)

续表

价值的定义	给出定义的学者
顾客价值是顾客对那些产品的属性、属性表现及从使用中引起的有利于或阻止顾客在使用状态下取得他们的目的和目标的结果的偏好及评估	Woodruff（1997）
价值被定义为集中的、长期持有的核心观念、期望目标，或者消费者个人或组织的更高的能指导他们行为的目标	Flint, Woodruff, and Gardial（1997）
价值就是顾客为了完成某种目的而获取特定产品的愿望	Richard L. Oliver（1998）
价值过程是关系营销的起点和终点。关系营销应该为顾客和其他各方创造出比单纯交易营销更大的价值。 关系范畴中的顾客感知价值可以表述为下面两个公式： 顾客感知价值（CPV）=（核心产品+附加服务）/（价格+关系成本） 顾客感知价值（CPV）=核心价值±附加价值	Grönroos（2000）
顾客让渡价值就是顾客的总价值与总成本之差	Kotler（2001）
价值就是通过供应组织中的关键决策者所建立的顾客关系或取得多重利益和利失间被感知的权衡。简单地说，价值就是收益与贡献的差额	Achim Walter, Thomas Ritter, Hans Georg Gemunden（2001）

顾客价值到底是什么？

顾客价值到底是什么？经过多年的研究，本书认为：

顾客价值是由于产品（或服务）的属性特征或核心主张契合了顾客心中的核心价值观，从而使顾客以超过产品或服务价值的货币计量的方式表达的认同感。

需要讲清楚几个关键词：

1. 产品（或服务）的属性特征或核心主张

为什么不是品牌的属性特征或核心主张呢？在企业新时期可供选择的新战略模式顾客价值模型中，品牌不是激发或契合顾客心中的核心价值观的全部要素。否则无法解释广泛分布于北京、上海等大型城市的个性化定制的手工作坊式的商业模式存在了上百年，而且活得很好。有些没有任何品牌标识的企业，他们没办法连锁、加盟复制，但单店溢价能力很强，而且从来不缺乏长期用户。

当然更需要指出的是，如果要制造一个具有溢价能力的大企业，没有品牌塑造是万万不能的。为了给顾客价值一个更全面精确的定义，本书采用了一个适合于所有企业定义顾客价值的方法——从产品（或服务）的属性特征或核心主张谈起

2. 顾客价值不等于产品（或服务）价值，而是超过产品价值

一度战略

这是由于产品（或服务）价值是基于产品的功能和服务便利性为基本出发点，而顾客价值却不是这样。比如按产品功能所提供的价值分析，手表应该是越昂贵其走时越精确，但瑞士生产的机械名表每天的走时总有误差。

本人买了一只瑞士产的 IWC 万国牌手表，每天误差都在 3 分钟以上，但我不仅原谅了它的误差，而且在我心中形成了这样一种价值规律：**越昂贵的名表走时越有误差，没有误差的手表不是好手表**。

再比如服务的便利性是产品服务的基本价值，但世界著名的奢侈品的服务很难说有便利性。他们的渠道开得很少，专卖店也不多，顾客购买并不便利，可是人们却趋之若鹜。

奔驰汽车的产品价值和服务水准堪称一流，可是在中国大多数老百姓心目中的价值却是"暴发户"的象征。可见奔驰品牌应该更多地在顾客心中重塑价值。

3."顾客价值"并不就是"顾客满意"

请看顾客满意和顾客价值的区别（见表 5-4）：

表 5-4　　　　　　　　　　　顾客满意与顾客价值的比较

比较指标	顾客满意	顾客价值
范式的内涵	顾客对其所得的反应或感受；即产品的实际绩效与标准的比较	顾客希望从产品或服务中得到的更多的东西
评价的客体	是对特定的产品或服务或供应商的评价	不依赖任何特定产品或服务的供应商而存在的独立评价
评价的主体	企业的顾客	企业及竞争对手或第三方的顾客
评价的内容	企业绩效的比较	企业的绩效或竞争对手绩效的比较
评价的依据	经验性的，如我满意吗？强调"向后看"	差异的感知，如我将会选择哪个供应商？强调当前和"向前看"，或者如果不选择会怎么样
行动的内容	顾客的服务	排他性营销战略
行动的类型	战术性的，重在持续地改进、顾客服务、修正缺失和错误	战略性的，重在提出并履行顾客价值主张，创造差异化的、超过竞争对手的价值
数据的变化	静态的，反映的主要是过去的努力	动态的，反映的主要是竞争对手的努力
数据的导向	倾向于过去导向：是在产品（服务）消费过程中或使用后形成的判断	表现出未来导向：与产品的使用或消费的时间无关
数据的应用	向企业提供一份报告：他们在价值创造中做得（或已经做得）怎样	为企业指明方向：他们应该通过做哪些事来创造价值，属战略层面

管理学博士张明立教授也分析了顾客满意和顾客价值之间的关联。他是这样论述的：

顾客满意与顾客价值的本质差异就在于他们对调查数据的解读。其中顾客满意告诉企业它做得怎样（即给企业一个报告单），而顾客价值则是告诉企业应当做什么（即指出企业的方向），这种差异也正是顾客价值备受重视的原因。顾客满意的调查注重怎样更好地满足现有的顾客，使他们更满意；而顾客价值的分析则注重如何提高企业的竞争地位，从而吸引和保留目标顾客，进而创造股东价值。事实上，这种差异也正是学者们对顾客满意的应用存有争议的地方。满意是否就意味着企业可以获得顾客态度和行为的全貌，换句话说，顾客满意除了能说明企业过去的价值提供是被顾客认可外，它能够推断出企业未来的市场表现。然而在经营实践中，**很多满意的顾客却流失到竞争对手那里，这也就说明顾客满意不能预测顾客未来的消费行为，高水平的满意并不能确保可以盈利。**

这并不是意味着顾客满意与市场绩效没有关系，事实上，它始终影响着顾客忠诚，进而通过顾客忠诚直接影响企业盈利。而顾客价值则是直接影响着企业的市场绩效表现，近期的许多实证研究也都证实了这一结论。研究结果认为企业相对于竞争对手的顾客价值地位对企业获取的市场份额，以及获利性存在着动态的影响。

顾客价值与顾客满意并不是孤立的，也不是相互排斥的。顾客价值直接驱动着顾客满意，确切地说，顾客满意应该是顾客感知顾客价值的指数器和媒介。公开的研究结果也证实了顾客满意与顾客价值间的依存与互补关系，认为企业只有持续地为顾客提供高水平的价值才能获得可靠并持续的顾客满意水平，而持续的顾客满意才能保证高度的顾客忠诚，进而取得更高的市场份额。

但是，本文不同意张明立教授关于顾客忠诚和顾客价值之间关联的论述，因为2005年以后的新经济时代，市场中根本就不存在顾客忠诚这种现象。

新经济时代市场不存在顾客忠诚

信息时代的公开性和消费选择的多样性使顾客与产品或服务之间的关系出现了两极分化的可能。一方面是顾客购买的随机性、多样化的增加，他们在多数情况下强调体验变化而不是消费专一，尽管为此他们可能付出较大成本；另一方面是越来越多的顾客加入到品牌崇拜者的队伍中，他们不仅仅是忠诚某类产品、服务或品牌，而是能在消费的同时狂热地鼓动并推荐其他人消费，甚至自己掏腰包帮助别人付账消费其崇拜的品牌。

品牌崇拜者和品牌忠诚者的区别在于崇拜者表现出来的长期非理性消费。关于这一点，奢侈品年年涨价的营销原理就是基于奢侈品相信它所建立的超级崇拜者不对岁月和价格敏感，而是对于他是否坚守自己的价值规律有关。

如图5-5所示，在随机购买、忠诚购买和崇拜性购买之间，留给忠诚购买的空间越来越少，两极分化越来越严重。

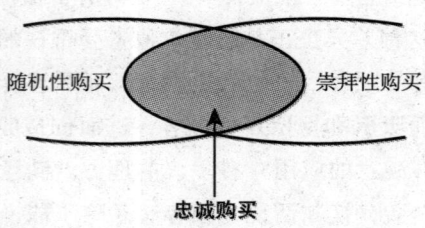

图5-5　顾客的忠诚购买示意

也许2007年第18期《中国企业家》的一篇报道可以说明一些问题。

"LI-NING"是什么

"我觉得如果用一个人来形容"LI-NING"这个品牌，他好像没有性格一样。这个不行，一定要有性格出来。"李宁对陈仲辉说。

这是发生在2006年初的一场对话。陈是香港人，获得国际奖项的服装设计师，习惯让人称呼他的英文名字Silvio。此后不久，他将成为李宁公司的执行创意总监。

李宁对于"LI-NING"这个品牌的现状不满意。十几年前，这个品牌是有性格的。这种性格特征直接源自于李宁本人，他是国家偶像，民族自豪感的寄托。现在，李宁老了，新一代的英雄是刘翔（他为耐克代言）和姚明（阿迪达斯旗下的锐步是他的赞助商）。

新的主流消费者——80后青年、90后少年，会怎么看"LI-NING"？"我们做了很多年轻人的调研，结果让我们印象深刻。"陈仲辉坦言。

有一次，他问一个上海的孩子："你最后一次穿LI-NING是什么时候？"对方回答："读书的时候"。陈追问一句，"现在呢？""现在上班，不穿了。"还有一个北京的孩子，问他穿不穿"李宁"，他说："我不买的。"陈问："为什么呢？""价钱太便宜了。"北京孩子这样回答。因为他周围的朋友，都觉得买一个国外的品牌身份会比较高。

消费者心理的变化自然会折射到市场当中来。根据前锐（上海）商务咨询有限公司的报告估计，2005年耐克公司在华营业额就可能达到约6亿美元，而阿迪达斯公司则是3.85亿美元。前不久，耐克公司的高层甚至宣称，"中国正成为仅次于美国的我们的第二大市场，我们很快就将在这个国家实现10亿美元的年销售额。"

如果仅仅对比自己，李宁公司过去三年的增长率都在30%以上。但两大国际对手的进步显然更快，2006年李宁的销售额仅仅为31.8亿人民币。

前有高山，后有追兵。很多人认为，相比淡定、从容的李宁，安踏创始人丁志忠的性格气质显然更接近耐克的传奇CEO菲尔·耐特（Phil Knight）。两个人都是不知疲倦的工作狂人，相信经验和灵感，并力求主导一切：大生意，大公司，大品牌。

一位离开李宁公司投奔安踏的经理人举了一个例子形容两家公司的差别：在李宁公司开全体大会，职业经理人一个接一个上台，从容地放着PPT，不紧不慢地表达自己的观点，就像任何一个成熟的大公司所为。而在安踏，从上到下都很激动，讲话都很情绪化，所有人都有一种惴惴不安的紧迫感，有一种嗷嗷直叫的"狼性"。

2007年7月10日，安踏（HK：2020）香港上市，融资超过31亿港币。尽管销售额还落后于李宁公司，但凭借着更高的经营利润率，安踏上市首日的市值达到209亿港币，暂时性地压倒中国最大的体育用品企业李宁（206亿港币）。

资料来源：《中国企业家》，2007年第18期。

"LI–NING"是什么？是运动品牌。耐克和阿迪达斯是什么？是时尚的运动品牌。时尚是永不落伍的顾客价值，它能建立顾客崇拜；而运动品牌"LI–NING"，仅仅是产品价值的体现。

所以"LI–NING"没有建立起品牌崇拜，越来越多的顾客仅是忠诚而非崇拜。不过，一个利好消息是，作为民族服装品牌的象征之一，李宁的产品开始结合专业运动和时尚消费这两类元素。李宁的战略觉醒或许能让这个优秀的民族品牌站在世界超级消费崇拜者的舞台上给国人增光。

那么如何建立顾客超级崇拜，从而创造顾客价值使企业获得溢价利润呢？

第四节　你绝不能低估互联网

"这是你最后一次机会，决定了就不能返回：吞下蓝色药丸，起床后，幻觉结束；吞下红色药丸，我就带你去见识见识。记住，我只能告诉你真相。"

——《黑客帝国》（Matrix）

如今，互联网时代的信息大爆炸具有如同宇宙大爆炸一样的威力。Internet是一种创造性的毁灭。说它是毁灭，指的是对旧的经济秩序的摧毁；说它是创造性，指的是对新经济秩序的创造。

1996年，互联网公司瀛海威在北京白颐路口竖起了一块路牌广告，上书："中国人离信息高速公路还有多远？向北1500米。"尽管瀛海威以失败而告终，但它燃起的令人热血沸腾的互联网火把越烧越旺。

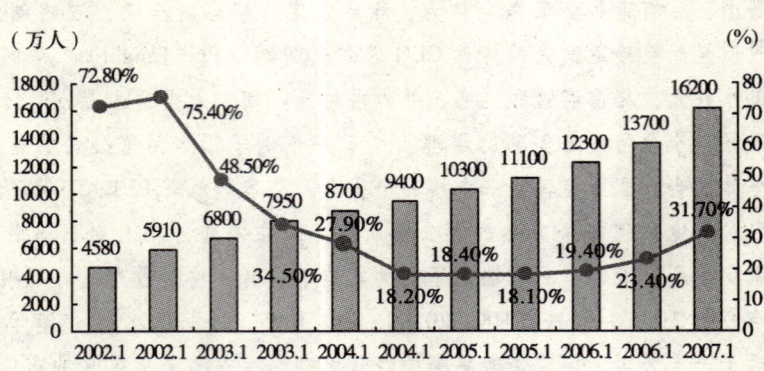

图 5-6 中国网民规模和年增长率

互联网离中国人到底有多远？今天，电子邮件和博客铺天盖地向我们压来；网络交易让许多普通人都成为超级商人；互联网上连篇累牍地报道公司的丑闻；一夜成名的造星神话不断出现；1997 年中国仅有 62 万互联网用户，2007 年这一数字已经升到 1.6 亿（图 5-6）。

互联网公司改变了中国人的生意与生活。盛大网络目前为 200 多万付费用户提供网络游戏服务，腾讯更是为数以亿计的中国用户提供服务，而阿里巴巴、淘宝则让数千万人成为网商。互联网公司不仅带来了革命性的商业影响，更是深深影响了中国人的生活方式以及他们所处的社会。

混沌、黑暗、流氓、暴力、欺诈等词句，又成为互联网风暴的另一面。互联网浪潮下，后现代与工业化两种不同文明的交汇，由此产生秩序与无序的冲突，未来中国人会进到高风险和不确定性的时代。

经济学家约瑟夫·熊彼特（Joseph Alois Schumpeter）曾说过一句很著名的话：创造性的毁灭。"风暴"、"毁灭"、"创造"都是描述这个互联网时代最准确的词语。

这场风暴将毁灭什么？我们的"未来之路"有多远？

但互联网的真正影响不止是令如此多的用户上网，而是深深影响了这些用户的生活方式以及他们所处的社会。在过去的 12 年中，互联网的社会意义要远远大于它的商业意义。互联网对中国影响最大的是其开放自由、自下而上的互联网精神，这和传统的自上而下的社会传统截然不同。无论是公众还是企业都已经或者开始被这种互联网精神潜移默化地改变。与之前由某些代表个人所发起的文化启蒙运动相对比，互联网所达到的深度和广度是无可比拟的。

开放自由、自下而上是互联网这面镜子的一面，混乱是镜子的另一面。互联网上的一些事情，有可能不符合互联网长期发展、不符合社会道德规范，包括最典型的流氓软件、互联网欺诈行为、互联网对个人用户造成的侵犯隐私和网络暴民等。这些都是混沌无序的状态，但我们不得不经历这个过程。

后现代与工业化两种不同文明的交汇，由此产生秩序与无序的冲突。

互联网对企业而言，绝不仅仅是一个电子商务、网上专卖店的技术影响，互联网的精神改变了顾客消费偏好，冲击了传统的商业战略，改写了竞争中的游戏规则。

——互联网开发了顾客的个性化需求，使得波特原理中的差异化和成本领先战略不可兼得的竞争战略失效，取而代之的是顾客价值领先的企业第三种战略的形成，如图5－7所示。

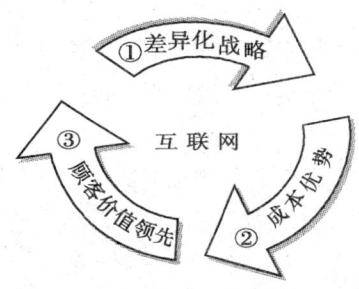

图5－7　顾客价值领先战略示意

——互联网推倒了产业壁垒，使原本不相关联的产业相互关联起来，带来的问题是原本互不竞争的企业开始了竞争或合作式的关联。这就推倒了传统理念中的顾客边界，企业发现一夜之间似乎顾客忠诚度没有了，原本忠诚的顾客今天变得越来越见异思迁。

如图5－8所示，关联顾客的出现是危机也是机遇。

图5－8　关联顾客示意

——互联网是一把刀，砍掉了商业门槛，随着商业门槛的大大降低，一大批草根商人、个人公司纷纷脱颖而出。3000万个"网商族"出现了。在不借助互联网的传统企业家眼里,他应该看到的不仅是网上专卖店,而是传统营销的渠道战略造成挑战,平民精神正在疯狂地扩大企业的销售半径(见图5-9)。

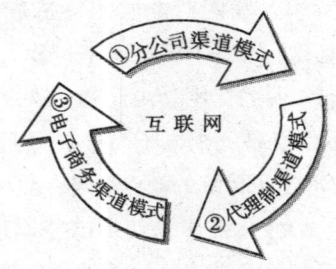

图5-9 互联网时代渠道模式示意

——互联网完美地推动了信息的公开性。大企业受到小企业的冲击,规模经济受到了范围经济的冲击。而直接解决冲击、迂回经济的结果是造成交易费用递减的直接营销的商业模式的增多,而交易费用递增的传统商业模式受到压力。

另一个结果是,大企业发现顾客一夜之间忽然流失了,流失的原因是顾客通过百度搜索、淘宝网或直递式物流公司找到的可替代、更廉价的产品越来越容易。

当然,信息的公开性还因为这是理性消费的增多,他们不相信高价产品的同时,也认识到低价产品的质量问题,他们趋于理性务实的中庸之道。

在现实生活中,互联网的这一作用影响了企业生产研发与产品结构的调整,企业传统的定价二元法则——企业倾向于低端产品抢份额,高端产品赚利润,其机会越来越少(见图5-10)。

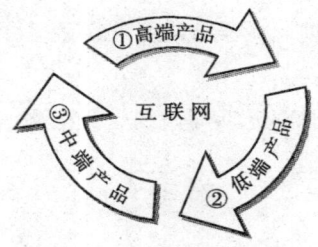

图5-10 中端产品示意

——互联网带来的是一个信息混沌的世界,它迷住了顾客双眼的同时,也淹没了企业的文化、价值信息。所以如何在这个信息爆炸的时代突出自己企业的价值,凸现产品价值,成为取胜未来的关键。

互联网庞大无限的信息量看似创造了一个使消费者与企业产品或服务之间越来越对称信息的平衡系统,其实不然。互联网的作用力是向反方向的。由于信息的庞杂和受到广告竞价利益驱使的搜索引擎的存在,以上两种作用力的结果是:顾客与产品之间的信息更加不对称。

这对于那些产品质量非常好而不懂得借助互联网革新营销工具的大企业而言,并非是一个利好消息。对于这些尚未转型的企业而言,从传统的产品质量战略和品牌营销战略的二元战略选择中,必须找到第三种战略力量(见图5-11)。

图5-11 价值战略示意

——互联网有它的致命弱点,那就是,互联网毕竟是电脑和流程化的软件组成的,可操作电脑的毕竟是人脑;不完全是电脑改变人脑,恰恰相反,是人脑改变了电脑。

了解人脑决定电脑至关重要,这说明了今天企业制定新战略的根本出路在于满足人脑的需求,而不是电脑的需求;是创造顾客的价值而不是互联网本身的价值。

长期以来,企业战略的制定一直围绕满足顾客现实需求和潜在需求的二元需求战略上做文章,在互联网时代的今天,企业新战略的寻找应该从顾客价值的创造中解决(见图5-12)。

图5-12 创造顾客价值示意

基于此,我们需要构建一个全新的企业战略体系

总体顾客价值领先战略——一度战略

据此战略,我们还需要掌握顾客的价值创新的五大法则:
- 法则一:突破顾客边界;
- 法则二:扩大销售半径;
- 法则三:创新产品价值;

一度战略

- 法则四：坚守核心价值；
- 法则五：创造顾客价值。

一度战略与企业收益的关联

"成长是如此脆弱"，这是比德·杜拉克很著名的一个论断。成长之所以脆弱，是由于成长中有危机，风险是成长上限。

企业的战略，是一个辩证取舍的过程，更多时候，你不得不在"快速成长"与"健康成长"之间做出抉择。

企业家在战略选择中的两难困境，由于信息时代的到来反而变得简单易行。我们应该从相互对立的二元思维系统中走出来，找到"又快又好"的解决方案。

比如说，2005年以前的中国经济陷入到"经济发展"与"环境治理"的矛盾选择中，似乎经济发展带来了环境污染。但是，中国政府提出的科学发展观的实质就是"又快又好"的第三种解决方案。

让我们先看看一度战略的基本模型。如图5-13所示：

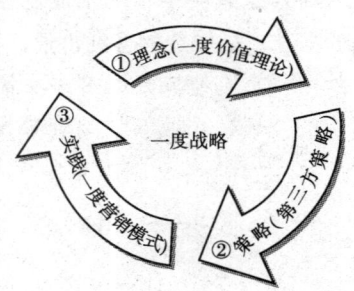

图5-13 一度战略基本模型

资料来源：www.no1cc.com.

比较一度战略与企业收益以及顾客购买之间的关联（见表5-5）。

表5-5　　　　　　一度战略与企业收益以及顾客购买之间的关联

顾客	初次购买	重复购买	推荐购买
顾客对企业的影响	顾客成本和基本利润	基本利润和收入增长	收入增长、成本节约、溢价利润
一度战略对企业的作用	一度营销模式影响顾客成本、基本利润和收入增长		一度价值和第三方策略影响收入增长、成本节约和溢价利润
一度战略对顾客的作用	改变消费偏好	产生消费依赖	创造价值崇拜

如图 5-14 所示，一度战略主要作用于溢价利润区。

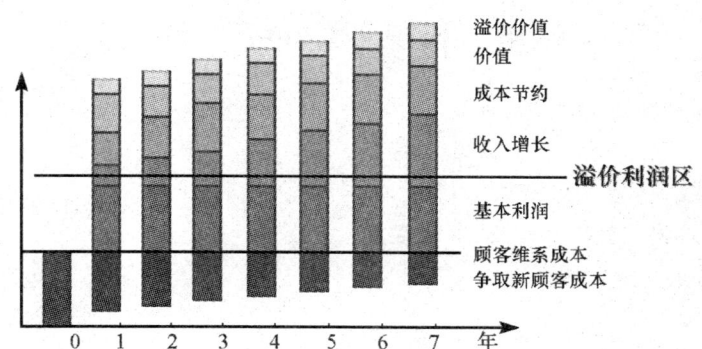

图 5-14 顾客忠诚度对企业盈利能力的影响

如图 5-15 所示，一度营销模式提出的以 6 力理论代替 4P 理论已经在第四章论述过，第三方策略也将在第六章论述，本章我们重点要论述的是一度价值理论。

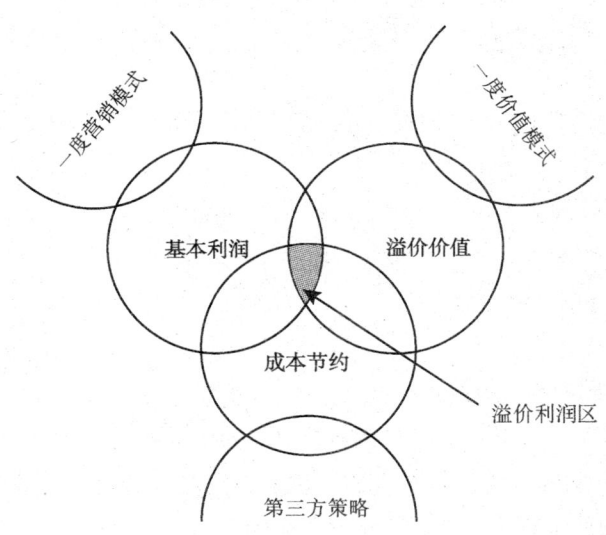

图 5-15 一度战略的营销模式

资料来源：www.no1cc.com.

第五节 价值创新的五大法则

故事一：

问放羊娃，"你为啥放羊？"

"为了攒钱将来娶媳妇，"放羊娃答。

"娶了媳妇还干啥？"

"生娃。"

"那打算让娃将来干啥？"

"放羊。"

这个故事中的放羊娃是在进行简单的再生产，因为这个放羊娃公司的客户是"媳妇"，所以只能是一个简单的生产循环。中国改革开放后如雨后春笋般遍地开花的企业家的创业动机，基本类似这种简单生产的循环。

在企业创业淘到第一桶金后，企业开始不满足，于是有了故事二。

故事二：

问放羊娃，"为什么还放羊？"

"为了放更多的羊。"

"放那么多羊干啥？"

"为了开办涮羊肉火锅店。"

"为啥要开火锅店？"

"为了让更多的人吃上新鲜美味的好羊肉。"

第二个故事中的放羊娃在进行扩大再生产，因为他的客户群放大了，组织起社会的资源完成了一个规模化经营的大型连锁企业。过去的放羊娃现在变成了名牌，小肥羊和小尾羊火锅连锁店不就是如此壮大的吗？

中国企业通过产品创新和营销创新完成了品牌创建的现代企业战略过程。问题是，未来的放羊娃是什么样子呢？

故事三：

问放羊娃"为什么还要放羊？"

"我放的羊跟过去不一样了，增加了精品品种。"

"精品羊干什么用？"

"精品羊肉营养价值更高,满足国际市场需要。精品羊还能生产出羊胎素,这是一种使人年轻十岁的高级保健品,价值更高。"

未来型的放羊娃不仅办了一家国际名牌餐饮企业,而且还从羊身上提炼出羊胎素,把羊胎素做成口服胶囊、洗面奶、洗发素、护发素、护肤品,包括高档抗皱面膜等系列产品。放羊娃公司发现突破传统的顾客定位后找到利润率更高、顾客需求更旺盛的新顾客群,他由一个产品搬运工变成了一个为顾客创造价值的品牌设计师。

放羊娃给他的第二类产品起了名字,叫"香奈儿",从此,一瓶"香奈儿"等于他过去卖 100 公斤羊肉;而且过去他只要羊肉,扔掉或贱买了羊胎盘,现在变废为宝,羊胎盘成了金光灿灿的聚宝盆。

又过了几年,放羊娃公司还不满足,他又进军名牌服装领域,于是又有了"香奈儿"牌的服装服饰,还销售精美绝伦的"香奈儿"牌羊皮包。不要以为放羊娃只会围绕羊身上做文章,后来他又想象出羊在草原上闻到各种花草的香味,生产出熏衣草、紫罗兰、野百合等多种天然野生的花草提炼出来的"香奈儿"牌香水。放羊娃读过《一度战略》这本书之后,更懂得价值塑造的原理,他给他的香水设计了这样一句广告语:"在建造天堂之前,上帝来过大草原,所以,上帝的后花园里飘着香奈儿的花香……"

放羊娃还不满足,他发现 Google 搜索引擎的功能有短缺,Google 搜索的是现实世界的信息,放羊娃发明了一种新型的名叫"Future"的搜索引擎,提供强大的未来世界的搜索功能。在"Future"所构建的虚拟世界的未来创意中,人类获得了 Google 所不能提供的精神文化消费。放羊娃给他的网络公司找到了文化的战略方向——"思想有多远,世界有多大。"中国放羊娃终于成就了一个新世界。

当然上述故事是虚构的,但我坚信中国的放羊娃们会有美好的未来的。

问题的关键是构思一种决胜未来的新型商业模式,这种模式就叫价值创新,它是企业产品创新、营销创新之后的终极创新目标。

市场化进程的三个阶段

利润在何处?昨天的回答是:利润存在于市场份额最高的企业中;今天的回答是:利润正在伴随着以客户为导向,以利润为中心的企业之中;而明天的回答是,持续不断的利润是在那些创造出顾客价值的新兴企业之中。

经济秩序的基本特征不是均衡,而是流动——客户、利润与价值总是处在变化之中,世上唯一不变的是变化。

从企业市场化进程的战略规划来看,企业大致有三个阶段。这三个阶段的基本特征是:

1. 产品导向战略和市场份额观念。
2. 满足顾客需求战略和以利润为中心的观念。
3. 创造顾客价值和以第三方合作共赢为中心的观念。

如果用一个价值链来比较企业的昨天、今天和明天，如图 5-16~图 5-18 所示，企业的市场化进程清晰可见。

昨天企业价值链：从资产与核心能力开始（见图 5-16）。

图 5-16　昨天企业价值链

今天企业价值链：从客户满足和资本开始（见图 5-17）。

图 5-17　今天企业价值链

明天企业价值链：以客户价值创造开始（见图 5-18）。

图 5-18　明天企业价值链

请注意四个重要变化：

——未来型的公司不仅仅注重客户需求的满足，更注重创造客户价值。

——未来型公司不是借助于传统渠道销售，甚至没有渠道或终端，而是依赖一整套完整的营销模式，如一度战略中论述的一度模式。

——未来型公司不一定有加工工厂，也不一定具备雄厚的资金实力，而是更多依赖与第三方合作策略。

——未来型公司不依赖资产，不依赖生产资源，而是对资源有组织能力。

实际上，昨天的利润区正在很快地变成今天的无利润区。即便是今天仍然在高速运转的企业，也不能忽视 2005 年以后十年内新经济秩序带来的变革力量。

游戏规则正在发生变化，世界上没有处于永恒利润区的企业。请看表 5-6 显示的西方企业的盈利模式。

表 5-6　　盈利模式及其实践者

盈利模式	领先的实践者
1. 客户解决方案模式	通用电气，USAA，Nordstrom，ABB，Nalco，惠普
2. 产品金字塔模式	SMH（斯沃琪），马特尔玩具
3. 多种成分系统模式	可口可乐，Mirage Resorts
4. 配电盘模式	施瓦布，USAA，Auto-by-Tel，明星艺人经纪公司
5. 速度模式	英特尔，信孚银行，索尼
6. 卖座"大片"模式	默克，迪斯尼，全国广播公司
7. 利润乘数模式	迪斯尼，Virgin，本田
8. 创业家模式	热电子公司，ABB，3M
9. 专业化利润模式	ABB，EDS，Wallace
10. 基础产品模式	微软，奥的斯，吉列，通用电气
11. 行业标准模式	微软，Oracle
12. 品牌模式	英特尔，可口可乐，耐克
13. 独特产品模式	Hercules，默克，3M，大湖化学
14. 区域领先模式	沃尔玛百货
15. 大额交易模式	摩根士丹利，英国航空公司
16. 价值链定位模式	英特尔，大片音像，Republic Industries
17. 周期利润模式	丰田，道氏化学
18. 售后利润模式	通用电气，软件库（Kingston）
19. 新产品利润模式	康柏，克莱斯勒
20. 相对市场份额模式	宝洁，菲利普·莫里斯
21. 经验曲线模式	Milliken，爱默生电器
22. 低成本企业设计模式	纽科，西南航空，戴尔

资料来源：亚德里安·J. 斯来沃斯基，《发现利润区》，中信出版社 2003 年版。

以上企业都是 20 世纪的明星企业，但是这些企业在 2005 年之后遭遇到一批新兴企业的巨大挑战。

● 同样是互联网企业，微软的发展模式明显不如 Google。

● 2006 年克莱斯勒亏损高达 15 亿美元，美国通用汽车除了中国市场一路凯歌之外，全球疲软。

● 苹果电脑提出的"性感科技"时尚顾客价值让老牌蓝色巨人 IBM 稍逊一筹，而且其惊人的发展速度让 IBM 和戴尔羡慕不已。

● 索尼公司一定对当年的"小弟弟公司"而今成为并肩"大哥大公司"的三星企业另眼看待了。

一度战略

- 英特尔公司垄断市场 30 年,然而今天面临 AMD 公司的强大挑战。2006 年 AMD 的销售收入增长了 90.7%,AMD 提出了"我为双核狂"的顾客价值创新和从行业营销走向大众化营销,让英特尔这个行业巨子倍感落伍。
- 可口可乐公司的行业龙头老大地位在 2006 年让位给百事可乐。两位可乐巨子在中国市场还面临非常可乐从二三级市场打响的可乐阻击战。不仅如此,当"怕上火,喝王老吉"从 2005 年开始火遍大江南北时,可口可乐一贯坚持的美国精神是否尝到了中国功夫的厉害?
- 当耐克和阿迪达斯高举广告路线时,中国福建有个叫"安踏"的运动品牌正在"安全踏过"耐克和阿迪达斯给设定的市场份额警戒线,而且安踏、361°等品牌国际化速度越来越快。
- 世界上跑得最快的鸡是"肯德基",世界上跑得最快的牛是中国的蒙牛。

……

世界在 2005 年之后进入了一个新拐点,我把这个拐点比喻为世界变平坦之后,留下来的一个缝隙,好像一张折过的纸,虽然变平了,但还是留下一个痕迹。今天,我们就站在这个缝隙边缘,对岸是一个全新的世界。所以,我说世界不仅是平的,而且世界还是新的。

掀开这个新世界舞台幕布的第一只手就是价值创新。

价值创新的五大法则,如图 5-19 所示,是以市场顾客为中心展开的五大法则。

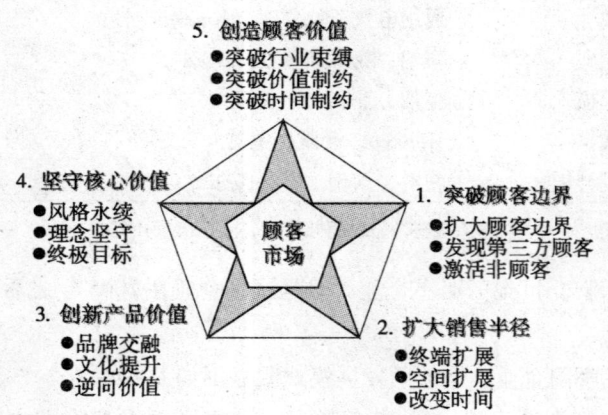

图 5-19 价值创新五大法则示意

资料来源:www.no1cc.com.

这五大法则虽有操作步骤上的先后顺序,但是五大法则之间的相互作用力与关联性显得更为重要。任何一点的突破都可能带来一种崭新的商业模式。如只有顾客边界的突破才有可能带来全新的产品价值的创新等。

法则一,突破顾客边界

经过长期的大量实证营销的研究,我发现了传统的营销学中的顾客学说从对顾客的定量、定向和定性上都是不准确的。如图 5-20 所示,在网状经济的平坦世界里,经济要素之间的关联性以及由此所产生的互动作用力,已经明显着眼于企业内部要素整合的传统经济学。与之相对应的是传统的营销战略如"STP + 4P"战略,如"顾客需要理论",面对新经济秩序显得束手无策,甚至制约了企业的发展。

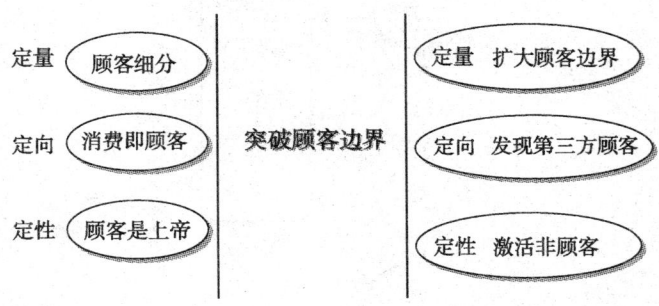

图 5-20　突破顾客边界示意

比如说,STP 理论认为,企业营销战略应从市场细分开始,经过目标市场选择,再到产品定位的完成。但实际上 2005 年以后快速成长的企业大多是从产业边界模糊状态下的市场模糊开始,而且目标市场也不是企业主动选择的过程,而是消费者像在超市买东西一样地自主选择、自愿组合形成顾客群。更令人吃惊的是,这种方式造成的顾客联盟竟然是病毒式的,以滚雪球似的方式无限放大的过程,好像有一只无形的手来完成了这一切。

其实,我发现这其中有一条重要的新游戏规则出现了,那就是网状经济扩大了顾客边界,把那些原本不是目标顾客或潜在顾客的人群给激活了,形成关联性顾客,再进一步形成目标客户。由于这些新生成的目标客户是网状经济催生的,网状经济的关联性的网状手段又促使新生成目标客户结成网状消费联盟,所以新兴企业的前进方式是病毒式的复制。

再比如说,菲利普·科特勒(Philip Kotler)在其关于客户关系管理(Customer Relationship Management,CRM)的论述中,把顾客清楚地定义为消费者是顾客的全部内涵(见图 5-21)。

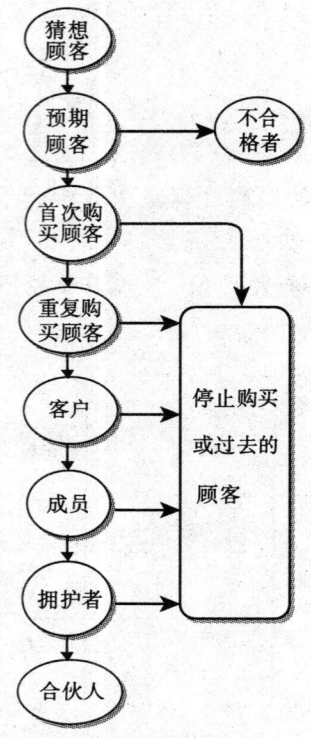

图 5-21 顾客发展过程示意

资料来源：（1）参见 Jill Griffin, Customer Loyalty, *How to Earn It*, *How to Keep It*, New York, Lexington books, 1995, p.36.

（2）参见 Murray Raphel and Neil Raphel, "Up the Loyalty Ladder: Turning Sometime Customers into Full-Time Advocaters of Your Business", New Your, *Haper Business*, 1995.

但是，经过我们大量的针对2005年以后新兴企业的营销实证研究，发现大量的企业是以零价格来实现销售，而它的商业模式却是通过帮助第三方创造价值而让第三方付费。如人们使用的Google、百度并不需要付费，大量的第三方争前恐后地为Google、百度的顾客付费。更有甚者如史玉柱推出的《征途》游戏规则是，每月拿出上千万元人民币奖励那些游戏高手。

这些新兴企业的顾客观念和传统观念格格不入，其根本原因就在于传统思维中顾客是基于购买模型的研究，是A点到B点的线状思维；传统营销思维的出发点是找到从A点到B点的捷径，如何让消费者初次和连续购买成为研究对象。但是网状经济条件下不是A点到B点的简单过程，而是由于C点或D点、E点等的出现，改写了市场游戏规则，从而以一种三维或四维的空间思维代替了营销的二维空间。

另外，传统营销战略只研究目标顾客和潜在顾客的需求和价值满足模式，不承认非顾客对企业的贡献。

所有这一切，都需要我们跨过企业顾客的传统边界，到达一个全新的顾客领域。我们用三个案例来注释这三种变化，启发大家去寻找自己企业顾客边界突破的方法。

案例 5-3　扩大顾客边界——汹涌而至的炒股手机

在音乐和拍照先后成为手机的最为重要的附加功能之后，下一个主流应用会是什么？

以厦新、多普达、金立、宇龙酷派、TSD等为代表，他们会用实际行动告诉你，"下一件大事"是炒股手机。从2007年春季开始的新品发布和电视促销中，这些公司不约而同地高调推出以"移动炒股"为卖点的各式机款，纷纷冠以"炒股利器"、"股票王"、"赚钱王"等名字。有数据显示，到目前为止已经有15家厂商推出了103款这类手机。

厦新移动部门的一位负责人在公开场合称，炒股手机不仅给运营商带来了丰富的利润，也让国内玩家看到了"新大陆"。因此公司计划在未来将推出更多外观时髦又功能齐全的"掌上股市终端"。

宇龙酷派更是明确地预计2007年全国手机用户数有望超过5.2亿户，如果5年后1亿股民中有10%使用手机炒股。"那么其中蕴含的市场价值就十分可观"，其市场总监古勇说。

不难理解在眼下巨大机会的诱惑面前，厂商们都要将产品重新包装的做法。在此方面，最明显的例子莫过于康佳的D266，尽管其拍照和音乐功能都不逊色于同类产品，但宣传时前面的定语则是赤裸裸的"炒股王"。就连跨国厂商也有禁不住诱惑的，曾在中国市场创造了300万台出货量纪录的摩托罗拉A1200，现在则被冠以"炒股最佳选择"的口号，在宣传的时候，没有再用"明"这个知名度更高的名字。

资料来源：《环球企业家》，2007年第8期。

如图5-22所示，在手机作为移动通信工具，在与股票证券市场原本并无太多关联性的市场中，手机扩大原先的顾客边界，向股民进军。尽管手机厂商知道可能所有的股民都已经有了手机，但是为了掌握瞬息万变的股市行情，他们一定乐意买第二部手机。

一度战略

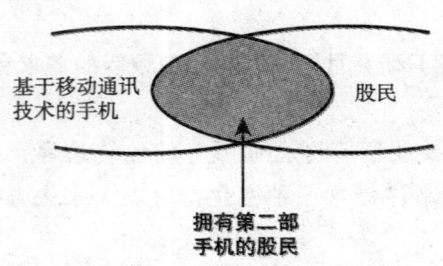

图 5-22 拥有第二部手机的股民

案例 5-4 发现第三方顾客——打造手机上的"第五媒体"

在最早的无线互联网格局中，手机上网只能有两种选择："移动梦网"和"互动视界"。前者归属于中国移动，而后者被中国联通所掌握。他们直接从手机用户的话费中扣除上网资费。

2004 年 3 月，邓裕强创立的中国第一家免费 WAP 网站 3G 门户（wap.3g.net.cn）开始上线。他用做 SP 的钱养着不能盈利的 3G 门户，以独立运营商的姿态高调出现。

网站技术公测的时候，邓裕强做了一个软件，只要手机登陆 3G 网站，就会显示今日注册人数和当前在线人数。上线第一天，注册人数和当前在线人数同时显示为 2，即 3G 门户网站的两位创始人邓裕强和张向东。

第二天，数字变成了几十，第三天变成了几百，第四天居然就上千了。渐渐地，上网速度越来越慢，注册人数太多，服务器不够用了。邓裕强立刻卖掉了他那个还在持续赚钱的 SP 公司，换来的钱变成了服务器。

在网站刚上线不久，3G 门户给一家公司做了 10 个彩铃的广告，"结果一天之内下载次数达到 4000 多，差不多能有 2000~3000 元的收入。"他们这才发现，原来免费也可以赚钱（来自于广告收入）。作为免费 WAP 模式开创者，3G 门户一直是电信运营商站点之外最大的无线互联网门户网站，注册用户目前已超过 2000 万，并以每日 6 万的速度增长。

3G 门户功能齐全，既有传统的游戏、电子书和图片铃声下载，也有新型的社区聊天、手机书阅读、手机网游、个人相册、点歌台、大型虚拟城市"梦工厂"。

事实上，在越来越多的人认可手机应用正在成为报纸、杂志、电视、互联网之外的"第五媒体"时，拥有庞大用户群的 3G 门户潜在的价值也越来越大。"未来的无线互联网应该是一种生活方式，而不是一种简单的通信工具。"邓裕强解释。

2006 年 7 月，3G 门户获得了集富亚洲、中经和、IDG 三家投资公司的第二轮

1000万美元投资,这也是迄今为止无线互联网领域最大的一笔融资。邓裕强说,他的目标是将3G门户独立发展上市。

以上案例是2007年9月出版的《全球商业经典》中高永铨先生记录的一则真实版的网络商业奇迹的案例,十分典型地说明了第三方付费的可能性。本书将在第六章详细论述第三方营销策略。

案例5-5 激活非顾客——一本书卖火了一个农村小镇

最近一段时间,英国作家彼德·梅尔的畅销书《重返普罗旺斯》引起了营销专家们的注意,因为他已经写了十本有关普罗旺斯的书籍,如《普罗旺斯的一年》、《永远的普罗旺斯》、《重返普罗旺斯》等畅销书。

彼德·梅尔是英国人,他的畅销书却把法国一个农村小镇卖给了全世界。实际上,普罗旺斯位于法国西南部的丘陵地区,人烟稀少,村子一共只有1000多人。从普罗旺斯到马赛一小时车程、到巴黎两个多小时。那里既没有海滩,也没有名品名店,却因为彼德·梅尔的大作对这里大片大片熏衣草的描述,营造了一个温暖而浪漫的紫色旅游圣地。

想一想中国有长城、故宫等历史古迹,还有西双版纳、漓江风景区,中国有很多很多的比普罗旺斯更美的旅游景区。但中国没有彼德·梅尔这样的作家来向全球推销旅游。

我注意到有不少旅游景区采用电视广告的方式推销自己,一则成本较高;二则说不清楚风景区的全貌。用文化营销的方式不仅可以展示旅游区的全景和纵深历史人文解读,达到那么多文化人的旅游幻想,而且作者还可以赚到稿费,打了广告还赚到了广告的钱。

把书店当做电视广告媒体,把读者当做旅游顾客资源来开发,把这些原本并无太多关联的事情联系在一起,就是"激活非顾客"的原理。

法则二,扩大销售半径

菲利普·科特勒在他的《营销管理》(Marketing Management)》一书中把营销渠道解释为指产品从资源到用户的正向运动;如图5-23所示,展示了产业市场常见的营销渠道。产业市场生产者可利用其销售人员直接销售产品给产业顾客;或者销售给产业分销商,再由他销售给产业顾客;或者可通过制造商的代表或自己的销售分支机构直接销售给产业顾客;或者通过产业分销商销售给产业顾客。因此,零级、一级和二级营销渠道在产业营销渠道中颇为常见。

一级渠道(One-level Channel)包括一个销售中间商,如零售商。二级渠道(Two-level Channel)包括两个中间商,在消费者市场他们一般是一个批发商和一个

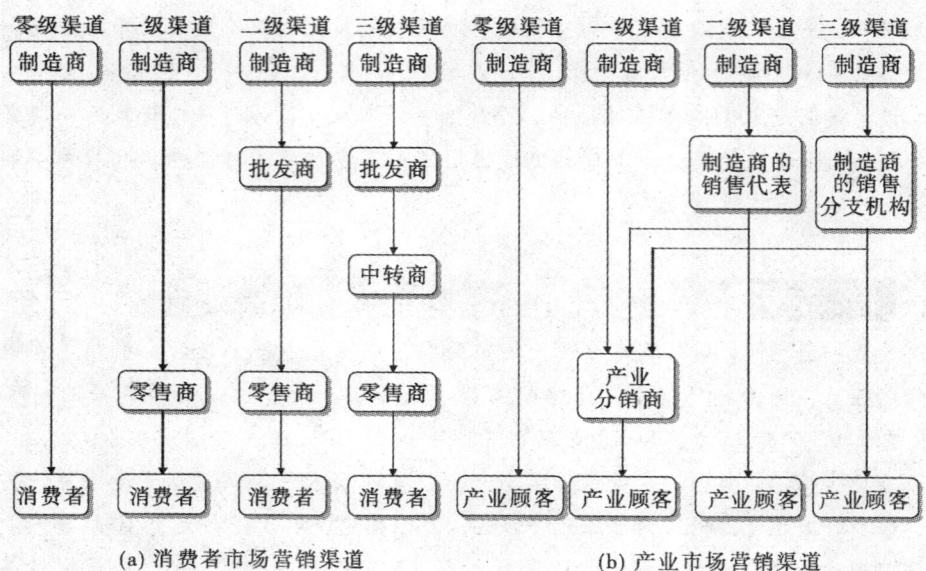

图 5-23 消费者与产业市场营销渠道

零售商。三级渠道（Three-level Channel）包括三个中间商。

随后菲利普·科特勒为我们描绘了一个关于渠道的经济性和销售附加值的坐标图，如图 5-24 所示。

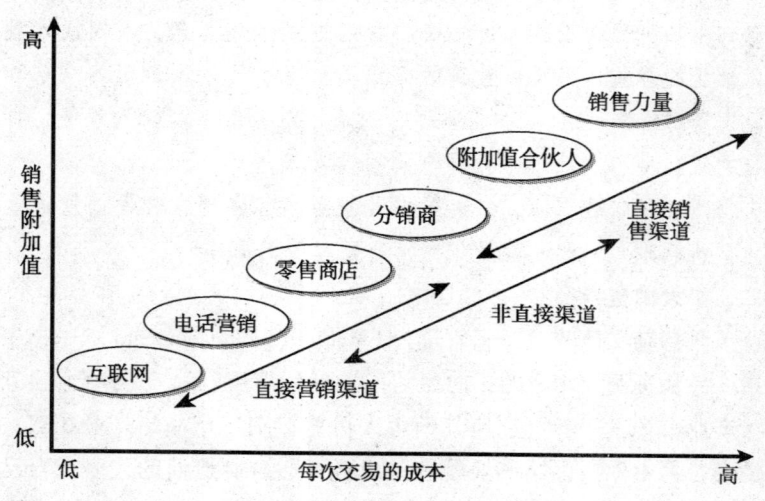

图 5-24 不同渠道的成本与附加值

经过我们多年的实证研究，认为菲利普·科特勒对渠道的定性和定量分析并不准确，这是因为 2005 年以后的市场迅速发生了变化（见图 5-25）。

第五章 一度价值

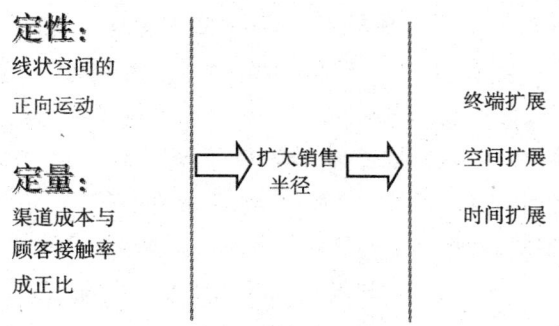

图 5-25　2005 年后市场的剧变

新兴世界正在把渠道的级别逐步消灭，随着专业化大型物流公司的出现，批发商和零售商的储运功能也将消失。传统的批发商和零售商的功能退化已成为不争的事实。随着互联网的介入，一批行业的传统终端店也将面临着顾客被分流的压力，除非那些顾客体验成本较高的行业还在一定程度依赖着传统的终端渠道。渠道由相对垂直变得相对扁平已不可避免。

新兴世界继续改写人们对获得渠道优势的认识。渠道成本与顾客接触率一定成正比吗？较高的渠道成本不一定有较高的顾客接触率；反之亦然。如电话营销在很多消费者看来是一种骚扰，销售力量的营销模式也正在失去它当年"人海战术"的魔力，随着人力成本的高涨和管理难度的增加，这种魔力更显有限性。

案例 5-6　终端扩展

2005 年，瑞安航空免费送出了 25% 的机舱座位，而奥利里认为这一额度能在 5 年之内翻倍至 50%。在不远的将来，他希望所有座位都是免费送出的。

欧洲航空业新锐——爱尔兰瑞安航空公司，在 CEO 迈克尔·奥利里的巧妙运筹下，大胆发动了摧枯拉朽的"D-Day 进攻日（D 代表廉价航空公司，英文全称为 Discount Airlines）"，以"超低价位航班"为竞争利器，以沃尔玛零售业模式为范本，"9·11"后的 2001~2002 年度营业额高达 5 亿欧元，突破 1 亿欧元的盈利，一跃成为仅次于德国汉莎航空公司的欧洲航空界"老二"。

而发展到今天，瑞安航空的地位更加巩固。根据最近发布的盈利数据，截止 2007 年 3 月 31 日，其年度盈利创纪录达到 4.01 亿欧元。

奥利里的秘诀何在？他是在用零售商的思维方式思考，除去座位，机上每项服务都须另行付费。

机票收入的减少可通过把班机和网站变成销售热卖品的卖场这一方法来弥补，

一度战略

同时还将对"优先登机"和"预留座位"这类自选服务进行收费。想托运行李，那你要付每件最高9.5美元的手续费。免费的饮料和小吃就算了吧，哪怕一瓶饮用水也要3.4美元。被迫交钱的还不仅是乘客，乘务人员也要自掏腰包购买制服。

这种策略确实奏效。与西南航空92美元的平均票价相比，瑞安航空仅为53美元，然而其净利润达到18%，是前者7%的利润率的两倍多。

奥利里有许多赚钱的新妙方。他把公司的飞机变成了巨型的广告牌，广告很快还会出现在机舱椅背后的托盘上，乘客收起托盘时就能看到。在航行中，乘务人员会兜售从刮刮卡奖券到香水、数码相机等各种商品。当航班降落在某些离城市稍远的中小型机场时（比如你认为该降落在巴黎，可实际却落在了巴黎以北43英里的博韦），瑞安会向你出售开往城区的大巴或火车票。

资料来源：《快公司2.0》，2007年第8期。

瑞安航空公司的案例对中国很多产业是个很大的启发，尤其是对于亟待改善服务差异化的中国航空业。本人一年365天中有1/3的时间在飞机上，然而中国航空却不能提供一套营养价值很高的晚餐，不能对我有些贵重的行李装卸再精心一些。如果航空公司可以提供这些服务，哪怕让我多付些服务费，我也会乐意。我想如同我这样需求的客人大有人在。有一次我长途飞行睡不着觉，把飞机上所有读物都看完后，我在想：为什么飞机上不配备VOD付费点播电影的功能呢？为什么飞机上不能办一个小型书店让乘客有偿购买呢？为什么飞机上不能配备付费电子游戏呢？中国航空公司之间除了机票打折的竞争，难道没有别的办法吗？

其实，任何一家中国的航空公司都能不费力气办一家网络版的上市公司。比如，南方航空公司办一个网站，让每一名乘客销售网络点击广告换积分活动，当积分达到一定程度可以享受机票优惠折扣或者机票赠送。我相信这种网站点击量每天不会低于500万人次。如此大的点击量自然会吸引广告商和风投基金，用不了三年，就可不花一分钱办一家上市公司，而且还有效地实现了乘客的价值最大化。

正如瑞安航空一样，一旦实现了终端扩展，增加了终端的功能，那么不仅仅是增加附加值，更重要的还在于扩大了销售半径，扩展了客源。

案例5-7   渠道空间扩展

网络营销是传统渠道的扩展。首先请看2001~2006年中国网络购物的变化。

"家乐福很早就建立了自己的网上超市，但看起来像是形象工程，必须超过500元才送货。"张凯说。而上海的联华超市从2004年就开始发展联华OK网，背靠联华的体系发展了3年，2006年虽然创出了9.2亿元的销售额，利润却只有800万元，远低于行业平均水平。

传统企业进军网络销售，山东利群集团可算是典型案例。利群集团2006年零售的销售规模是101亿元，在胶东半岛开了30多家百货商场和700多家加盟便利店，经营的产品至少有10万种。2004年底，利群集团开始发展电子商务，逐步将经营产品中适合网上销售的4万种商品搬到了网上。现在除了生鲜和现场加工的商品之外，利群下属百货商场和超市里很多的商品都可以在利群网上买到。利群网2007年共开辟了10个专区和160个小类，化妆品专区、母婴用品专区和学生专区是目前销售最好的三大专区，并开始尝试目录销售等新的营销方式。

"对于传统零售企业来说，电子商务是不管愿不愿意都必须要做的事情。而传统零售企业现成的体系，在发展电子商务上具有得天独厚的优势。"利群公司CIO狄同伟如此认为。2005年，利群网的销售额是1000多万元；2006年的销售额为2000多万元；2007年上半年每月都有百万元的销售收入，估计年底可以达到5000万元。

利群集团旗下拥有专门的物流公司，除了给利群集团的零售业务配送外，还接了一些外部的单子，完全第三方运作，在物流成本上具有规模优势。

据艾瑞咨询数据显示，从2001~2006年，我国网络购物的用户规模从375万人增加到4310万人，与此同时网络购物交易额也由6亿元增长至312亿元。随着水果、蔬菜、衬衫、电器、建材甚至钻石都搬到网上来卖，会有更多的细分垂直行业掀起新的网络销售浪潮，电子商务也开始由第一波的互联网概念真正走向了关乎人们衣食住行的商务行为（见图5-26、图5-27）。2007年9月15日出版的《IT经理世界》有一篇文章这样写道：在现实世界里，多数企业对网络营销的认识不足，认为它是对传统渠道的补充。应当改变这一看法。从未来十年来看，网络渠道在某些行业可能是主动终端而不是补充性终端，这就是网状经济条件下渠道空间扩展带来的变革力量。

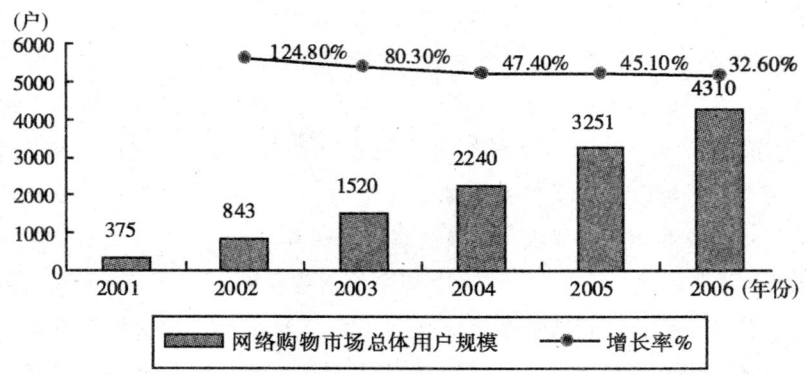

图5-26　2001~2006年中国网络购物市场总体用户规模

资料来源：艾瑞咨询。

一度战略

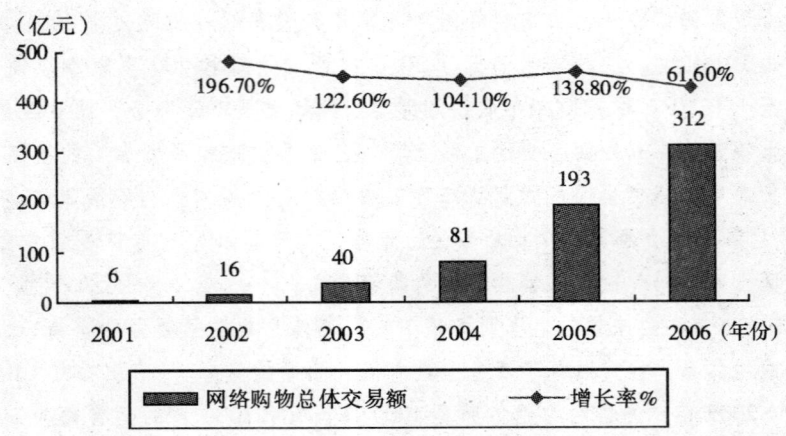

图5-27 2001~2006年中国网络购物交易额规模
资料来源：艾瑞咨询。

案例5-8　渠道时间性扩展——网上远程教育是对渠道的时间性扩展

下午1：50，"北京四中网校"的教师打开电脑屏幕，建立了一个长方形的排列，一排5个点，总共6排。这时候不断有人加入，只几分钟的时间，30个点全部加入完毕。

下午2：00整，教师语音讲课正式开始。这台机器上讲授的是初中数学，同时，在电脑的一侧还出现了公式及其算法。其中一个点突然变成了红色，于是有一个专职人员在电脑这端记下了几个问题，以备讲课休息中途给这个小"红点"进行答疑。

这是发生在网络上的授课情形，模拟现实中的学校上课；唯一不同的就是看不见那些纯真的笑脸，只能从声音上判断出这些孩子的认知程度。

"北京四中网校"目前已经在全国范围内设立了500余家分支机构、2000多家服务处，有上万名教职工，成为全国范围内最大的远程基础教育培训机构。除了覆盖国内的一二线中心城市外，四中网校的分校还分布在新疆、云南等许多边远省份。授课由总部统一进行，四中网校有专职授课老师，并在线进行语音辅导和一对一辅导。目前四中网校在北京全职教师的数量超过100名。

事实上，"北京四中网校"并非北京四中的网络学校，它是加盟形式的互联网培训公司，目前分支机构已遍布全国。分校上缴加盟费之后，所收学费与四中网校总部按比例分成。2006年，"北京四中网校"营业收入超过了3亿元，净利润超过了5000万元。

将办企业的效率管理模式引入教育培训机构，这让"北京四中网校"有统一的业务标准和教学标准；凡是加盟网校的各分支机构统一要求，使快速扩大业务规模成为可能。借助现代无线技术，使远程教育成为一种近距离的教学手段，并在此基础上更能有效地表达教育的内涵。

以上是《全球商业经典》第61期中高永钰先生的真实讲述。

传统的渠道终端实现的是点对点的即时消费，而网状经济条件下的渠道可以实现并非点对点的即时消费，它可以实现点对面或者面对面、面对点的空间延时消费。

法则三，创新产品价值

里斯·特劳特先生在他著名的《定位论》中，明确提出产品定位、品牌定位的重要性，反对产品延伸。所谓产品延伸就是把一个现成产品的名字用在一项新产品上。他说，有了"日晷"牌肥皂，就不能有"日晷"牌除味剂；有了"救星"牌糖果，就不能把产品线延伸到"救星"牌口香糖上。之所以产品不能延伸，特劳特先生解释为如果那样做就是模糊了消费者对产品和品牌对原来概念的定位。

产品难道真的不能延伸吗？品牌之间不能交融产生新的附加价值吗？在21世纪网状经济的今天，定位论似乎不太合乎潮流。如果说在一个产业边界清晰的世界，企业之间的竞争基本上是行业内的产品与替代品之间的竞争，企业之间争夺的是顾客心目中的享有有限地位的概念定位，谁抢占了制高点，占据了有利地形，谁就握有战场上的主动权。然而，那是20世纪的世界经济秩序，今天的世界新秩序正在被一个相互强调互联的世界主宰，学界中的边缘科学的兴起充分说明了这一点。

易中天原本是厦门大学中文系教授，却在电视里大讲历史《品三国》。虽然他被历史学家指责历史讲得不专业，又被文学家批评其文学水平一般，然而易中天在老百姓中成了大受欢迎的名牌教授。易中天的成功说明了两个原理：第一个原理是专业知识固然很重要，但是让别人听得懂的知识才产生力量。易中天的成功揭示了这样一个教学原理：知识的被吸收力比知识本身更为重要。不知道那些坚守定位自己是更专业的教授从中能悟出什么道理。第二个原理是，科学之间的交叉研究更容易接近真理。前几年有位诺贝尔物理学奖得主到北京大学演讲时说自己研究哲学，他认为把物理学延伸到哲学是有必要的。

路易斯威登（Louis Vuitton）最早只是做箱包，现在已涉及皮件、皮箱、旅行用品、男装、女装、笔、丝巾、手表等众多领域。

迪奥（Dior）产品线延伸得更广，香水、护肤品，还有皮具、服装、珠宝等都有它的身影。

我想说，特劳特先生，尽管你很有名，所以道理站在你那边，但是真理却站在我这边。

菲利普·科特勒先生也缺乏对新经济秩序的研究,他在解释一个产品为什么会衰退乃至消失时,给了我们一个产品生命周期图(见图5-28)。

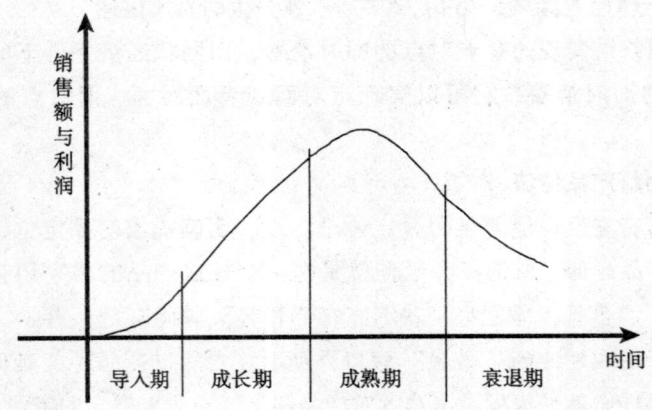

图5-28 传统的产品生命周期

并且他进一步解释说,如半自动洗衣机,因全自动洗衣机的出现,半自动洗衣机衰退了。诚若如此,我想知道,日本生产出来那么多电子手表计时器,十分精确,请问走时不那么准确的瑞士手表劳力士、欧米茄计划何时退出历史舞台?饮料世界层出不穷,请问可口可乐、百事可乐准备何时退休?肯德基和麦当劳几十年来主要就卖那么几款产品,什么时候才能衰退呢?

科特勒说产品有一个生命周期,就是说四件事:

1. 产品有一个有限的生命。
2. 产品销售经过不同的阶段,每一阶段都对销售者提出了不同的挑战。
3. 在产品生命周期不同的阶段,产品利润有高有低。
4. 在产品生命周期不同的阶段,产品需要不同的营销财务、制造、购买和人力资源等战略。

大多数关于产品生命周期的讨论,都把一种典型产品描绘成一种钟型曲线(见图5-29)。这条曲线被典型地分成四个阶段:导入、成长、成熟和衰退。

1. 导入:产品导入市场时是销售缓慢成长的时期。在这一阶段,因为产品导入市场所支付的巨额费用所致,所以几乎不存在利润。
2. 成长:产品被市场迅速接受和利润大量增加的时期。
3. 成熟:因为产品已被大多数的潜在购买者所接受,所以这是一个销售减慢的时期。在此期间竞争的日趋激烈导致利润日趋稳定甚至下降。
4. 衰退:销售下降的趋势增强以及利润不断下降的时期。

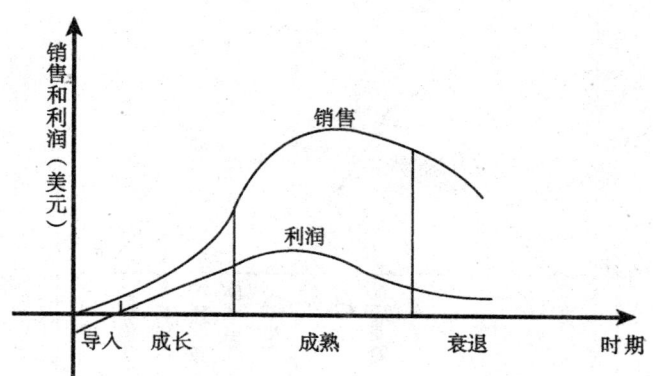

图 5-29 销售与利润生命周期

实际上多数情况下，是这些过时的理论唱衰了产品，唱衰了品牌。我认为，产品的生命周期应该是如图 5-30 所示。

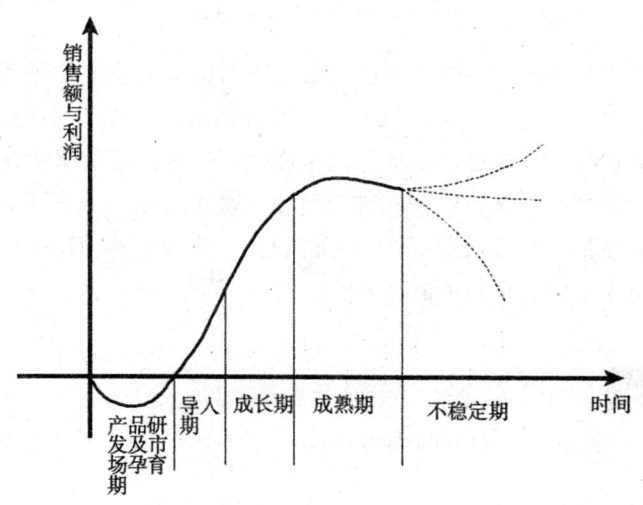

图 5-30 一度战略的产品生命周期

资料来源：www.no1cc.com。

一个产品进入成熟期之后，完全可能有三种以上的答案，最重要的是产品是否还能为客户创造出价值，以及如何与时俱进。与客户沟通产品的价值——产品价值的创新，是延长产品成熟期的决定性因素。

菲利普·科特勒先生对服务产业的公司任务和服务产业不同产品的价值效用进行如下的连续评估：服务公司面临三个任务，即提高其竞争差别化、服务质量和生产率。由于这几方面是互相影响的，所以我们将逐项分别予以探讨（见图 5-31）。

一度战略

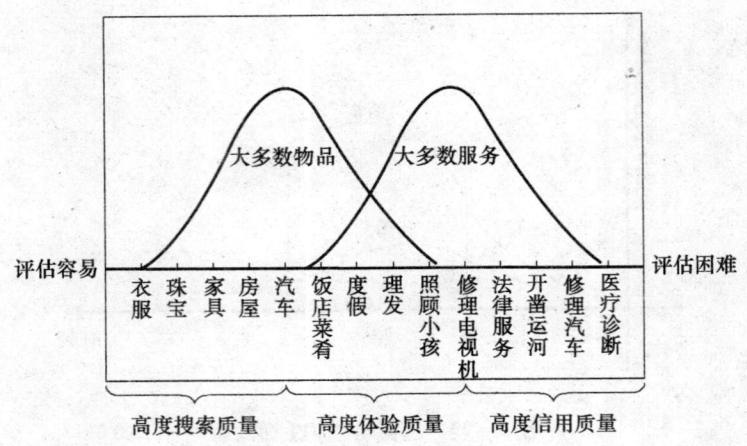

图 5-31 对不同产品的连续评估

资料来源：Valarie A. Zeithaml, "How Consumer Evaluation Processes Differ between Goods and Services" in *Marketing of Services*, ed. James H. Donnelly and Villian R. George, 1981.

但是当我们今天拿张评估图来评估新兴企业时，却发现评估困难。如在一个信息不对称的社会里，消费者无法评估珠宝、家具和房屋的质量而决定是否购买。同样道理，消费者往往不是通过评估某一汽车修理厂的信用等级来决定是否在哪里修车，消费者更多选择的是修车的便利性和价格，甚至是保险公司指定的汽修厂；消费者根本没有通过信用质量来选择汽修厂的权力。出现这种情况时，我们把它称之为创新产品价值中必要的逆向价值的考量。

案例 5-9　品牌交融——品牌第三者混血儿

据 2007 年 9 月出版的《China Marketing》，徐晓女士真实论述了如下第三者混血儿的诞生过程。

自从精明的宏基与法拉利攀上亲之后，宏基笔记本立即身价倍增。

自从 2004 年宏基推出第一款 Acer Ferrari 3200 以来，每一款定价都在 2 万以上。对于当时在笔记本市场上仍是无名小辈的宏基而言，2 万实在算是个天价了！宏基哪儿来的底气呢？当然是法拉利在全世界 F1 爱好者及跑车迷中的强大号召力！推出第二款 Acer Ferrari 3400 的时候，宏基索性把它拿到日本国际汽车大赛开幕式上正式发售，法拉利最狂热的追捧者即是宏基第一批俘获的对象。

在宏基的全球化扩张中，法拉利系列笔记本可谓是一将功臣。许多人正是从法拉利笔记本开始关注宏基这个品牌的。在那之前，人们提起宏基，"哦，是不是台湾的牌子?!"当那股红色旋风卷着宏基的名字掠过，谁不抬起眼皮，振作精神，注目观看呢?! 起初，宏碁只是和大明星配戏的新人，如今宏碁也做了大腕，一跃成为全球第三大笔记本销售商。

眼看着宏碁与法拉利合作，名利双收，华硕有些耐不住寂寞。2006 年华硕联手世界第三大跑车品牌"兰博基尼"，推出了靓丽的 VX1 笔记本电脑。

怎样才能以最简洁锋利的方式，向消费者介绍一款特别为运动设计的 MP3 播放器呢？让刘翔带着它跑步?! 苦口婆心地灌输功能优势？防震、防汗、防滑……巴不得开一个产品教育讲座！NO，NO，NO，飞利浦只用"一个符号"就淘汰了以上所有复杂冗长的说服过程——Nike 的 Logo。无需任何介绍，人们一看见播放器上的那个"钩"便能认出那是一款顶尖的运动型 MP3 播放器，品质非凡，忍不住打听一下两位品牌泰斗在一起能擦出什么火花来。

严格地说，每一次合作产生的其实都是一个新的品牌，她有新的品牌名，新的品牌个性，甚至新的产品。只要这个品牌一降生，就已经有拥趸，因为她是个诞生于在偶像与粉丝之间的"第三者"。她有惊人的亲和力，人们不但不会带着对新品牌惯有的怀疑审视她，相反会揣着对偶像的满心热忱一拥而上。她不依靠硬件优势在同类产品中脱颖而出，硬件满足的是使用需要，而她与偶像深层挂钩能满足"追求与崇拜"的心灵需要。如果你没有听过明星出场时粉丝们失控的尖叫声，如果你没有感受过在足球看台上球迷的震天呐喊，你可能没法想象这种全身心投入的爱戴有多么疯狂！疯狂，是的，这就是"第三者品牌"最好的温床！看来消费者其实充满了热情，只有在挑选商品的时候，才变得过分理性起来。

在"购物理性"和"购物热情"之间有一个临界点，我们称之为"失控按钮"，它是打开营销"瓶颈"的关键。不要怀疑，消费者当然可以非理性地为你的产品送上金银，只要你能把他们的"失控按钮"找出来。

其实人并非完全理性的动物，人有爱的需要，有追求和崇拜的需要，与此同时，人都在寻找输出倾慕与爱戴的出口。而"第三者品牌"的杀手锏在于，她恰好地出现在人们感性决志的门口，成为寄托爱戴的消费品，被热情怀揣。所以，消费者疯狂了，他们不是为产品疯狂，而是为自己的喜好疯狂。

案例 5-10　文化提升：卖香烟不如卖文化

2007 年，无数目光关注黄鹤楼。

仅仅 5 年时间，黄鹤楼高档烟草品牌就由一个地方性的、趋于边缘化的品牌成长为中国主流高档消费品牌。今天，黄鹤楼完全确立了它在中国市场的大品牌地位，有着近 100 亿元人民币的年销售额。"黄鹤楼 1916"，其金色的烟嘴、70mm 的短装烟支以及怀旧色调棕黄色的烟包，已被社会所津津乐道。

一度战略

"黄鹤楼 1916"的开发就是最好的体现。1916 在这里不是一个普通的年份标记，而是一个视觉符号和文化符号，向人们讲述着一段历史回忆："黄鹤楼 1916"所采用的"南洋烟魁壹号"配方，出自中国商人礼聘的玻利维亚籍首席烟草配方师，但当时因生产成本过高而未能实现，落下一个"奢华的黄金梦想"。

如今经过反复调试，终于成功解决技术瓶颈，再现且升华了这一珍贵配方的精髓。而且"黄鹤楼 1916"烟支的长度回归无滤嘴时期的 70mm，设计采用的是极富反差效果的"金嘴+白色盘纸"，透现出一种低调的奢华。

黄鹤楼品牌有着深厚的历史积淀与人文传统，在品牌传播中需要有一个能够承载这段历史与文化的平台。享有"千古江山第一楼"盛誉的黄鹤楼古建筑，是中国传统文化的代表和象征，汇聚了浓厚的中国人文特质，这也正是黄鹤楼品牌所具内涵的最佳体现。黄鹤楼品牌如此与文化水乳交融，与消费者共鸣唱和，自然能在中式卷烟发展基础上形成具有民族化情结和元素的经典品牌。

中国卷烟的香型过去仅有三种风格：浓香型、清香型和中间香型。

黄鹤楼基于自己对传统的理解和对创新的认识，将既有的卷烟香型融汇贯通而自成一派，名为"雅香"。

它创造性地将中医原理融于其间，巧妙运用本草香料，形成"香气飘逸，透发性好，明显改善喉部舒适性"的特征。2003 年，黄鹤楼正式定位为雅香风格的代表性品牌，以此而在林林总总的高档卷烟产品中形成了别具一格的差异化特征。

黄鹤楼以技术创新为手段，将"人本"理念融入产品，逐渐形成舒喉、低害的产品特色。黄鹤楼香烟在研制时借鉴了中医的香熏原理及养生理论，又通过多种新技术手段降低焦油类黏性物质的含量，使得烟气对咽喉的刺激性被降到最低程度，缓解了咽喉的不适；同时还通过添加天然的本草提取物，令产品获得了润嗓生津的功能。目前在终端黄鹤楼已经形成了"不伤喉"的良好口碑。

资料来源：《快公司》，2007 年第 8 期。

案例 5-11 逆向价值：不是向着科技，而是朝着时尚

飞利浦和施华洛世奇（Swarovski）合作耳机，LG 和 Prada 合作手机，当科技碰撞时尚之时，是科技在竞争激烈市场中的良药还是无力的挣扎？7 月 11 日，在北京施华洛世奇的 2008 秋冬产品发表会上，穿着入时的男女，弯下腰盯着一款如繁星一样的水晶锁，往锁头轻轻一推，一个 USB 插头滑顺地跑出来。会场此时响起踢踏马蹄般的配乐声，如同昭告时尚和科技结合时代已然到来。

"我们要让飞利浦登上时尚舞台。"飞利浦配件部门的总经理德扬（Hank S. de Jong）开心地说。不光是这家欧洲家电大鳄，近来科技界正吹起一阵时尚风。LG 和

Prada 合作黑色触控手机，Motorola 和 D&G 推出金色机身的 V3i。

为何近来科技品牌纷纷找上时尚品牌？德国 iF 国际设计论坛执行总监、iF 总经理韦格曼（Ralph Wiegmann）以第三者角色观察，科技结合时尚品牌通常有两种考量，第一是延长生命周期增加产品价值。因为消费性产品竞争太激烈了，根本不知道应该怎么卖产品，与时尚精品合作是为了刺激消费者，Moto 和 D&G 的合作就是如此。

例如 Moto 和 D&G 合作的手机款，有了 D&G 参与，价格硬是比同型号手机售价高出三成，原本限量 2000 部，后来也追加到 2 万部。而且也有效刺激产品生命周期，卖了一年跌价仅五成。再者就是增加附加价值，LG 和 Prada 合作手机款市价约合 6500 元人民币，和目前 LG 贩售手机售价约 2500 元相较，打上 Prada 的标价格就高出了 1.6 倍，确实高贵。

而飞利浦和施华洛世奇合作，让一款原本 250 元的随身碟售价提高到近 1500 元，一个约 250 元的耳机飙到 750 元。时尚果然让科技产品价格水涨船高。

第二项合作好处就是开拓市场。消费型产品竞争激烈，菲利浦消费性电子获利逐年降低，营收成长由三年前的 8% 下降到 2006 年的 1%。EBITA（税前、息前、折旧前获利）也由前年的 4.9% 降到 3.9%。不过，配件部门却逆势上扬，三年内营收成长两倍。

另一个必须认清的现实是，就时尚品牌而言，与科技产品合作，成本趋近于零，不过是多了一项新功能产品而已。因此，跟谁合作都没有绝对的关系，这次是 Prada 与 LG，下次也可以是 Prada 和 Moto。

资料来源：《IT 经理世界》，总第 227 期。

法则四，坚守核心价值

一度战略的研究方向一直坚持定义为企业或区域经济发展建立"多快好省"的战略模型，即企业的快速发展不以物流盈利为代价，区域经济的成长不以牺牲环境和资源为前提。

但是现实生活中企业不是这样的。许多大公司在快速增长的过程中，总是喜欢把绝大多数人力、物力和财力放在进入新市场、开发新产品和获取新客户方面。可是，我用七年的时间对 100 多个行业的大企业进行数据统计研究，发现这些公司有个"漏斗"效应：他们不断地获取新客户的同时，也在拼命地流失老客户，这些企业的客户平均保留率是 50%，也就是说，平均每年失去 50% 左右的客户。假设企业按每年 20% 的客户总规模发展速度递增，即便是在不考虑竞争对手的前提下，这些公司平均三年时间就会损失所有原来的客户。如果考虑到竞争对手的作用——假设竞争

一度战略

者以每年20%的比率抢夺你的客户，即便没有成本的上涨因素，这些企业的平均寿命也只有9岁。

漏斗效应：尽管收入年年递增，企业下沉的加速度大于上升的速度（见图5-32）。

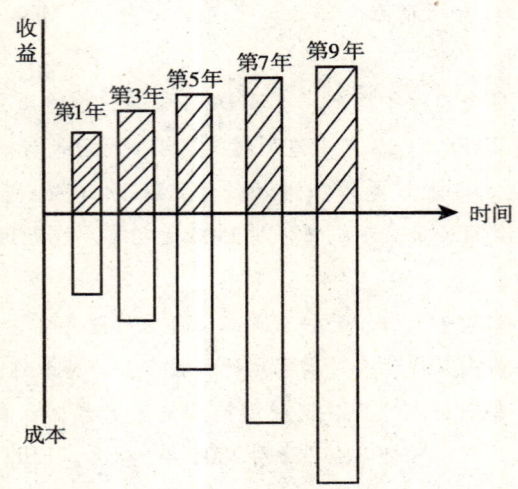

图5-32 漏斗效应的图示

综合数据统计来源：www.no1cc.com。

对收入递增、效益下沉这种结局，企业往往把原因归结为：

1. 竞争对手抢夺；
2. 人民币升值等成本上涨。

这样解释其实只说对了一半，甚至是一小部分。为什么呢？因为以上两种企业外部环境的因素是所有国家在由落后到文明的发展过程中的必然进程。"市场"这个词原意就是竞争带来的交换结果。成本上涨从某种角度看是一件好事，它迫使企业和区域经济体考虑某种形式的变革，因为即便2007年不涨价，资源也有枯竭的时候。

而从根本上而言，是如下原因带来的漏斗效应：

1. 较高的客户流失率；
2. 较低的基础技术研发水平。

先谈一下第二个内因。今天的中国面临这样的研发困境：重发展，轻研究。

中国正在增加对研发的投入，希望把其经济转变成更加以知识为基础的知识经济。就研发经费占GDP的比重来说，已从1998年的0.69%上升到2006年的1.42%；北京的目标是到2010年提高到2.0%，与发达国家2.5%～3%的水平更加接近。

然而，中国的研发经费结构存在严重的问题。通常研发活动被分成三类：基础研究、应用研究和实验性开发。尽管"发展"是重要的，但这需要对研究进行投资以便创新和突破。不幸的是，中国太过于强调"发展"了，而对于"研究"则几乎不重视。

2006年，中国在基础研究上开支156亿元人民币，只占全部研发经费的5.2%。相比之下，应用研究上的投入是505亿元人民币（占16.8%），在实验性开发商投入2434亿元（占78%）。在发达国家，基础和应用研究要占全部研发经费的35%到50%，而在中国，两者加起来才只有22%。

事实上，当实验性开发经费的增长速度超过整个研发经费的增长速度时，中国研究性经费就相当于是在下降，1998年时还是27.9%。

这一差距在工业部门表现得尤其明显。在发达国家，工业部门用于研究的经费所占比重约是25%到30%，而在中国还不到10%。此外，基础研究经费还不到工业部门所有研发经费的1%。

如果当前状况持续下去，中国将只能是基础上的"跟随者"，而不是"领跑者"。

资料来源：《泰国曼谷邮报》，2007年9月29日。

企业效益从A点到C点的提升是企业核心能力和企业核心价值拉升的结果。如图5-33所示。

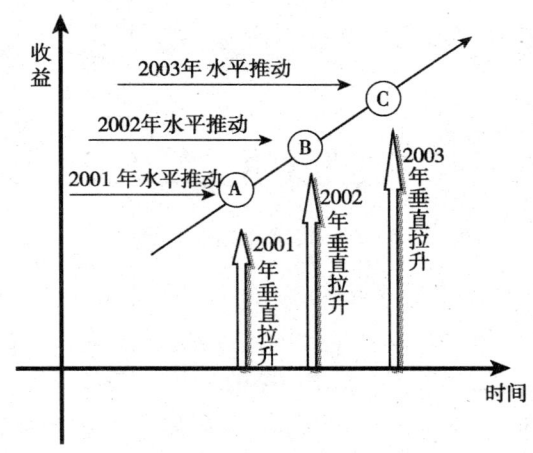

图5-33　企业效益提升的牵引力

基业常青 = 核心价值 + 核心能力。

所幸一大批具有先见之明的企业家开始注重对企业核心能力的打造。联想公司在多年之前已经成立企业研究机构，收购IBM部分业务之后，建立了全球基础技术研究部门。现代中药的代表性企业天津天士力集团组建了全球实验室，天士力总裁

一度战略

闫希军先生是一位高学历、高知识型的现代派企业家，自然懂得天士力制药在全球建立没有围墙、跨学科、无边界实验室对于天士力的持续发展意味着什么。为了一个产品而成立一所研究院——天士力成立丹参滴丸研究院，可见闫希军的魄力和远见。

很多人在问，为什么天士力能够持续十年保持高速发展？在2003年出任天士力集团营销顾问以后，我才发现，天士力发展的DNA只有两个：坚守核心价值，永不流失客户；坚持基础研发，培植核心能力。

究竟什么是企业的核心价值

什么是战略？战略对企业要解决什么？天士力集团的闫希军先生说，企业战略是解决当前利益和远期利益的取舍问题。

然而，大多数企业未必如此幸运。书店里大多数营销管理的教科书都是来讲授营销战略的（图5-34）。这种方法我把它归纳为3Cs、STP和4Ps。

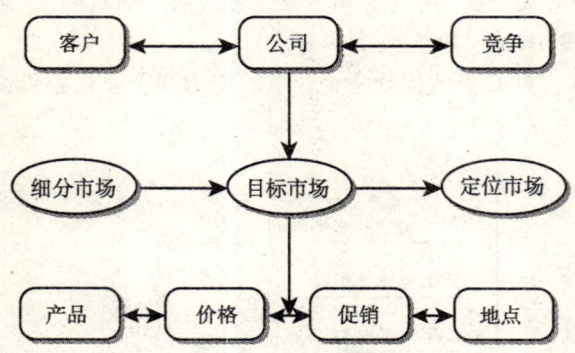

图5-34 传统营销的战略框架

这个框架的第一个要素是分析客户、公司和竞争（3Cs），以了解客户的需求、公司的能力、竞争优势和劣势。如果公司比竞争对手更能满足客户的需求，它就拥有更多的市场机会。第二个要素是形成战略的STP——细分市场、目标市场和定位市场。这一部分认识到不同客户对于产品和服务的需求是不同的，因此公司需要决定选择哪个目标市场。在选择目标市场之后，公司需要决定其产品的价值取向，或者说相对于竞争产品的定位。框架的最后一部分是4Ps——产品、价格、地点（分销渠道）和促销活动。

这个框架符合逻辑，而且非常有用。然而，这个结构也意味着向客户提供价值满足他们的需求，但没有考虑到成本。根据衡量这个框架是否成功的指标，如销售量、市场份额或者客户满意度，来制订决策，却没有明确认识或者测量营销投资的成本。

当我们长期观察那些长期高速发展的企业成因时，我们发现，企业成长的动因离不开客户价值两种方面的制造——公司向客户提供什么样的价值（企业核心能力）和客户为公司提供什么样的价值（企业的核心价值）。前者是投资，后者是回报。

公司通过产品和服务（背后是核心能力的支持）向客户提供令客户满意的价值，而客户则通过长期的利润（背后是企业能坚守一种核心价值）为公司创造价值。

请注意，我用了一个"长期"这个时间概念，因为只有长期为企业贡献利润的客户才是明星客户。如图5-35所示。

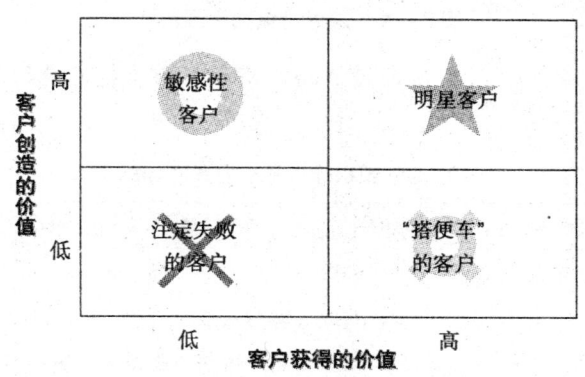

图5-35　客户价值的两个方面

明星客户通过公司的产品和服务获得了很高的价值，这些客户也通过高额的边际利润、强烈的客户崇拜和长期的保留时间为公司创造了高价值。这种关系是平衡的、公平的，而且可以互惠互利。这显然是一个双赢局面，客户获得了较高的价值，而公司也获得了客户忠诚和较高的利润。明智的公司会建立这样的客户群体。

反之，注定失败的客户并没有通过公司的产品或服务获得多少价值。一般来说，这样的客户对公司不那么重要。他们的主要价值来自大量销售所创造的规模经济，如减少成本和提高促销效率。在规模不经济的情况下，如果公司不能够把他们转变为高利润的客户，那么就应该考虑要么减少针对这些客户的投资，要么放弃这些客户。

关于企业的核心能力部分，我们将在"法则五"中讲述。

这里我们开始关注"顾客价值"或叫"客户价值"这个重要概念。

顾客价值＝高额利润＋强烈的顾客崇拜＋长期的保留时间

顾客价值是一种立体图，可用下列图式表达（见图5-36）。

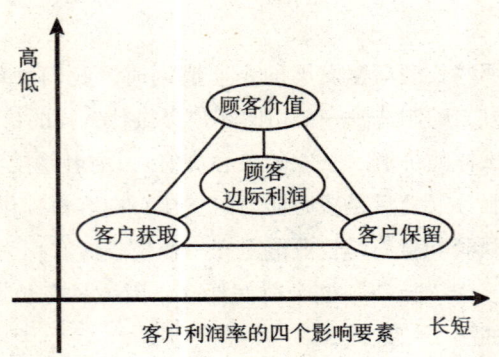

图 5-36　顾客价值的三维图示

让我们试着比较一下，传统营销战略和基于客户价值的营销战略之间的指标区别。

表 5-7　　　　　传统的营销指标与基于客户的指标

传统的营销指标	基于客户的指标
销售量/市场份额，产品利润率	客户利润率
广告到达率	客户获取（客户获取率、成本）
营业额	客户边际利润（以货币体现的利润、增长）
客户满意度	客户保留（客户保留率、成本）

坚守核心价值 100 年不变

企业长期的源源不断的利润来自于高额的边际利润，而边际利润的获得是由于顾客崇拜产生的指明购买和推荐购买，并且更重要的是购买的长期性又相应地增加了边际利润率的提高（见图 5-37）。

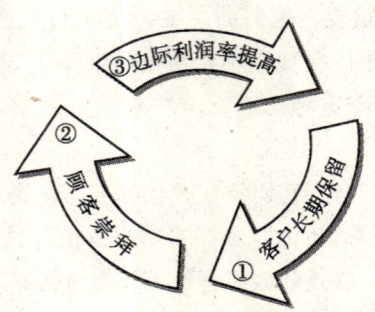

图 5-37　边际利润率示意

第五章 一度价值

看来,客户长期保留才是企业战略中应当坚守的核心价值。不过请注意,把客户长期保留作为企业的核心价值不仅不保守,反而是相当惊人的快速成长模式。由于战略方向定位于"保留客户",所以不仅保留了老客户,还保留了老客户推荐的新客户。这其实就是一种病毒式的复制原理,即财富乘法的操作思想。请看两棵"客户树"(见图5-38)。

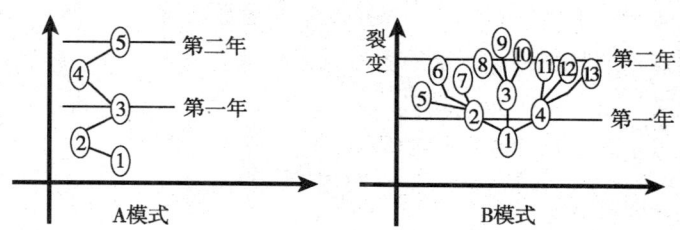

图5-38 客户关系树状图

A模式是保留了客户1和他推荐的2、3、4、5,可是B模式不仅保留了1,更重要的是让客户1多多推荐2、3、4;B模式才是财富乘法的原理。因为如果添加竞争因素和客户流失因素,如何保持客户保留的价值链不断裂是企业战略设计的关键。

保持价值链不断裂的关键在于:

1. 正确设计核心价值——风格永续;
2. 坚守核心价值——理念坚守;
3. 找到期待价值——终极目标。

案例5-12 风格永续——欧米茄也疯狂

一直无法问鼎顶级品牌地位的欧米茄却在二级拍卖市场创下了令人难以置信的成交价。

2007年4月15日,在日内瓦举行了OMEGA MANIA拍卖会,根据字面的理解它是专为欧米茄品牌举办的。MANIA一词有狂热的意思,那么这是否是一场狂热的拍卖会呢?

疯狂的价格

几个高价的拍品颇有传奇色彩。比如套装怀表3只,表壳分别由18K黄金、白金和粉红金制造,它们在2006年推出,当时是为了纪念欧米茄作为奥运会的官方计时器。这些怀表的机芯片却来源于1932年的模式。大家知道,1932年的奥运会是在美国洛杉矶举行的,而欧米茄正是在那场奥运会中第一次成为官方计时器品牌。所以这套怀表虽然是1年前推出的,但是它们都采用古董机芯。欧米茄特别为北京奥

一度战略

运会制造的一款纪念表，表款来自于这个怀表系列，但是在表盘上添加了2008年奥运会的标志。如今这款表被收藏在首都博物馆中，而它的3个同胞却一同拍出了301700瑞士法郎的价格，相当于180多万元。

当然最为疯狂的还是一款带着许多泥土的不锈钢手表，它不仅是拍卖会中最后一个拍品（300号拍品），而且它的主人曾经是新一代的詹姆斯·邦德——丹尼尔·克雷格，他在最新一集007影片《皇家赌场》中佩戴了这款海洋宇宙系列手表。或许是在野外摸爬滚打的原因，这款手表外观上粘满了泥土，而它的价格却并未因此而减少，反而高得令人觉得不可思议，居然达到了250250瑞士法郎。这样的成交价在表店几乎可以买到100只同类产品！

市场参考作用的背后

OMEGA MANIA拍卖会的结果令许多收藏家无法相信，这些拍品的价格已经与一线品牌的成交价看齐，而这与欧米茄通常的市场表现相去甚远。人们在注意拍卖会中抢手品牌的同时，开始关注欧米茄的未来走势。任何值得收藏和投资的中标都存在着某种共性，而欧米茄产品之后在拍卖市场的表现却不会离开几个价值标准——

品牌无形价值：许多名牌手表，尤其是瑞士顶级品牌具有传统而悠久的制表历史，擅长设计和采用功能复杂的精密机械机芯，往往是收藏和拍卖市场的主力军。欧米茄在全世界的知名度有利于它的价值认同，而随着自产机芯的推出，这个品牌也在发生着新的变化，它正在朝着高档甚至顶级的方向发展。

技术使用价值：相对怀表而言，手表更加容易佩戴和使用，这使许多人在刚刚收藏钟表时就选择了手表。功能性是手表收藏价值的一个重要体现方式，由于手表的机芯体积较小，而且要在有限的空间中把许多复杂功能统统表现出来，确实是一件了不起的事情。上世纪40年代欧米茄制造的陀飞轮手表，无疑成为这个价值的最好体现。由于陀飞轮手表真的可以用"屈指可数"来形容，当年欧米茄的12枚陀飞轮机芯一度成为精准的代名词，这使得欧米茄的同类产品也渐渐值得收藏。

艺术欣赏价值：进入20世纪30年代，大部分的钟表厂家在手表造型方面寻求更大突破，其中以方形和酒桶型的设计居多。这主要是受到装饰艺术的影响，而这种艺术的风格就是通过简洁的线条创造反传统的典雅。

历史人文价值：有些手表是为了纪念人类历史上的某项重大事件，或者是与制表厂直接有关的事情。欧米茄历史上也有这样的产品推出。比如以美丽妖娆著名的瑞士电影女演员Ursula Andress曾经拥有一枚戒指表。1962年她参与了影片《诺博士》的演出，成为40多年来始终卖座不衰的007系列片的第一位邦女郎。而这款表更是由被称为"现代珠宝艺术之父"的安德鲁·格里马（Andrew Grima）所设计。

像这样具有人文内涵的作品必然会有巨大的收藏空间。

我们可以尝试着做一个推测,假如20世纪六七十年代电子表开始流行时,欧米茄肯定会承受巨大的市场压力,这时它开始生产100元一只的电子表,不知道结果会怎么样。

案例5-13　理念坚守——台湾华航坚守"服务第一"的理念

台湾华航在岛内有着不错的口碑,2006年国际航空服务调查机构Skytrax Research在全球66家航空公司服务评比中,评选台湾华航为"商务舱"整体服务品质第七名,首度跻身全球前十名。而其中的商务舱人员服务品质评比,台湾华航是连续两年获得全球第一。

但在2004年之前,台湾华航的服务品质甚至不曾挤进前三名,这是这家公司进行服务品质改造的结果。总经理赵国帅表示,过去华航把大量资源投注在硬设备上,但是服务品质却只是停留在"中规中矩"而已。例如虽然舱内有头等、商务、经济舱之分,但其实三种舱等的服务并没有等同票价所呈现的差距。

不增预算的流程改造

于是,华航定下目标,要在相同的预算内,扩大服务品质的差距,希望让为公司带来较高活力的高等舱客户感觉实至名归,同时也让经济舱的旅客感觉服务没有缩水。然而,不能增加预算,自然无法用扩编空服组员的方式来提升服务品质,华航于是进行服务流程的改造。

空服处管理部检讨每项服务的流程;像过去经济舱的送餐程序,先是送完一轮饮料之后再出餐,现在就改为同时出餐和饮料,不但节省人力,也让乘客更快享用到餐饮。

在高等级舱中,华航标榜让乘客享受到五星级的服务,除了特制由指明书法家董阳孜书写的精美菜单,让乘客有奢华的感受之外,另有MVC(Most Valuable Customer,最有价值顾客)系统,记录头等舱和商务舱常客的喜好,提供定制化的服务。当飞机起飞后,空中乘务员会为长期搭乘的旅客递送惯用的特调花茶或咖啡,甚至连茶杯杯耳是不是放在客人惯用手的那边,也是乘务员必须注意的要点。

而高等级舱的餐点,也从过去三个月换一次菜单,变成一个礼拜就必须推陈出新;在乘客调查问卷中,反映评价超过85分的菜色,才能继续留下来。然而,要把平常的中国菜口味搬到天上,却不是件容易的事。行销服务处处长陈韵雯解释:"严格的操作控制,才是能复制感动客人的服务。"例如2007年4月推出的"上海小笼包",从2006年12月开始,行销服务处就找来五星级饭店的大厨,研发空中小笼包

一度战略

的制作。他们研究过，一定要让客人在出餐的五分钟内享用，才能吃到小笼包的最佳口感。为了保持小笼包的口感，不让外皮塌陷，连蒸笼预热、加温的时间和温度，甚至连送达客人餐桌的秒数等作业程序，都必须加以精确规定。

神秘客监督服务品质

在监督服务的机制方面除了乘务长的监督和维持客诉机制的畅通外，也让员工一起监督服务品质；员工差旅时，都必须填写服务品质稽核表，才能领到出差费；此外，公共及顾客关系部的人员，会不定期扮演"神秘客"，确保服务的品质。把服务集中在顾客看得见的细节，品质获得肯定，华航的服务成本却下降了1%，而且华航的单位收益（飞行每公里的收益）在2005年成长了6%，2006年又成长了10%。赵国帅表示"从原本卖得比同业便宜，到现在可以卖得比人家贵，这在服务业来讲，是很明确的成绩。"

案例 5-14　　终极目标——王老吉不做500强，要做500年

一句"怕上火，喝王老吉"成就了一个民族饮料品牌"王老吉"。很多人不解，为什么王老吉在2004年之后发展如此神速。这与王老吉这个品牌具有170多年历史底蕴和企业文化的未来追求有关。不然无法解释，今天市场上有这么多去火功能的凉茶饮料，为什么王老吉独占鳌头。

2004年6月26日，在第三届中国策划大会上，在中外100多名记者的面前，我与王老吉商标的持有人——时任广州王老吉药业董事长施少斌先生，签订策划顾问合同，从而开始了品牌文化塑造历程。施少斌先生是位有头脑、有智慧的具有领袖气质的企业家，他一直坚持把中国的中医文化推向国际市场，并把它作为企业的终极目标。其"不做500强，要做500年"的企业目标设计感动业界。一个有着终极目标的企业必将会更加突出自己打造核心价值的能力。

成功的企业是相似的，天士力集团的终极目标也不约而同地指向企业文化的建立上——"现代中药、人类共享"建立在"现代中药、人类共享"的企业文化上。

法则五，创造顾客价值（企业核心能力）

为什么不直接把"法则五"说成"企业核心能力"，而解释为"创造顾客价值"呢？

原因有二：其一是顾客价值的创造是企业核心能力推动的，所以这两种概念表述的内容是一样的；其二，就营销战略而言，由于是基于眼睛向外的客户导向型分析过程，因此，在营销战略的表述中不愿意使用眼睛向内的制造与技术导向型的提法。

但我要指出，这是用不同的瓶子装同样的酒。

第五章 一度价值

客户价值要求企业突破行业束缚

产品或服务的客户价值可以分为三类（见图5-39），如果公司能够证明与竞争对手的产品相比，客户试用期产品可以省钱，那么该产品就具有经济价值。在很多情况下，表现出显著的经济利益是比较困难的，产品价值是体现在其功能、特性以及利益之中的。价值的第三个来源是心理方面的，往往来自品牌名称和相关的无形因素。下面我们就来对这三个价值来源进行详细论述。

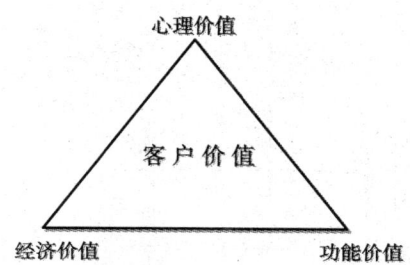

图5-39　客户价值的来源

客户价值来源于三个方面——经济价值、功能价值和心理价值。对于不同的产品或者处于不同生命周期不同阶段的同一产品，其相对重要性也是不同的。例如，对于产业市场以及新产品和新技术，经济利益和功能利益通常是主要的关注点；对于消费者市场以及成熟市场，心理利益会受到更多的重视。充分了解客户价值的来源及其如何让客户有着卓越的体验，有助于经理制订适当的营销计划，以使客户价值得到提升。

由于客户价值的需求并非完全是纯粹技术层面的，所以一个企业没有理由让工程师来完成企业核心能力的打造。一个成功企业的核心能力应该是：

1. 产品技术带给客户差异化的功能和属性的能力。
2. 价格操作带给客户获取成本和边际成本的能力。
3. 心理因素带给客户终身价值和期待价值的能力。

顾客让渡价值（Customer Perceived Value，CPV）是指预期顾客评估一个供应品和认知值的所有价值与所有成本之差。总顾客价值（Total Customer Value）就是顾客从某一特定供应品中期望的一组经济、功能和心理利益组成的货币价值。总顾客成本（Total Customer Cost）是在评估、获得、使用和抛弃该市场供应品时引起的一组顾客预计费用（见图5-40）。

图5-40　顾客让渡价值

客户边际成本要求企业突破价格制约

彼得·德鲁克说过,公司的首要任务就是"创造顾客"。如何"创造顾客"呢?德鲁克并未说清楚,但是就"如何创造顾客的让渡价值",菲利普·科特勒给出了一个计算公式:

菲利普·科特勒先生对顾客让渡价值的推理公式近乎完美,但是美中不足的是他的"总顾客成本"中缺乏了一项最重要的成本——顾客边际成本(见图5-41)。正是这一要素的缺乏才导致他的营销推理存在巨大的误区。为什么呢?

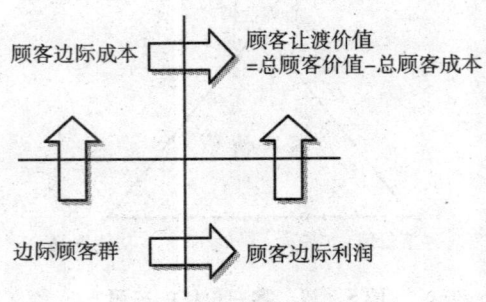

图5-41 顾客让渡价值示意

由于2005年以后的企业竞争是企业核心能力的竞争。在信息公开性的冲击下,人们对自己消费权利的保障要求越来越高,随着法律的健全和人们自主意识的觉醒,顾客在参与消费产品和服务时,也参与企业产品和服务营销的全过程。换句话说,价值的作用力和反作用力同步增强,企业营销已不是在一个平面里计算加减法,而是在一个多维、多元化的空间呈现,顾客边际成本的加入使2005年以后的新营销变得更加立体化。忽视这第三只手,企业往往会顾此失彼。

网状经济条件下,会让相同观念的顾客结成联盟,这个联盟通过现代信息工具实现扩散效应的沟通,从而会放大顾客实际成本或实际利润。如QQ群、拇指族等新市民阶层团队的形成,会产生不可低估的聚合和裂变效应。

打个比喻。在森林里有一只猴子说:"着火了"!于是,会有一大群猴子跟着喊。这种方式适合成本-收益的加减法计算。假如这只猴子会上网,会发短信呢?那么全世界的猴子都会以为火灾来临,说不定消防员会一拥而上去灭火。而实际上,第一只猴子看到的只是一颗流星从天空中划过而已。

这就是边际成本对顾客总成本产生放大效应。

北京现代是家成立于2002年的合资企业,它曾创造了中国汽车工业史上的一系列奇迹。作为进入中国市场最晚的大型外资汽车品牌,"没有人想到过现代在中国的表现会如此出色。"2006年2月,韩国证券投资公司分析师SuhSung-moon还曾经这样评论。

第五章 一度价值

接下来，当然是加大赌注。2007年5月，北京现代第二座年设计产能亦达30万辆的工厂开始兴建，并准备在2010年实现在中国销售100万辆的目标，从而将韩国现代在全球的排名从第六推至第五。

这是一个值得奋斗的目标。2000年，中国汽车市场规模刚刚突破200万辆大关；仅仅6年后，这一数字就翻至728万辆，成为仅次于美国的全球第二大汽车市场，在全世界范围内都掀起了一股浩大的"东方探险热"，所有玩家都在争先恐后地扩大产能，推出新车。上海通用、上海大众、一汽大众等合资企业在2007年上半年均实现了销量持续增长，位列三甲，奇瑞仍稳居第四；华晨汽车和比亚迪汽车也业绩不俗，销量激增58%和60%。

但就在这些竞争对手一路高歌猛进的同时，北京现代却为何突然抛锚了？

最近5年来，与销量节节上升相比，北京现代的利润却每况愈下。当2004年实现14.4万辆的销售时，北京现代的利润为20亿元；但到了2006年，30万辆的销量却只拿回10亿元的利润。

这种反常状况的出现与韩国现代进入中国的特殊方式关系密切。2002年，韩国现代为迅速切入中国市场，初期采取了非常规的生产方式，即利用韩国现代的原供应商提供零部件和以模块方式供货，在北京完成组装测试，保证产品快速推向市场。

这样做在当时的确是正确之策。如果按照常规方式，像其他合资企业一样对零部件重新开发与认证，北京现代很可能将缺席2003年中国汽车市场的井喷盛宴。

但这种方式却留下后遗症。由于零部件认证放在现代汽车在韩国的南阳研究所，直到今天北京现代的供应商中韩合资企业仍占主要地位，这些企业与现代汽车达成一致意见，保持零部件价格稳定。结果是，韩国现代可以从持有股份的零部件企业中获利，但北京现代的利润却只能来源于整车。

2007年3月，上海通用的降价行为引发了新一轮跟风降价潮，但北京现代没有跟随，这成为其销量下滑的最直接导火索。6月份，北京现代主力车型伊兰特已经从12000辆左右陡降至6200辆，2007上半年比2005年同期减少近3万辆；其竞争对手上海通用汽车的凯越月销量则保持1.6万辆左右。

另一款寄予厚望的车型雅绅特也遇到了相同情况。在两厢车渐成趋势、北京现代高端突围不顺的情况下，雅绅特成为北京现代苦苦寻求的一款走量车型，但是在定价方面依然遇到了困境。

由于这款车是全球同步车型，零部件进口率比较高，北京现代制定了一个相对高的价格。

结果，这款车恰恰因价格偏高而销量不佳。3个月后，北京现代将雅绅特削低8000元刺激销售，但在明显提升销量的同时，却让消费者对北京现代保持价格"有效期"的能力和信誉产生失望。

很快,北京现代选择提价和增加配置以保利润,但使得雅绅特销量再次下滑至低点,月销量甚至跌到灾难性的1000辆以下。2007年6月,出于刺激市场需要,北京现代又对雅绅特进行降价促销。经过来来回回数次价格变动,这款本来具有一定优势的车型已经在竞争对手的狂轰滥炸中被淹没。北京现代常务副总经理李洪炉说,"我们本来希望雅绅特可以像伊兰特一样,成为畅销车型。"

北京现代为何抛锚?除了合资公司的体制原因之外,一个重要的原因就是营销战略的问题。试想,北京现代推出了寄于厚望的雅绅特来来回回几次降价、涨价,必然会打击那些已购车人的信心。而对于那些未购车的观望者而言,他们要计算的不只是购车的实际成本,还应有一个由于价格变动过于频繁而带给他们的边际成本,所以他们最应该做的事是观望。

现代轿车的整体优势仍在,只是营销战略出了些问题,我相信现代轿车对自己在战略方面有纠错能力。

再看看航空业。中国航空业竞争日趋激烈,价格战打得热火朝天,这其中就有顾客边际成本的效应。有一次我乘坐某航空公司的航班,飞行30分钟后我刚刚入睡,空姐的广播把我喊醒,原来她要搞一张机票的拍卖。拍卖持续了15分钟,把一张原价1500元人民币的机票最后拍卖成900元。长期以来我睡眠不足,且不说拍卖搅了我的睡眠,这种拍卖方式也使很多乘客心里并不舒服,假如自己按照原价购买的机票,他们就会在心里一直耿耿于怀。和我一同乘机的朋友说:我再也不相信它了,原来他们的机票票价有这么大的水分。一个月之后,当我再次与他同行购买机票时,他特意告诉我,他买了其他航空公司的机票,原因是他心里总觉得有点不舒服,感觉在价钱上吃亏。实际上,他这次买的机票价格更贵,但他坚持自己的选择。

我的这个朋友心中有一个症结——顾客边际成本太高(见图5-42)。

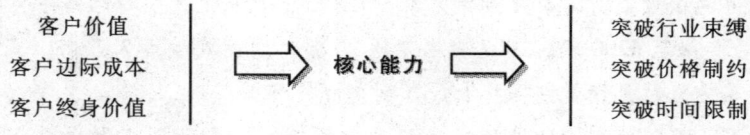

图5-42 企业核心能力示意

突破行业束缚

科技、时尚,看似不同的出发点,实则殊途同归——为了提供更完美的产品与服务。飞利浦与施华洛世奇就是快人一步的践行者。

奢华饰物与数码产品的合二为一,正说明着艺术设计与尖端科技的兼容大潮无可抵挡。"Heart Ware"及"Heart Beat"如同一颗闪亮的"心",不对称的心形设计,随意而灵动。一半采用闪银色金属制成,另一半则采用施华洛世奇独有的CeralunTM技术,缀以形状各异的细碎切割仿水晶,或是镶嵌大颗仿水晶,光芒闪耀。再配以银色挂带,将2007年时装T台上的未来潮流展现得淋漓尽致。

实用度同样无可挑剔,打开外壳,呈现的是一颗更加宽容的心。1GB存储量,能将1000张照片或250首歌曲浓缩于内。每一个USB记忆棒都配备独一的用户密码,以确保它只为你而敞开。

尖端科技的光芒提亮了时尚,让我们享受到如此激动人心的创意。

2007年秋天,当深圳一品居总裁杨荔先生请我为他设计行业突破路线时,我给了他这样一个选择(见图5-43)。

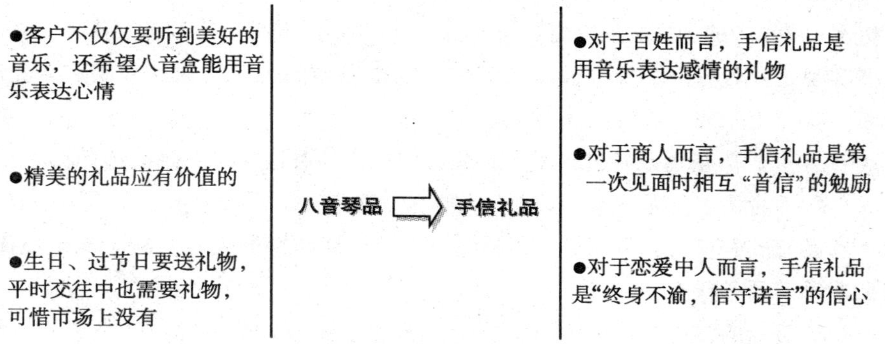

- 客户不仅仅要听到美好的音乐,还希望八音盒能用音乐表达心情

- 精美的礼品应有价值的

- 生日、过节日要送礼物,平时交往中也需要礼物,可惜市场上没有

八音琴品 ➡ 手信礼品

- 对于百姓而言,手信礼品是用音乐表达感情的礼物

- 对于商人而言,手信礼品是第一次见面时相互"首信"的勉励

- 对于恋爱中人而言,手信礼品是"终身不渝,信守诺言"的信心

图5-43 一品居行业突破路线

如此突破了过去对八音盒的行业定性,使LAXURY清凉音成为了并非只有在特定场合特定时间的特殊商品,而是人手一份的必备礼品。

突破价格制约

在为LAXURY清凉音设计营销战略时,我注意到这家企业遇到的问题是大量以出口加工型外贸为主的企业遇到的共同问题:

- 拥有一流的技术设备,LAXURY是国际商行业技术含量;
- 拥有宽广的产品系列组合,LAXURY还有动漫、卡通视频;
- 拥有强大的产品设计和制造能力。

但是这类企业往往缺乏对消费市场顾客价值创造力的关注,他们担心那些价格低廉的劣质产品在消费者头脑中形成定势,而自己生产的高品质产品卖不上好价钱。

其实这种担心大可不必。今日中国之消费能力已和三年前大不相同。请听一名80后年轻知识女性是怎么生活的——

一度战略

我热爱时尚，我会追寻心爱设计师的最新季发布会。日常装我喜欢 High Street Fashion，搭配最重要。我今天穿的是 BCBG 的衣服，搭配 CHANEL 的表，BVLGARI 的戒指。我对高科技的东西很感兴趣，比如我现在用的是 MOTOROLA 限量版手机。我还喜欢送好东西给朋友，让朋友分享快乐，一切美感的东西我都喜欢，总之视觉愉悦很重要。

资料来源：人物专访——杨珉，《瑞之魅》，2007年第8期。

突破时间限制

企业成功的秘诀之一就是长期留住客户，如此才能产生客户终身价值。

所谓顾客终身价值是指客户在与公司接触的一生中所产生的当前利润和未来利润的现值。它包括三个概念：当前利润和未来利润同样重要；货币具有时间价值，即今天的100元人民币中的利润贡献价值要高于明天的100元人民币；客户的流失率。

要实现企业对客户终身价值的精神评估是很困难的，但是据此来制定企业的营销战略，找到企业的核心能力并不难。

2005年底，广东雪莱特公司董事长柴国生就面临着这样的战略性选择：

- 公司当时的名称是"华星电子"，要不要改？
- 产品有五大组合：节能灯、紫外线灯、氙气灯和特种光源及配套电子镇流器。未来的明星产品是什么？
- 企业目前的定位是做灯的照明企业，能突出企业的核心能力吗？

用一度战略来试试（见图5-44）：

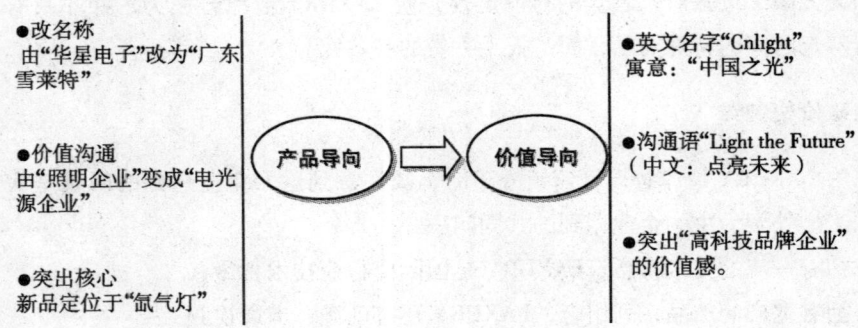

图5-44 雪莱特"一度战略"塑造核心能力

2006年10月25日，深圳证券交易所中小企业板，雪莱特上市成功，股票代码是002076。上市当天，有记者问董事长柴国生："你快速成功的原因是什么？"这个智慧的企业家像巴菲特保留投资秘密一样，笑而不答。

NO.6 第六章
第三方策略

"知识就是力量!"

在弗兰西斯·培根发出这句名言的三百年间,世界却因知识的爆炸式增长,使人类知识的负担几乎超出了人类的承受能力。

"网络改变世界!"

当"Internet"进入千家万户时,信息的泛滥更加重了人类对知识鉴别的负担。表现在书店里的各类营销管理书籍汗牛充栋,这更加夸大了知识对人类的负担。尤其是当专家们蒙上自己的双眼,以便于对整个世界不闻不问,把眼光仅仅盯在鼻子底下的那一小块地方时,整体消失了,"事实"取代了理解,而分拆得七零八落互不关联的知识不再产生智慧和力量了。

恰恰是这种知识的"非人化",使一般大众为逃避"非人的折磨",而对知识心生畏惧,逃之夭夭,敬而远之,使大量的人类知识陷入僵死状态——知识真正成了负担。

解放知识必先解放思想。在大量的研究与思考后,我试图向大家展示阻碍企业战略的三座大山:

——哲学的贫困

——思想的困境

——方法的局限

意识决定存在,思想决定行动。为了促使一度战略思想在众多行业中复制成功,我们有必要寻找企业战略解放思想的源头—— 哲学、思想和方法。

逃离哲学的贫困

古希腊有位叫芝诺的哲学家,号称诡辩学始祖。他闻名于世的便是他用"二分法"提出的哲学悖论。

二分法:运动着的物体要达到终点,首先必须经过中途的一半,为此它又必须先走完这一半的一半,依此类推,以至无穷。假如承认有运动,这运动着的物体连一个点也不能越过。

阿基里斯与乌龟:当时全希腊跑得最快的是阿基里斯。芝诺说,只要让乌龟先爬一段距离,则阿基里斯永远追不上乌龟。因为,他要追上龟,首先就要到达龟所爬行的出发点,这时龟已经向前爬行了一段;当阿基里斯跑到龟的第二个出发点时,龟又爬行了一小段,阿基里斯又得赶上这一小段,以至无穷。阿基里斯只能无限地接近,但永远不能赶上它。所以假如承认有运动,就得承认速度最快的追不上速度最慢的。

这个悖论的结论一看便知是错误的,然而要想驳倒芝诺可不那么容易。从亚里士多德至今,不少哲学家和科学家试图指出芝诺的论证错误,可总是无法彻底驳倒。读者您如果有兴趣可以与芝诺比一比智慧,可以阿基里斯与乌龟那个悖论为例,假设让乌龟先跑10里,阿基里斯跑步的速度是乌龟的100倍,然后你去驳一驳芝诺看。

芝诺悖论表面上看起来一目了然,并且一听就知道他是错的,可是就是说不出来他错的理由。而芝诺想要的也不是结论,恰恰就是理由。

芝诺悖论到底说明了什么问题呢?由于古代的科学家们习惯于研究一个个离散的数,对连续的数感到不可理解,芝诺悖论的出现,恰恰反映了古希腊科学家想用离散的观点来解释连续现象所遇到的矛盾。芝诺悖论涉及运动、时间和空间的关系以及极限和无限分割的问题,还接触到运动本身存在连续性和非连续性的矛盾,所

一度战略

所以历来受到科学家和哲学家的重视，在认识史、逻辑史和科学史上都有重要的地位。

与芝诺悖论相媲美的还有一个二律背反的故事："既然上帝是万能的，那么上帝就能造出连他自己也搬不动的大石头。"这道题让我在读大学时使用多种方法也没有解开。是啊，既然上帝是万能的，他就一定能搬得动所有的大石头，可是理论上他又能造得连他自己也搬不动的大石头，因为上帝是万能的。

后来我的一位哲学家朋友告诉我说："上帝与大石头"的故事是无神论者反对崇拜神学的观点，因此证明这样一个答案——上帝是不存在的。

原来换一个角度就容易找到答案。

同样的道理，如果不是站在阿基里斯或与龟的二元角度，如果不是按点状思维或线性思维，而是站在第三者旁观和一个空间思维的角度观察，那么芝诺悖论之谜就很容易理解。

在现实世界我们也遇上了芝诺悖论的难题。如现在我们经常会遇到各式各样的价格大战：彩电大战、冰箱大战、空调大战、微波炉大战、水战、奶战、车战……有学者指出，现在普通液体奶的价格大战已经降到了接近成本的极限，已经影响了产品的品质，甚至连牛都未必喝了。

有学者说，这些大战的受益者是消费者，虽然用博弈论的"纳什均衡"来解释其结局是价格战双方最终都没有利润，因为市场博弈双方的利润正好是零。事实上，从战略角度看，"零利润"不但会损害商家的共同利益，最终也会损害消费者的终极利益——如果生产和销售的产品无利可图，谁还愿意继续下去呢？

其实，所有的商家都明白这个道理，而又不得不跳进价格战的红海之中，因为他眼前只有两种选择，要么关门，要么继续降价。无论哪种选择都是痛苦的，尽管后者的痛苦更轻一点。再也没有比中国的企业家更痛苦的了。这种痛苦的根源是陷入了战术的纠缠而非战略的设计，像芝诺悖论一样，找不到为什么阿基里斯比乌龟跑得快的原因。

难道真的只有两种可能性的结局吗？是否可以采用第三种方案，如使产品增加附加值。蒙牛这样做了，推出了2.2元一袋早餐奶；光明也这样做了，生产出2元人民币一袋的舒睡奶。研究营销的人一看就知道，牛奶不可能早晨喝了提神醒脑——早餐奶，晚上喝后又发挥助眠的功能——舒睡奶，因为牛奶的功能应该是恒定。但是消费者不也是不分青红皂白按广告指示的早晚喝奶的路线图喝到现在！

也许有人说，毕竟蒙牛、光明是大企业大品牌，打得起广告去引导消费，我是中小企业没有实力该怎么办呢？

那么试试第四种方案。假如你卖的彩电一开机就跳出来耐克鞋的广告，而不是你企业自己的品牌广告（康佳电视机开机时跳出来的是自己的品牌形象广告），那么

第六章 第三方策略

耐克鞋是否乐意为你每卖一台电视机而承担10元钱的成本呢？假如彩电的包装箱内是一家快递公司的广告呢？

一位做活动板房生意的学员，在清华大学领导力培训班上听完我的一度战略演讲之后，一年内多赚了上千万元人民币。他每年生产建筑工地用的活动板房达2000万平米，而且这样的建筑用的板房多在市中心。可是过去都浪费了资源，板房外墙面光秃秃的还很难看，于是他把活动板房外墙面的广告代理权卖给了一家专业的户外媒体广告公司。广告公司像发现新大陆一样按每平方米1元钱广告费卖给了电梯厂、瓷砖厂等五家大企业，赚了2000多万元，双方各半。如今我的这位做活动板房生意的学员企业家再也不怕打价格战了，没有人能打得过他，如果他愿意的话，他完全可以按成本价卖出。

何谓战略？就竞争关系而言，战略是关于市场竞争主动权的争夺。全新的战略需要全新的哲学头脑，去脱离矛盾对立的二元论学说，进入一度战略所提倡的多维整体营销哲学的逻辑之中。

河南洛阳有一个凯旋门酒店，酒店的CEO是我在深圳聚成管理咨询公司培训过的学员。他的酒店装饰豪华但菜品价格不贵。那么其利润从哪里来的呢？他把酒店的贵宾包房全做成各大公司的个性化VIP专区，进入这些包房到处是某个大企业的广告，当然这些大企业愿意到他的酒店消费，他们感觉凯旋门酒店使他们有面子。不仅如此，酒店的冰柜是汇源果汁赠送使用的，酒水单的成本由茅台酒承担，因为酒水单里有茅台酒的广告。甚至酒店用的塑料台布和牙签盒上都有杜康酒的广告……

当航空公司在推出网络订单时，我们每位乘客都帮助航空公司省去了航空代理公司的代理佣金；当我们在网上办理登机牌时，航空公司又一次偷着乐呢，他们又节省了一名地勤人员的工资；当我们拿到登机牌看到背面的广告，登上飞机看到航空杂志的广告，刚下飞机看到通地的户外广告时，我们就是帮助航空公司承担转移成本的第三方。

传统的非敌即友的二元论哲学，困住的不仅是大脑和手脚，还困住了企业利润的发动机。还是马克思说得好，世界是物质的，物质是普遍联系的。

哲学的贫困在于对那些普遍存在关联性的新事物常常习惯于说不可能。

逃离贫困哲学大门的钥匙就是多维性整体观的哲学思考。请注意，这把钥匙打开的是一个多维的整体空间。

逃离博弈的困境

尽管在现代社会的观念中，"零和游戏"正在被"双赢局面"取代，可是很多企

一度战略

业家还是看不到一个美丽的全新世界的到来，他们甚至担心"双赢"背后可能蕴藏着巨大的企业危机。你总不能让可口可乐公司去办一个可乐地产公司吧，那样会产生对品牌核心价值的伤害。对此，"双赢"模式一直以来并没有在现实世界找到令人满意的对策。

如果不进行一场思想的革命性洗礼，以"双赢"为诉求点的思想界的帕累托效应引发的可能是帕累托悲剧。因为帕累托害怕公共悲剧的出现，所以反复强调甲乙双方合作的必要性。但是在现实生活中，由于信息不对称和一个并非完全公平的世界的存在，由于在规则面前竞争者的不规则思想由来已久，由于合作双方面临着现实的利益分配问题，所以企业从"零和"走向"双赢"的路上并非一帆风顺。

先看看何谓"帕累托效应"，以及它所面临的实际分配中的难题。用一个故事来说明它的含义。

一个村庄里有两个猎人，他们主要的猎物只有两种：鹿和兔子。——事实上当然不可能只有这两种，这样假设是为了简化问题。我们可以假设，两个猎人一起去猎鹿，才能猎获1只鹿；如果一个猎人单独打猎，他只能打到4只兔子。假设每打1只兔子只能让猎人维持1天，1只鹿却差不多能够解决半个多月的生计。这样，两个人的行动决策就可以写成以下的博弈形式：要么分别打兔子，每人得4；要么合作，每人得10（平分鹿之后的所得）。

两个纳什均衡，就是两个可能的结局。那么究竟哪一个会发生呢？是一起去猎鹿还是各自去打兔子？

比较（10，10）（第一个数代表甲的满意程度或者得益，第二个数代表乙的满意程度或者得益）和（4，4）两个纳什均衡，明显的事实是，两人一起去猎鹿的赢利比各自去打兔子的赢利要大得多。按照两位博弈论大师——美国的哈萨尼教授和德国的泽尔腾教授的说法，甲乙一起去猎鹿的纳什均衡（10，10），比两人各自去打兔子的纳什均衡（4，4）具有帕累托优势。猎人博弈的结局，最大可能是具有帕累托优势的那个纳什均衡：甲乙一起去猎鹿得（10，10）。

比起（4，4）来，（10，10）不仅是总额的改善，而且每个人都得到很大的改善。这就是（10，10）对于（4，4）具有帕累托优势的意思；关键是每个人都得到改善。

在"猎人博弈"中，两人合作猎鹿的收益（10，10）大于分别猎兔（4，4）具有帕累托优势，这样是因为如果比较原来的境况（4，4），现在是（10，10），所以我们说境况得到了帕累托改善。但是作为定义，帕累托改善的前提是各方的境况都不受损害。

可是上述情况是假设双方平均分配猎物，也就是说，前提是两个猎人的能力和贡献值差不多。但是实际上并非如此，如果一个猎人能力强、贡献大，他就会要求多一点，这样分配的结果就可能是（13，7）或（15，5），但有一点可以确定的，那就是能力较差的猎人的所得，至少要多于他独自打猎的收益，否则他就不肯合作。如果合作的结果是（18，2），相对于分别猎兔（4，4）却没有帕累托优势。这是因为2比4小，乙受到损失。这样，我们就不能说境况得到了帕累托改善。随着18比4多，改善了很多；18＋2也比4＋4也多，也改善了很多；但是2比4小，乙没有改善，利益反而受损，所以站在乙的立场上（18，2），没有原来的（4，4）好。如果合作的结果如此，那么乙一定不愿合作。可见，帕累托改善是一种各方都认同的改善，不是要求任何一方作出牺牲的改善。

至此，原来想走出"零和"的帕累托效应又回到了"零和"的起点。为什么呢？因为帕累托效应描述的是一个总值恒定的线状平面空间，游戏是在一个猎物数量一定的空间里，所以帕累托优势在现实世界无法形成。可是，假设空间改变了呢，假设空间里有了第三种猎物呢？

帕累托所辛苦经营的"帕累托"并未出现，是因为在"猎人博弈"的过程中，假设的前提是甲、乙两人的精诚合作。在企业的竞争过程中，这种情况更加不可能。要想让它可能，就必须改变前提环境——在一个多层空间的网状经济下，由于猎物的增加而使原来的空间变大，"共赢"乃至"多赢"是有可能的。

如一个猎人，在和同伴制定好"共赢"游戏规则后一同去捕猎时，忽然发现身边跑过一只野猪。这时，他面临着这样一种诱惑：是放弃猎杀野猪的机会，还是在遵循已定好的猎杀鹿和兔子的游戏规则基础上，给自己多捞一点便宜的机会呢？对这位猎人而言，与同伴合作的收益是固定的，况且分配方案事先已制定好，而此时猎杀野猪的收益归自己所有，显然，只要不影响合作大计，顺手搞点副业也是正常的。说不定这位猎人事后分点野猪给同伴，会让同伴额外高兴称赞他有头脑、有智慧。经济学讲，这叫"搭便车"。

2007年上半年，沸沸扬扬的娃哈哈和达能的合作纠纷就是一个很好的例证。本来达能和娃哈哈说好了只猎取鹿和兔子，哪里想到娃哈哈又悄悄猎到一头野猪；达能不干了，要求分享。

其实，在我看来，娃哈哈并没有错，因为娃哈哈已经分给达能合资的巨额利润，在不违背合作规则的大前提下，为什么宗庆后不能去"猎杀一头野猪呢"？把额外收益分给达能不是宗庆后的义务，尽管把双方合资公司经营好是宗庆后的责任。责任和义务不是两个完全等同的概念。当然，如果把获得的额外收益分给达能一部分显出游戏规则外合作的中国企业家的胸襟，假设宗庆后愿意这么做的话。

一度战略

在一个数量恒定的单层平台上，博弈双方"零和"的可能性更大，而在一个不饱和的多层空间里，博弈双方"共赢"的可能性更大。

案例 6-1　星巴克只能卖咖啡吗？

星巴克的确是卖咖啡，说得好听点是卖咖啡文化，说得哲学点是在卖除了办公室和家以外的"第三空间"。

既然是从卖咖啡到卖文化再到卖空间，星巴克如何规划企业的战略呢？

用纯粹的商业语言说，单纯以卖咖啡这种简单的谁都可以复制的经营元素构成的战略，是极容易被比自己强大的对手复制其经营模式的。那么该如何制定差异化而又能获得额外收益的企业战略呢？

从 2005 年开始，星巴克出现了一个新的变化。

拓宽发展路径的方式，是将以往积累的咖啡品质进一步挖掘，具体化为一种生活方式。如果能够为那些热衷星巴克咖啡以及店内体验的人，提供相匹配的其他产品，星巴克就变成了一种"美学"。

到目前为止，它已经在音乐、电影、书籍方面有所尝试。这在一些评论人士看来是经不起推敲的：如果相信星巴克选择书籍的品位，是否也可以相信某家出版社烹制的咖啡？

过去一年来，这种摸索似乎逐渐奏效了。比如 2006 年，它在店面中销售爵士歌手雷·查尔斯（Ray Charles）的《真情伙伴》，竟然在 CD 销售不景气的大环境下卖出了 80 万张专辑。而另一张专辑，弗兰克·辛纳屈（Frank Sinatra）的《凌晨几小时》，则因为是星巴克的介入，销量翻了 20 倍。

逻辑上，星巴克能够大幅拉动一些专辑的销量，是可以被解释的，它符合星巴克一直以来对人的关注。20 年来，它在美国已经形成了稳定的核心用户群，而这群人的特点是：文化程度高，平均年龄为 42 岁，平均收入 9 万美元。星巴克所选择的音乐不仅在年龄和教育上符合他们，甚至在气质上。为此，它专门选择了那些"感性但不做作，熟悉却不泛滥"的作品出售。现在星巴克更是成立了一个唱片厂牌"Hear Music"，签下的第一位艺人就是前甲壳虫乐队核心人物之一的保罗·麦卡特尼（Paul McCartney）。

而在书籍和电影方面，星巴克采用了同样的路线：重新发掘那些经典作品的价值，或者寻找一个阶段内关于"社区与灵感"方面的新作。"社区与灵感"，正是星巴克具体化的特质。

虽然目前这些尝试带来的收入对于年收入 70 亿美元的星巴克而言尚微不足道，但长期来说，它不仅对于星巴克，甚至对于所有具备一定性格特色的消费服务类公司，可能都是一个突破口。如果星巴克能够成功转型为一家娱乐公司，其他的消费服务类公司势必追随其开拓的道路，更有意识地培养独特的品牌性格——就像苹果公司之于消费电子行业一样。

向星巴克学习吧！它把终端的空间扩展了，从而拓宽了溢价利润，又实现了溢价价值，还阻止了竞争对手的模仿。

如星巴克一样去战斗吧！在战场上，星巴克的战士带了两种武器，一种是咖啡豆，一种是唱片机。冷兵器时代早已经结束了，现在是海军陆战队时代，是信息战、电子战时代，是思想宽容和空间兼容的时代。

逃离实证营销

市场营销是否是一门科学？

市场营销学拥有自己的基本理论吗？

如果有，那么市场营销学受科学哲学的影响有多大？

以实证主义为主导的市场营销研究是否正确？

定性比定量研究方法更容易得出结论？

从战略上看，市场营销能扩展到非营利性机构吗？

在21世纪网络经济时代，实证营销研究的哲学思想基础变化了吗？

在我的脑海中，以上诸多问题困扰我多年。我也注意到在现实世界，企业家在决策过程中面临着以下几个问题——

在决策中，历史经验重要还是数据分析准确？

是相信自己的直觉判断还是数字报表？

企业的核心能力来自于企业内部资源还是市场的未来需求？

为什么说专家的话既要相信又不能相信？

理论上成立的商业模式在实践中能成功吗？

在现实生活的各种商业决策的博弈中，信息是决定最终结果的重要因素。为了避免在竞争中处于相对劣势，科学告诉我们应该在决策之前，尽可能掌握相关信息并研究了解信息的真实性。

可是，决策中还会有偏差，为什么？因为指挥我们大脑做信息分析和处理的服务器的软件程序在设计中有缺陷。因为信息分析处理的方法是错误的，结果不可能正确，尽管信息的可靠性不容怀疑。

有一种博弈叫信息博弈。请看著名的安徒生童话故事《皇帝的新装》。

从前有一个皇帝，每隔一小时他就要换一套新衣服。

一天，有两个骗子来到城里，他们到处散布消息，说他们能织出任何人都没见过

一度战略

的最美丽的魔布,这种布只有聪明人才能看得到。

皇帝相信了他们的话,给了他们许多金子,让他们开始织布。

骗子们架设好织布机,整天煞有介事地忙碌着。皇帝焦急地想看看这种布是怎么织出来的,但他又有点担心,于是皇帝派他年老忠诚的宰相去看看工作的进度。然而老宰相惊呆了:"天啊,我什么也看不见!难道我是愚蠢的人?我不胜任自己现有的权位?多可怕啊!这可千万不能让别人知道。"于是他装作看见的样子,称赞布是多么多么的漂亮。骗子向他描述衣服的色彩和图样,他点头称是。回头,他将骗子的话汇报给皇帝。

皇帝决定亲自去看一看,可是他也没能看到这种新布——当然,其他人也都没看到。但是每个人都在想,别人都看到了,我可不能说"没看见"。于是大家都高兴地大声赞美这种新布的美丽。在这种情况下,皇帝当然也不敢表露他的愚蠢,为了表示他对新衣的满意,他还要搞一次盛装游行。

隆重的游行大典开始了,皇帝走在最前面,骄傲地昂着头。全城的人都听说过这件奇异的新衣。大家都知道只有那些聪明的人才能见到新衣,而愚蠢的人是看不到的。他们都看到没穿衣服的皇帝,然而他们不敢承认,怕别人知道自己是愚蠢的人。他们不说自己看不到皇帝的新衣,于是,每个人都在交口称赞新衣的华美。

这种现象叫"沉默的螺旋":为了防止因成为极少数而受到惩罚,每个人在表明自己立场之前,首先要观察四周,当他发现多数者的地位时,他以为取得地位优势,从而倾向于大胆表明自己的观点;否则他会转向沉默或者应声附和。

还有,当大众传媒公开提示某种意见时——传播学里指的是舆论的阀门一旦打开,很容易把人们当成处于优势地位的多数。在"劣势意见沉默"和"优势意见被大声疾呼"的螺旋式扩展中,占有压倒性优势的"多数意见"——所谓的"民意",产生了。

真实的意见"皇帝什么也没穿"成了信息博弈中的牺牲者。

世界营销史上也有一个真实版本的"可口可乐的新衣"的故事。

20世纪80年代,可口可乐为了对付百事可乐,曾耗费数百万美元在美国13个城市20万人里面做过深入的新口味测试,结果有六成的消费者告诉可口可乐公司说,新可乐的口味比旧可乐的口味好,可口可乐公司这才放心地去推广新可乐的计划。

但是,新可乐一上市,立刻引起许多美国人的愤怒。很多人认为,可口可乐代表着美国的精神和文化,是真正的可乐,擅改配方就是背叛国家和民族,并且表示以后不会再买可口可乐了。迫于外界的压力,可口可乐公司不得不立刻改变预定的计划,又重新推出古典可口可乐。

之所以出现以上谬误，从市场营销的哲学思想来看，都与世界观和方法论所构成的哲学思想有关。

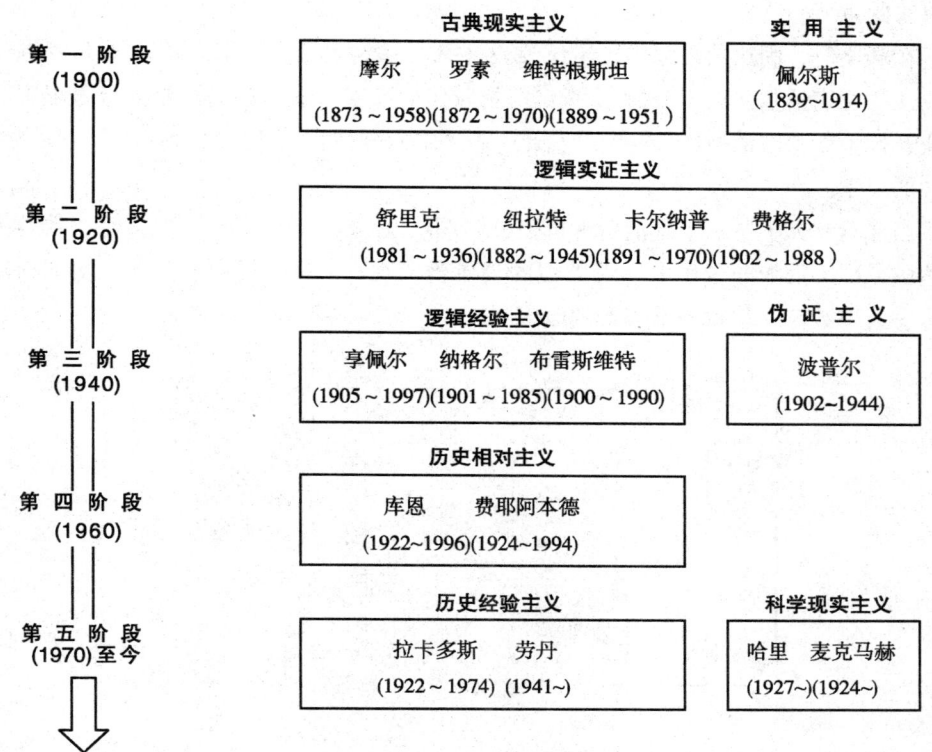

图 6-1 科学哲学百年发展史

历史发展到今天，明显地发现科学现实主义以及代表它的实证营销研究方法占了上风。历史经验主义的定型手段的研究和科学现实主义的定量手段的研究长期争论的结果是，实证研究处于支配市场营销的地位。

然而，诺贝尔经济学却没有犒赏实证营销研究者。2002 年诺贝尔经济学奖授予了著名的美国普林斯顿大学教授丹尼尔·卡纳曼（Daniel Kahneman）和乔治梅森大学教授弗农·L. 史密斯（Vernon L. Smith）。获奖者就是利用心理学和经验科学的方法对传统的经济学研究进行了大胆创新，修改了传统的经济学假设，开创了行为经济学和实验经济学等经济研究新领域。

正是因为经济学给人的感觉大多是物质的投入产出、货币关系、供应和需求、产值和价格等问题，这就是实证营销的研究方法；并没有深层次地解释人与人之间的经济关系、行为动机、喜好偏向、价值取向等问题，而他们觉得自己最大的贡献就是证明了人也有不理性的一面，是"有限的理性"；并且论证了经济学上的很多假设都是不能采用实验来证明的，帮助经济学摆脱了历史经验主义和科学实用主义长期以来的束缚。

在颁奖时，固执的丹尼尔·卡纳曼更愿意承认自己是一名心理学家而非经济学家。这两位诺贝尔奖获得者为21世纪消费时代的探索创造了新的开始，越来越多的企业开始不断关注消费者的行为和变化，希望能打开他们内心的"黑匣子"，获取到成功的要素。

当你看到如下所示中国消费者价值分布图（见图6-2）时——相信除了欧美等发达国家以外的亚非拉国家有着类似的消费价值观——你会明白，为什么实证营销列出一大串数据库却找不准答案的原因了。

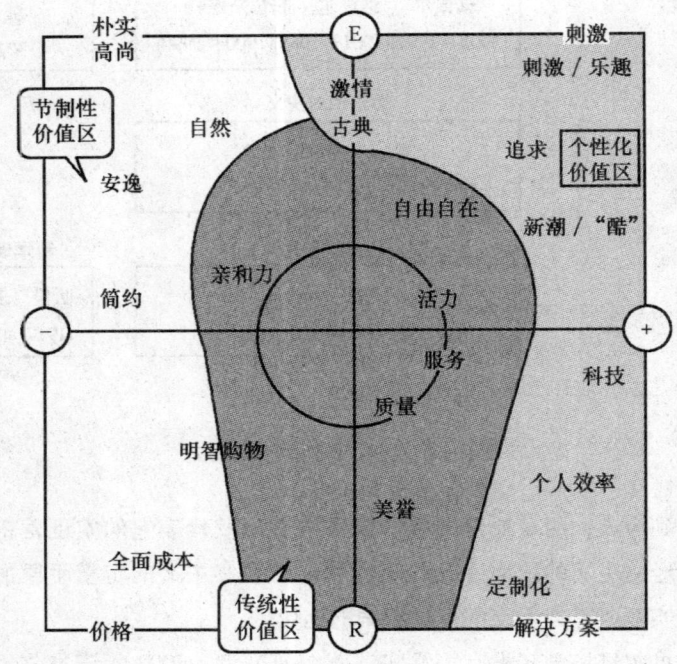

图6-2 中国消费者的价值分布示意

注：罗兰贝格公司在30多个国家的3000多名消费者进行调查后认为，中国的消费者价值元素可分布为传统、节制性和个性化三个价值区。

我主张多元论。我既不能同意经验主义又不能同意实证研究，不愿相信定性方法的准确性也不怀疑定量方法的可靠性，我宁愿从这两种互补性的方法中找到共识。正像人的大脑有左脑和右脑一样，左脑用于计算而右脑倾向于思考。知识本身没有冲突，冲突来源于知识分子身上不具备兼容性和宽容。他们往往为了强调自己掌握的才是真理，所以不够宽容。

我能够理解，我年轻时在大学任教的岁月里，每天都是在和别人偏执地争吵中度过的。但是，现在学会了沉默和思考。可能是文学情愫导致，我发现沉默者的思考并未影响感性测量的结果。

所以，我倾向再靠近真理一步，多元化系统思考理论是我的全脑。当然这得要归功于今天这个信息化网状时代的特征——一切事物都是相互关联的，而且关联性越来越强。

这就为用第三角度观察世界提供了可能。

在一度战略所描述的新世界里，我们找到了六种模型。

1. 第三方顾客；
2. 产品的第三空间；
3. 成本的第三方支付；
4. 品牌的第三种价值；
5. 渠道的第三种设计；
6. 沟通的第三种选择。

第一节　第三方顾客

企业战略的本质，就是回答一个问题：未来的顾客在哪里？

只有确定了未来顾客的方向、位置和特征，战略设计才能保障企业永续经营中实现革新式的永续增长。营销是战略的执行部分。

没有太多的企业家来思考这类问题。中国的企业家太忙了，深陷在一系列的考察研究、高端会议、内部沟通和会议交流之中，头脑深埋在各大管理咨询公司所提交的一个个完美的项目实施报告之中，他们很少呼吸到新鲜的空气。他们被一大堆日常的数据包围着，他们连上网处理自己邮件的时间都没有，更谈不上打开窗户，看看风正在朝着哪个方向吹。他们对于那些富有想像力的，甚至有点荒诞的创意往往束之高阁。他们说，这是切断骚扰。

切断骚扰，也就切断了和未来世界的联系，天赋和意志力越来越远，不知不觉，好像天上的星星们，很遥远，而且寒冷。

第三方顾客的寻找就是打通世界的尝试。

现实世界的营销战略理论和实践均把顾客理解为三个概念：目标顾客、潜在顾客和个性化顾客。其实这三个概念本质上是两种顾客——有购买行为的顾客和尚未发生购买行为的顾客，而个性化、差异化需求的顾客是融入其中的。

用消费者心理和消费行为的方式去研究顾客正在现实世界所采用的方法，它观察顾客的角度是购买行为是否形成。这种观察角度是平面的、直线性的观察，它极容易在今天这种网状经济的立体顾客空间里忽视未来型更有潜质的顾客（见图6-3）。

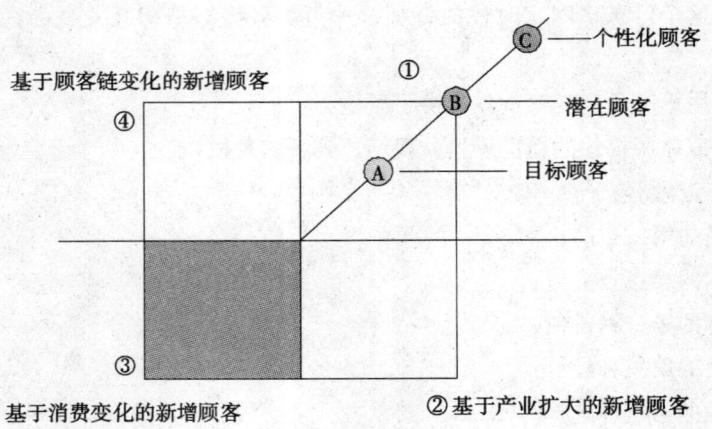

图6-3　处于现实世界的①和处于未来世界的②③④

或许有人不解，难道处于②、③、④位置的新增顾客不就是处于位置①的潜在顾客或个性化需求的顾客吗？肯定不是。未来世界的②③④顾客的需求和现实世界中企业的满足根本不对称。换句话说，企业的产品和服务在不发生重大改变之前，无论如何都不能满足②③④类顾客的需求。未来世界的顾客不是现实企业产品和服务的延伸，而是顾客需求的新增。正好像一个生产鸡饲料的企业无论如何都不可能满足企鹅的需求，尽管这两种动物长得有点像。

什么原因导致未来顾客的出现？

1. 未来世界的人口爆炸导致产业扩大，从而顾客新增。
2. 未来世界的消费爆炸导致消费变化，从而顾客新增。
3. 未来世界的信息爆炸导致客户链升级，从而顾客新增。

第一声爆炸与顾客新增

2000年世界人口为61亿，到公元2025年时世界人口将达79亿（最近专家预测说还要突破这个数字）。下面是一组有趣的数字。

如果世界是由1000个人组成的村庄，它将包括520名妇女，480名男子。其中有330名儿童和60名65岁以上的老人，10名大学生和335名成人文盲。村庄里有

52名北美人，55名俄罗斯人，84名拉丁美洲人，95名欧洲人，134名非洲人以及584名亚洲人。交流将会变得困难，因为有165人说中国话，86人说英语，83人说印度语，64人说西班牙语，58人说俄语，37人说阿拉伯语，剩下的将会说200多种语言中的一种。另外，村庄中有329名基督教徒，178名伊斯兰教徒，132名印度教徒，62名佛教徒，3名犹太教徒，167名非教徒，45名无神论者以及属于其他的84名。

人口爆炸是经常被战略学家忽视的因素，企业家也感觉与自己企业关联不大。其实人口爆炸是推动新战略形成的基因，对商业的影响更是巨大。如对地产企业的影响明显。

未来二十年中国都不可能完成城市化的完美进程，中国农村人口的比例太高。而房地产对地区GDP的拉动作用很大，这种巨大的需求是保障中国在未来二十年经济不会明显衰退的主要原因之一。

再如对医疗教育、儿童玩具、汽车、服装、保险、金融、宾馆、餐饮等的影响，我们以宾馆服务业为例，看看这个行业的未来新增顾客在哪里。由于人口的膨胀带来消费结构的变化，出现了两头热的情况，一方面是购买力相对较弱的人口数量的增加；另一方面是购买力相对旺盛的消费质量的提高。前者的影响是一大批经济型酒店如雨后春笋，后者的影响是宾馆越来越豪华。但是在这顾客两极分化的市场中，巨大的商机出现了。

根据中国旅游饭店业2005年统计资料显示：截至2005年年底，全国共有三星级饭店4291家、客房数量54.22万间；二星级饭店5497家、客房数量41.10万间，分别占全国星级饭店总数的40.70%和30.85%。可见，无论从数量还是规模，中端饭店都构成了中国饭店业的主体地位。但与这种极不相称的是中端饭店普遍经营不佳。以目前我国饭店经营情况最好的上海为例，2006年1~12月上海三星饭店的经营特征是：平均每天房价在333.92元，比2005年下降3.2%；平均出租率为60.02%，比2005年下降0.2%。中端饭店无论从赢利率还是客房出租率，都远远低于经济型和豪华型饭店（见图6-4）。

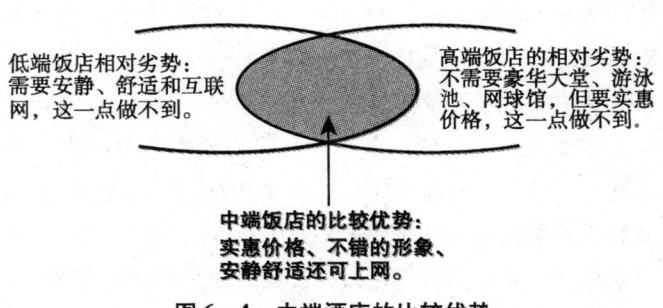

图6-4 中端酒店的比较优势

一度战略

在浙江省，中端饭店仍是全省饭店数量的主流。截至2006年12月31日，全省三星级饭店共有335家，占全省星级饭店总数的30.57%。据统计，2006年全省三星级饭店客房平均出租率为64.9%，比上年下降3%。平均房价231.05元/间/夜，比上年下降5.6%。饭店建设中豪华饭店与经济型饭店两头热现象突出，的确给终端饭店带来了很大的冲击；其中尤以有限服务饭店对中端饭店的市场侵占为甚，这致使大多数中端饭店处于尴尬境地。

中端饭店被称做"Mid-Scale Hotels Witout & Beverage"，意即"中等档次的饭店，提供或不提供餐饮服务"。从这个定义可以看出，中端饭店是以中等的价格，全系列的增值措施，向追求价值、性价比的顾客，提供舒适的设备良好的房间以及有限的服务。

中端饭店通常指那些有餐厅服务以及具备会议室等较全面的顾客服务设施的饭店。这类饭店拥有有限但是质量好的设施，可以提供一些特别服务，可以拥有游泳池，一个或一个以上的餐厅和休息室。其中，好一些的中端饭店有大的卧房，生活和居住区分开，还有完整的厨房、个性化的服务、舒适的房间，甚至还包括洗衣设备等。这类饭店的平均房价在每晚86美元左右。而国家旅游局质量规范与管理司副司长刘士军认为，从业态来看，饭店可以分为低端饭店、中端饭店和高端饭店，所有二、三星级的饭店都应属于中端饭店概念范畴。中端饭店指那些高于经济型饭店，提供全程服务（国内提供有限服务的饭店很少），能基本满足游客日常所需的饭店。目前，绝大部分的中端饭店都把自身定位为商务酒店。

中端饭店通常选址在交通比较便利、商务活动较为密集的城市中心区域，提供的是与商务功能相配套的较为完备的饭店产品和服务；也可以说是普通商务客人的"家外之家、商旅图中途的办公基地、客人商务活动的好秘书和好管家"，即HOB（Home-Office-Business）。在饭店产品设计上，它提供的产品必须从饭店的建筑装饰风格、设施设备、服务项目以及员工服务能力等各方面都根据商务客人的消费需求特征加以配置集成。

为什么说这是一次巨大的市场机遇呢？

第一种分析：从需求市场变化来看，未来有五种消费者将是中端饭店的坚定支持者：商务交流、旅游、休闲、派对、主题酒店。

在未来十年。入住酒店者未必一定是异地出差公干。随着消费升级，人们已经不满足请客吃饭式的聚会方式，在一个有特色酒吧的中高端酒店完全从吃饭到酒吧到舞会派对等一条龙服务成为时尚，年轻人对聚众交流的渴望不愿意在夜里12点之前停止，生日派对、同学派对、毕业派对、师生派对、情侣派对、祝寿派对等形形色色的派对会越来越多；派对酒店还可以开设派对用具如派对服装，以增加利润。

主题酒店也是未来中端酒店的发展方向之一，如设定文化主题、娱乐主题、青春主题、休闲放松主题、童趣主题等"精品文化"的主题酒店,将是细分未来市场的方向。

第二种分析:从投资角度分析赢利模式

中端酒店面临的不是追加投资,而是改善赢利模式的问题。如经济型酒店是"B&B"模式,即床(Bed)和早餐(Breakfast);而中端酒店本身还有2个B,即卫浴(Bath)和健身房(Body health)。是否还可多加几个B,如书店(Book),针对商务型中端酒店而言,免费的报刊阅览和有偿的书店文化服务一定大受欢迎。

这对于那些拥有五星级酒店管理经验和多年服务特点的企业而言,将是一个消息。当我把我对中端饭店的想法与苏州市唯一一家白金五星级酒店的CEO孙子元先生沟通时,他也表示认同。是啊,那么多闲置的五星级饭店资源,为什么没人成立以托管方式为主的经营连锁品牌企业呢?

第二声爆炸与消费解放

中国将迎来新一轮"消费大爆炸"——"中产阶层"推动消费。

近20年来,世界见证了作为世界工厂的"中国现象"的产生。在未来15年内,世界还将亲历这一现象进入第二阶段。其特点是国内消费的大爆炸和世界大市场地位的巩固。到2020年以前,中国的中产阶层消费者将从目前的1亿增加到6亿左右。中国将再次经历以前曾经出现的深刻变革。

中国中产阶层的扩大将推动可预见的消费膨胀,但所谓的中国中产阶层是个广泛模糊的概念。

比利时英特华投资有限公司总裁杨亨指出,从收入角度来说,中国有5亿~6亿人年收入在4000~12000美元,还有1亿人收入超过1.2万美元。对于这第二部分人来说,他们的典型消费领域是住房、高中档汽车、境内外旅游、医疗保险和子女教育。中低收入阶层的消费领域则是手机、等离子电视、住房、经济型汽车和教育。

这种消费爆炸的状况是预料之中的,并且仍在继续发展。根据中国商务部今日公布的报告,1998年以来100多种商品的需求量首次超过了供应量。手机用户已经从2003年的2.3亿增加到今天的6亿多;在5年时间里,拥有汽车的人数从1700万增加到4000万。

那么谁将分到消费爆炸带来的这块大蛋糕呢?显然,中国政府正在多条战线上积极准备,希望民族企业能够从中发展壮大,而不是让外国企业占得先机。几个月来在这方面已经有些迹象:保护主义工业政策、税收方面的法律、国家质量标准、反垄断法、国有企业的私有化等。中国政府认为,近年来外国跨国企业在国民经济的某些敏感部门已经获得了过多的掌控权。

资料来源:中国,"消费大爆炸";西班牙《先锋报》,2007年10月6日。

以前中国欢迎所有的外国企业,向外企提供减免税等特权。但在目前的发展阶段,中国只会敞开怀抱欢迎那些适应中国新战略,能够转让先进技术或在有迫切需要的部门进行投资的外国企业。

既然是爆炸,那么消费方向的变化将是离散型的,而不是水平方面的裂变(如图6-5所示)。

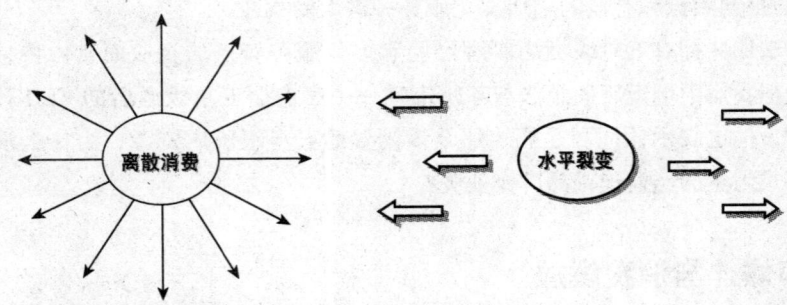

图6-5 消费方向的变化方向

举例来说,比如汽车的未来新增消费将不完全是水平裂变——经济轿车朝着更经济,豪华轿车朝着更豪华——改装车的出现与迅猛增长将改变行业裂变方向。

"钱"途无量——改装车

21世纪,一个汽车经济高速发展的时代。中国汽车行业在历经2004~2005年的低迷之后(见图6-6、图6-7),又迎来了一个新的春天。中国汽车行业正在悄然变化,汽车市场日趋理性与成熟,产业链逐渐向纵深发展,服务贸易、零部件、养护修理等后续服务市场商机渐现。

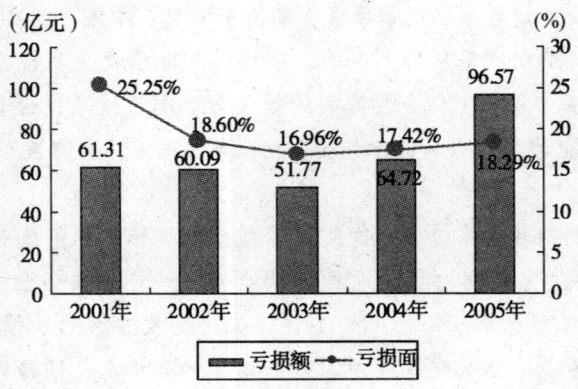

图6-6 2001~2005年中国汽车产业亏损状况

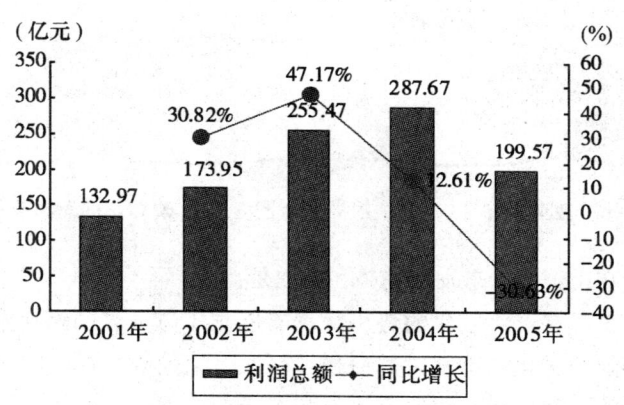

图 6-7 2001~2005 年中国汽车零配件
产业利润总额走势

作为汽车后续服务的一个重要环节，汽车改装业在国外市场竞争中已是狼烟四起。据有关资料显示，目前美国拥有汽车改装配件厂及改装服务机构 10000 多家，改装市场从业人员达 200 万人，每年销售额达到 400 亿美元。在德国、日本、法国等国家及我国的台湾、香港、澳门地区，汽车改装也已形成产业化，成为汽车相关产业链中的一个重要组成部分。

而在我国内地，汽车业还在研发、生产、维护等上游领域博弈，尽管前端市场硝烟弥漫，后续服务依然沉着等待。汽车改装业也不例外，目前才刚刚迈开脚步，尚未形成气候。尽管如此，但汽车改装业的国际化趋势不会改变，只是产业化发展还需时日。

目前，中国的汽车改装行业虽然才刚刚起步，但几乎在全国各大中城市都能看到不同规模的汽车改装店。这说明许多专业人士已经意识到，在中国庞大的消费市场和迅速崛起的经济背景下，蕴藏了一个极具开发价值的宝藏——汽车改装业及相关产业。因此，从产业发展的角度看，汽车改装将成为产业链的增值环节，对拉动上下游产业的成长具有积极作用。

我们用一度战略来分析指导这个新兴产业的发展模式。

汽车改装业则吸取了汽车制造业和汽车零配件这两个产业的利润优势，因此是个典型的具有溢价价值的产业（见图 6-8）。

汽车改装业也在顾客的以汽车代步的功能需求和渴望个性时尚而又花费比较低的潜在需求之间，满足了顾客的差异化个性化的价值需求（见图 6-9），在为产品创造价值的同时也为顾客创造了价值。

一度战略

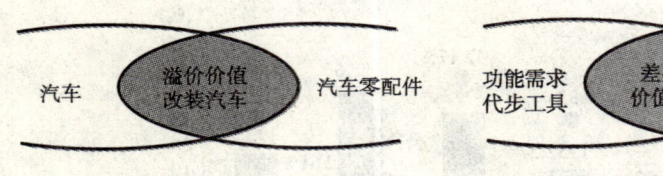

图6-8　改装汽车　　　　图6-9　改装车的差异化价值需求

汽车改装业在中国的未来发展趋势和方向是：

近年来，购车者有着年轻化的势头。我国近几年与世界的距离渐渐拉近，人们更容易接触到外国的文化；特别是这一群年轻人，他们寻找的是一种与众不同，可以充分表达自己的一种自我与激情。加上赛车运动的推广，消费者的汽车消费理念正从"代步"向"个性"、"时尚"转变，"汽车改装"这个词正在逐步走进老百姓的视野。

这些年轻人在接受汽车改装时，往往是买一辆经济型的车，但是在汽车改装上则花费颇多，比较倾向于使用优质高价的零配件。

根据上述趋势和发展方向，我们假设在一个中等城市成立一个"一度"改装车厂，那我们的收益模式是怎样的呢？

以苏州这个中等城市为例，截至2006年年底，统计的机动车保有量是43.7万辆，将近44万辆。如果有1/10的机动车需要改装，那数量将是40000辆，以每部车花费10000元改装，将会有4亿元的产值。

首先，我们来看一下"一度"改装车厂的改装流程：我们和汽车制造厂家合作，将年轻人喜欢用来改装的不同车型放在展厅和专设的网络选购平台上，以供顾客现场或从网上挑选；选好后，进入第二个程序，去改装厂的个性化设计工作室去量身定制设计，设计人员将根据客人的需求和喜好，再结合所选购的车型的特点来进行设计；第三步是工程师会根据设计图纸，指导和推荐顾客选购使用改装的汽车零配件，进入实际改装阶段。

既然"一度"改装车厂是跟汽车厂合作，改装厂也间接地成为汽车厂的另一个渠道商或者终端卖场的角色，我们是可以和汽车厂共享通过我们这个渠道卖出去车的利润。

其次，个性化定制的改装设计是可以收取比较理想的设计费用的，这是我们比较直观的一个赢利点。

再者，我们也是与汽车零配件商合作，与其一起共享汽车零配件上产生的利润。

"一度"改装厂的收益是：卖汽车所产生的利润＋改装设计费＋汽车零配件的利润＋实际改装费用。因此，比传统的改装车厂靠在收取顾客零配件上赚取暴额利润要合理得多，利润点也增加了。

也许，不久的城市街头，你将会发现一辆辆个性十足、标新立异的改装汽车，年轻人聚会见面时的问候是："你的车改装了吗？"

第三声爆炸与客户链变动

我们从哪里来？将向何处去？

世界的第三声爆炸是信息炸弹投下的，它前所未有地把人类带到一个完全陌生的地方。在那个地方，是全球性的，以网络为基础的竞争平台，使任何原本不关联的要素成为了利益攸关方，它挑战了一百多年以来的商业模式，使竞争者变成合作者。新的侵入者从另一个空间通过一个合作型接口来到大舞台，由于这接口的宽容和公正，更多的挑战者掀开了舞台的幕布，众多的演员拼命表演才艺，以获取掌声和鲜花。问题是在未来十年的舞台上，谁将是主演？

在这种混沌之前，世界是平静的。企业战略设计工作的任务就是画一条线，因为不管是水平或是垂直方向，两点之间，直线最短（见图6-10）。

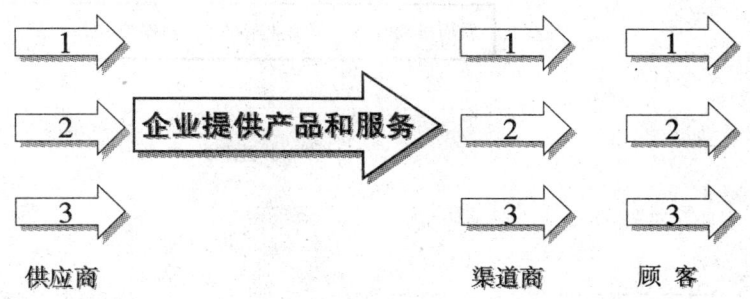

图6-10 企业价值链的水平设计

由于供应商、企业、渠道商三者是交割与支付的关系，所以这三者组成了利益大联盟，商业模式就是从A点（利益大联盟体）到B点（顾客）之间的一条直线营销（见图6-11）。

因此，在信息时代来临之前，A点到B点的关系是关于提供与支付的商业逻辑。最初始的商业模式的B点通常表现为支付者即是使用者，但后来的商业模式和进化使B点一分为二，表现为B1（使用者）和B2（支付者），如图6-12所示。

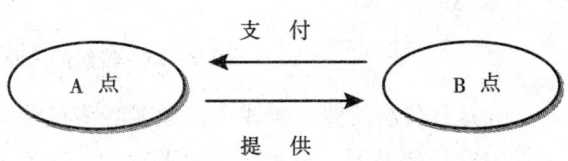

图6-11 传统商业模式

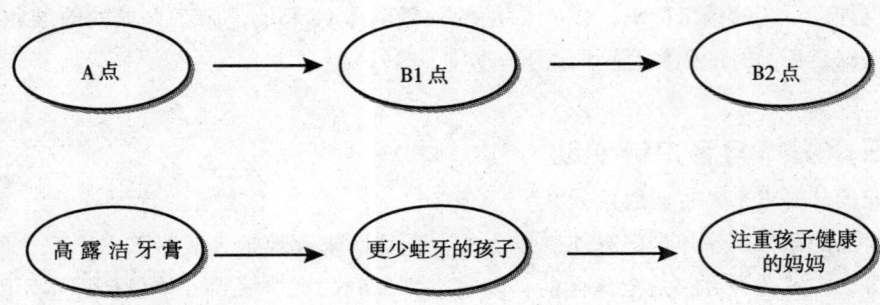

图6-12 信息时代商业模式

但是，信息社会的到来改变了这一切。信息、知识和网络教会了我们如何从命令和控制到合作和联系，带给了我们未来社会推动消费公正和社会正义的第三种力量。

第三方的到来打破了原本的平静。

如图6-13所示，我们以医疗卫生改革为例。

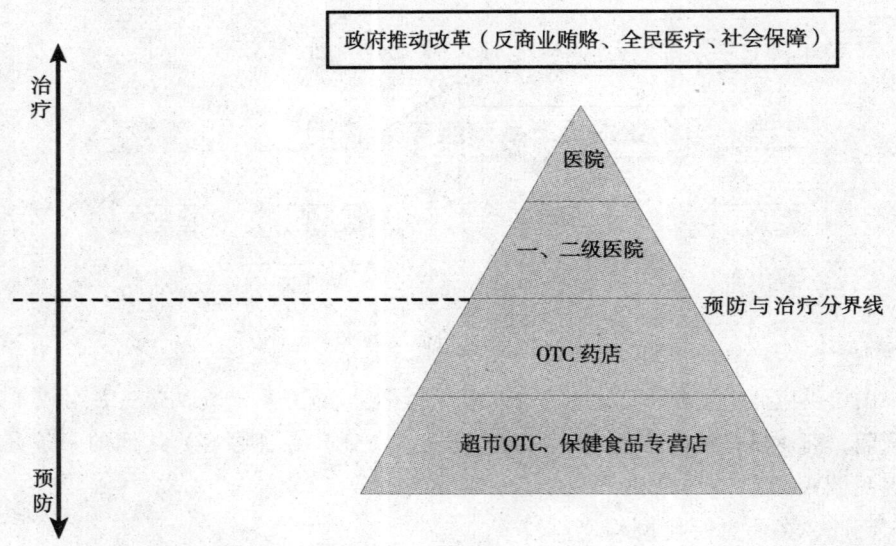

图6-13 传统的医疗卫生模式

在这种传统的商业模式中，顾客游荡在药厂、药商和医院、药店之间。在顾客并非专家的前提下，消费信息的不对称，导致了三个结果：其一，盲从专家，导致看病成本增加。如2006年发生几起病人药费过百万元，反而医不好病的结果。其二，医院资源浪费。由于消费者盲从，顾客有病就去三级以上的大医院，结果导致一、二级医院不饱和而大医院人满为患。其三，由于商家的利益驱动，使顾客在预防疾病阶段支付了高额的保健品成本，甚至耽误了病情。类似2007年9月份曝光的台湾

"排毒教父"林光常事件还将屡见不鲜。

如果要根本解决这个问题,就必然引入第三角度新思维,让第三方代表顾客和服务提供方发生交易。这种第三方代理交易必然会推动企业顾客观念的转变——第三方是个整体顾客概念,也推动了新的交易模式的形成(见图6-14)。

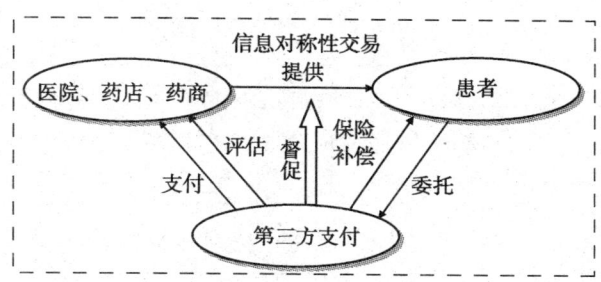

图 6-14　第三方支付导致了信息对称性交易

第三方支付也可以在百姓日常保健生活方面有更大的商业机会(见图6-15)。

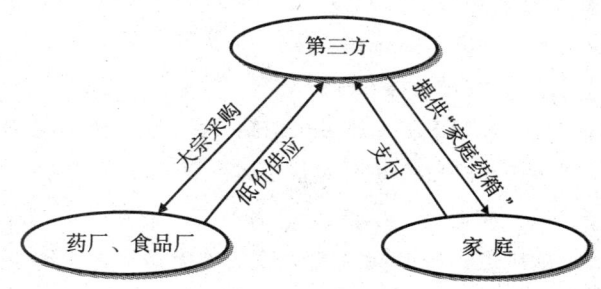

图 6-15　第三方支付在百姓日常保健生活方面的商业机会

第三方不仅可以承担在医疗领域的第三方支付者的社会功能,还能通过患者的委托、信任和患者家庭提供增值服务,比如家庭药箱中日常必备的各种急救药、常用药、简单设备,还可以针对不同的家庭需要配备有针对性的保健食品组合。家庭药箱中的药品价格比市场上的零售价格至少会降20%,由于是大宗集团化采购,药厂也乐意配合,联手惠民的同时实现了三方"共赢"的局面。结算不成问题,因为顾客在第三方存有"健康委托基金"。政府也乐意看到"和谐社会"的局面,所以宣传广告商给予协助。同时也可以让居民委员会的工作人员协助敲开每家每户,安装"政府绿十字健康工程——家庭药箱"。

细心者可以计算一下,按一座城市100万人口计算,其中假设30万户家庭中有1/3安装家庭药箱,每户家庭年均消费1000元,意味着什么,如果全国300座城市分三年装完呢?

一度战略

由于有了家庭药箱，所以第三方才有可能实现第三个功能——免费体检，这又是一个长时间留住客户的手段。由于构建了新的商业模式，所以第三方实现了三种功能：无偿代理选择医院、有偿预防控制疾病和免费体检（见图6-16）。

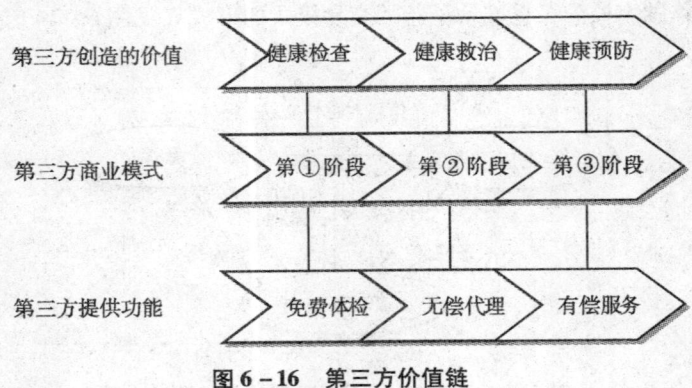

图6-16　第三方价值链

2007年10月底，在本书即将出版时获知一则消息，国家发改委拟定了改革新思路，将鼓励药品直销到医院的营销模式。

按照过去的规定，药品进入医院后，医院可以有最高加价15%的权限。此政策的一个不良后果是导致医院将所有药品的加价率都用足"上限"，于是，这使得高价药价格更高，医院在趋利心理下更加侧重推销高价药，令百姓感觉看病贵。

国家发改委十多次药品降价，并未能从根本上解决看病贵的问题。核心问题在于"发改委有政策，医院有对策"。况且，患者没有专业水平，也没有控制价格的议价能力。要从根本上解决看病贵的问题就必须从流通渠道上下功夫，找到医院和患者之间的第三方。

请注意，"第三方支付"与当前医药企业的直销模式完全不同。医药直销并未改变患者和医院之间的不平等关系，尽管药企直销对药厂而言是滚滚财源，但它并未解决药价太贵的根本问题。

2007年10月22日，胡润医药富豪榜发布，处于药企首富的是以直销模式为主的天津天狮集团的李金元。

表6-1　　　　　　　　医药富豪榜

排名	姓名	公司	总部	年龄	财富（人民币亿元）
1	李金元	天狮集团	天津	49	150
2	徐镜人	扬子江药业	江苏	63	75
3	朱保国家族	健康元	广东	45	75
4	徐航	迈瑞生物	广东	45	58
5	修涞贵	修正药业	吉林	53	55

第六章　第三方策略

可见，药企财富的增长和老百姓看病贵成了一对孪生妹妹。缺乏流通领域的"第三方支付者"，只能让结果变成"穷人愈穷，富人愈富"。

一度战略与金融业

银行服务业是真正意义上的第三方从传统银行业分离出来的金融担保和金融租赁为主的资产管理公司，也在探索如何实现少投入、多产出的商业模式。如在2007年8月我受到华融资产管理公司的邀请，在华融总经理年会上发表了《一度战略与华融转型》的演讲，我建议华融应从历史的形象和模式中走出来——过去的华融以经营工商银行不良资产为主营业务，但我建议转型后的华融资产公司要关注那重要的1%客户。

什么是客户中的1%呢？请看《环球企业家》记者邹宇晴的评论文章——

刚刚攀上财富金字塔尖上的人们正引发出中国银行业一轮新的追逐游戏。

进入上海浦东陆家嘴的花旗大厦中，乘电梯直接到28层，便能够看到花旗标志性的红伞。初看上去，这里似乎同花旗任何一个普通的办公区没什么差别，只是在红伞旁边用英文写着"Private Banking"几个字。从大门走进去，却是另一番天地：棕色的檀木桌，黑色的真皮沙发，每个房间都装修得简洁高雅，比一般会议室更加隐秘且低调。在此出入的客人也个个身价不菲——其净资产值至少要达到1000万美元。从2006年3月28日开业至今，花旗已在这些私人会客室里迎来了100多名本地客户。

在那些嗅觉灵敏的国际银行家们眼中，中国的超级富翁们却是片尚未被开发的处女地：经过二十年稳定而高速的经济发展，这个群体正在中国迅速膨胀。根据美林公司与凯捷咨询公司2006年联合发表的一份报告估计，中国大陆约有32万名超级富豪，占亚太区富人总数的29.1%，这些人的平均净资产约为500万美元，比全世界富豪的平均净资产高出120万美元，这一切都使得国外金融巨头心痒难耐——更重要的是，这依然是一个空白市场。

尽管目前，银监会颁布的各项法规中仍然没有对"私人银行"的详细监管条例。但是外资银行却已经利用一切可能悄悄开始了行动：2004年，瑞银在中国成立分行，开始针对部分富裕客户做小规模的财富管理业务；2007年6月，渣打银行宣布在华正式开展私人银行业务；而高盛、汇丰等没有在国内正式亮出招牌的银行则在几年前便通过香港来内地招揽生意。

"这是块利润相当丰厚的业务，普通的分支行5年的效益私人银行一年就可以完成。"中国银行个人金融部总经理岳毅说。

近年来，美国私人银行业务每年的平均利润率高达35%，年平均赢利增长12%~15%，远远优于一般的零售银行业务（见图6-17）。

一度战略

2007年3月28日，中国银行与苏格兰皇家银行（RBS）正式合作推出私人银行业务，位于北京佳程广场和上海浦东中银大厦的中国银行私人银行部在这一天同时开业，服务于金融资产在100万美元以上的个人高端客户。同时，中行私人银行客户将在法律法规允许的前提下全面享有RBS客户所享有的全球范围的私人银行服务。

不得不承认，对于此前没有任何私人银行业务运作经验的中资银行来说，同国外成熟金融机构合作是个不错的路径选择。苏格兰皇家银行旗下的私人银行顾资（Coutts）已经在欧洲经营了300年之久，目前仍然为英国女王伊丽莎白二世打理着约4.5亿美元的资产。

在合作意向达成之初，RBS便先后派出风险管理、人力资源管理、产品和服务研发、IT等方面的专家以及私人银行家和私人银行顾问全程参与筹备工作。开业以后，RBS更是在北京中行私人银行的办公室旁租下了办公室，并派了二十几人的相关团队长期驻扎。乐观的RBS总裁弗雷德·古德温甚至认为，未来双方的合资公司将处于"无可匹敌"的地位。

中行现有的贵宾客户数即超过75万，借助这个强大的资源，开业几个月来，其私人银行业务已经拥有了近100名客户。同进入中国时间不长的外资银行相比，中行还拥有对方很难复制的广阔的国内服务网络，如果北京、上海两地的运作成功，中行很容易将私人银行服务推广到长三角和珠三角等经济发达地区。而相对于其他国内银行来说，中行也拥有更为广阔的全球服务网络，在26个国家和地区设有境外分支机构，私人银行的客户可以借助这些网络办理国外业务。

老牌私人银行已经开始在中国调整其客户选择方式。在欧美等西方发达国家，通过客户的连带关系可以寻找到很多新的目标富豪。而在中国，市场非常分散，很难用精确的方法去度量，而且很多中国富豪倾向于隐蔽财富的确切数量，私人银行

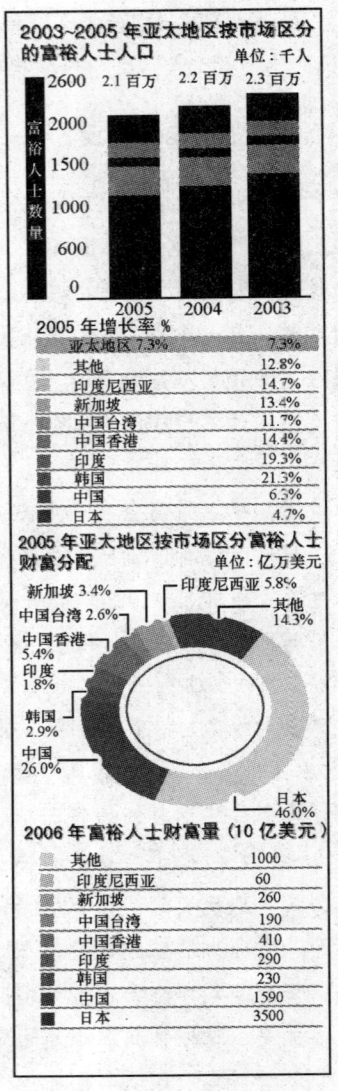

图 6-17

家们往往需要花更多时间和精力去研究客户的潜在成长空间。他们通常在高科技、房地产等上升空间大的领域对客户进行几个月的跟踪,对客户的整体财务状况进行考核,并且对客户风险承受能力进行评估等,这就大大提高了前期的研究成本。

与国外"享受生活型"客户不同,中国客户通常把回报率放在第一位。据了解,亚洲私人银行业务产生的利润平均约占管理资产额的 0.5%,而在欧洲,这一数字为 0.3%。这种差距反映出亚洲富人的投资文化。董绍文表示,这种情况反应在业务中,就是中国客户往往希望收益最大化,他们甚至愿意抵押其他的资产而将全部投资放在一个赚钱的领域,但这却同私人银行的传统操作原则并不相符。

事实上,需要花大量时间教育客户已经成为众多银行在国内遇到的共同问题。为此,花旗集团进行了一系列讲座,向客户们灌输从风险到回报等一系列理财原则。

"在中国我们现在不考虑短期赢利,这是一个长期的战略和行为,先进来,然后慢慢培育市场。"尽管董绍文表示,花旗希望在中国长期扎根,但可以预见的是,随着中国金融市场的更深度开放,针对超级富豪的争夺已经开始。

第二节 产品的第三空间

"我如果不在家,一定是在咖啡馆,不在咖啡馆,那我就一定在去咖啡馆的路上。"奥地利著名作家茨威格这句名言被星巴克咖啡馆发挥得淋漓尽致。

星巴克在中国已有 500 多家连锁店。在可以预见的未来几年,星巴克预测,中国市场至少可以容纳 3000 家连锁店。这就意味着,星巴克很快就可以赶超老牌连锁巨头麦当劳和肯德基,而星巴克卖的只是一杯咖啡而已。

星巴克是真正只卖一杯咖啡的店吗?创办人霍华德·舒尔茨一句话道出了星巴克的天机,"星巴克不是卖咖啡,而是卖'第三空间'。何谓'第三空间'?"舒尔茨解释说,第三空间是家和办公室之外的第三个地方!

难道在有星巴克之前中国人没有在家和办公室之外的第三个地方可去吗?有很多地方可去,如茶馆、酒馆、桑拿浴、棋牌娱乐室,甚至运动场馆。但是星巴克不这么认为,以茶馆为代表的休闲娱乐场所只是第三个可去的地方,那是一个经营场所,而不是真正意义上的第三空间,它们之间有众多区别。

——在茶馆不买茶水是不可以的,但在星巴克你只是坐一下而并不消费,没有人赶你走,你可以一个人独自发呆。

——茶馆很少能上网,尽管配置这项功能十分简单,但中国的大多茶馆把自己定义为"一个可以喝茶聊天的地方"。星巴克可不一样。"带着笔记本,到星巴克,你就可以无线上网了"这句话甚至成了不少电脑销售商最常使用的推销法。

——在茶馆如果你返回寻找没喝完的茶水,而这时你发现茶水杯已经被服务生收拾干净(店员很难判断你是否回来及何时回来),你只好和服务生交涉,而不能预测会发生什么样的结果。而星巴克如果发现客人返回后寻找自己没喝完的饮料,会主动重新提供一杯咖啡,你不必担心店员会受处罚。在星巴克的内部,每个店员都会得到一本《绿围裙计划》告诉店员什么该做,什么不该做。

现在星巴克已经有1.5万家连锁店,13万多名员工遍布全球。舒尔茨之所以能够创造出一个年收入达70亿美元的连锁巨人,就在于重新定义了咖啡行业的游戏规则。这就是日后人们所看到的所谓的第三空间(见图6-18):家和办公室之外的第三个地方,一个可以休息、阅读、思考、写作,甚至可以发呆的地方。就是说,除了与人建立联系,它还属于个人。因此,星巴克也愿意将自己称为"家以外的另一个家"。

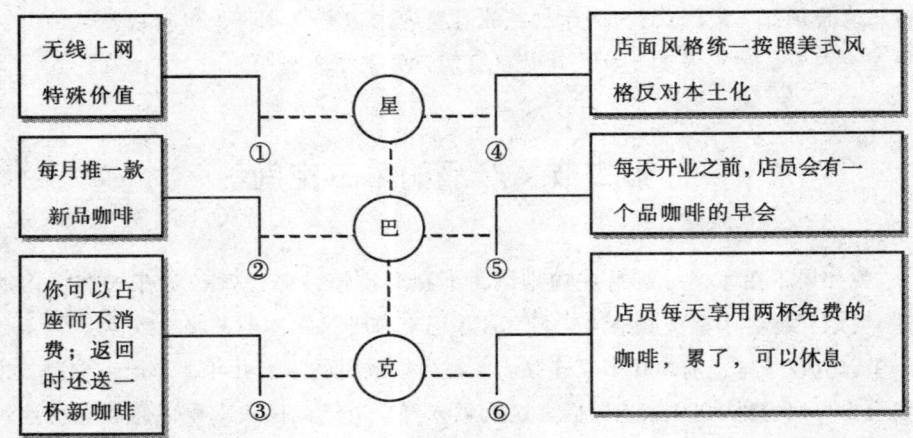

图6-18 星巴克兜售第三空间示意图

正在通过星巴克研究现代生活的一位英国历史学者布莱恩特·西蒙的总结也许正是星巴克吸引人的地方。他说,星巴克和其他的咖啡馆一样,都是填补了"人们与他人建立联系的内心渴望",但与18世纪伦敦的咖啡馆和20世纪50年代纽约的波希米亚咖啡屋不同的是,"星巴克让你感觉你同样可以在公共空间里享有独立。"

根据星巴克的调查,美国人光顾星巴克的前三大原因中,第一是"第三空间";第二是会面地点;第三是其饮品。而在中国市场的调查结果是,首要原因是会面地点,其次是"第三空间",饮品的要素也是排在第三。

这就是星巴克的产品美学原理,不是在产品的价格上做文章,也不是从产品的功能性做文章,而是在顾客体验价值上下功夫。就是在顾客心中种树。

星巴克提醒了我们,在未来企业产品战略设计中可以采用的第三空间原理,这对于那些深陷在产品技术同质化和价格战中的企业家而言,是一种全新的产品战略。

为了能说明这种战略的颠覆性,我们翻开营销教科书,看看他们是怎么样论述产品的。

产品的整体概念

从市场营销的角度来看,产品是指能够提供给市场,被人们使用和消费并满足人们某种需要的任何东西,包括有形物品、服务、人员、组织、观念或它们的组合。市场营销学所研究的产品是一个整体产品概念,由三个层次构成,如图6-19所示。

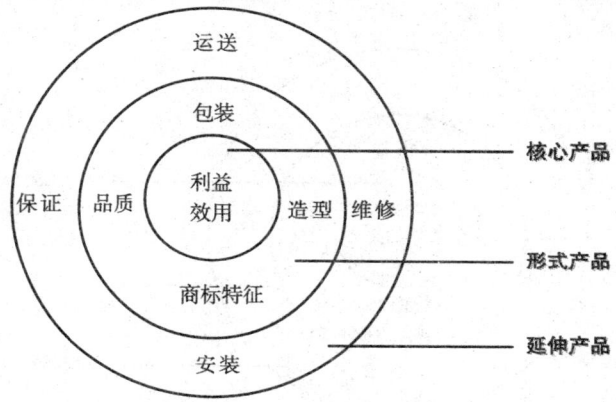

图 6-19　整体产品概念示意

1. 核心产品

核心产品是指整体产品提供给购买者的实际利益和效用。从这一意义上说,顾客在市场上购买的并不是物品的实体,而是需求的满足与满意,实体产品实质上只是传递利益的载体。例如,需求摄像机的顾客,购买的是对美好往事的追忆。由此可见,某一产品能够被市场接受,不仅取决于企业能否提供这一产品,更重要的是它能否给购买者带来某种实际利益,使其需求得到满足。企业必须向顾客提供尽量多的实际利益为出发点,来设计和开发新产品。

2. 形式产品

形式产品是指产品在市场上出现时的物质实体外形,包括产品的品质、特征、造型、商标和包装等。它是核心产品的表现形式,虽然一般不涉及产品的实质,但当这种形式与产品的实质内容协调一致时,将给消费者带来各种心理上的满足,起到促销的作用。企业极其重视对其产品包装、造型、商标的设计和营销策略的运用,道理也在于此。一个精明的营销者,绝不会忽视对产品形式的塑造。

3. 延伸产品

延伸产品是指整体产品提供给顾客的一系列的附加利益,包括维修、运送、安装、保证等在消费领域中所给予消费者的好处。顾客需求能否得到满足,不仅取决

一度战略

于生产领域的产品开发过程和流通领域的购买过程，还取决于消费领域的产品使用过程。可以预见，在大多数企业产品更新换代能力逐步接近、信息手段高度发达的将来，利用实体产品本身的因素赢得竞争主动权的机会将越来越小，营销者争夺顾客的主战场将逐步转移到售后服务上来。因此，能向顾客提供完善的产品附加利益的企业，才有可能成为市场竞争的优胜者。

教科书所提供的产品整体概念是整体性吗？

要想弄清楚这个问题，其实非常简单，我们借用一下星巴克，看看教科书中的星巴克应该是什么样子（见图6-20）。

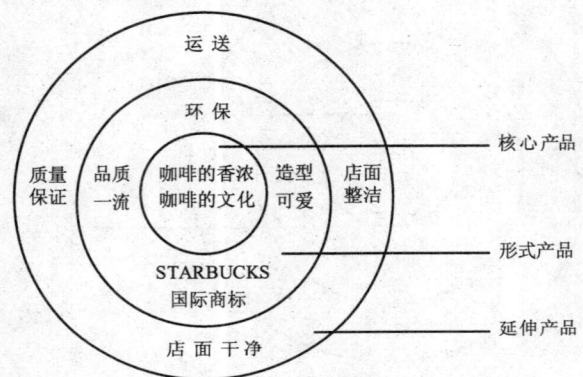

图6-20 教科书中的星巴克示意

按上图设计的产品概念不是什么新鲜的产品，任何一家咖啡馆都可以做得到。产品的创新在教科书所设计的路线图中变得索然寡味。

再看看教科学是如何指导我们通过产品延伸、填充与缩减，从而进行产品线决策的。

产品线决策

产品线是产品组合的基础，产品组合的广度、深度、关联性都取决于产品线的状况。因此，实现产品组合的最佳化，离不开产品线的决策。其决策主要内容包括产品线的延伸、填充与缩减。

1. 产品线延伸

产品线延伸是针对产品的档次而言，在原有档次的基础上向上、向下或双向延伸，都是产品线的延伸。

（1）产品线向上延伸策略。企业原来生产中、低档产品，如新推出高档或中档的同类品，这就是产品线向上延伸策略。这一策略具有明显的优点：可获取更丰厚的利润，可作为正面进攻的竞争手段；可提高企业的形象；可完善产品线，满足不同层次消费者的需要。但采用这一策略应具备一定的条件：企业原有的声誉比较高；企业具备向上延伸的足够能力；实际存在对较高档次的需求；能应付竞争对手的反击。

（2）产品线向下延伸策略。企业在原来生产高档或中档产品的基础上，再生产中档或低档的同类产品，便是产品线向下延伸策略。企业采用这一策略可反击竞争对手的进攻，可弥补高档产品减销的空缺；可防止竞争对手乘虚而入。但它可能给人以"走下坡路"的不良印象，也可能刺激竞争对手进行反击，还可能形成内部竞争的局面。为此，企业应在权衡利弊后作出决策。

2. 产品线填充

上述产品线延伸是产品档次的扩展，经营范围的伸长，因此是一种战略性决策。产品线填充是针对产品项目而言，在原有档次的范围内增加新的产品项目，它只是一种战术性决策。这一决策的目标是多方面的：通过扩大经营增加利润，满足消费者差异化需求，防止竞争对手乘虚而入，利用过剩的生产能力等。但进行决策时应注意：必须根据实际存在的差异需求来增加产品项目；必须根据需求变化增删产品项目，以动态的观点来认识产品线的填补；必须使新的产品项目有足够的销量。

3. 产品线缩减

产品线缩减是指企业根据市场变化和本身的实际情况，适当减少一部分产品项目。在以下情况下，企业应考虑适当减少产品项目：（1）已进入衰落期的亏损的产品项目；（2）无力兼顾现有产品项目时，放弃无发展前途的产品项目；（3）当出现市场疲软时，删减一部分次要的产品项目。

现行许多教科书中所描述产品延伸说到底是以价格为轴心，而产品填充或缩减的轴心是生产制造能力。这种观念阻碍了产品创新，不仅是因为它采用的是平面思维的二元论，还因为它忽视了来自产品创新的最强大的动力源——顾客价值创造（见图6-21）。

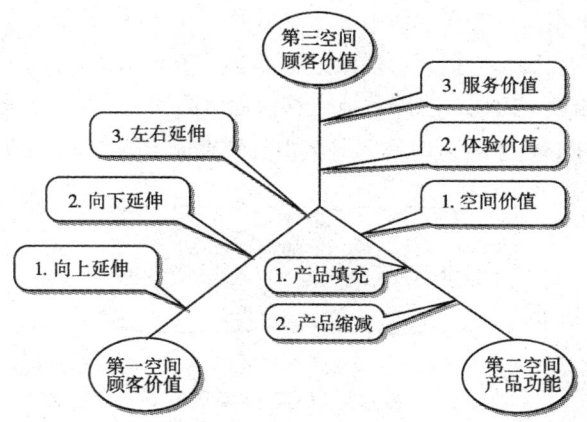

图6-21 产品第三空间的创新原理示意

一度战略

在以星巴克为例论述了产品创新的第一种方式。空间价值创新之后,接下来我们谈谈产品第三空间的体验价值与顾客价值的创新。

产品的第三体验空间

随着消费升级,人们对产品和服务的体验值要求越来越多,这就给产品的体验价值创新带来了第三空间。"独行侠"苹果公司就是从时尚和科技原本并不兼容的概念中找到第三空间:性感科技的产品之美。

"独行侠"苹果:产品第三方策略

当初 ipod 惊艳上市时,那些竞争对手只是看到了一台精巧的音乐播放器。于是他们纷纷推出自己的 MP3 应对 ipod 冲击波。可是70多个月过去了,没有一家竞争对手能够撼动 ipod 的市场统治地位。ipod 销量已经超过1亿台,促使苹果在线 iTunes 音乐商店跻身全球三大音乐产品零售商。这时人们才醒悟过来,ipod 不仅仅是一部播放器,而是把庞大的消费类电子厂商、芯片制造商、软件公司、音乐公司、电脑厂商和零售商的力量整合在一起的排他性联盟。

同样的故事将在 iPhone 上演。iPhone 不仅仅是一部手机,也不是一般意义上的功能强大的迷你笔记本电脑。iPhone 是苹果试图建立人们用来看网页、听音乐、看电视电影、打电话等方面的崭新体验,同时也是对手机制造商、网络运营商、制造商、电影和电视节目发行商以及计算机公司间实力的重新组合。AT&T 等一群新的合作者已经准备好参与这个轻薄电话、网络浏览器、音乐播放器兼数码相机的饕餮盛宴。

苹果与所有行业的潜规陋习势不两立。到目前为止,移动运营商一直在规定移动设备中采用的连接功能。摩托罗拉和诺基亚在移动运营商的压力下不得不提供双模式手机。苹果不理会这些潜规陋习。它自己定义了16种服务,并且在 iPhone 的手机主页上清楚地标示出来,用户可以通过 iTunes 来签署服务合同,而不必经过 AT&T 的主页或者它的店面。iPhone 将因此改变移动运营商和厂商之间的关系。

苹果公司的 iPhone 手机从时尚和科技中找到突破点(如图6-22所示)。

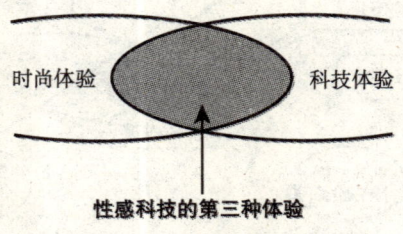

图6-22 iPhone 手机的突破点

Hidear 的第三空间

关于 Hidear 女鞋的品牌案例中,在都市女性对皮鞋的时尚和舒适的双重体验中得到产品创意的灵感。Hidear 公司计划推出一款水晶女鞋——把世界上最美妙的水晶工艺产地奥地利艺术文化和世界上最好的皮鞋手工艺术意大利文化结合起来,又从音乐中得到灵感,创造出令人惊叹的创意火花:有着音乐灵感的水晶女鞋。

先看看两种体验是如何结合的:

世界上最好的水晶产自欧洲,早在 16 世纪,皇室贵族便被水晶的魅力所折服,餐桌上的水晶用品成为身份和品位的象征。

如同欢庆之时选择不同的花卉一样,彩色水晶杯,也是代表主人心情,让餐桌变得与众不同的道具。红色代表喜悦,紫色代表和谐,金色代表尊贵,蓝色代表典雅,配合不同的宴会气氛,会让所有的客人都满意。

由于彩色水晶的工艺更加复杂,所以价格比起无色水晶更为昂贵。红色和黑色又是贵中之贵。红色水晶在着色过程中,加入的是纯金。而黑色的不透明性,决定了它的任何瑕疵、气泡、划痕,都只能在酒具经过切割和抛光后才被发现。

那么把这种彩色的水晶用到女鞋上怎么样?因为不同的水晶色彩表达人们不同的心情,如你在跳舞时穿的是红色水晶鞋,在约会地点咖啡店穿的是紫色的,在上班时穿的是蓝色的,下了班去酒店吃饭你又换上了彩色水晶鞋……你成了水晶公主——每个女性内心的体验都想让自己成为公主,不管她的年龄与长相。

但是一双好鞋不意味着装饰,鞋的舒适度是最重要的。享誉世界的意大利鞋,靠的正是时尚与舒适的完美结合,而舒适是基础。2006 年中国国内举办的舞林大会有不少参赛者扭伤了脚,就是因为没有专业人士为他们设计鞋。当脚承受整个人体的重量时,高跟鞋变成高杀伤力的鞋。为什么好鞋会舒适呢?鞋楦设计是鞋子设计的灵魂。一双鞋子,从设计上来说就是要符合脚形原理,包括静态的脚形和动态的脚形,还包括温度和湿度等环境变化的影响。比如运动状态下脚在鞋子里的移动不仅是前后移动,还是三维空间的上下移动,这就要求鞋楦的设计要符合用最小的尺寸达到最大的舒适感之目的。意大利的手工设计就可以达到让有效尺寸比例高,而无效尺寸比例低的标准。目前市场上有很多高跟鞋的设计问题很多。比如将脚型衬托得纤细美丽的尖头鞋,骨科专家说,其细长的鞋尖长时间会使脚受到脚趾的相对挤压而变形。可女人又爱美丽,怎么办呢?Hidear 独创了一个定制五步曲,在对顾客的双足极尽呵护的同时融入个人品味,虽谈不上完美绝对也是独一无二(见图6-23)。

一度战略

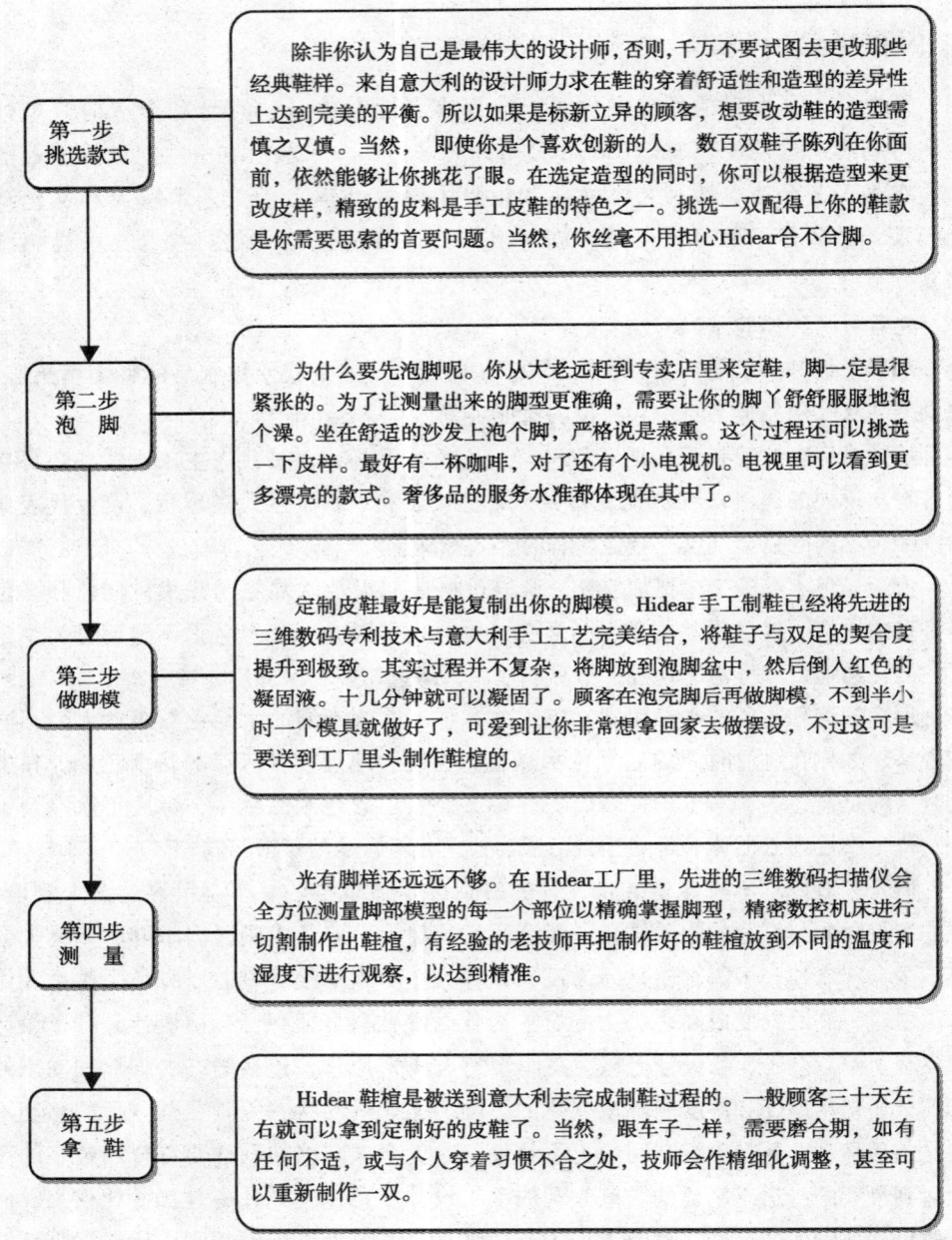

图 6-23　Hidear 个性化定制鞋五步曲

如果检查一下任何一位女性鞋柜里的鞋，你会发现在众多的鞋子中既舒服又漂亮的少之又少。其实，越是高档的越是舒适，真正的高档鞋会为了满足舒适而不得不使得设计略显不足。这似乎是一种矛盾。用第三空间产品创新的角度来看，时尚与舒适并不矛盾，消费者完全有可能在两种看似矛盾的体验中找到第三种可能（见图6-24）。

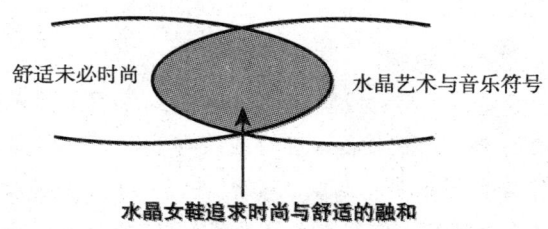

图 6-24　Hidear 的第三空间

世界经济整体发展趋好，鞋类的消费水平随着经济的增长而提高。当然，世界经济在发展的过程中难免会出现波动现象，导致对鞋的需求上略有起伏，但对鞋的需求总趋势是逐年增长。

目前，内地鞋类市场上，进口皮鞋虽然在用料、做工方面比内地产品优胜，但由于价格昂贵，占有率并不高，因此国产皮鞋仍是市场主导。

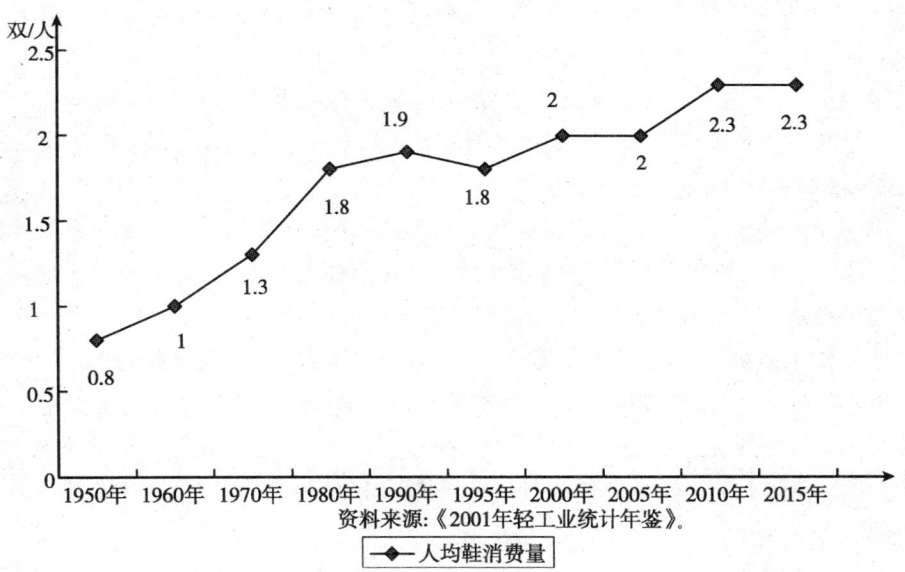

图 6-25　1950～2015 全球人均鞋消费量趋势

近年，中国鞋类商品市场的主要特征体现为供大于求，价格下降，市场竞争更加激烈。中国每年制鞋 60 亿双，占世界制鞋总量的 53%，是全球最大的鞋业制造基地。其中皮鞋年产量为 21 亿双，占世界皮鞋总产量的 40%，位居世界第一；胶鞋年产量为 13 亿双左右，世界第一；旅游鞋产量为 10 亿双左右，约占全球产量的 50%；

一度战略

布鞋年产量为 16 亿双左右。

市场鞋类饱和,但鞋类产品档次低,缺乏名牌产品。

■ 产品服务价值的第三空间

在传统战略中,经常把产品看成物化的具体实体,而把服务当成抽象领域来研究。比如把汽车理解成产品,把 Google 理解成服务业。这种研究角度伤害了产品创新的空间。其实为什么产品本身不是为人类服务的?人们究竟买汽车是为了什么,为了它的发动机还是变速箱?人们买汽车是为了购买它的移动空间的价值。

案例 6-2　宝马汽车的困惑

宝马汽车高层经理每年都要聚会一次,2007 年也不例外,宝马雷瑟夫也为公司未来的发展敲响了警钟。

宝马公司的高层经理们明白雷瑟夫为何对未来如此担忧:在宝马公司的一次高层会议上,他公布了最新的数据,即 2007 年上半年报。公司的销售总收入持续增长,然而直接来自汽车业务的利润却下滑了 17%。公司的汽车销售利润因此降至历史最低点。

在汽车销量上的增长,宝马更多的是依靠两个小型车的出色表现,即 1 系和 Mini。然而,小型车的利润率也是最低的。如果,宝马将发展重心向小型车倾斜,那么公司未来的赢利率也会相应降低。

未来的宝马之路在何方?2007 年下半年开始,宝马计划采取"两增一减"的措施进行产品创新。"一减"是减少成本高的发动机技术研发成本,而发动机技术恰是几十年来宝马快速飞奔的基石;但是为了继续领先市场,不得不在"两增"上大做文章。

"一增"是指增加宝马与互联网的合作,提升宝马汽车在互联网时代的服务价值:

BMW 宣布与 Google 联合推出了导航系统,但此系统目前只限于德国使用。使用该系统可以寻找到银行、加油站、超市、电影院和其他公共设施。如果发现目标,系统的"Send to Car"功能可以把搜寻结果通过互联网发到车上。通过互联网,当车辆抛锚后,也可以通过营救部门前来帮助。

另外一项增加是指,在豪华车 X5 基础上增加新服务功能的 X6,X6 实现了超级二合一的混合价值。

何谓 SAC?也就是 Sport Activity Concept,即 SAV(宝马对自家 SUV 的称谓)+ Concept(双门硬顶跑车)。再说清楚点,就是把 X5 的车顶变成 6 系的样式——一辆跑车型的四门 SUV,这正是 X6 的最大特点。

对于钟爱 SUV 的消费者,X6 Concept 带来的将是全新的概念。克制住惊讶,仔细想想，会有人喜欢这样的车吗？宝马认为，X6 很有市场潜力，拥有运动色彩的车型谁会不欣赏，更何况是双重色彩。

代表征服荒野的 SUV 与统治公路的跑车都是运动精神的写照，合二为一虽未曾有先例，但却合情合理。所以，当人们在惊奇之后，睁大的眼睛中只剩下一辆漂亮而引人注目的宝马。

把越野车和跑车融合，产生混合运动的第三空间价值，如图 6-26 所示。

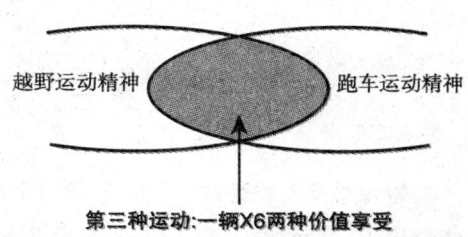

图 6-26　产生混合运动的第三空间价值

案例 6-3　心有多野，路有多宽

20 多年一路走来，中国汽车企业发展主要依循两种模式：一是上海大众、上海通用的合资模式，外方管技术，中方管生产，把外方的现有车型照办到国内来生产；另一种是奇瑞、吉利的民营模式。处在初级阶段的中国汽车工业，采取何种模式都无可厚非，而这两种模式确实对中国汽车工业快速崛起功不可没。

其实，中国汽车工业的发展还有着第三条路，就是华泰汽车在引入国外先进车型、技术的基础上，实现自主创新的"学习+成长"模式。2002 年，华泰汽车与韩国现代集团签署协议，先后购入特拉卡和圣达菲车型的知识产权和相关技术。2003 年，华泰汽车开始在荣成基地生产华泰特拉卡，产品线包括 24MPI、2.5TCI、29CRDi 和 3.5V6 的多种配置车型。2006 年，华泰汽车推出华泰圣达菲系列，以成熟的技术和可靠的性能，一经上市即获得了消费者的认可。

目前，华泰汽车已掌握了国际领先的柴油高压共轨电控直喷技术，通过电磁阀精确控制，将超高压燃油直接喷射入气缸，使柴油雾化更彻底，燃烧更充分，百公里耗油低于 6 升，比同等排量的汽油车省油 30%～40%，与 1.6 升排量轿车相当，并率先达到接近欧 IV 排放标准。不仅如此，华泰汽车经过对柴油发动机技术的吸收和钻研，与意大利 VM 公司合作开发出新一代高压共轨电控直喷技术，即将在鄂尔多斯第二生产基地实现量产。

华泰汽车的重点工作是加速柴油发动机的研发和生产，领先的柴油技术是华泰汽车决胜市场的核心竞争力。华泰汽车负责人表示，单一技术是极易被模仿的，唯有"技术创新"的战略精神是保证我们产品始终得到市场和消费者认可的法宝。

其实，中国汽车的民族品牌 SUV 还可以试试与数码技术（digit）的结合，推出超级 SUV 的新概念 duv，以满足都市人在城市塞车闲得无聊，无所事事的需求。还可以给新车起了好听的名字，如 FUTURE BABY（未来宝贝）——"除了你，我还要一个 BABY。"再比如 HI-FREE——"心有多野，路有多宽！"真诚地祝愿中国的 SUV 能在世界各个角落撒野。

第三节　第三方支付

管理总是阶段性的，创新却是一个连续性的整体过程。中国企业的管理创新大体经历了三个阶段：第一阶段是 20 世纪的 90 年代，属于外贸出口型制造业管理创新，引进外资是主要动力源，增加收入是这一阶段的主要目标。

第二阶段是 21 世纪的头五年，企业转向品牌和营销拉动。蒙牛是这一阶段的典型代表。外资进入中国时不再是投资办厂，而是投资购买企业的股权，企业间的资产重组风起云涌。结果是推动了 2006~2007 年的股市大涨。这是最近两年股市牛起来的内在原因。如果没有 21 世纪初开始五年的资本市场的活跃与开放，就不可能有今天股市看涨的行情。所以我说如今的上市公司在上市前的发展模式都属于"借来的增长"——投资基金购买企业的目的就是推动企业上市后再把所持有的股份卖掉。投资基金的老板是商人，他借给你企业的钱是要加倍偿还的，尽管可能是大量的股民归还的借款。

但是在股市疯长的背后，我看到的是隐患。因为这种"借来的增长"，不是源于企业的原动力——中国企业从 2005 年至今越来越明显地表现为赢利能力不足。自 2005 年开始中国企业进入第三阶段的发展。

第三阶段的任务是检讨企业增长质量。比如从生产供应链来看，成本上涨的因素正在持续发威。那么靠什么来消减成本上涨的压力呢？常规的做法是把眼睛盯向品牌营销，或者说采用加大生产规模，用壮大经济规模的方法抵消成本上涨的不良作用；多接订单，多雇工人成了企业最常见的做法。但是这里又有一个问题出现了，为了开工充足，企业不得不接下没有利润的订单，以制造规模效益。这就必然加剧价格竞争。由于急于接下订单，所以丧失了议价能力，最终又变成了价格战；转了一圈回来，最终受伤害的还是企业的赢利能力。

我国企业在产品价值链中主要从事附加价值和赢利率都很低的装配制造业（见图 6-27）。

由于我国大量的制造业不掌握议价能力，从而就丧失了选择能力。国际订单从低工资国家向更低工资的国家快速的转移已成为现实。随着 2007 年《劳动法》等国家对产业工人保障法规的完善，随着税法实施中的建立健全，随着大西北的开发进程，东南沿海地区最早富起来的一批企业将丧失竞争力。

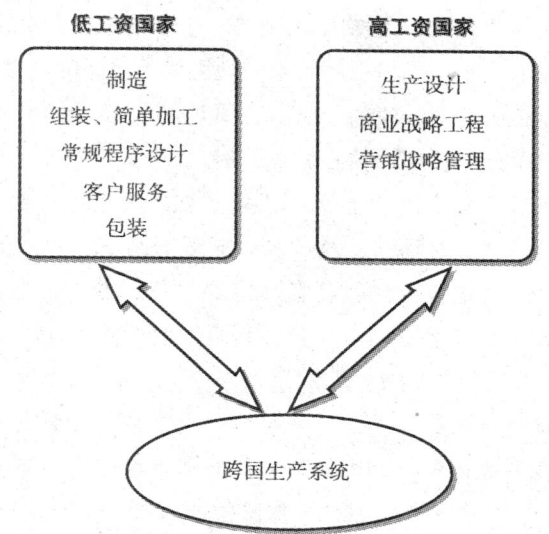

图6-27 发展中国家目前在全球生产体系中的位置

不仅如此，如果仅仅是依靠加工成本优势，中国制造的全球优势也将下降。2007年10月，欧洲最大的信息技术咨询公司凯捷发布的一份最新报告说，印度将在5年内挑战中国作为全球制造业中心的地位，"印度制造"将成为下一个经济传奇。

不仅仅是印度在向国际大订单招手，泰国、越南也向可能的国际合作者抛出媚眼。像这些比中国成本更低的国家和地区，在全球共有几十个，中国没有理由不担心。

经过大量的数据分析，本人尝试着站在国际大订单的角度作了一个关于中印之间制造业吸引力的比较（见图6-28）。

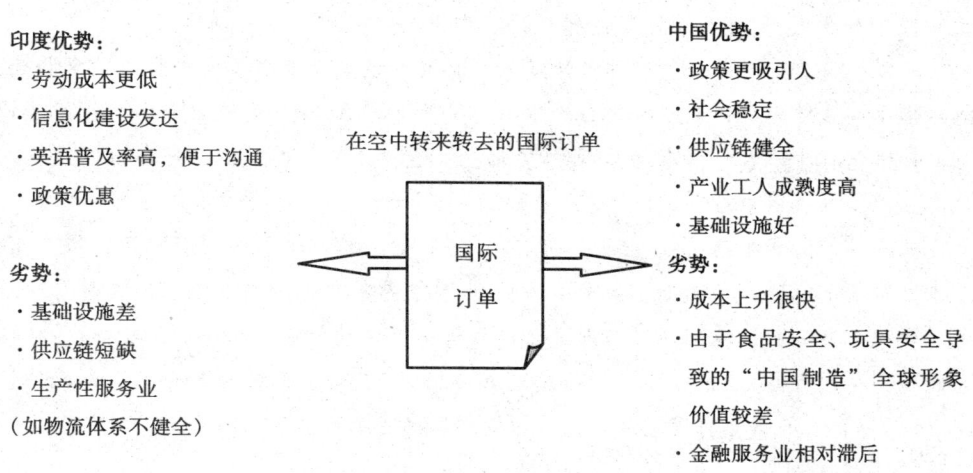

图6-28 国际订单向左走，向右走？

一度战略

如果中国制造的劣势全部转化成比较优势——运用本书前几章所论述的比较经济学的手法,那么中国将永远不怕任何国家和地区成本优势的挑战。

首先看看中国制造的全球形象的影响。一项对35个国家进行的国际性调查结果显示,国家的形象归于品牌价值评估有显著影响。

专家曾首次对国家形象的价值进行了计算,"德国制造"的商标在世界市场上绝对可以令人趋之若鹜。而且这不仅是指德国的机械设备或汽车,来自德国的管理人员也会比来自土耳其或是南非的经理更容易得到职位。市场营销专家西蒙·安霍尔特在全球市场调研公司的帮助下,对"德国制造"这一品牌的价值进行首次研究后得出了这样的结论。

在今天首次发布的调查结果中,安霍尔特指出了品牌形象对一个国家未来国内生产总值的影响。调查结果称,如果第三方持有"德国制造"品牌的话,获得这一品牌则需要大约45820亿美元,这相当于德国国内生产总值的167%左右。

对企业品牌价值的研究早已有之,现在安霍尔特和全球市场调研公司首次对单个国家的品牌价值进行了计算。因为一个国家的形象对于价值评估具有显著影响,不管是产品、旅游目的地、政治、文化、投资地点还是员工。为政府机构提供地区和城市营销战略咨询的安霍尔特说:"同样的产品贴上'德国制造'的标签,其售价就比盖上'中国制造'印记的产品高得多。"

当然,价值最高的还是"美国制造",其品牌价值据安霍尔特计算达到178930亿美元。紧随其后的是"日本制造",其价值在62050亿美元左右。继美国和日本之后,"德国制造"这一品牌在世界居第三。英国以34750亿美元排名第四,随后是法国(29220亿美元)和意大利(28110亿美元)。在调查涉及的35个国家中,排名最后一位的是波兰,"波兰制造"的价值只有430亿美元。

安霍尔特首先对单个国家的形象以及对其未来经济表现的预期进行了民意调查,随后借助调查结果来计算国家的品牌价值。共有来自35个国家的25907人接受了调查。接受调查者对自己和其他国家的文化、政治、经济、人口、投资潜力以及作为旅游目的地的吸引力进行了评估。

德国在教育和推动科技创新方面获得了不错的成绩。美国在教育方面拔得头筹,日本则在创新能力方面领先。此外,安霍尔特在调查中还对这些国家的体育形象进行了研究。这方面,德国同样名列第三位,居美国和俄罗斯之后。安霍尔特称:"国家队在国际比赛中成绩如何,也会影响其他国家对这个国家的价值及其表现的看法。"所以说世界杯也可能对东道主德国的形象产生积极的影响。

资料来源:《德国金融时报》,2006年2月21日。

请不要误认为食品安全问题和玩具召回事件仅仅是食品行业和玩具行业中的问

题,自2007年以后,他们的影响将波及中国制造的所有行业。国家形象价值既是一种长期效应的附加价值,也是一种决定各行业产品和国际定价的软力量,所以通过提供行业价值,从而提升国家形象价值工作已刻不容缓。

显然进入第三个发展阶段的企业所面临的问题是复杂的,显然这不是某个被召回的玩具厂或食品厂仅凭一己之力所能改变的。因为尽管他们不愿意损害国家形象价值,今后也将保证产品质量,但是除此之外,他们无能为力。那么,谁应该为重塑国家形象价值的费用买单呢?换句话说,谁应该成为支付的第三方呢?假设把国际订单企业和中国制造业比喻为一个利益共同体(国际制造商不愿意看到中国制作的形象价值贬值),那么在这个利益共同体和全球消费者之间应该有个第三方行业协会组织者(见图6-29)。

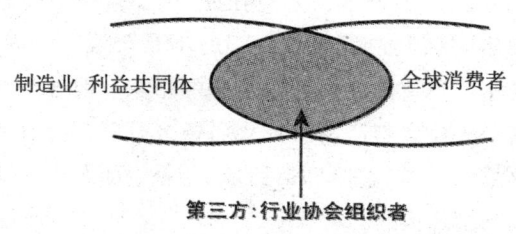

图6-29 利益共同体系示意

那么行业协会说,第一,我没有钱怎么买单?第二,即便我有钱,请问怎么买单?

在西方国家,行业协会发挥着无比巨大的作用,它协助企业制定行业标准,并把这种标准尽可能推行到全球成为世界标准,这样就保护了本国企业的战略利益。中国企业已经在标准问题上吃了不少亏,主要原因是中国行业协会大多是履行对国内标准制定者的功能,他们还没有完全担负起向全球营销行业标准的重任。还有,西方国家的行业协会具有帮助行业危机公关的职能。我们做一个设想,假如玩具召回事件刚刚发生,相关行业协会紧急行动起来进行危机公关,必要时可以在美国和欧盟召开新闻发布会,拿出数据来证明玩具含铅量的事件只是玩具行业的个别现象,不能说明中国玩具都有问题,甚至还可以打出广告如"为了欧洲的下一代,中国玩具会更负责任","中国制造是责任和质量的代名词","美国和中国的下一代同样都是世界的未来,中国制造关心你们的下一代像关心自己的孩子一样。"……如果每个行业协会都能高效地组织公关营销活动,相信局面会大有改善,也相信行业内的所有企业都会出资鼎力相助。

下面我们看一下美国行业协会是如何帮助企业渡过危机的。

一度战略

　　美国雪茄制造商曾经面临着一场巨大的行业危机。由于政府立法明确禁止香烟制造商在许多公众媒体上刊登广告，同时，民间反对吸烟的呼声也日益高涨，一场又一场规模浩大的反对吸烟的示威活动，将雪茄制造商推到进退维谷、四面楚歌的境地。雪茄在公众心目中的负面形象不断加强，而新产品的良性信息却无法向公众传达。短短3个月时间，美国整个雪茄的销售量下降了三成，行业面临着全面萎缩的危险。

　　作为媒体最大的广告主之一，雪茄制造商多年来一直都是依靠巨额的广告费打开市场销路，建立产品的优势。但现在，他们忽然间发现赖以生存之道越来越窄，不仅信息宣传渠道锐减；同时社会反对的呼声不断上升。整个行业要何去何从？

　　美国雪茄联合会临危出马，他们深深明白"皮之不存，毛将附焉"的道理，于是开始发挥行业协会的作用，进行危机公关。首先他们与本土一家优秀的公关公司合作，通过一系列的公关宣传方案，力挽狂澜，试图将这种不利的局势扭转过来。雪茄联合会明白，决定雪茄制造商未来生死的不是政策、法规、竞争等其他因素，而是人们对雪茄的看法以及雪茄在人们心目中的形象。要改变人们对雪茄一向的负面印象，建立雪茄良好的社会与产品形象，当务之急就是要在雪茄与社会公众之间建立起某种情感的联系；而这就要依靠活动、传播、事件等一系列的公关方案，去完成与社会公众之间的情感沟通。

　　在公关方案中，雪茄联合会首先突出了雪茄与人生幽默之间的本质联系，表现吸雪茄者在面对人生逆境时那种敢于自嘲、坦然面对的勇气；同时更重要的是突出雪茄深层次的功能：吸雪茄是一种精神放松的最好表达方式。针对以上主题，他们采取了一系列主题明确但又表现巧妙的公关活动。比如举行了"吐温之夜"，借助模仿著名作家马克·吐温这个勇敢、智慧、幽默的雪茄爱好者的形象，来表现吸食雪茄者同样乐观勇敢的个性，引起了目标客户的强烈共鸣。由于长期以来，美国民间有一项古老的民俗，刚做父亲的男性会向自己周围的亲朋好友赠送雪茄，表达自己兴奋而又紧张的心理感受，但是这项传统正在逐渐衰落。所以雪茄联合会抓住这项古老的民俗，将其灌入现代的表达情感，举办了"放松点，吸根雪茄吧"与"雪茄情人节"等活动，将雪茄定位为人们情绪舒缓的最佳表达方式。这些活动不仅吸引了大批的参与者，更是唤起许多人内心潜藏着的某种怀旧的情结。

　　在活动的辅助下，雪茄协会又通过新闻传媒，借助雪茄爱好者之口，向公众表达雪茄在生活中不可或缺的作用——面包是身体的食粮，而雪茄则是精神的食粮。这些宣传得到众多雪茄爱好者的认可。

　　在雪茄联合会系列公共关系方案实施3个月后，不仅民间反对吸雪茄的呼声减弱了许多；同时整个美国的雪茄销售激增近三成。这不得不归功于雪茄联合会的危机公关。由此我们认识到行业协会这个利益共同体的第三方在行业的发展过程起着举足轻重的作用。

为了预防类似玩具召回事件对中国制造品牌形象的再次伤害,行业协会应该从现在开始成为支付国家品牌的第三方;必要时可以成立行业协会内部的"行业品牌推广基金",由会员单位进行资金的支持。可喜的是,国家已经意识到了行业协会的这个第三方的重要性,并且迅速反应,制定了关于中国制造业产品质量与安全的相关法律。

中国制造业要想在全球发挥优势还需要第二个"第三方支付",即专业化银行的发展和非银行服务业的壮大。

我们举一个例子。比如在一个金融高度发达的社会里,假设有一个人是工程师,他发明了一项应用性很强的技术,并且他具备把这项技术实现工业化生产最终产品的管理经验;更重要的是他调研过市场,渠道商都认为他生产出来的产品能好卖。等一切都准备好,他发现身上没有钱。怎么办?不要着急,一家专业化的银行及时赶来,告之,只要有能力找到好设备,这家银行负责提供流动资金贷款。于是这位工程师又找到一家金融资产管理公司,这家公司负责提供设备,条件是这个工程师先看好哪家的设备,金融资产管理公司负责购买,再租赁给这个工程师;工程师每月上缴设备租赁费即可,不必购买整个流水线设备。

在金融服务业十分发达的社会,一个贫困潦倒的工程师可以盖起一座漂亮的现代化工厂,用不了几年,他可能还是一家上市公司的董事长(见图6-30)。

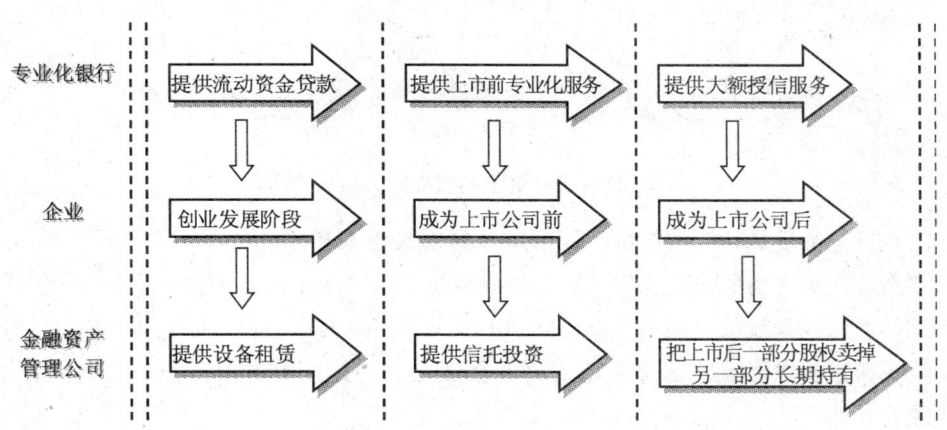

图6-30 三个同伴一同成长路线

这位工程师为什么会成长这么快?因为有第三方支付。没有流动资金,专业化银行支付;没有了设备,金融资产管理公司支付;他只剩下一件事可做,把公司管理好,这才是企业家真正的使命。

三个伙伴一起成长过程中,三方都受益。银行获得了一个长期客户,金融资产

一度战略

管理公司不仅把投资的款项通过收取租赁费和售出部分股票赚回，而且还有一笔长期投资回报；至于工程师，他得到的更多。

然而在现实世界里，成功没有那么简单。因为银行还停留在存贷业务和零售银行发展阶段，金融资产管理公司等非银行服务业的发展相当滞后，这就阻碍了中国制造业全球优势的进一步发挥。相反在现实版本中，我们看到更多的是，带有一定投机性质的投资基金组织并不会在你创业时帮你，而是等你长大快要出嫁时——企业上市前，这些基金纷纷过来包装你，好让你嫁出去时一次性卖个好价钱；至于你嫁出去后过得怎么样，他说他不管。因为他已经把上市后属于自己的股份卖掉了，赚了一大笔钱后，又找下一个未出嫁的少女。

在你创业时，银行业不愿意做雪中送炭的事，他把风险留给了高利贷者，他习惯于做锦上添花的事，而且几十年如一日，周而复始。

其实银行业也面临着压力，在2007年后金融市场更加开放时，中国银行业面临外资银行和同业竞争的双重压力，他们不得不寻找出路。如图6-31所示，未来只有三种具有核心能力和核心价值的金融业有前途。

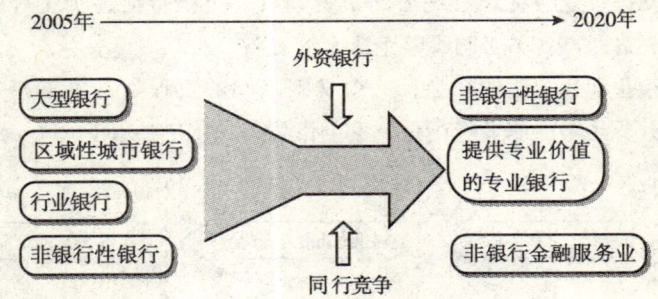

图6-31 核心价值和核心能力是未来出路

银行业的发展目标和那位工程师所处的未来世界不期而遇了，那一天，将是中国制造业在全球扬眉吐气的时刻。一度战略在未来的十字街口等待着他们胜利会师，到那时候，我掏钱请他们——银行家和工程师，在旁边的中国咖啡馆喝一杯。

不要以为以上描述是很遥远的路。鲁迅先生说，世上本没有路，走的人多了，也就有了路。

在这条路上，中国运动员已经听到发令枪响。

案例6-4 中投公司启航

一出生，就跻身世界前五，注册资本2000亿美元，远超淡马锡，"将完全按照商业化运营"。

第六章 第三方策略

2007年9月29日，北京，东四十条，新保利大厦。

刚入秋的北京气温凉爽，但在刚落成不久的新保利大厦中，气氛却热烈如春。中国投资公司（下称中投公司）——中国第一个主权财富基金（Sovereign Wealth Fund），高达2000亿美元注册资本金的巨型基金，在经过了长达半年的筹备之后在此正式成立。

当天的成立大会几乎聚集了中国财经界所有主要政府官员和行业巨头，国务院副秘书长张平、财政部部长谢旭人、央行行长周小川，以及各家银行行长，悉数到场祝贺。而中投公司的员工也是颇为兴奋，从仪式尚未开始到最终结束，在场的人不断让同事为自己拍照留念。

或许在场的每个人都意识到，他们正在经历一个历史事件。

中投公司当天正式宣告成立的同时，还公布了其第一届领导班子：国务院副秘书长楼继伟出任董事长，高西庆任总经理，胡怀邦任监事长。

公司董事长楼继伟当天在成立大会上表示，中投公司的成立是党中央、国务院在新的经济和金融形势下，高瞻远瞩做出的一项战略决策。中投公司承担着深化外汇投资体制改革，拓展国家外汇储备的运用渠道，提高国家外汇储备长期收益的历史任务。

从国际上来看，成立类似中投公司这样的主权财富基金，追求外汇储备的更高收益已经逐渐普遍，特别是在目前外汇盈余不断增加的中东和亚洲地区。根据摩根士丹利截至2007年第一季度的统计，在目前全球的SWF之中，产油国占了主权财富基金总资产的2/3。阿联酋的ADIA、新加坡的GIC、沙特阿拉伯的各种主权财富基金、挪威的公营养老基金和新加坡的淡马锡，分别以8750亿、3300亿、3000亿、3000亿、1000亿美元的规模列全球前五名。

北京师范大学金融研究中心主任钟伟认为，中投公司一成立很快就达到了2000亿美元的规模，在未来5年内中国极有可能成为拥有全球最大的SWF的国家。

多元化投资实现保值增值

按照规划，中国投资公司将吸收中央汇金公司，预期将大约花费中投公司670亿美元，未来还将花费数百亿美元用于农行和国开行的注资。因此，外界预期中投公司初期的投资规模将不会太大。

新上任的中投公司董事长楼继伟在公司揭幕时说，中投公司将实行政企分开，自主经营，商业化运作；在可接受的风险范围内，实现长期投资收益最大化。在海外投资战略上，中投公司将以境外金融组合产品为主开展多元化投资，实现外汇资产保值增值。

这一表态可谓是目前中投公司对未来投资的一个基本定调，即通过多元化投资，

一度战略

实现资产增值。

中投公司的首单投资就是参与国际顶尖 PE 黑石集团的 IPO，投资 30 亿美元入股黑石集团 9.9% 的股权。中投公司副总经理汪建熙就曾对记者明确表示，中投公司的投资策略中很重要的一条就是注重投资组合，不会集中一个领域。

中国式 SWF 将"完全商业化运营"

在投资分散之余，如何进行最大程度上的商业化操作，则是另一焦点。正如中投公司一贯宣称的，"将完全按照商业化运营"，但由于主权基金本身的政府色彩，不少人依然担忧未来可能遇到的障碍。

高盛亚洲董事总经理胡祖六说，现在国际上主权财富基金已经成为一个非常敏感的话题。中国成立主权财富基金就更加敏感。因为中国与新加坡、挪威和中东国家不一样，中国对世界的影响十分巨大，中国的崛起已经在一些角落被看成是威胁了，现在搞国家主权财富管理，如果有政治色彩的话将更加难以运作。"所以，商业化的精神至关重要，中国必须谨慎有效地向世界证明我们的这个机构是纯粹商业化的投资机构。"

这方面相反的例子也并非没有，此前新加坡淡马锡投资泰国电信公司 Shin Corp 便是一个，在泰国造成轩然大波。

此前，汪建熙曾向记者解释，"我们不是 PE，更像是 PE 身后的 PE。"他表示目前海外主流的 PE 都非常大地介入公司的日常运营和策略制定，"但我们不会，我们都是完全的财务投资"。

资料来源：《新京报》，2007 年 10 月 10 日。

案例 6-5 利朗男装背后的金融推手

17 年前，"利朗"仅以 1 万多元、7 名工人起家。如今，该公司拥有 1000 多名员工，2500 多家专卖店遍布全国，并已步入改制上市的轨道。

"前十几年我们有起有落，近 5 年才飞跃发展。能发展至今，很困难，也很幸运！"追昔抚今，利朗（中国）有限公司副董事长王冬星感慨地说：找对银行"朋友"，银企密切合作，才能迅速发展。

1990 年的融资往事，王冬星记忆犹新。

20 世纪 80~90 年代，转型中的中国服装企业大起大落，引起泉州主要银行对该行业经营前景及发展模式的顾虑，1990 年诞生的利朗（福建）时装有限公司也因此遭遇融资困境。

而彼时，与"利朗"发展基金同期的兴业银行，却坚定地牵手"利朗"，成为其基本开户行。

第六章 第三方策略

兴业银行泉州及晋江分、支行认为,"利朗"既有发展空间又具拼搏精神,发展欲望强烈,经过与其在经营理念上充分碰撞并审时度势后,决定大胆支持其融资需求。

王冬星觉得,年轻的兴业银行及其团队,组织架构和经营模式与市场经济吻合,与客户的业务合作均保持着"同等、共赢"的伙伴关系。

于是,双方一拍即合。17年来,从几百万、几千万到一亿元,兴业的授信额度随"利朗"成长而增加。在逐步加深的合作中,兴业银行总能及时满足"利朗"对资金和服务的需求,并提供适宜的各类产品组合。

除传统贷款外,兴业根据"利朗"实际经营模式及金融产品需求陆续推出银行承兑汇票、商票保贴、商业发票贴现、票易票等一系列创新产品供选择,并且提供各类理财产品销售、财务顾问咨询等服务,降减"利朗"利息支出和财务成本。

王冬星感动的是,由于兴业给他的利率甚至低于基准利率,其他贷款行也随之调低。此外,兴业还允许他以信用担保贷款,免担保或抵押。

兴业并非凭空盲目支持。事实上,兴业的客户经理常深入国内各大订货会,了解"利朗"的销售和经营状况。

与兴业合作多年,王冬星深感不仅服务商受益,战略上亦很受启发。

他透露称,5年前,正是兴业银行泉州分行行长张霆提醒他,不应盲目扩大生产规模,而应把主要精力放在终端和品牌建设上。

"利朗"采纳了该建议,并及时利用兴业的资金支持,推进品牌经营,扩建销售渠道。在陈道明代言后,短短3年销售额翻了10倍,成为"中国商务男装第一品牌"。

"事实上,有时双方意见不同甚至争吵,但最后我们总能吸收兴业的好建议。"王冬星说。

而张霆回忆称,上述建议系由兴业方与"利朗"经过反复多次的探讨协商并共赴外地进行实地考察后方才提出。

经此"点睛之笔",当张霆再次积极鼓励"利朗"进行改制上市时,"利朗"欣然采纳。

兴业方面马上成立一支上市辅导工作小组,就"利朗"上市事宜进行全程策划与跟踪,积极联络境内外知名上市辅导机构,并提供咨询服务,助其驶入上市融资"快车道"。

"目前,利朗已步入改制上市轨道,经营管理也得到进一步规范,逐步实现做大做强的目的。"王冬星欣慰地说。

资料来源:《第一财经日报》,2007年10月8日。

一度战略

中国制造要取得全球优势，还剩最后一个最关键的因素要解决：如何消化成本上涨的压力。

破解上述难题，首先弄清楚何谓成本。

20世纪末期经济学的新突破为破解成本难题提供了理论依据。新制度经济学提出了企业总成本是制造成本，西方经济学家诺斯（Douglass C. North），把它叫做 trans-formation costs，即转形成本和交易成本（transaction costs）的总和原理。其中关于制造成本，马克思在《资本论》第1卷称它是"实现物质变换的成本"。随着专业化分工的明晰化，交易的范围拓宽了，参与交易的资源增多了。比如美国到20世纪70年代，国民收入里有一半以上用于交易。而服务业正是处于交易区而非制造区，所以服务业的发展不仅可以降低制造成本，还可以降低交易成本。比如说当你有一家食品公司，你的交易成本中有很大一部分是储运费用，不仅要自己养活车队，还要建周转储运仓库，这样你每卖一支雪糕，5元售价中的1.5元是储运费用。可是有一天你发现把这件事交给专业的物流公司来干要划算得多，物流公司只收你每支0.8元的储运费。那么，为什么物流公司可以把每支雪糕的储运费用降到如此低呢？因为你的储运是任务性保障性项目，所以，一年结算下来每辆车空载率达到40%。而专业化的物流公司不一样，物流公司同时配载多家客户的雪糕，所以他的运输车没有空载。物流公司的规模经济效应，就是你的交易成本降低的原因。发展服务业正是中国政府近几年努力强调的发展方向。

但是，经过多年的研究，我还发现，**决定总成本的不仅仅是制造成本和交易成本两种要素，运用比较经济学分析，还有一个成本也很重要，即时间成本**。比如说一个企业在创业时节省的1万元成本，比它变成大企业时节省的同样成本更有价值。时间成本的计算还是一种经济比较优势在时间上价值大小的计算方法。如假设印度在五年后替代中国成为全球制造中心，那么中国这五年在干什么呢？如果这五年时间中国经济抓住机会，完成品牌战略、技术创新战略和渠道变革战略，那么中国制造的附加值和盈利率要高得多。从某种意义上而言，世界给中国制造留下五年转型变革的时间，如果不利用这五年时间抓紧完成转型，就会产生时间成本。

总成本 = 制造成本 + 交易成本 + 时间成本

如何理解这三项成本的构成与作用呢？拿制造业来说，宏基（Acer）集团的创始人施振荣用"微笑曲线"（Smile Curve）来描述了现代制造业的价值链（见图6-32）。

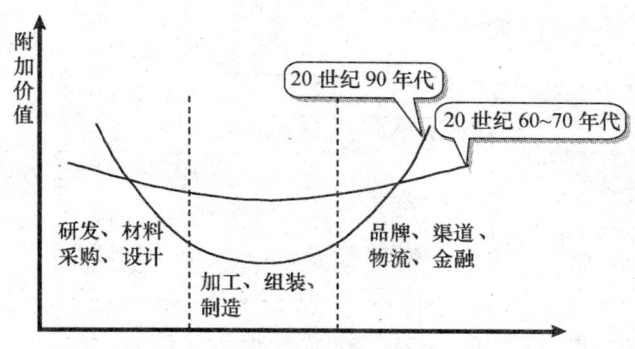

图 6-32 微笑曲线示意

经济学家吴敬琏先生是如此解释这个"微笑曲线"的：在价值链两端（研究开发、材料采购、产品设计、品牌营销、物流管理、金融等服务）的附加价值和盈利率高，而中段（加工、组装、制造等传统的制造业行业）的附加价值和盈利率低。因此，成功的企业总是尽力向价值链的两端延伸，以便提高附加价值和盈利率。

拿商业来说，香港利丰集团的董事会主席冯国经指出，在综合物流从原料到消费的整个价值链中，制造环节产生的价值只占1/4，而3/4都是交换环节产生的；因此后者最具降低成本的空间，被称为能够提供更高附加价值和盈利率的"软三元"。

假设我们总成本的三项要素收入"微笑曲线"会更加清晰地描述降低成本的路线图，如图6-33所示。

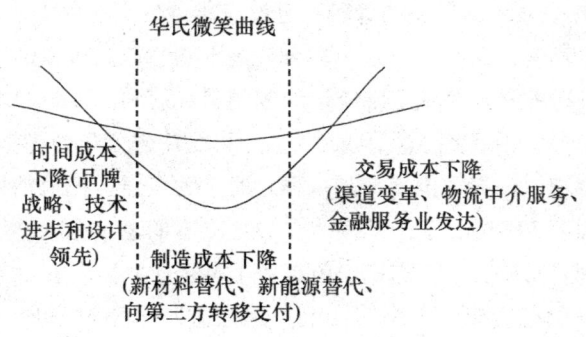

图 6-33 华氏微笑曲线示意

在2006年夏天参加中国市场学年会时，遇见原广州大学营销系主任林力源教授（林教授对我理论的形成帮助很大），林教授戏称图6-33所示的微笑曲线叫"华氏微笑曲线"，说我创造性列出了企业在实际工作中遇到三大成本降低和九个降低成本的途径（见图6-34）。

一度战略

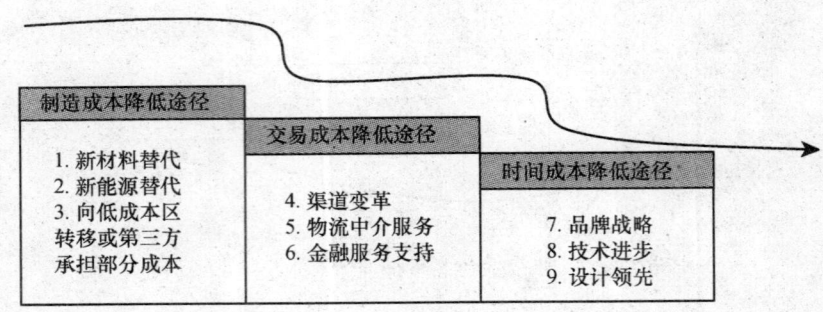

图 6-34 降低成本的九个途径

关于第 1、2、8、9 项成本降低途径，本书第六章第二节中已有论述；关于第 4、5 项途径，本章第五节有关于渠道的第三条道路的论述；关于第 6 项途径，本节已有论述；关于第 7 项途径将在本章第四节论述。接下来，论述关于如何实现通过为第三方创造价值，从而让第三方共同承担成本，以达到降低总成本的目标。

如果让第三方帮助你承担一部分成本，前提是你必须能为第三方创造更大的价值；换句话说，第三方把你当成他的第三方，通过帮助你承担成本，要通过你为他创造更大的效益。

下述案例是作者亲历。

2007 年 5 月，广东中山市一家大型经营户外媒体广告的公司计划邀请我赴中山市演讲，想搞一场规模空前，至少能来 1000 名以上企业家的超级峰会。可它是一家广告公司，既没有举办培训讲座的经验，也没有雄厚的资金实力和广泛的客户资源，所以从某种意义上而言，这家广告公司本身就是不熟悉培训市场的第三方。但是外行有外行的好处，外行的介入改变了传统培训业的游戏规则。传统的培训公司依靠的是电话行销的老一套办法，最多能邀请到几百人，可是广告公司的优势是广告资源丰富，它可以用媒介资源把一位专家像卖产品一样，通过大众媒体把他销售出去。可是大众传播的费用估计需要 20 万元，怎么办呢？会议主办方的老总是听过《一度战略》课的学员，她马上想起了第三方。难道把中山市数千名企业家聚合在一起不是一个很好的企业宣传自己品牌的机会吗？于是第一个"第三方"奔驰汽车加入进来了；第二个"第三方"是中山邮政局，第三个"第三方"是一家叫"真善美"的四星级酒店——主办方连我的住宿费都节省了下来。这些"第三方"共计投入了近 20 万元，主办方拿这些钱大打广告轰炸，一时间中山市大街小巷到处都是巨型户外广告，报纸广告满天飞，电视广告天天播；中山邮政的报刊零售店的周围也是广告，同时兼售票代理点。大概歌星演唱会就是这么干的。现场一共来了 1300 多人，赠给"第三方"共 800 张门票，售出 500 张，每张票票面价值是 880 元，报告会的规模和质量轰动了中山市。

通过这场演讲会，"第三方"成了获益最多者，奔驰汽车展出了新车型，活动结束后销量大增。中山市邮政局推出的 DM 直递业务得到了与会者的普遍认同,这要归功于中山市邮政局局长刘英山先生的智慧和远见,正是一直以来所坚持的企业创新原则使中山邮政局成为行业中的亮点。在这场报告会之后,我与中山市邮政局刘英山局长共同探讨了邮政业务价值创新的话题。如邮政业务是否是除了电视、广播、报纸、户外、互联网之后的第六媒体;如果定义为媒介价值,那么邮政业务还有巨大的增值空间。

读者通过以上案例,是否掌握了多方"共赢"的价值原理呢?

第四节 品牌成长中的第三方策略

传统的品牌成长战略只支持两种战略选择,其一是自主品牌逐步向全球扩张;其二是合资品牌,取得对方技术的同时借牌扩张。这两种战略的理论基石还是波特的低成本优势策略和差异化领先策略的对照版本。

应当承认,第一种策略取得很大成就。比如说截止到 2005 年,中国品牌与世界品牌的差距在缩小,海尔与美国通用电气的规模差距从 1995 年的 96 倍进一步缩小到 2005 年的 12 倍。联想与 IBM 的差距从 1995 年 389 倍,缩小到 2005 年的 18 倍,联想大胆收购了 IBM 的个人电脑业务。石油品牌的规模差距缩小得更快,从 29 倍缩小到 3.8 倍。现实中国品牌的力量,如表 6-2 所示。

表 6-2 中美大公司规模比较(2005 年)

美国公司	销售额(亿美元)	所属行业	中国公司	销售额(亿元)	折合(亿美元)	规模比例
通用汽车	1935.17	汽车	一汽集团	1252.30	156.54	12∶1
埃克森	2707.72	石油	中国石油	5712.60	714.08	3.8∶1
IBM	762.93	电脑	联想集团	419.20	52.40	18∶1
通用电气	1528.66	电气	海尔集团	1009.10	126.14	12∶1
摩托罗拉	353.49	通信	TCL	421.00	52.63	6.7∶1
菲利普·莫里斯	729.44	烟草	红塔集团	336.20	42.03	17∶1
百事可乐	292.61	食品	双汇集团	160.20	20.03	14.6∶1
强生	473.48	制药	三九集团*	29.70	3.71	127∶1
可口可乐	219.62	饮料	娃哈哈	114.10	14.26	15.4∶1
柯达*	138.29	胶卷	乐凯*	19.00	2.38	58.1∶1
AB(百威)*	160.00	啤酒	青岛	86.20	10.78	14.8∶1
耐克*	137.00	运动鞋	双星集团	67.90	8.49	16∶1

资料来源:《财富》世界 500 家大公司排行榜。带 * 号的为各公司网站数据,其中百威为 2003 年数据。

一度战略

　　基于是自己创新的品牌，所以中国品牌的第一种成长方式基本上沿着这样的路径：资产规模→规模经济→成本优势→质量优势→广告营销→管理改进→品牌成长。但这种品牌成长的方式需要大量的时间成本。在上一节内容中我们谈到时间成本对中国制造业总成本的影响，于是有的企业开始选择较快的第二方式——合资品牌。

　　合资方式大行其道是本世纪初，如北京的现代汽车模式。但这种方式一般意义而言是启动市场快，但合作模式留下的隐患却值得注意。于是，2006年10月24日，上汽集团在收购英国老牌汽车公司罗孚汽车的核心知识产权后推出的中高端品牌"荣威"，这种品牌跳跃式发展让国人眼睛一亮。因为"荣威"模式改变了传统品牌合资合作模式中以获得技术为主要目的发展道路，上汽集团收购的是对方的知识产权。

　　第三种品牌成长的战略是收购国外品牌。

　　为什么说收购品牌战略是一种既经济又快速的发展模式呢？先看经济性的一面。以中国汽车在海外市场销售为例，一辆华晨尊驰的售价在2.1万欧元左右，一辆骏捷的售价是1.8万欧元。这两个价格都比国内贵出50%~100%。即使是这样的价格在欧洲市场也是有价格竞争力的。再比如说，一般欧洲的SUV均不低于2万欧元，只有中国的陆风卖1.7万欧元，颇具竞争力。

　　但是，欧洲、中东、南美等国家的经销商从中国汽车身上得到的批发价让人大吃一惊。如在南美市场卖3万美元的奇瑞东方之子，实际的批发价只有几千美元，经销商的利润非常丰厚。而在埃及，天津一汽进出口公司总经理苏连元先生提供的数据是，中国汽车的实际售价假如是5000美元，那么实际批发价是3000美元；如果国内企业竞争时互相压价的话，可能实际批发价只有2000美元，经销商有3000美元丰厚的回报。如果我们尝试着采用上汽集团收购品牌的战略，那么我们的制造能力再加上我们收购的欧洲品牌（或其他本地品牌）自然会顺利通过各种壁垒。既然欧洲品牌能在中国OEM，为什么我们不能逆向操作呢？

　　也许有人说，收购国外品牌需要大笔资金，小企业能收购大企业吗？联想收购比它大10倍的IBM公司的个人电脑业务，说明了这条路途是2005年品牌国际化的捷径。

　　毕竟不是所有的企业都像上汽集团和联想那么具有雄厚的经济实力，对于大多数中小型企业的品牌战略而言，收购国外有技术特色、有品牌文化内涵的中小企业也是一种选择。2006年6月，广东省中山市一家产值只有几亿元的琪朗灯饰厂走的就是收购国外品牌的捷径。琪朗八年来一直是为国外品牌做OEM或ODM，当它想推出自己的品牌时，它发现意大利威尼斯这个生产闻名全球的手工奢侈品灯的地方有那么多作坊式的小工厂，其中有一家有着百年传统工艺的工厂叫MOOLLONA，其精湛的工艺品艺术曾得到意大利总统的赞扬。MOOLLONA 手工水晶饰品曾经作为国礼被意大利总统送给来访的嘉宾。当中山琪朗公司表达收购 MOOLLONA 意向时，对方开价还不足 100 万欧元。于是一种新型品牌合作模式诞生了，中国制造的质量优势和成本优势，加上 MOOLLONA 的技术和品牌优势，共同产生了市场合力，同样质量的灯，MOOLLANA 的品牌文化底蕴在中国老板手中更加发扬光大。2007 年 10 月 19 日在中山市古镇国际灯饰博览会上，MOOLLONA 的亮相轰动了中外客商。本人作为 MOOLLONA 的品牌战略总设计师，在会上做了关于"中国制造业如何快速走向国际化"的演讲。

如想获得国际成长又想节省时间成本，不妨试试第三种策略。

中小企业，尤其是在行业内尚属后起之秀的企业，在品牌成长的战略设计时，**要考虑到规避依赖传统渠道的传统赢利模式**。

中小企业要想获得快速的品牌成长，必须打破行业内已成规矩的游戏规则，用全新的商业模式来吸引顾客，从而达到隐藏利润的品牌发展模式，也是品牌成长中第三方策略的内置性的选择。如基于 IT 技术的电子邮箱可以免费使用，即时通讯、搜索引擎、视频分享、网络游戏均可以免费使用，这是 web2.0 行业的隐藏赢利模式的方法。这些公司是靠与用户点击页面分成和让用户收看广告从而获得免费服务的赢利模式。现如今那些精明的软件经营者又在考虑把这种模式复制到杀毒软件行业。他们认为用户群更为庞大的单机版杀毒软件，为什么不能对个人用户彻底实现免费呢？

案例 6-6　杀毒软件进入免费时代

9 月下旬，趋势科技新任大中华区总裁张伟表示，趋势科技正在考虑免费让用户用杀毒软件及每天的升级服务，公司不收取任何费用；只是通过查毒、杀毒的时候推送广告到杀毒软件的界面上去，这样既不影响用户查杀病毒，又可以起到广告传播的作用。

相对于瑞星、江民、卡巴斯基、诺顿这些国内外杀毒软件大佬而言，趋势科技在单机版杀毒软件方面不过是一个后起之辈。但这种"免费"的尝试，却扯动了杀毒软件厂商最敏感的神经。

按照趋势科技公司 CEO 陈怡桦的理解，再怎么拼命卖软件，也比不上卖广告那么挣钱。趋势科技单机版在中国市场多年的销售状况表明，要想从个人用户身上赢利，缺乏渠道资源积累，很难敌得过瑞星、江民等本土公司。

该公司并未否认，此举是因为趋势科技单机版杀毒软件在中国市场份额过少的无奈之举。目前该公司也正在与国内几大 PC 厂商洽谈预装合作，将通过此形式为用户提供至少一年的免费服务。

一度战略

尽管业界争论的声音一直不曾停止，但传统通用软件向互联网服务模式的转型却是大势所趋，江民、瑞星、金山无不积极布防网络业务。

此前百度杀毒频道推出免费正版的在线杀毒服务，也是与江民、金山两家公司合作，通过在用户搜索出的相关页面上引入广告，将收入与杀毒厂商分成。

事实上，就连软件行业的巨无霸微软公司，近些年来也一直在苦寻新的发展模式。微软的产品盗版率全球第一，致使该公司蒙受了巨大损失，微软也多次放出风声，称打算将操作系统和办公软件免费让给用户使用，收取每隔一定周期的升级费用，这样可以最大程度打击盗版行为，也使原本高高在上的售价能更容易被用户接受。

资料来源：《新京报》，2007年10月10日。

案例6-7　电盟能源：和用户一起分钱

重庆电盟能源管理有限公司主营业务为节能服务，2006年在节能服务方面营收达2000万元。

核心逻辑：向用户提供节能服务，从用户的节能费用中赢利，这是国际流行的EMC模式。而电盟能源则在该模式基础上进行了本土化创新，实现了"用户不掏钱，反而可以同投资商一起分享节能效益"。电盟能源是一家位于节能行业产业链前端的节能服务提供商，致力于中国节能产业资源整合，为酒店业提供能源解决方案，节约能源，效益分享。

资料来源：《商界评论》，2007年第9期。

案例6-8　"企鹅号"航母

腾讯科技深圳有限公司，主营业务为互联网业务，2006年腾讯总共实现了28亿元的营收，位居中国互联网之首。

核心逻辑：小企业逐渐搭建起了大平台。拥有了网上最庞大、最忠诚的用户群体，腾讯有资本也有胆量向所有有前途的互联网服务领域出击。腾讯以IM为核心依托，以QQ为平台，低成本地扩展至互联网增值服务、移动及通讯增值服务和网络广告。其中，门户QQ.COM现在稳居流量第一，拍拍网业界第三，SP排名前三，休闲游戏业界第一，网络游戏稳居前五。虽然单项业务并非都是第一，但总体实力却是无出其右。目前，基本所有优秀互联网企业所经营的网络服务，腾讯都有涉足，而且来势凶猛；甚至腾讯一度被戏称为互联网企业的"全民公敌"。

腾讯就是以其开发的免费QQ这一新兴即时通讯工具吸引了大量的网民参与者后，才使后来持续赢利成为现实的。

资料来源：《商界评论》，2007年第9期。

案例6-9 中国银行

2006年9月6日起,中国银行与搜狐公司在北京联袂推出"长城ChinaRen联名卡",这是国内银行业第一张网络社区联名卡,除具有中国银行长城借记卡的所有储蓄理财功能外,还可同时拥有搜狐及当当网提供ChinaRen校友录星级会员体验、搜狐VIP邮箱体验、专属VIP购物优惠(适用全场300多万种商品)等服务。

资料来源:搜狐财经网(http://money.business.sohu.com)。

第五节 渠道和沟通的第三方策略

渠道创新是在规则内创新,还是在规则外创新?创新的成本究竟有多高?

我们听到那么多渠道创新学说,要么是虚无缥缈的,不切实际,要么是新瓶装老酒被人识破。为什么创新这么难呢?

对于打破约定俗成的思维定势,学者没有勇气,企业家不敢实验,归根到底是创新的成本问题,而不是想不想创新的问题,构思一个更低成本、更多收益的渠道创新路径是本节讨论的重点。

"马屁股定律"

你现在经常看到的铁路,在两条铁轨之间恰好是标准距离4.85英尺。这个奇怪的标准为什么有零有整呢?因为这是英国铁路的标准。全世界的铁路最初都是英国人建的,所以就沿用了这一标准。

英国的铁路标准是怎么来的呢?英国的铁路最初是由造有轨电车的人设计的,而有轨电车就是4.85英尺这个标准。由于最开始的有轨电车是造马车出身,所以这个标准就是马车的轮距标准。而马车的轮距标准是从罗马战车的标准中得来的,过去英国的许多老马路都是罗马人为战场通过的罗马战车铺设的,4.85英尺正是罗马战车的宽度。

那么罗马战车为什么是4.85英尺宽呢?原来,这是两匹马并排拉战车的马屁股的宽度。于是,这么多现代化的铁路,它们的铁轨就这么不明不白地定格在马屁股的宽度上了。

现在企业的渠道战略也陷入了"马屁股定律"中而浑然不知。比如我们在设计渠道战略时常会问:究竟是建立自己的分支机构呢,还是发展代理商呢?

是使用公司的推销队伍销售量大呢,还是使用代理商销售量大?也许多数营销经理认为,使用公司的推销队伍销售量大。公司推销代表完全致力于本公司的产品,他们在推销本公司的产品方面受过较好的训练;他们更富有进取心,因为他们的未来与公司的成功密切相关;他们更可能获得成功,因为顾客喜欢直接与公司打交道。还有,自己的销售队伍更容易反映市场竞争的信息,更快地反馈顾客的需求,所以优点更多。然而,推销代理商也可能比公司推销队伍的销售量大。第一,推销代理商有30个推销代表,不是10个;第二,代理商的推销员可能和直接推销员同样积极(这取决于推销该产品的佣金是多少);第三,有些顾客喜欢和代表几家厂商的代理商打交道,而不喜欢与某一个公司的推销员来往;第四,代理商与市场有广泛的联系,而公司的推销队伍则必须从头做起;第五,代理商与地方政府、媒介有着密切的联系,更容易发动公关攻势。

在如何选择铁轨的左边还是右边上——反正条条道路通北京——菲利普·科特勒先生选择哪一条方案更加经济?他是这样分析两种方案的经济性原则的。

利用推销代理商的固定成本,比公司组建自己的推销办公室低。但是利用代理商的费用增长很快,因为推销代理商的佣金比公司推销员高。最后一步是比较销售量与成本。如图6-35中所示,在某一个销售水平上(B_s)两种渠道的销售成本相等。当销售量小于B_s时利用推销代理商较为有利;当销售量高于B_s时,利用公司推销机构更为适宜。因此,小公司或者大公司在某一个销售量很低的较小的区域内,都倾向于利用代理商。

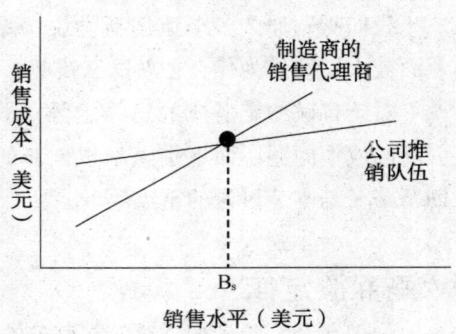

图6-35 关于选择公司推销员和制造商销售代理商的损益临界成本

然而,代理商是一个独立法人的公司,公司追求的是利润最大化。代理商关心的是带给他利润的顾客是谁,而不是品牌价值和顾客价值的最大化。代理商代理的未必是一家企业的产品,所以,哪家企业的产品畅销,它就会为这家企业更卖力吆喝。代理商常常喜欢观察等待,好像一个浇地的农夫,拿一个木桶等着接从天上掉下来的雨水;哪块云彩有雨,他就把木桶放在哪里。尽力减少投入、扩大产出,是代理商的正常商业逻辑,在这一点上,无可厚非。

相反,在营销渠道的管理决策上,菲利普·科特勒陷入"马屁股定律"中不能自拔。他的关于"小公司或者大公司在某一销售量很低的较小区域内都倾向于利用代理商"的结论,和他提出的"代理商逐利性"原理自相矛盾。因为,己所不欲,他亦所不欲也。

如何解决这个难题呢?

"左手手套"的故事

也许"左手手套"的故事能启发大家如何"通关"。

世界贸易史上有一个著名的"左手手套"的事件。话说美国的海关管理十分严格,想蓄意逃避海关比登天还难。但恰恰让一个进口商得逞了。按美国的海关关税,进口法国产的女士皮手套需要征收高额进口税。有一位进口商从法国购买了一万副女士皮手套,他把每副手套一分为二,将一万只只有左手的手套发往美国。货到美国海关后,他就是不提货。根据美国法律,对于无主货物需要做拍卖处理。由于这批货只有左手手套,毫无商业价值,所以只有这位进口商中了标。这样他以极低的价格成功逃过美国海关。在美国海关眼里,这批货根本不值钱,所以拍卖时它的起拍价很低。

美国海关也不是一群窝囊废,他们在想,会不会将有一批右手手套上岸呢?他们在耐心等待下一批一万只右手手套,如果证据确凿,他们将严惩那位进口商。不料,那位进口商早料到海关会这么想,他把另外一万只右手手套装成5000盒,每盒装两只右手手套。他指望,海关官员一定会认为,一盒装两只手套,肯定是左右手各一只。

他猜对了,海关人员再次被他蒙混过关。这样的话,那位进口商只交了5000只右手手套的关税,由于拍卖时付的费用很低,等于他节省了一半的关税的钱而成功逃过审查最严格的美国海关。

并非只有那位进口商有如此高超的智慧,中国的洗护发市场的丝宝公司近期上演了一场成功逃脱"红海"的经典案例。在洗护用品市场,以联合利华和宝洁为代表的渠道代理制模式,与中国的丝宝公司为代表的销售队伍自主渠道模式,这两大模式一直在进行激烈的较量。透过以下案例,可以看到丝宝公司未来的战略变革。

继2003年欧莱雅收购小护士之后,国内日化界最大的一起并购行为日前尘埃落定。

2007年10月2日,德国拜耳斯道夫公司发布公告称,出资3.17亿欧元(约33亿人民币)购入丝宝国际集团旗下丝宝日化85%的股份。根据协议,拜耳斯道夫还拥有一项优先权,日后收购丝宝日化剩余的15%、市值至少4750万欧元的股份。

中国的洗护发市场目前年销售额约200亿元,基本形成"两宝一华"的格局——70%的市场被宝洁、丝宝和联合利华三家瓜分,其中宝洁份额最大。拜尔斯道夫加入后,这一领域的竞争优势必会进一步加剧。

业内对于丝宝日化被收购一事显然早有预料。知名日化营销专家、亚洲PHPC咨询有限公司总经理谷俊对《第一财经日报》表示:"今年年初舒蕾十年庆的时候,一

一度战略

贯走终端路线的丝宝大张旗鼓地投放广告和更新包装，可能就是力图革新的先兆。"对于约33亿元的收购价格，谷俊认为"比较合理"，"巅峰时期丝宝日化的销售超过20亿，近几年虽有所下滑，十几亿的水平还是有的。"

丝宝日化CEO吴勇男在内部刊物《丝宝风》上阐释了这种"一致性"：拜耳斯道夫对丝宝成熟的终端营销模式、稳定的管理团队和销售队伍及品牌价值非常认同。

在被收购前的数十年里，丝宝一直堪称国内日化企业的一面旗帜。在竞争激烈的洗护发市场，在与以宝洁为代表的外资巨头鏖战中，丝宝不倒的法宝，就是它独创的并赖之在日化巨头重围下杀出血路的"终端营销"策略。

20世纪90年代，中国商业流通渠道逐步发生了变化。批发渠道由于体制改革滞后，开始不断萎缩，同时其多级分销的特点存在着距消费者过远、不易控制和效率低下的弊端。丝宝日化敏锐地察觉到，率先跳出批发渠道，采用自营、直供、直管的模式，逐步建立起渗透全国一、二、三级市场的营销网络，对主要的零售终端进行供货与管理。

"在实施该策略后的几年里，我们创造了一个每年以40%速度增长的'丝宝神话'。鼎盛时期，超市的货架淹没在一片舒蕾红中，各类花样百出的现场促销活动也是热闹非凡。""丝宝的一位内部人士回忆说。就这样，在其他竞争对手还在电视广告上短兵相接的时候，舒蕾于2000年坐上了宝洁重兵设防的城市洗发水市场的第二把交椅。到2001年，丝宝日化的年销售额达到了22个亿。根据丝宝集团提供的资料，目前丝宝日化在全国拥有10大销售片区、60个办事处、1600多名业务骨干和超过10000人的促销员队伍，构成了中国日化企业中最为庞大的终端营销体系。

然而，由于竞争对手的跟进模仿，终端资源的稀缺性所导致的终端资源获取成本的增加、零售企业议价能力的提升，从某种程度上大大削弱了终端资源的赢利能力。作为终端营销模式的开创者，丝宝日化旗下四大品牌的销售额和增长速度也受到了一定影响。

杨勇表示，在引进拜耳斯道夫后，终端营销在丝宝日化的地位不会被削弱。不过，基于以往积累下来的市场经验和教训，新的丝宝日化也会加强在线上广告的投放力度，"毕竟，两者都不可偏废"。

此次显然是丝宝日化在市场营销上开始"两条腿走路"的一个契机。拜耳斯道夫将向丝宝日化派出两类人员，一类是产品研发人员，另一类是品牌管理人员。

细心的人士不难发现，在此次收购中，丝宝集团旗下的个人护理品牌"洁婷"并不在协议范围之内，而是被单独剥离出来成立了卫生用品事业部。杨勇也承认："根据我们的市场调研，在卫生用品和生活家居领域，丝宝集团还有很大的发展空间，也是我们将来重点发展的方向。"据悉，新成立的卫生用品事业部，产品线将囊括卫生巾、消毒纸巾、面巾和空气清新剂等诸多领域。

"虽然洁婷近几年一直呈两位数的增长，但集团高层对此并不满意，把它从原有渠道剥离出来，也是为了其更好的发展。"杨勇透露，丝宝集团未来主攻的卫生用品和生活家居领域，将是一片新的"蓝海"："我们的产品概念将和市场现有的不同。比如空气清新剂，并不是简单的香型喷雾剂，而是通过对空气中异味的分解，在家中营造出一种类似森林中的清新感觉。"

资料来源：《第一财经日报》，2007年10月8日。

本人曾经仔细研究过丝宝的终端模式，发现丝宝终端模式中有一种典型的中国营销的痕迹，丝宝的终端策略DNA是不能被竞争对手复制的，如它把终端分为软终端和硬终端（见图6-36）。这种终端的划分方法的首创者并不是丝宝，而是三株口服液；1997年的三株口服液运用同样的终端策略，把销售收入做到80多亿人民币，行业内的竞争对手同样无法复制。

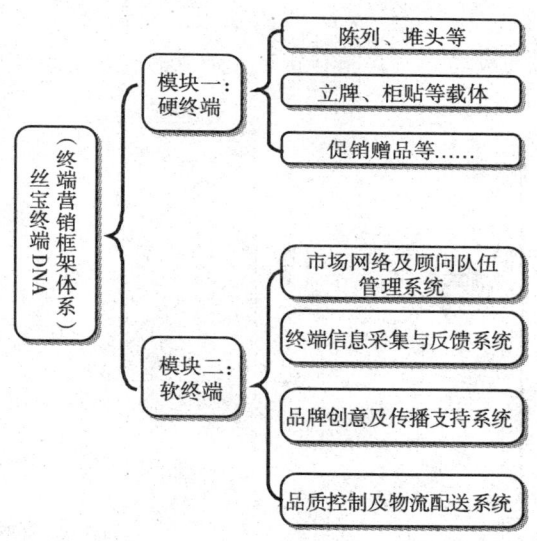

图6-36　终端营销框架体系

我想，德国的拜耳斯道夫并非那么傻，它为什么要花33亿人民币那么大的价钱收购丝宝呢？因为丝宝的渠道模式让竞争对手很难复制。因为稀缺，所以珍贵。但是，为什么丝宝愿意把一个财源滚滚的金蛋卖出呢？分析其内在原因，有三条值得重视：

1. 从巅峰时期的年20亿元收入降到十几亿元，丝宝对单一渠道模式产生危机感。

2. 融资后既可以实现两种渠道模式和推广模式的融合，还可以借外资渠道进入国际市场。

一度战略

3. 更为重要的是第三个目的：保留"洁婷"这个品牌是为了探索使用另一种渠道模式实现"第二个丝宝"的商业奇迹再造。

那么"洁婷"要使用的第三种渠道模式是什么呢？几乎可以肯定的是，善于创新的丝宝公司一定不会走过去的老路，在一个知识经济、信息经济、网状经济时代，以"个人卫生空间"为主要诉求概念的洁婷，完全可以从代理制和销售队伍自主销售的两大渠道模式中创新出第三种模式。

骆驼的教训

有一则寓言说，一头骆驼要驮盐渡河时，不慎在河边摔了一跤，跃进水里，盐被融化了许多。当骆驼站起来时，感到轻松了很多。骆驼非常高兴，以为获得了偷懒的经验。后来又有一回，它驮了棉花上路，以为再跌倒可以与上次一样。于是来到河边时，它故意跌倒在水中。可是棉花吸入水后变得更重，骆驼非但站不起来，而且一直向下沉……

两种模式，虽说会成功，但并非有新意。企业的未来价值在两种模式之间有很大区别（见图6－37）。

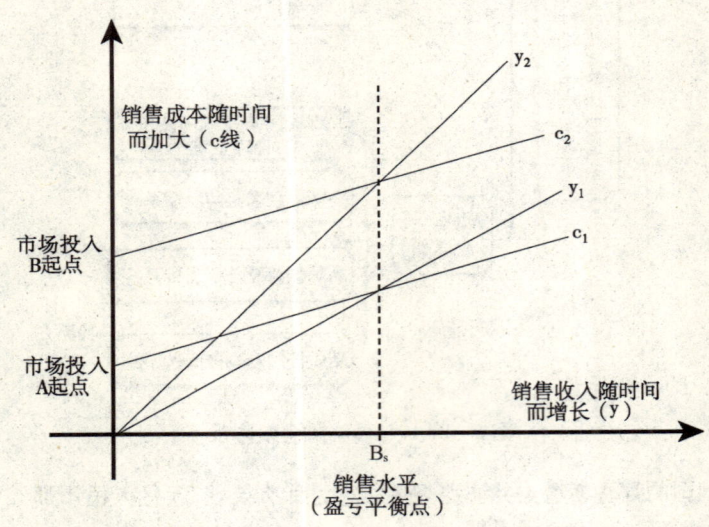

图6－37 比较两种渠道模式的企业未来价值

注：（1）A点代表销售队伍渠道模式的投入起点，B点代表代理制模式投入起点。
（2）C_1点代表销售队伍模式的收入线，Y_1代表这一模式下的支出线同样道理，C_2和Y_2则代表代理制模式下的支出和收入。
（3）B_s代表市场投入产出的盈亏平衡点。发现A和B在基本相同的时间里到达B_s点。

(4) 显然在投入线 C_1 和 C_2 保持平行的状态下，始于 B 模式的收入线倾斜角越陡，说明在到达 B_a 点之后，以 "代理制＋品牌广告" 模式的利润区更大。

(5) 在劳动力成本的年均增幅超过广告费的平均增幅的时代背景下，比较而言，走品牌路线的代理制渠道模式的企业未来价值大于走终端各路线的销售队伍渠道模式下的企业的未来价值。

正是丝宝在战略上的智慧，使它考虑自己的发展模式如何和企业的未来价值战略相吻合。

一个可能的思路是，把眼睛盯住网状经济条件下的渠道变革对企业未来价值产生的影响。

未来型的企业将越来越不满足仅仅把目光盯住供应商、分销商和终端顾客，而是检查生产过程的零配件改良措施、销售环节和供应链改善措施，以及包括互联网在内的新媒介工具对宣传成本和顾客价值变迁所造成的综合影响。重新评估并仔细检查的目的是为了企业获得整体标准改善，而不是局部价值修补。

首先，请营销人员了解今天的信息高速公路所形成的信息渠道是由什么构成的。它是七种公司的有效配合：内容型公司（迪斯尼、时代华纳、国内唱片公司、国内各种电影电视制作中心）、消费设备型公司（诺基亚、索爱、苹果、TCL、波导）、零部件公司（朗讯、思科恩）、渠道型公司（AT&T、中国移动、中国电信、中国联通）、消费提供型公司（Google、百度、新浪）、生产提供型公司（阿里巴巴）和关联性公司（文化出版、商业娱乐）。

其次，与信息高速公路配套的是物流型公司，包括专业物流服务型公司、知识产权型中介公司、法律服务型公司等。

最后，请注意观察，信息流和物流的高速运转对企业的内部价值和外部渠道价值产生了什么样的巨大影响：

(1) 批量增长；
(2) 顾客等候时间变短；
(3) 渠道空间便利；
(4) 产品宽度扩大；
(5) 渠道搭载信息；
(6) 媒体成为渠道；
(7) 直接销售成为可能。

以上七种结果对渠道的影响不是传统营销学中的渠道变长或是变扁，而是哪些渠道将消失，哪些渠道将改变功能后活下来，哪些渠道是新增。

信息和物流等服务介质的推动，不仅仅是作用于渠道结构的改变，还将深深地影响渠道模式的选择和渠道建设中投入产出模式的深刻变化。未来的渠道模式在投

一度战略

入产出的企业效能上将会有三种基本变化（见图6-38，图6-39，图6-40）。

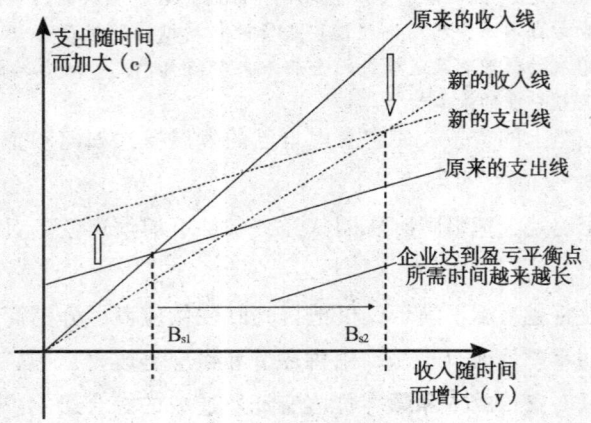

图6-38 第一种基本变化

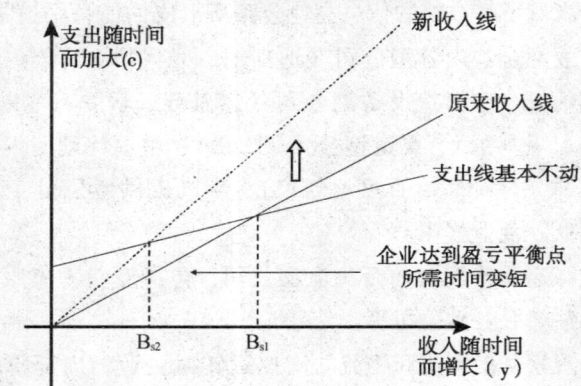

图6-39 第二种基本变化

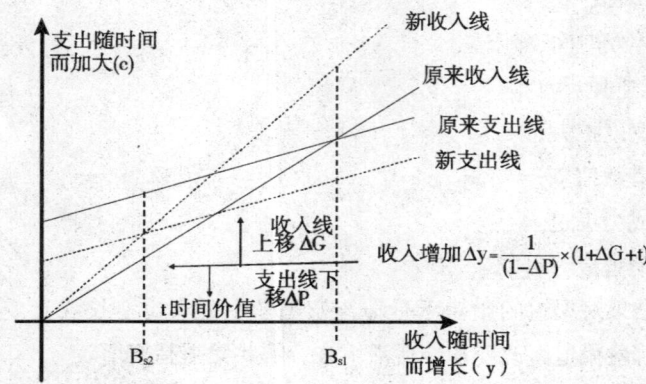

收入增加 $\Delta y = \dfrac{1}{(1-\Delta P)} \times (1+\Delta G + t)$

图6-40 第三种基本变化

假如是一家鞋厂，原来的支出是600万元，收入是1000万元，现在的收入是1200万元，收入增加20%，支出是500万元，支出减少17%，而时间价值的假设为0.25，增加的按照收入乘法公式计算：

按照收入增加 $\Delta y = \dfrac{1}{(1-\Delta P)} \times (1+\Delta G+t)$

那么

乘数 $\Delta y = \dfrac{1}{(1-17\%)} \times (1+20\%+0.25) = 175\%$

企业收入增加值 =（收入增加200万元 + 节支100万元）$\times \Delta y = 525$ 万元

可是表面上这家企业收入增加的绝对值是增加200万元和节支100万元之和300万元，为什么偏偏说企业增加值是525万元，这就是信息时代企业财富的乘法原理——在一个包括净增净减和时间概念在内的综合价值计算方法。

相反若假如这家鞋厂，原来的支出是600万元，收入是1000万元，现在的收入是1100万元，收入增加10%，支出是750万元，支出增加25%，而时间价值假设为0.2，同样按照收入乘法公式计算：

收入增加 $\Delta y = \dfrac{1}{(1-\Delta P)} \times (1+\Delta G+t)$

那么

乘数 $\Delta y = \dfrac{1}{[1-(-25\%)]} \times (1+10\%+0.2) = 104\%$

企业收入增加值 =（收入增加100万元 - 增支150万元）$\times \Delta y = -52$ 万元

看似现净收入也有350万元，但是企业的收入的增加值却是负值，时间价值既可以放大盈余也可放大欠收。

窗子和镜子的故事

有一位富翁去拜访一位哲学家，请教他为什么自己有了钱以后反而变得自私狭隘了。哲学家将他带到窗前，问他："向外看，告诉我，你看到了什么？"富翁说："我看了外面世界那么多汽车和人流。"哲学家又将他带到一面镜子面前，问："现在你又看到了什么？"富翁回答："只有我自己。"哲学家一笑说："窗子和镜子都是玻璃做的，区别在于镜子镀了一层薄薄的银膜，但就是因为这一点点银子，便让你只看到自己而看不到外面的世界了。"

创新是很艰难的，保守有时比激进更加狭隘。即便失败，激进至少也是一种尝试，下一次就会成功；而保守是永远不可能成功的。

我们已经习惯于把渠道分成垂直营销系统。水平营销系统和混合营销系统，但是这些传统的渠道战略是基于线性思维,因此并没有完全向新经济彻底转型。参考一个叫"CARRIS"的案例,看看渠道变革。

"CARRIS"的案例说明如下三项变革:

1. 新渠道 = "媒介广告 + 物流配送"。

传统的渠道战略中把媒介广告与终端促进的职能分开,而新渠道认为有很多商品适合于把两种职能合而为一。如此运营,一次性投资,既打广告树了品牌,又省下建实体终端的费用。

丝宝公司的个人用品洁婷不也适合这种策略吗?箱包、皮具、丝巾、手机、酒类、手表、玩具等都适合这类策略。

2. 新渠道的理论依据是消费者不仅需要把货铺到他们面前,而且还要铺到他们心里,而新渠道实现了顾客价值(见图6-41)。

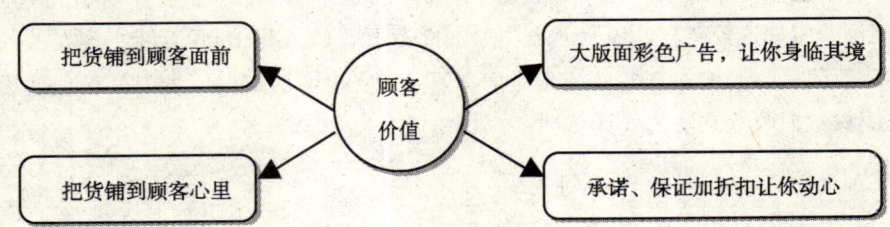

图6-41 新渠道顾客价值示意

3. 新渠道节省费用有赖于专业化物流公司的支持。

因此新渠道的成功建设需要:

——互联网的网上渠道和宣传;

——把传统媒介转变成渠道和广告功能的"超级二合一";

——互动性更强的传播媒介,如QQ、博客等也可实现上述功能;

——专业化准备,及时、便捷的物流体系;

——诱人的产品性价比弥补了新渠道较之传统渠道的劣势;

——电视垃圾时间"变废为宝"的电视直销也是一种尝试;

——由于口碑宣传的巨大作用,新渠道必须有高品质的产品和服务,而且定价要比传统渠道更有比较优势。

除了实物产品,服务业可否进入新渠道?请看车险是如何进入电话直销时代的。

2007年10月,国内首个专用于电话销售的车险产品正式诞生,中国平安保险公司在北京、天津、上海、深圳等28个城市全面推出其电话车险产品。车险电话直销这种在欧美市场已经渐成主流的新型营销模式正式登陆中国。此举也意味着,长久以来,车险销售主要依赖4S店等中介代理机构的局面开始演绎一场新的变革。

第六章 第三方策略

一直以来,车险市场的价格非常敏感,不少新进入的保险公司依靠压低价格、提高中介代理手续费等手段,希望快速在车险市场分得一杯羹。然而混乱的价格战、高额的赔付率却使不少公司陷入入不敷出的怪圈。

而现在,私家车主只要拨打400—8000000电话投保车险,保费可节省10%~15%,因此,平安电话车险最大的优势虽然也是价格,但是由于省去了中间环节,把保险公司支付给中间人或者中间机构的佣金直接让利给车主,使车主在体验便捷投保的同时,更享受到比其他渠道更低的价格。

一位业内人士分析,对于保险公司来说,财产险业务的七成在车险,车险业务近五成在个人非营业性车险。而在国外,个人非营业性车险的业务占比还要高。可以说,拿下这一块大蛋糕,对每家财产险公司都至关重要。除此之外,长久以来,车险业务的客户主要掌握在4S店等保险中介手中,保险公司在客户资料的掌握上,经常受制于保险中介;因此绕开中介,直接掌握第一手的客户资源对保险公司的业务拓展也非常重要。

此次中国平安推出首款电话车险不仅仅是产品上的创新,实际上更带来了销售渠道的变革。

事实上,电话车险在欧美等经济发达的国家早已成为主流。据麦肯锡研究显示,在美国,电销和网销的保费收入已经超过总保费的20%,到2010年将达到25%~35%。在欧洲,电销和网销增长强劲,且已实现赢利,传统业者再也不能对直销渠道熟视无睹。一些老牌的保险集团如安联、AIA等公司纷纷开始对新渠道的拓展。在亚洲的韩国,自2001年10月开始通过网络、电话销售车险,2005年1月市场份额已达到8.8%;预计2009年将扩大到37%,保费收入将达到37亿美元。

平安产险有关负责人介绍,国外的经验表明,直销这种模式以独特的市场、渠道以及产品定位,能够绕开中介的束缚,充分发挥新渠道的优势,可使业务得到长足的增长。国外直销经验包括这样几个要素:首先,为客户省钱,即去除中间环节,集中运营,以及精细化的、准确的风险选择。其次,标准化与规范化,通过高门槛、点对点运作,并制定统一的系统平台与标准化销售流程。最后,是高超的市场营销,通过持续大手笔的广告宣传、明显的卖点传播,以及丰富的营销手段,如直复广告、促销礼物、活动营销等。

平安产险有关负责人还表示,"电话车险的主要客户将以年轻人为主,他们是购车一族的主力军,由于工作比较繁忙,因此更容易接受便捷的投保方式。从目前的情况看,25岁以上的中青年人接受程度更高。我们的目标是占据全国车险市场10%的市场份额。"

平安车险根据自己服务客户的特征进行定位,突破传统车险销售的渠道模式,

一度战略

采取电话直销新的营销模式,由于省去了中间商这一环节,不仅让车主享受到便捷投保和更为优惠的价格,自己的营销成本也没有增加。因此这样的渠道创新模式是值得我们服务行业的企业好好借鉴的。

案例 6-10　物流体系中的冷链急需建立

2007 年 10 月 1 日起,国内关于"冷链物流"的第一个地方标准将率先在上海实施。冷链物流是食品运输中不可缺少的重要环节。食品从冷库运送到超市的时间短则几个小时,长则几天,在这个过程中如果不能保持稳定低温,食物往往会化冻腐坏。目前处于降低成本考虑,大多数国内食品企业都采用冰敷保温法,但化冻后食品的口味大打折扣。

"在冷藏运输过程中,温度波动是引起食品品质下降的主要原因之一。"北欧最大的冷链控制商丹佛斯中国策略发展总监李绍萍表示,"目前国内大多数食品的分销渠道没有严格的冷链控制要求,超过 60% 的零售商在接收到物品时不进行温度测量。"

对此,百胜中国区食品安全官居乃琥深有感触,他举例说,蔬菜必须全程控制在 0 摄氏度,水产和肉制品在零下 18 摄氏度环境下运输,否则产品有可能在运输途中有品质隐患;但是国内物流商无法做到。

国际制冷学会冷藏运输专业委员会副主席谢如鹤拿出了一份详实的调查数据:2006 年全国有实际运输要求的易腐食品达 4 亿~5 亿吨,但是只有 20%~30% 的数量实现了冷链运输;每年因为冷链物流的缺失,损失额可达千亿元以上。

美国冷链物流服务供应商世界速递,上个月起已将在华服务网络覆盖城市由十几个扩展到了 36 个,这项工作大约 1 年前就开始了。国内第二大物流企业中铁快运股份有限公司,也在 8 月份全国范围内向社会推出"门到门"的冷链快递服务。中铁快运副总经理冯石琦甚至表示,"预期经过 3~5 年发展,冷链快递的年营业额将达到 10 亿元,占到公司总收入的 10% 左右。"

而早在 3 年前,袁浩宗所在北京二商集团在国内开始的冷链业务上进行大力投入。作为北京最大的综合食品集团,北京二商集团现有的 11 座冷库存储能力达到 18 万吨,掌握了目前北京 70% 到 80% 的社会冷库资源,其中 95% 都是出租给各个企业或经销商。目前已建立了冷链物流配送平台,冷链物流业已经成为二商集团的四大主导产业之一。

袁浩宗表示,尽管二商有着近 80% 的冷链资源,但作为独立第三方进行冷链物流配送,目前仅占北京市场的 3%~5%,如果在国外这个比例能达到 70%~80%。

"你吃荔枝的时候,会不会发现,很多荔枝表面上看起来新鲜,但剥开后味道却不行？"袁浩宗一语道破其中的奥秘，荔枝和龙眼在南方运到北方，如果用冷链物流那么品质会有很好的保证。但是现在国内的情况是，把荔枝箱里放上冰块盖上棉被，到目的地打开看似没有什么区别，实际已不一样了。

不过好在各地政府已经意识到了冷链体系对保障食品安全的重要性，已经开始颁布涵盖冷链体系全部环节的标准文件。上海10月1日实施的《食品冷链物流技术与管理规范》是国内第一个食品冷链物流的地方标准。而有消息称，目前广东省也正在制定这一领域的标准，明年也有望推出。

资料来源：《新京报》，2007年10月10日。

改变人类历史的力量将是互联网应用和基因研究。如果说互联网研究的是人与人沟通的问题，那么基因研究的是人与自己沟通的问题。

沟通正成为世界性的话题。假如把终端模式的研究比作人类基因研究，毕竟渠道模式是企业战略中的核心支撑点，那么互联网就是研究如何实现产品和服务与外界顾客的沟通。本章节把渠道和沟通一并研究就是基于网状经济条件下世界是相互关联的。

渠道与沟通的关联性更强。 2006年《时代周刊》把"你"评为年度人物，因为互联网和使用者们正在以不可思议的热情进行信息参与、创造和分享。与此同时，网络也赋予了消费者前所未有的话语权，去评价、影响和决定企业提供的产品和服务。

网络让顾客希望通过更丰富有效的沟通途径获取价值，他们在个人和行业购买中广泛采用电子商务，即使线下购买，之前也会通过网络比较质量、价格和服务，使得整个购买决策过程更加透明，购买行为更加理性，信息更趋对称。为了使为顾客提供的服务更加便利，企业正在从传统的途径转向在线渠道。因为在线渠道提供了较低的成本和更好的服务质量，能够帮助企业更好地为客户提供服务，创造客户价值，从而提高公司的知名度和价值。

合作伙伴在网络经济中的意义也更加重要，因为企业不得不重新定义自己的核心竞争力。重建企业价值链的观点受到重视，像早年福特汽车所做的，包揽从橡胶种植园到汽车生产整个链条的高度垂直整合正在减少，越来越多的企业将他们的生产制造等流程外包出去，把订单分给别人，把利益分给别人，找到价值联盟。他们日益重视合作伙伴"生态系统"的重要性，因为最成功的玩家意味着拥有最强大的产业链联盟和价值联盟。而信息通讯技术正是连接这一生态系统的基础，它使得高度外包、按需供货和精益生产成为可能。

随着年轻一代进入企业的员工行列，发展新的网络通讯对企业来说成为一个更为紧迫的问题。在美国，被称为"千禧一代"（Millenials）的人正在成为就业主力，

一度战略

他们与网络共同长大。中国的网民 2007 年已发展到 2.6 亿人,网络是新一代学习、工作、娱乐和生活的空间,对他们而言,电子邮件是基础入门工具,博客人人都有,而视频通讯则深受追捧;他们愿在能够提供这样的通讯工具的企业工作,而不愿忍受传统、过时通讯工具的束缚。

关注 1%

如今很多企业说,每年的广告费用中有 80% 是浪费的,这说明企业做了大量市场工作却有一半以上的沟通是无效的。当我们集中关注那些 80% 的目标客户和 20% 的潜在客户时,是否应该更多地注意其中 1% 客户中的"意见领袖"。这些极少数的"小众",影响并改变着大众的意见和行为。在实践操作中,我们也发现任何新产品、新技术的市场普及与推广过程中,都渗透着那些 1% 极少数"意见领袖"的非凡影响力(见图 6-42)。

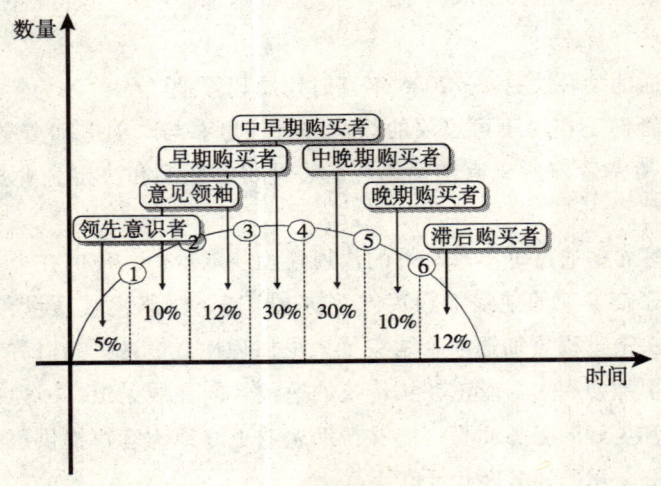

图 6-42 新产品出现时与消费者沟通时间路线

2002 年 8 月,"博客中国"(blogchina)开通,开始了博客在中国的全面启蒙和推动。2005 年 10 月 25 日,明星徐静蕾正式在新浪网上"开博",笔名"老徐"。很能写的徐静蕾没浪费自己的明星效应,不到 4 个月,"老徐"博客的点击量已经突破千万,点击量仍在以每天数十万的惊人数字攀升;徐静蕾每天书写的那点儿小感想,后面都有好几千条的点评。

博客进入中国的这五年间各大门户网站已争先恐后地穿上了博客的盔甲,江湖上杀机四伏。从新浪某名人博客点击率过千万,到参加"两会"的代表委员纷纷开设个人博客,了解社情民意,"博客"这个号称第二代互联网标志的新兴事物正在中国由"小众"走向"大众","博客经济"也开始浮出水面。

博客早已成为了部分高端人群发表评论意见的最新载体,而这些有相当"话语权"的人群意见影响力也有愈来愈大的趋势。这种影响力已被一些精明商家盯上,部分厂商也开始特意关注博客,搞起了博客营销。

据报道称某葡萄酒公司就与专业博客传播平台博啦网合作,通过该平台在博客红酒爱好者中组织了一次大规模的红酒新产品免费体验主题活动。公司把红酒送到博客们手中,博客作者们体验新产品后,纷纷在其博客上发表了对其产品的口味感受和评价,并迅速在博客圈内引发了一股关于该种干红的评价热潮。

据该公司负责人介绍,此次评价热潮给他们带来如下收益:

1. Google 搜索这家公司的相关项目由原来的 500 条增至 2 万条,而只用了短短两个月时间。在这两个月中,"估计有 30 万人通过 Blog 开始知道这家公司"。企业得到了宣传和推广,创造了隐形收益。

2. 他们的葡萄酒销量翻倍了,大有现实收益。

而带来上述效应的原因并不简单。一份来自中国消费者协会的"广告公信度"网上问卷调查结果显示,70% 的网民对商业广告不信任。这种对广告公信力的怀疑直接导致了各种经验交流平台的兴盛。很多年轻人购买某种商品之前,都要事先在网上与众多使用者交流一下经验。而博客的相对高端的定位和口口相传的"口碑"式传播,以及对相关的产品、服务、热点进行个人化的体验、感受以及评价,则恰好满足了人们的需要——传统商业广告让人们无所适从带来的"空虚",正好被博客营销所利用。

博客营销强调的是互动、意图、身份识别和精准。而商家开展博客营销的目的,就是希望把营销的本质回归到口口相传的口碑式营销上来,强调互动传播,强调小众传播影响大众传播,让传播的效应从数字上的成功转移到传播的质量上来。

在大众传播日益下降的今天,抓住那些 1% 的"小众"会引起意想不到的沟通效果。

公关沟通创造价值

在过去的 20 世纪中,广告的威力在市场营销中几乎整整影响了一个世纪。无论是新产品上市、市场拓展、企业招商、渠道构建、打击竞争对手,广告凭借其猛烈的攻势横扫了营销的各个领域。广告的无所不及给人们造成的潜意识就是广告无所不能。然而,任何一种营销理论的适用都有其特定的市场背景,广告的盛行也对应着特定的营销年代。随着资讯信息的大爆炸、消费者消费观念的更新、市场竞争形势的变化,广告的影响力与营销动力正在日趋减弱。广告边际效应的下降则加重了企业的成本，而在品牌构造、提升企业美誉度等方面，广告更是显得力不从心。

而在21世纪信息爆炸的今天，消费者更是被动地接收来自商家的铺天盖地的信息，但当广告逐渐演变成他们生活中挥之不去的梦魇时，他们开始憎恶并且排斥这些信息，网络广告和电视广告屏蔽器的盛行就是最好的应证。

正是在这种背景下，介于广告与人际沟通之间的沟通的第三种方式——公共关系（Public Relation），就作为一种营销利器（见图6-43），在许多方面开始代替广告在市场上纵横驰骋。如果把市场营销比喻成一次攻城掠地的争抢战，广告就如枪弩炮弹，依靠着狂轰乱炸向目标堡垒发起猛烈进攻，力求以武力屈人之兵；而公共关系则如怀柔政策，运用多种手段的配合，以目标对象最容易接受的方式，动之以情，晓之以理，最后以最低的成本达成最佳结果。事实表明，广告的强迫性不仅令信息传播成本日渐上升，也令传播效果不断下降。而公关则凭借对消费者心理需求的细微洞察，以及传播方式的精准巧妙，顺利地完成了许多广告无法实现的目标。事实上，广告强势年代的结束，就是公共关系主导营销时代的到来。

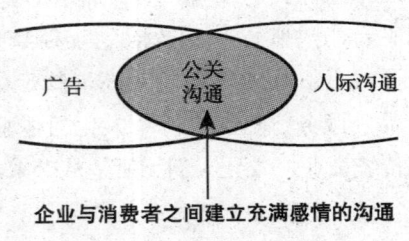

图6-43 广告与人际沟通的第三种方式

从营销的角度分析，造成广告力不从心的原因有三方面：

1. 广告营销的模糊化

"公关像钉子，广告像锤子。"这是美国著名营销专家阿尔·里斯在《广告的没落和公关的崛起》一书中提出的生动比喻。广告之所以像锤子，是因为广告的受众是一群没有清晰面孔、没有性格、千人一面的公众，所以广告要达到某种结果，靠的是"量"的轰炸，而不是准确地瞄准。而公共关系却习惯把打交道的人分成不同类型，按照每一种人的特点分别进行不同方式的信息传播与说服，所以效果明显。

2. 广告传播方式的单一化

市场营销已经从单向的信息传播慢慢向双向信息沟通过渡。消费者渴望了解产品或品牌背后的人与故事，从这种深入的了解中，消费者与产品或品牌建立成一种互动的情感联系。这种情感上的沟通往往决定了产品或品牌的最后成败。

广告特有的传播方式，决定了其只能是一种单向的信息传达，在满足消费者心理诉求、建立与消费者的情感联系上，则显出力所不及。公关则可以借助新闻传播、专题报道、现场活动、座谈会等方式，全面而系统地将消费者希望了解的东西一一传达给他们，从而令消费者对品牌产生深层次的认可。

3. 广告无法应对危机管理

假酒、劣质奶粉、有毒粉丝……从产品质量危机到行业信誉危机，从来没有一个时代像今天一样，每一个行业蓦然发现自己原来被重重危机所包围。

广告本质上只是信息表达的手法，根本无法应对危机的预防、发生以及如何在发生之后迅速降低其负面的影响。在今天这个危机四伏的时代，企业如果没有足够的危机应对能力，必然无法顺利发展，而广告的功能根本无法承担此项重任。

广告的软肋在于其表达方式只是企业对消费者的概念与信息的灌输，公共关系则谋求在企业与消费者之间建立充满感情的沟通；广告鞭长莫及的地方在于需要与消费者、社会、媒体、政府机构进行沟通的方面，如品牌塑造、美誉度与信誉度的建立、危机管理等，而公共关系的特性令其能顺利完成这些重任。

公关沟通主要有新闻公关等多种形式，在越来越多的企业运作中发挥出巨大的作用，能帮助一个品牌和一个行业走出困境，给企业乃至整个行业创造不可估量的价值。

新闻，可不是简单的商业报道

公关沟通的一个重要形式是新闻公关（News Public Relations），它可以有力地提升品牌价值。美国管理权威德鲁克（Peter Drucker）坚信，未来营销界将是以公关为导向的品牌传播时代。在他看来，任何新的品牌传播方案都应该从新闻公关入手，通过新闻公关去塑造知名度，进而建立企业的美誉度，最终达到提升企业品牌价值的目标。而在这方面，格兰仕便是杰出的代表。

格兰仕利用其对媒体的深度把握，不断通过新闻报道、专题介绍等方式传播有关格兰仕代表着行业最新技术、引导行业未来走向以及格兰仕规模化生产给消费者所带来实质性回报的良性信息。同时格兰仕副总经理俞尧昌亲征一线，频频出席各种财富论坛、行业高峰会、企业对话等专题会议，谈论有关格兰仕的种种话题，不断制造新闻点给传媒和民众。

通过出色的新闻公关，格兰仕多角度、全方面地向社会展示了一个成熟企业的魅力：对于同行业的竞争对手，格兰仕是一个占全球微波炉生产总量超过70%的实力派对手；对于消费者，格兰仕是一家不断探索技术进步、通过规模化生产降低产品成本的责任型企业；对于中国企业界，格兰仕是中国企业迈向世界竞争舞台的成功典范……

市场营销的本质不是产品的竞争，而是认知的竞争：某种产品在消费者心目中"是什么"远远重要过其实际上"是什么"。这就决定了企业之间最高层面的竞争不是产品功能的竞争，而是企业品牌力（Brand Strength）的竞争。从格兰仕的成功发展史中我们可以读出公共关系所塑造出来的品牌力对企业发展的推动作用有多么巨大。

互联网改变的还远不止这些。互联网以成本更低、速度更快、内容更多的沟通方式影响企业战略中对市场投入模式的思维方式。互联网收益最大化、支出最小化的财富乘法方式还影响着对市场投入模式的思维方式。还将影响着更多的基于IT技术的公司。

中国在NASDAQ上市的SOHU、网易、新浪的股票能在最近不到一年的时间内涨幅惊人，这要归功于对未来业绩的良好期望而促进在NASDAQ"盘小是金"股价的攀升。业绩回归的本质在于网络的赢利模式与传统经济的渗透和结合，网络经济的运作本质与规律来寻求获得更多的网络与传统经济的沟通结合点，而该结合点意味着新的利润增长点。网络赢利模式存在的本质原因在于改变了沟通的方式，总结起来有以下三种沟通方式：

1. 改变传统状态下的人与人的沟通方式

网络平台的不同，催生不同的沟通关系，而不同的沟通关系意味着不同的赢利利润增长点。腾讯QQ、易趣、通讯录（CHINAREN）、网易的同城约会、彩信杂志、MTV音乐、在线互动游戏，其实都是网络主要基于改变人与人沟通方式的平台。上述相应的沟通平台其实都在运营着不同的人与人之间的关系。

QQ提供了人与人除了直接见面、电话（及时沟通）以及电子邮件、留言（跨时沟通）以外更含蓄的人与人沟通的方式，提供了似乎更为神秘、更为隐私、更放肆、更经济的人与人沟通空间。"看不见，摸不着"变成一种某些人喜欢的"必须"的沟通需求方式。

易趣实际是在运营人与人的拍卖沟通关系。这种关系的基点在于改变传统意义上的商品拍卖关系。围绕这种独特的赢利利润价值链，易趣下一步必须要进一步整合好信用中介、物流、沟通目录平台、提成佣金系统的促成交易与利润增长点的环节；否则，一切交易都将成为网上的过家家游戏，而不能产生真正意义上的拍卖赢利模式。

同学录在网络上的细分市场平台选择了一个虚拟世界与现实世界巧妙结合的同学班级，改变了传统同学之间的毕业后不容易沟通的难题。同城约会的赢利模式在运营着类似交友或恋爱见面的沟通关系,其因为大大拓展了人与人结识新朋友的自由机会而获得新的价值。

网络沟通平台的性质取决于沟通关系的挖掘与界定。这种"挖掘"出来的关系其实本来是不用挖掘的,因为它一直存在你的身边。这就好像如果没有网络,你一样要打电话而非通过"QQ"和朋友聊天,互相凑在一起而非通过"在线游戏网络"打牌,找中介而不是"易趣"卖你不想要的商品,以及通过婚姻中介而非通过"同城约会"寻找心仪的恋人。人与人沟通的关系实际上是永远存在的,只不过网络将这种关系从时间与空间上重新界定罢了。网络运营企业的唯一任务是围绕这种关系构建必要的关键竞争优势而获得新的利润增长点。

2. 改变传统意义上的人与企业之间的沟通关系

网上的"沃尔玛"EBAY是通过提供网络上无疆界的超级市场而获得价值的,改变了超级市场与顾客基于商品购买的沟通关系,使得顾客不分时间限制与空间移动而能够满足购物需求;当然这需要现代物流体系的保障。

携程旅游网(CTRIP)、ELONG凭借与旅馆业形成的非对称性的价格谈判优势为个人提供便宜、方便的旅游预定服务,乃至旅游产业价值链上的机票预定、旅游咨询的增值服务,改变了传统意义上的个人与旅馆之间单纯的预定沟通关系。独特的运营模式与携程品牌的崛起,促使它有机会进一步整合旅游传统行业价值链,以提供便宜的预定交易价格以及便捷的交易方式,从而降低顾客交易成本,实现旅游产业交易一体化捆绑利润。

"当当网上书店"取代了传统的书店与人的购买沟通方式,从而成为新的购书时尚集聚地。购书渠道的变革而得以削减的零售价格,以及购买流程的便利性,成为新的购书驱动因素,从而为顾客创造了价值。试阅机会的提供、网上述评的互动、分类检索,成为当当网站维持新的沟通关系需要加强的环节。

门户网站SINA的热点新闻的发布,改变了传统意义上的个人了解新闻的沟通关系。网络搜寻引擎百度、Google、Yahoo改变了人们传统上去图书馆黄页检索资料的沟通关系,降低了个人的搜索成本以及企业的"被发现"成本,而创造出新价值。

游戏巨人任天堂设立网络游戏玩家游戏反馈板块,直接与游戏玩家建立基于在线咨询交流的沟通平台,以获得互动的玩家忠诚度。

前程无忧(51JOB)改变了传统的招聘企业与人才的沟通方式。品牌推广、招聘、人才的测评、猎头服务、人力资源机能培训与传播、HR体系外包,成为前程无忧维持新的互动沟通关系而需要大造竞争优势环节,新的沟通方式因能降低招聘与被招聘方的沟通成本而获得企业价值。

招商银行导入的一卡通、一网通银行赢利模式,实际上改变了银行与个人传播的存款沟通方式。较于其他大型国有银行而言，招商银行的传统存款渠道沟通方式处于劣势，招商银行的策略是将竞争范围转移到新的沟通平台，利用沟通平台的变革促使招商银行迅速获得初期的竞争优势。招商银行下一步的挑战在于如何应对其他在传统沟通平台依然占有绝对优势但在新的沟通平台上奋起直追的强大竞争对手。

联想的"关联应用"技术试图变革多方面的基于IT产业的涉及个人、企业与社会信息之间的沟通方式，其主要的竞争对手显然是标准而不是单个企业。联想在与具有类似技术的国际标准平台DHWG（数字家庭工作组）的竞争过程中，竞争游戏规则的制定者实际上却是价值链下游的IT、家电厂商与消费者，而不是制定标准者本身。竞争的胜负有时并非取决于对技术应用前景趋势的判断，而在于市场究竟用谁的技术。

种种的沟通关系其实一直存在于我们身边，只不过沟通的方式因网络技术发生变化，利润获取点也会根据不同的沟通关系而有所不同。

其一，通过服务、商品的直接提供而产生利润。EBEY、当当网站、携程旅行网、网上咨询服务收费、网上广告收益属此类，但利润的收取来源可能来自顾客（如当当网站、招商银行的网上个人转账系统、短信传递、彩信杂志、交友点数），也可能来自第三方，即满足顾客需求的企业或在网上做广告的企业（如ELONG），向预定旅馆收取佣金与SINA向网站登广告的企业收费，Google对加入的搜索企业收费，51job向招聘企业收费。

其二，基于整体网站价值链的利润移动而获得核心业务的利润。网易的新闻版块提供免费浏览服务，但却因此吸引更多的眼球来消费其有偿在线游戏、桐城约会点数积分、短信传递、铃声下载等赢利项目。搜狐的电子邮箱实行免费策略，但却锁定了大量用户以获得广告收益以及短信传递收益。而163.NET的电子邮箱是收费的，原因是搜狐采用了广告分成模式。

其三，建立服务的竞争从而获得全面的系统利润。如任天堂的在线咨询游戏服务，售后服务网上投诉，微软的在线软件帮助，UPS全球快递的在线运输状态查询。

3. 改变传统意义上的企业与企业沟通的方式

主要有外部沟通和内部沟通两种：

第一种是不同企业的沟通关系。这种沟通关系催生了阿里巴巴、美商网、环球资源的赢利模式，主要运营企业供应与采购之间的沟通关系，该类网络企业存在的价值是平台搭建，就像插座集线器一样，提供联接供应链的两端的沟通平台。该类企业的成功取决于赢利战略执行效果，即围绕这种关系企业需要致力于构筑在产品目录数据库、全球品牌宣传、基于采购的技术与经营咨询、帮助客户成功而不仅仅卖产品、价值链两端客户的培训、平台运营策略的各个环节的竞争优势，而这些环节是基于沟通关系的性质来决定的。

第二种沟通关系是企业内部的沟通。这种沟通方式催生了 SAP、金蝶、用友，思科网络、ORACLE 的赢利模式，形成一个基于企业内部运营的庞大的网络连接体系，并逐渐开始外延至外部市场或进行供应链的整合。

而未来的赢利模式的进行则会出现在借助网络实现企业内部沟通与企业外部沟通的整合过程中。这也是一度战略所提倡的沟通的第三条道路，比如帮助企业建立网络商学院。

企业在第一商学院的支持下，低成本建设网络企业商学院，迅速建立一套适合企业自身发展所需的文化体系。一方面为企业品牌建设服务，用网络强大的功能进行品牌推广；另一方面为企业目标客户和经销商服务，打开文化营销的缺口。网络企业商学院在第一商学院的技术和资源的支持下，本身还是第一商学院网络教育的分支平台，可以独立发展自己的会员，也可以享受第一商学院的优质客户资源，通过广告招商和举办网络活动等方式直接赢利。如果以上几个方面的因素还不足以让企业立刻行动起来，就让我们来看一下行业中勇于创新的企业是怎样把握机遇的。安博（Ambow）教育集团是一家提供在线教育的公司，他们与北京师范大学等机构合作，将各类基础教育和职业教育资源放到网上，学习者能够从任何地方访问这些资源，不管他是在柳州市上学的一个初中生，还是大连市的一名在职软件工程师。网络教学软件还会根据不同学习者的素质、能力和进度，提供针对性的教学。网络改变了教育行业的面貌，让不同地点的学习者跨越数字鸿沟阻隔，获得平等的机遇。网络推平了整个世界，而对于那些创新利用网络技术的企业来说，网络是他们领先于市场并保持可持续的竞争力的新式武器。

不仅是第一商学院在探索企业新的沟通模式，国际品牌已经开始行动，如 IBM 组建了 IBM 商业价值研究院。

IBM 商业价值研究院成立于 2001 年，目前拥有 60 余名资深战略咨询专家，研究员分布于设在英国剑桥、美国马萨诸塞、荷兰阿姆斯特丹和澳大利亚悉尼的几大研究机构中。IBM 商业价值研究院致力于解决企业和机构在当今飞速发展、科技大显其能的时代实现其本身商业价值过程中面临的挑战，提供基于事实的研究和分析成果，与广泛领域的专家开展对话，关注关键行业或跨行业热点问题的客户活动。

IBM 商业价值研究院通过与 IBM 的客户和项目实施团队的密切合作，分享 IBM 的行业洞察力，帮助客户在随机应变时代创造业务价值。为实现这一目标，IBM 商业价值研究院就特定行业和业务领域（如市场营销、供应链和财务等）开展深入探讨和研究；通过发布行业调查报告、白皮书及发表文章和演讲等形式，公布具备深度的观点和战略洞察力；通过举办高层圆桌、研讨和观点发布等形式为

IBM 的客户提供更大价值。中国的 IBM 商业价值研究院将和全球及中国的相关组织机构（包括大学、行业研究所和行业协会）合作，以产生针对中国市场的世界级的深入见解。

为此 IBM（中国）商业价值研究院推出的月度电子期刊——《商业洞察》（中、英文双语版），旨在与您定期分享 IBM 针对特定行业和跨行业的关键业务与管理挑战所发布的最新战略洞察和创新建议。他们还出版了系列书籍《IBM 中国商业价值报告行业与发展》、《IBM 中国商业价值报告战略与管理》。

IBM 为什么组建商业价值研究院，说到底是基于沟通的需要；而有些沟通是需要客户付费的，如系列书籍的销售。IBM 通过这种"文本营销＋电子营销"互动的沟通模式与客户建立了广泛、持续而牢固的联系，实现了企业品牌的全面信息对称性沟通。

从这个蓝色巨人身上，我们应该学到什么呢？

很多企业家还没有完全意识到信息全面对称性的重要性。我们先来看看一个客户的终身价值是如何实现的。每一个客户在消费你的产品之前一定有一种消费偏好，这种偏好不一定有利于你的产品和服务。于是你打广告、建渠道、搞促销，好让消费者改变过去的偏好而形成对你产品和服务的偏好。但这不应该成为你的根本目的，你的目的是培养客户的消费信心和消费依赖。于是你寄希望于你的产品质量和近乎完美的服务来留住客户。但是在一个同质化的年代，在一个竞争对手比你更会传播的年代，你单一的营销手段无法做到全面满足客户需求，你眼看着客户被别人抢走，这时你就要学习消费心理学了。客户为什么被竞争对手抢走？因为客户出于全面信息对称的理性消费的动机，他需要更多的全面信息接触，而你不一定能提供，所以客户会掉头而去（见图 6-44）。

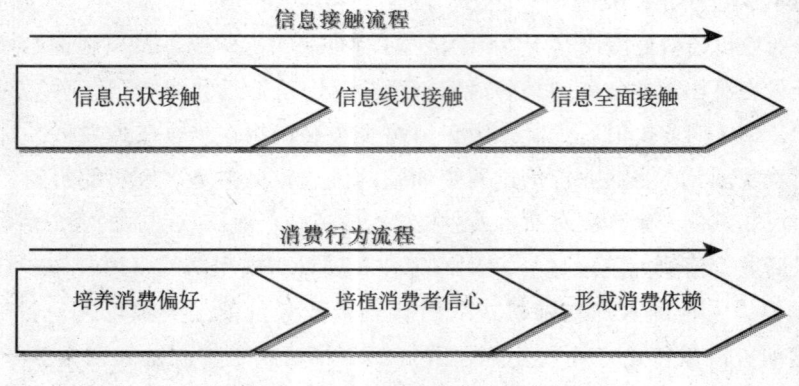

图 6-44 信息接触与消费行为流程

选择很沉重吗？

战略是一种选择，战略设计就是方式的选择。有这样一哲理故事，可能特别适合处于选择困境中的企业。

有一个人总觉得生活很沉重，便去见哲学家，寻求解困之道。哲学家给他一个篓子让他背上，指着一条山路说：

"你必须每走一步就拾一块石头放在篓子里，试试你有什么感觉。"

那个人遵命照做，回来后说："感到越来越沉重。"

"这就是你为什么不快乐的原因。"哲学家说："每个人来到世上，都是背着空篓子的，可是在人生路上我们每走一步，都要从这个世界上捡一样东西放进去，所以越走越沉重。"

"请问有什么办法可以减轻吗？"那人问。

哲学家答："那么你愿意把事业、金钱、爱情、家庭、友谊或是名誉中哪一样拿出来呢？"

那人沉默不语。

哲学家说："我们每个人的篓子里装的不仅仅是从这个世界上精心寻找出来的东西，还有义务和责任。当你感到沉重时，或许你应该庆幸自己不是另外一个人，因为另外一个人的篓子比你的更大、更沉重。"

的确，面对精品时，割舍是困难的。我常说："天使之所以会飞，不是因为她有一双美丽的翅膀，而是她没有负担！"

但愿一度战略放到你篓子里的不是负担。

> 一度战略

新名词索引

> 一度战略中出现的新名词分两类：一类是老词新解，即一些新名词在其他书籍中曾出现过，但一度战略赋予其另一种新解释；另一类是一度战略作者原创，在其他书籍中从未出现过的新名词。

"你"（YOU）

2006年《时代周刊》的年度人物。

特指互联网和使用者们，是未来企业不可忽视的力量，他们正在以不可思议的热情进行信息参与、创造和分享。与此同时，网络也赋予了消费者前所未有的话语权去评价、影响和决定企业提供的产品和服务。

马屁股定律

铁轨的宽度和并排的两匹马屁股正好吻合。它代表了当前许多人的狭隘市场观，如现在企业的渠道战略陷入了"马屁股定律"中而浑然不知，比如我们在设计渠道战略时常会问：究竟是建立自己的分支机构呢？还是发展代理商呢？而没有去思考第三条出路。

一度战略（A Key Strategy）

一种决心改写西方理论的新企业战略。

传统的营销哲学停留在战略和战术的二维层面，一度战略将其扩展到三维空间。最重要的，一度战略把营销理论推向中国化，更深入地从中国学者对营销学的研究方法和价值倾向角度分析，不仅仅停留在西方理论的中国阐释层面（这个层面通常是借鉴西方的经典理论做中国的文章，用中国的实践优化西方经典理论），而是上升到西方理论的本土化创新层面，这个层面是在吃透西方理论方法，又深入解读本土市场的基础上，进行西方营销理论方法的中国本土化创新。它与前两条路径的根本区别在于，解读中国市场不仅是检验西方理论，更是要改写西方理论，最终创建中国的营销理论架构。

一度战略有四层空间，第一层空间是战略设计：领海战略（Commanding Strategy）；第二层到第四层空间是战略执行（Strategy implementation），分别是模式创新（Model Innovation）、价值创新（Value of Innovation）和策略创新（Innovation Strategy）。

一度战略的精髓是以顾客为中心的 6 力模型。大量的中国中小企业具备创建品牌 99 度的基础。如产品研发、制造、质量和技术，他们所缺乏的就是"99 度 + 1 度"，这其中的一度就是一条运用第三方策略提升价值、创建品牌的，切合企业实际的品牌路线图。一度战略构建了一个 99 度的框架——一个基本的商业模型。这个基本的商业模型是 4P、4C、4R、4V 理论模型结合多层经济后的创新模型，是对现实中的新的营销战略的重新思考。我们把这个基本的商业模式理解为三个硬件和三个软件。所谓的三个硬件是什么？三个硬件指的是顾客、产品和渠道。而产品一定要提供最优质的产品，渠道要找到最好的渠道，顾客要有高度的忠诚度。三个软件是什么？是价值、沟通和品牌。这些统称一度战略的 6 力模型（顾客 Customer、产品 Product、品牌 Brand、价格 Price、渠道 Place、沟通 Communication）。

一度理论从大量的企业实战策略出发，提出许多"另类"的观点，如认为品牌价值和产品质量并无必然联系，品牌价值的塑造不仅比产品质量更为重要，而且还认为，单纯卖产品功能所遭遇的挫败比卖品牌价值所遭遇的挫败多得多。

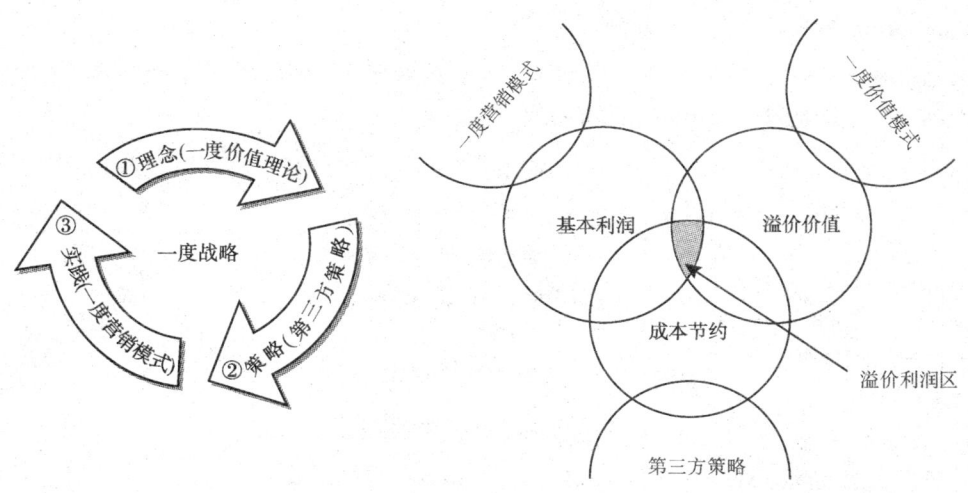

图 1　一度战略示意图

财富的加法（Wealth Addition）

复制成功个例，通过市场扩张积累财富，如沃尔玛、肯德基、福特汽车、麦当劳，一定是先开一家专卖店，经营好了再开第二家、第三家……反复做财富的加法。

产品，产品，还是产品，是加法财富大厦的支柱，其根本的市场竞争方式是以价格为手段。在财富按加法计算的时代，企业之间的竞争是只有一场比赛的游戏，上半场比赛谁的产品创新速度快，下半场的比赛是谁的广告做得响。

一度战略

财富的减法（Wealth Subtraction）

并非所有的企业都有选择财富加法的权利，对于那些大量的中小企业来说，一无资金，二无技术，三无知识，唯一能做的就是选择另外一条道路——财富的减法。即通过获取廉价资源、便宜的劳动力和比较宽松的税赋环境等方式来降低成本，其根本的市场竞争方式是以价格为手段。

财富的乘法（Wealth Multiplication）

财富乘法大厦的基础支持是价值，即财富乘法 =（顾客 + 产品 + 品牌 + 渠道 + 沟通）× 价值。价值包含品牌塑造带来的价值回报、产品设计带来的价值回报和为第三方创造价值带来的价值回报。

6力模型（Six Strength Models）和6力理论（Six Strength Theory）：

一度战略的核心理论基础。

需要指出，6力模型不是传统经营模型——产品、价格、渠道、促销的简单的整合，而是以顾客为导向，扩充和再定位的顾客、产品、品牌、价值、渠道及沟通等六项经营要素完全颠覆了传统，它们之间相互关联并形成一个具有可复制性（Replicability）的系统创新能力的全新的经营系统。

这个基本的商业模型是4P、4C、4R、4V理论模型结合多层经济后的顺应时代需求的创新模型，是对现实中的新的营销战略的重新思考（如图2）。

1.Customer	顾客	赚谁的钱？
2.Product	产品	拿什么赚钱？
3.Place	渠道	谁帮你赚钱？
4.Value	价值	赚多少钱？
5.Communication	沟通	怎么赚钱？
6.Brand	品牌	如何赚更多的钱？

图2　一度战略的6力模型

第三角度创新思维（The Third Angle Innovation Thought）

一度战略产生的思想源泉。

在现实生活中，我们常常运用一些辩证法来解释万世万物，用矛盾论的角度来分析一枚硬币所具有的两面性，从而喜欢从"正、反"、"黑、白"等两种角度来看问题。实际上，二元论的经营哲学和人生哲学对企业创新工作最大的影响是否定了第三种、第四种可能性。而第三角度创新思维是一种突破二元论、"非此即彼"等惯性思维，用第三角度观察世界，重建新秩序的全新思维方式。

在第三角度创新思维指引下一度战略所描述的新世界里，衍生出"第三方顾客"、产品的"第三空间"、成本的"第三方支付"、品牌的"第三种价值"、渠道的"第三种设计"、沟通的"第三种选择"和"第三方创造价值"等一揽子"第三方策略"。

第六媒体（The Sixth Media）

是指有别于现在的影视媒体、平面媒体、广播媒体、户外媒体、网络媒体这五种媒体外的第六种媒体，具体是将EMS和书信这种以服务形式提供的无形的产品打造成可以提供媒体传播功能的以实物形式出现的有形产品，即利用邮政业务为企业客户提供信息传播的新型媒体。

领海战略（Commanding Strategy）

基于比较经济学，介于红海战略与蓝海战略之间，一度战略提倡运用蓝海战略的基本理念和红海战略的成功策略构建一个符合中国国情实际需要的领海。所谓"领海"就是不管"红海"还是"蓝海"，关键要把它变成自己的海，即"取得领海权"。

比较经济学（Comparative Economics）

一度战略中的"比较经济学"指是在选择既存在短缺又存在丰饶的条件下，运用横向比较，水平联系的方法创造出日益水平的价值创造模式，从而取得差异化的比较优势，比较经济学不是僵硬的静态的比较，而是日益更新的动态平衡过程。

短缺经济学（Shortage Economy）

是指由于供不应求任何商品都十分短缺，在一个有限的、发育不良的市场上，经营者即使不管消费者的意愿商品也能卖出去。传统的经济学研究是基于短缺经济学，认为市场的短缺需求加快了工业化、产业化的形成。传统经济是供给方规模经济，把单一品种实现大规模生产，大规模生产的必然结果是选择的短缺。一度战略中的短缺是指选择性的短缺。

丰饶经济学（Abundant Economy）

是指只要存储和流通的渠道足够大，需求不旺或销量不佳的产品共同占据的市场份额就可以和那些数量不多的热卖品所占据的市场份额相匹敌甚至更大。一度战略认为，丰饶经济学是与短缺经济学对比而存在，是基于信息技术的高度发达足以使整个社会的选择空间变得宽广而平坦的基础。

三江汇流（Three Rivers Affluxes）

是指密西西比河、黄河和多瑙河——美洲、亚洲和欧洲的三条大河交汇。其中，美国的密西西比河代表我们身处信息技术时代；中国的黄河代表我们身处中国制造的工业化时代；欧洲的多瑙河代表我们身处欧洲品牌的概念时代。三江汇流比喻它所代表的时代特征和文化特征在同一时间、同一地方相互交汇融合。

溢价利润率（Premium Profit Margin）

是指企业同期正常利润率的超出部分，也就是消费者在使用某品牌商品而愿意额外支付的货币相对正常利润的比率。

溢价利润（Premium Profit）

品牌在顾客心中形成的价值感决定了消费者的消费信心，也决定了消费者对关联的潜在消费者的推荐程度，而消费者推荐别人购买是不需要企业付出营销费用的，这种企业获得不需追加成本的利润回报。

关联顾客（Relevance Customer）

是指那些并不了解产品品质，但对于消费者的选择会产生重大影响的人。关联顾客对品牌价值的评价和消费者的评价共同构成了顾客价值。网状经济扩大了顾客边界，把那些原本不是目标顾客或潜在顾客的人群给激活了，形成关联性顾客，再进一步形成目标客户。

中国式营销（Chinese Type Marketing）

1995年华红兵提出的符合中国国情的营销路线。

其朴素的核心原理是：从中国国情出发创建企业差异化的品牌竞争优势，从而提高市场份额达到壮大自己的目的。它是一种多维整体营销，是通过多个角度、多个空间、多个方面对营销做整体上的探索和判断的一种营销思维方式。中国式营销前期倡导"123"法则：即企业营销需要一种推动（资源优势）、建立两种优势（成本优势和品牌优势），最终达成三种目标（销售收入提速；市场占有率提速；产品创新提速）"。中国式营销蓬勃发展期倡导"新123"法则：即关注一个中心（顾客价值）、立足两个基本点（从企业品牌营销和产品设计升级出发），最终实现三个提速（营业收入提速；净利润提速；毛利提速）。

第三方支付（Third Party Payment）

通过为第三方创造价值，使第三方为企业支付制造成本、沟通成本或渠道成本。

第三空间（The Third Space）

随着消费升级，人们对产品和服务的体验值要求越来越多，这种对产品或服务高要求的体验价值创新带来了第三空间。

渠道时间性扩展（Channel Timing Expansion）

传统的渠道终端实现的是点对点的即时消费，而网状经济条件下的渠道可以实现并非点对点的即时消费，它可以实现点对面或者面对面、面对点的空间延时消费。

营销战略3.0版本 Version 3.0（Marketing Strategy）

营销战略3.0版本是完全摆脱"中国制造"，以顾客价值为中心的一种品牌营销和产品设计战略。

顾客价值（Customer Value）

顾客价值是由于产品（或服务）的属性特征或核心主张契合了顾客心中的核心

价值观,从而使顾客以超过产品或服务价值的货币计量的方式表达的认同感。

漏斗效应(The Funnel Effect)

是指企业不断获取新客户的同时以更快的速度流失老客户,企业营销成本增加的速度大于收益上升的速度,由于较高的客户流失率及较低的基础技术研发水平导致企业利润呈"漏斗"状下滑趋势。

顾客边际成本(Customer Marginal Cost)

边际成本指在一定产量水平下,增加或减少一个单位产量所引起成本总额的变动数,用以判断增、减产量在经济上是否合算。一度战略认为,网状经济条件下,会让相同观念的顾客结成联盟,通过现代信息工具实现扩散效应的沟通,从而会放大顾客实际成本或实际利润,产生不可低估的聚合或裂变效应。

第三方策略(Third-party strategy)

是指通过对营销六要素——顾客、产品、价值、沟通、渠道、品牌的第三方创新,即站在第三方的角度,为第三方创造价值,从而赢第三方所带来的利润,这样的营销策略就成为第三方策略。

顾客终身价值(Customer Lifetime Value,CLV)

是指客户在与公司接触的一生中所产生的当前利润和未来利润的现值。

时间成本(Time Cost)

为达成特定协议所需付出的时间代价,从经济学角度而言,不仅是指时间本身的流失,也是指在等待时间内造成的市场机会或经济的丢失;一度战略中的时间成本是指用比较经济学原理分析经济比较优势在时间上价值的大小。

时间价值(Time Value)

是指一定量资金在不同时点上的价值量的差额,对于企业而言,货币收入在不同的时间段取得所发挥的效能是不一样的。见图3。

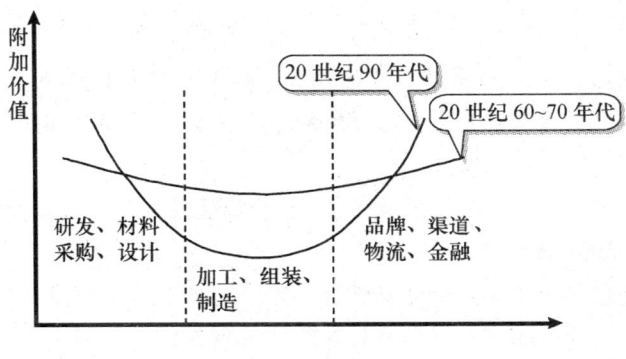

图3

一度战略

华氏微笑曲线（Hua's Smile Curve）

施振荣描述制造业的价值链：在价值链两端（研究开发、材料采购、产品设计、品牌营销、物流管理、金融等服务）的附加价值和盈利率高，而中段（加工、组装、制造等传统的制造业行业）的附加价值和盈利率低，如下图；一度战略关心相对弱势的中小企业，帮助他们摆脱价格战的恶性循环。华红兵据此创造性列出了企业在实际工作中的三大成本降低和九个降低成本的途径，如图4。

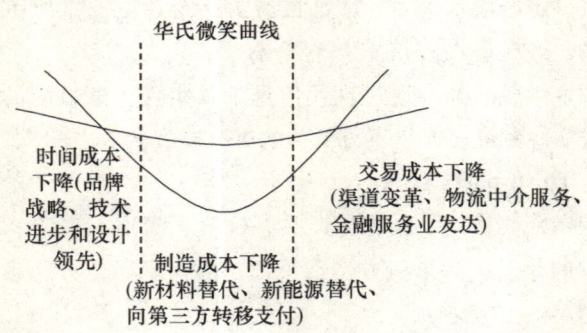

图4

顾客满意（Customer Satisfaction）

顾客满意取决于顾客对产品与服务价值的预想与实际效果之间的比较，企业只有持续地为顾客提供高水平的价值才能获得可靠并持续的顾客满意水平，顾客满意不能预测顾客未来的消费行为，高水平的满意并不能确保可以盈利。

新闻公关（News Public Relation）

是指企业利用其对媒体的深度把握，通过新闻报道向消费者传播信息，提升品牌价值。

逆向价值（Reversion Value）

是指通过逆向思维提升的产品及品牌价值。在信息不对称的社会里，消费者无法也没有权利通过评估信用质量而决定购买。消费者更多选择的是便利性和价格，出现这种情况时，我们把它称之为创新产品价值中必要的逆向价值的考量。

病毒式复制（Virus Replication）

是指受影响的消费者群的数量像病毒一样以滚雪球似的方式无限放大的过程。

信息博弈（Information Game）

分为完全信息博弈及不完全信息博弈，完全信息博弈是指参与者的策略空间及策略组合下的支付，是博弈中所有参与者的"公共知识"的博弈。对于不完全信息博弈，参与者所做的是努力使自己的期望支付或期望效用最大化。

"沉默的螺旋"效应（Silence Spiral Effect）

为了防止因成为极少数而受到惩罚，每个人在表明自己立场之前，首先要观察四周，当他发现多数者的地位时，他以为取得地位优势，从而倾向于大胆表明自己的观点；反之他会转向沉默或者应声附和。

"千禧一代"（Millennium Generation）

指把网络作为学习、工作、娱乐和生活的空间的跨越二十一世纪的新一代。在美国，被称为"千禧一代"的人正在成为就业主力，他们与网络共同长大，中国的网民2007年已发展2.6亿人。

参考文献

1. 连玉明、武建忠：《景气中国》，中国时代经济出版社2007年版。
2. 连玉明、武建忠：《中国国策报告》，中国时代经济出版社2007年版。
3. 张世贤：《现代品牌战略》，经济管理出版社2007年版。
4. 高建华：《2.0时代的赢利模式——从过剩经济到丰饶经济》，京华出版社2007年版。
5. 傅和彦：《中小企业经营之道》，厦门大学出版社2007年版。
6. 王茵：《品牌营销中国》，北京大学出版社2007年版。
7. 张明立：《顾客价值——21世纪企业竞争优势的来源》，电子工业出版社2007年版。
8. 冯英健：《网络营销基础与实践（第3版）》，清华大学出版社2007年版。
9. 赫尔普曼、王世华译：《经济增长的秘密》，人民大学出版社2007年版。
10. 杜新：《关联经济一种新的财富视角》，新华出版社2007年版。
11. 李善峰：《长三角经济增长的新引擎》，山东人民出版社2007年版。
12. 吴敬琏：《中国增长模式抉择》，上海远东出版社2006年版。
13. 冯飞、杨建龙：《2006·中国产业发展报告》，华夏出版社2006年版。
14. 中国产业地图编委会：《中国产业地图》，中国经济景气检测中心社会文献出版社2006年1版。
15. 黄铁鹰：《谁能成为领导羊》，机械工业出版社2006年版。
16. 周莹玉：《营销渠道与客户关系策划》，中国经济出版社2005年版。
17. 黄静：《品牌管理》，武汉大学出版社2005年版。
18. 吴泗宗：《市场营销学》，清华大学出版社2005年版。
19. 陈小悦：《竞争优势》，华夏出版社2005年版。
20. 戚津东：《中国经济运行的垄断与竞争》，人民出版社2004年版。
21. 林成滔：《科学简史》，中国友谊出版公司2004年版。
22. 李玉海：《经济学的本质——价值动力学》，中国经济出版社2004年版。
23. 胡鞍钢：《世界经济中的中国》，清华大学出版社2004年版。

24. 中国市场总监业务资格培训考试指定教材编委会：《市场营销学原理》，电子工业出版社2004年版。
25. 中国营销总监职业培训指定教材：《消费者行为》，朝华出版社2004年版。
26. 黄恒学：《公共经济学》，北京大学出版社2003年版。
27. 杨小凯：《发展经济学：超边际与边际分析》，社会科学文献出版社2003年版。
28. 杨小凯：《经济学：新古典与新古典框架》，社会科学文献出版社2003年版。
29. 樊纲、张晓晶：《全球视野下的中国信息经济》，中国人民大学出版社2003年版。
30. 卢希悦：《当代中国经济学》，经济科学出版社2003年版。
31. 陈秀心、张可云：《区域经济理论》，商务印书馆2003年版。
32. 王文举：《博弈论应用与经济学发展》，首都经贸大学2003年版。
33. 卢峰：《商业世界的经济学观察》：北京大学出版社2003年版。
34. 中国市场总监业务资格培训考试指定教材编委会：《战略营销》，电子工业出版社2003年版。
35. 屈云波：《销售通路管理》，企业管理出版社2003年版。
36. 杨保军：《中国原创营销企划实战范本解读》，广东经济出版社2002年版。
37. 陈放：《品牌与营销策划》，中国国际广播音像出版社2002年版。
38. 陈则孚：《知识资本：理论、运行与知识产业化》，经济管理出版社2002年版。
39. 薛兆丰：《经济学的争议》，经济科学出版社2002年版。
40. 龚天堂：《动态经济学方法》，北京大学出版社2002年版。
41. 王志伟：《现代经济学流派》，北京大学出版社2002年版。
42. 晏智杰：《西方经济学说史教程》，北京大学出版社2002年版。
43. 韩德强：《萨缪尔森〈经济学〉批判》，经济科学出版社2002年版。
44. 王则柯：《经济学拓扑方法》，北京大学出版社2002年版。
45. 江小娟：《中国的外资经济》，中国人民大学出版社2002年版。
46. 阿马蒂亚·森：《以自由看待发展》，中国人民大学出版社2002年版。
47. 何训、邱玮：《ZARA：平民的时尚》，载《销售与市场》，2007年总第275期。
48. 刘焕然、郭俊：《PPG：平面直销2.0的先行者》，载《销售与市场》，2007年总第278期。
49. 黄河：《诺基亚成规模之王》，载《环球企业家》，2007年总第137期。

50. 汪若菡、仇勇：《告别低价时代》，载《环球企业家》，2007年总第137期。
51. 骆轶航：《迷你K线》，载《环球企业家》，2007年总第138期。
52. 袭祥德：《北京现代抛锚》，载《环球企业家》，2007年总第138期。
53. 刘涛：《谁在威胁中国制造》，载《中国企业家》，2007年第9期。
54. 刘建强：《背影李宁》，载《中国企业家》，2007年第18期。
55. 董晓常：《混沌的未来之路》，载《中国企业家》，2007年第17期。
56. 瑜瑜：《Multipurpose Necklace奢华配饰还是数码新宠》，载《瑞之魅》，2007年8月号。
57. 于是：《杨岷：假如只有音乐美的人生将不充分》，《瑞之魅》，2007年8月号。
58. 成远：《涂料业的橙色未来》，载《IT经理世界》，2007年第9期。
59. 周应、李娜：《网络购物回潮》，载《IT经理世界》，2007年总第227期。
60. 高永钰：《打造手机上的"第五媒体"》，载《全球商业经典》，2007年总第60期。
61. 黄宥宁：《改造服务流程—客舱服务做到全球第一》，载《全球商业经典》，2007年第9期。
62. 高永钰：《远程教育产业化的领头羊》，载《全球商业经典》，2007年总第61期。
63. 曾如莹：《当科技碰撞时尚》，载《全球商业经典》，2007年第10期。
64. 王露：《瑞安航空：插上了翅膀的沃尔玛》，载《快公司2.0》，2007年第8期。
65. 张放：《"黄鹤楼"成功七要素》，载《快公司2.0》，2007年第8期。
66. 周中庚：《中国企业超速度的基因》，载《中国商业评论》，2006年第7期。
67. 路泞：《狗与孩子的消费比较》，载《中国民航》，2007年第8期。
68. 常伟：《欧米茄也疯狂》，载《Thirty plus》，2007年总第19期。
69. 泰戈·佟：《中国的知识经济道路》，载《曼谷邮报》，2007年9月29日。
70. 陈磊、李欣宇、王新胜：《中端饭店：谋求突围》，载《饭店现代化》，2007年第4期。
71. 《中国将迎来新一轮"消费大爆炸"》，载《参政消息》，2007年10月8日。
72. 邹宇晴：《争夺1%客户》，载《环球企业家》，2007年第7期。
73. 王育琨：《乔布斯打造"苹果联盟"的启示》，载《快公司2.0》，2002年第8期。
74. 宴子：《愉悦餐桌的水晶盛装》，载《瑞之魅》，2007年8月号。

75. 路十：《超级二合一》，载《中国汽车画报》，2007 年第 10 期。

76. 张诚：《中投公司启航：一出生，就跻身世界前五》，载《新京报》，2007 年 10 月 10 日。

77. 邵芳卿：《利朗男装背后的金融推手》，载《第一财经日报》，2007 年 10 月 8 日。

78. 何欣荣：《德国拜尔斯道夫成功入主欣丝宝双管齐下再站宝洁》，载于《第一财经日报》，2007 年 10 月 8 日。

79. 李萌：《车险进入电销直销时代》，载《参考消息》，2007 年 10 月 8 日。

80. 丁琳：《鞋要舒适》，载《Thirty plus》，2007 年总第 19 期。

81. （美）迈克尔·波特著：《竞争战略》，华夏出版社 2007 年版。

82. IBM 中国商业价值研究院著：《IBM 中国商业价值报告》，东方出版社 2007 年版。

83. W·钱·金、勒妮·莫博涅著：《蓝海战略》，商务印书馆出版 2005 年版。

84. 托马斯·弗里德曼著：《世界是平的》，湖南科学技术出版社 2006 年版。

85. 克里斯·安德森著：《长尾理论》，中信出版社 2006 年版。

86. 里斯·特劳特著：《定位》，中国财政经济出版社 2002 年版。

87. 迈克尔·波特著：《竞争战略》，华夏出版社 2007 年版。

88. 哈维·汤普森著：《创造顾客价值》，华夏出版社 2003 年版。

89. 杰克·特劳特、史蒂夫·瑞维金著：《新定位》，中国财政经济出版社 2002 年版。

90. 菲利普·科特勒、凯文·莱恩·凯勒著：《营销管理》，世纪出版集团、上海人民出版社 2006 年版。

91. 斯莱沃斯：《发现利润区》，中信出版社 2003 年版。

心·感动

本书的完成首先要感谢父母培养了我从小对读书的兴趣；感谢妻子一直以来任劳任怨默默地支持。感谢杨成健校长使我有一个在财经院校教书的机会。

感谢那些曾与我合作过的企业家们：汇源果汁总裁朱新礼给我一个在公司创业时任职锻炼的机会，那是我第一次在企业任职；感谢天士力集团总裁闫希军给我一个在上市公司工作的机会，那是一段十分愉快的合作经历；感谢时任广州王老吉药业董事长施少斌给我策划王老吉的机会，那是有南北方营销思想的火花碰撞；感谢广东佛山金意陶董事长何乾给了我策划陶瓷产品的机会，那时我们都有一种颠覆传统的冲动；感谢广东雪莱特董事长柴国生给我策划电光源产品的机会，那时每一次观点的交锋都催生一个创意。

感谢广东中山市市长李启红对我理论的赏识，使我着手组建中山品牌研究院；感谢福建三棵树涂料董事长洪杰对我理论的赞赏，给了我一个"三棵树商学院终身名誉院长"的荣誉；感谢广东琪朗灯饰董事长袁仕强对我理论的认同，使我有机会组建中国灯饰行业第一家商学院；感谢海调儿集团总裁潘建章对本书的支持，给本书提供了一个正在策划中的制鞋行业的案例；感谢江苏三能公司总裁周秉仁对本书的支持，给本书提供了一个正在策划中的电子行业的案例；感谢印尼华人周明华对本书的支持，给本书提供了一个正在策划中的烟草行业的案例；感谢山东德州扒鸡集团董事长焦林杰给我一个在食品行业实践一度战略的机会；感谢娃哈哈集团总裁宗庆后，他和我的沟通交流丰富了本书的想像力；感谢伊利集团总裁潘刚，我从他身上看到一度战略的力量；感谢广州巨星影业总裁邓建国，他给了我一次接触文化创意产业的机会；感谢包头转龙酒业董事长段玉兰；感谢深圳一品居董事长杨荔对本书的支持，他为本书提供了品牌案例使本书受益。

感谢在一度战略成长过程中提供帮助的众多老朋友：福建三明市的张连发、广东肇庆的吴英杰、浙江义乌的王翠堤，这些企业家朋友不遗余力为本书的形成提供过帮助；感谢上海皇宇总裁韩立君、上海的盛伟勤女士、广东中山的汤兰芳女士、深圳聚成董事长刘松琳、副董事长周嵘先生，他们为一度战略在企业界的推广出力多多。

感谢国家发改委国际合作中心研究员于凤川，清华大学继续教育学院教授阎旭林老师，中国策划研究院院长、广州大学教授林力源老师，江苏苏州新城花园酒店总裁孙子元先生，中国食品报首席记者李新，清华大学经济学院学员尹杰，三峡大学经济与管理学院王琼海老师，他们对本书的赞誉激励我写出更多的文章以飨读者。特别是孙子元先生启发了我，正是他的诚挚邀请，我才有机会到苏州这个人间天堂的地方写完本书的前半部分；正是他的品质和性格中的豪爽鼓励我用更开阔的思路书写企业战略。还有王琼海老师为本书的修改和校样做了大量细致的工作。

感谢听过我课的学员们：李丽、严歆、陈静、李婷、张明洪，他们的分享是我再进步力量的源泉；感谢一度战略研究会的会员们，在本书尚未出版时，他们做了大量的预订，计划送给好朋友分享，从而激发了我不断完善作品的活力；感谢广州蓝泊湾企业管理咨询有限公司董事长杨建伍先生、CEO尹杰和秦孝勇，桑春梅、千丽芳、李媛、罗刚、吴琼等第一商学院的伙伴们，他们全力以赴的协助为本书提供了大量的文献资料……

任何一种新思想都是在前人理论基础上的突破与继承，"一度战略"吸取了中外专家学者的思想精髓。这里我要衷心的向国外著名学者W.钱·金、勒妮·莫博涅、托马斯·弗里德曼、克里斯·安德森、里斯·特劳特、迈克尔·波特、哈维·汤普森、杰克·特劳特、史蒂夫·瑞维金、菲利普·科特勒、凯文·莱恩·凯勒、保罗·A.萨缪尔森、埃德温·曼斯菲尔德、亚德里安·J.斯莱沃斯基、加里·哈梅尔、苏尼尔·古普塔和唐纳德·R.莱曼，以及国内的著名学者傅和彦、刘世锦、杨建龙、连玉明、武建忠、张世贤、韩德强、鲁友章、黄恒学、王茵、陈小悦、张明立；记者何训、邱玮、陈雪频、程亚婷、黄河、刘焕然、郭俊、汪若菡、仇勇、刘涛、成远、周中庚、路泠、刘建强、董晓常、骆轶航、高永钰、王露、周应、李娜、曾如莹、泰戈、常伟、黄宥宁、袭祥德和瑜瑜等表示感谢。

更多的感谢给那些正在读书中的朋友们，一本书是一个好朋友，但愿读过本书的朋友们好书相伴、好运相随！

作者
2008年2月

附 录

一部战略宝曲
——读华氏亮剑之《一度战略》

崔建华[*]

品牌形象和产品质量有必然联系吗?
有形资本的作用是越来越大还是越来越小?
一流品牌都是百年老字号吗?
蓝海和长尾究竟在哪里?产品的蓝海是唯一的出路吗?
我们如何改进?
未来型企业战略制定者需要具备怎样的眼光?
相信《一度战略》这部著作能解开你心中的这些谜团。

书虽不厚,但浓缩的精华仍然犹如一顿丰盛的海鲜,有营养、有价值;对一直使用来自异域文化的西方营销理论的水土不服的中国市场来说,这可真是一顿丰盛的精神大餐了。

当中国企业家不相信任何一种营销理论体系可以全面指导企业家实践时,也就否定了营销学这门知识的核心价值——营销理论是最具应用价值的科学。长此以往,如果中国没有一整套完整的营销体系来指导企业实践,那么后果将不仅是学术界的贬值,更是企业界的灾难,企业家会越来越相信经验的作用,而经验从来都不是创新的帮手,因此,从战略上而言,一个没有完整营销理论的国家,一个相信经验的企业,是不可能取得系统创新成果的。

华红兵教授通过了解大量最近几年企业成功和失败背后的本质,结合自己十多

---

[*] 北京大学经济学院副院长。

年的潜心研究，创造性的提出《一度战略（A key strategy）》：大量的中国中小企业具备创建品牌99度的基础。如产品研发、制造、质量和技术，他们所缺乏的就是"99度+1度"，这其中的一度就是一条运用第三方策略提升价值、创建品牌的，切合企业家实际的品牌路线图。

《一度战略》这部市场营销理论著作中融入了大量经济学、心理学和哲学知识。在以信息、知识、文化、网络为特征的新经济时代，市场朝着全球化、开放平台、消费者重视感觉并参与互动发展。华红兵教授不仅为我们对比较经济学（传统比较经济学、新传统经济学）、短缺经济学和丰饶经济学做了精辟的解析，还结合大量的案例对这几个经济学理论的研究，提出了介于红海战略和蓝海战略之间符合中国国情的领域战略。

《一度战略》给我们剖析了西方传统营销理论的精髓和局限后创造性的提出了适应新时代的具有指导思想的营销六力理论模型和华氏微笑曲线（里面包含一个很重要的概念——时间成本）。书中有很多的新概念，新思想观点，比如提到信息对称性和品牌营销之间的关系等，甚至对一些行业未来的商业模式预测；同时，也让我们通过本书了解了大量的各行业最新成长起来的品牌的盈利模式。

意识决定存在、思想决策行动。为了促使一度战略思想在众多行业中复制成功，《一度战略》中精彩的第六章先带我们寻找了企业战略解放思想的源头——哲学、思想和方法。在书中华红兵教授的新思想结合的来自不同行业的多达三十多个最新实际案例和极具操作性的虚拟案例（商业创意）讲解了第三方策略，包括：（1）第三方顾客；（2）产品及服务价值的第三空间；（3）第三方支付，这一节还创造性的提出了降低成本的九个途径，并对时间成本进行了独到分析；（4）品牌成长中的第三方策略；（5）以"马屁股定律"、"骆驼的故事"和"窗子和镜子的故事"打开读者思维的渠道和沟通的第三方策略。从不同的角度为我们解密如何创新性的将企业内外部资源有效整合产生高附加值和强竞争力。

《一度战略》最后一章还表达了未来型企业应该具有的目光，总结了今天的信息高速公路所形成的信息渠道的构成，揭示了新渠道的模式。书中列举了很多华红兵提出或赞同的观点，包括——改变人类历史的力量将是互联网应用和基因研究。合作伙伴在网络经济中的意义也更加重要，因为企业不得不重新定义自己的核心竞争力。随着资讯信息的大爆炸、消费者消费观念的更新、市场竞争形势的变化，广告的影响力与营销动力正在日趋减弱。介于广告与人际沟通之间的沟通的第三种方式——公共关系（Public relation）就作为一种营销利器，在许多方面开始代替广告在市场上纵横驰骋。事实上，广告强势年代的结束，就是公共关系主导营销时代的到来。

无论您是投资者、企业家、营销专业人士，还是从事营销理论研究或对企业战略和营销战略感兴趣的人员，这部著作绝对值得您品读。

一坛老酒，越品越有滋味

于凤川[*]

从事国际经济新闻研究这么多年，我还是第一次被一位年轻学者手稿深深吸引。每天我都会把这本书稿找出来，品味其中奇思妙想，琢磨其中精彩语言。

这本书中所设想的企业盈利模式好像是信手拈来，却也奇妙无比。比如对医药产业家庭药箱的构想，又比如对企业商学院的构建，还有对一双水晶女鞋的创意等等。不能不说带给我们从事经济研究作者许多可以想象的价值空间。要知道，很多科研成果是从思维的解放中想象出来的。

创意是无价的。

如果你读第一遍，你可能觉得创意不错，可是等你再读一次，你又有了新发现，你会感到似乎有根红线拖着那些创意的珍珠串连起来。这本书是一部完整结构，缜密逻辑和精细推算的奇书，运用了大量的经济学原理、统计学原理、心理学原理、管理学原理，甚至大胆借用物理学知识和数学公式。书的文字不多，只有二十几万字，却是值得一看。

战略学的原创性理论专著，属于中国学者的并不多，书店里到处都是西方学者的理论。在世界经济看中国的今天，为什么不能让世界看到中国战略学研究的进步呢？这本书所使用的大量词汇都是新词汇，大量原理都是原创，如"溢价利润原理"、"6力学说"、"财富乘法计算公式"等。大家都知道，爱迪生发明了白炽灯，可是未必知道推动爱迪生发明的理论依据却是吉布斯的热力学论文。但是他们俩的命运不一样，一个大红大紫，一个默默无闻。

学会用不同角度看问题的书才是好书，但愿中国原创理论能够走向世界。

---

[*] 国家发展和改革委员会国际合作中心研究员；《国际借鉴》内参执行主编。

我眼中的华红兵

李 新[*]

跟踪采防报道华红兵几年来，我的感觉与别人可能会有不同！

评价华红兵很难。他身上有着某种支持到底的偏执。不管对错。坚持反对他的人则是反对到底。其实在每个人的内心深处总是有一个"避世的我"和"逐利的我"在斗争，这种特性在华红兵身上表现的淋漓尽致：他的身上交织着文人的自负与商人的谦和，套用他的语言风格就是"第三种人"。我听说过许多成功的企业家从做推销员起步发家的故事，但像他坐到总经理的位置上还能到一线搞推销的毕意还是少数，况且推销也能够做到最好……特别是这样一个曾拒绝以"卖产品"为业的人。华红兵认为，任何事物都有正、反、和三个方面，而不是两面。他特别强调，这里的"和"不是中庸。体现在营销上，他把这一认识，叫做"第三角度创新思维营销模式"。

华红兵是个极富个人魅力的演讲天才，可能是由于他的财经专业，又熟知文学的缘故，跟他谈天，引经据典，趣味横生。到现在也不知道为什么是这样。营销专家？战略专家？演说家？创意大师？诗人？不知道怎么评价他才好，直到有一天，他满脸兴奋地把《一度战略》原稿拿给我看，我发现他又变成了经济学家。

书拿在手里我用了几个晚上的时间仔细读过，个人感觉后面的章节最好看、出彩，值得细读。

书中的许多观点及内容能否被中国读者全部理解是很大的挑战。大家可能看完后，一时半会还找不到感觉，但如果你是一个从事营销且热爱营销的人，去阅读一下《一度战略》，相信你一定是有收获的。

---

[*] 资深记者，华润雪花啤酒公司高级顾问，中国危机公关专家。

一度战略

传道 授业 解惑
——一度战略之感言

唐亚英*

"师者,所以传道、授业、解惑也。"华红兵老师的《一度战略》,以活泼的笔触,简洁的文字,剖析了前沿经典案例的成功与失败,并对如何建立一个适合产生创造性思维的环境提出了很多建议。

——传道:一度战略是引导处于社会转型期的中国企业怎样在变化中生存的战略。她告诉我们未来不是凭预测,而是要去创造;不要用"科学"、"技术"的思路去考虑经营,而要采取艺术的眼光去看待。它所要传达的更多的是一种思考问题的思路,而不是学习找到答案!

——授业:一度战略明确指出中国的营销理论从来是滞后于中国企业实践的。一度战略就是对现实中的新的营销战略的重新思考。

——解惑:在中国,很多企业有这样的困惑,发现自己的渠道商不是那么听话和遵守规则,甚至有些渠道商"有奶便是娘",因此培养自己渠道商的忠诚度,占领他们的心智资源也是六力学说所要探讨和解决的。六力模式中,提出"顾客就是丈母娘",换句话说,就是用中国化的实战眼光,来看待我们的顾客,以博取丈母娘的欢心。丈母娘肯定不是完人,她们是有缺点的,但我们不能因为丈母娘有缺点而去责备她。随着社会的进步和观念的更新,"丈母娘"同样也在进步,也在更新观念,千万不要用一成不变的眼光来看待"丈母娘"。不了解中国的顾客,就等于不了解中国的市场;不了解中国的市场,就等于不了解中国的"丈母娘"。

让我们不再是埋头拉车,而是抬头看路。

---

* 四川攀钢集团钢城企业总公司商业公司总经理。

我看好这一度

阎旭临*

市场上形形色色的营销类新书层出不穷。鱼目混杂,似乎什么都能给营销挂上钩,什么人都可以凭借几个新概念,几个小故事就演绎一本鸿篇大著。

读书也要讲品牌。在今天这个信息爆炸,人心浮躁的时代,未必开卷都有益。华红兵老师把他的书稿提前给我,希望能给一个评价。其间,华老师的助手多次催促,希望尽快回稿。想到对学员和读者的责任,不敢怠慢。来回读了三遍。感觉《一度战略》这本书确有新意。第一感觉是思路开阔,信息量大。作者对营销的时代大环境作了角度独特的分析,提出了全新的财富创造观,并同时提出了具体的操作方法。第二,作者以自己亲身的实践来印证自己的观点。这是最有说服力的。只总结别人的案例,对于营销这门学科而言,我认为,永远是隔靴搔痒。那一层微妙的窗户纸很难捅破。比如,金意陶瓷,不卖陶瓷卖思想的案例,就是通过赋予品牌"一度"灵魂,而使产品不再是产品,成为了表达消费者人文精神的载体。

为什么故宫不会过时?为什么旗袍魅力持久?为什么"鸟巢"令人赞叹不已?因为它们已成为一种思想,一种价值观的符号,成为一个时代特定人文精神的见证者,成为浓缩的艺术。每一个消费者都生活在多彩的文化环境中,生活在他(她)们期待的故事中。

华先生提出"卖质量不如卖故事"的理念,并不是认为质量不再重要,而是强调了一个非常重要的概念——主观质量。消费者永远只消费他(她)认为好的,他(她)认为值得。这就是品牌的魅力。因为消费者实际上追求的是他们(她们)心中梦想的利益,即价值。营销者应该帮助消费者圆她(他)们心中那个梦。这个梦想,就是通过品牌和产品所要表达的故事。中山琪朗灯饰公司营造顶级灯具的案例就是卖故事,卖感觉的具体实践。让消费者充分参与进来,与企业一起,共同演绎他们(她们)心中的品牌故事,把消费者作为故事中的一个角色来塑造,企业所期望的品牌忠诚度才可能真正形成。这就是一度战略思维的价值。可见,这一度何其重要!

---

* 清华大学继续教育学院教授,清华大学继续教育学院农业国际化咨询中心首席咨询师。著名品牌和产品策划专家。

一度战略

　　如果我们能真正从思想上关注这一度，并坚定的去实践，相信，企业的品牌建设一定会迈上一个新台阶。

　　一本书，如果能在一个特定的时代给人特定而有益的启示，它就是有价值的。相信华红兵老师的新书能给读者带来高含金量的价值感。

　　我看好这一度。

2007年10月7日于北京

营销策划金钥匙
——读《一度战略》

杨 荔*

著名管理大师彼得·德鲁克指出，企业的两项基本职能就是：市场销售和创新，只有市场销售和创新才产生出经济成果，其余一切都是"成本"。而《一度战略》恰恰是告诉我们如何营销和创新。竞争战略专家迈克尔·波特说过：战略就是去创建一个定义，而《一度战略》颠覆了人们对一种产品或行业的固有思维，从而创造出一种新的战略模式，重新定义是摆脱对手的最佳战略，价值创新定义是差异化竞争的最高阶段。

《一度战略》中大量新鲜的案例，引人关注的剖析，全新的视界点评了自2005年后成功企业的特点，当我边看边思考边和我的企业对接时，慢慢地我发现此本书蕴藏着丰富的理论指导和创新思维的密码，不仅具有指导性，而且真正地让你领悟它的操作技能和方法。

自从在课堂上被极富讲演魅力的华红兵教授"洗脑"以后，我在企业中大量地应用他的营销理论和观点，获得了惊人的收获。《一度战略》在产品、沟通、渠道、品牌、价格、顾客等各个层面指出了一个新的营销理论，并通过对2005年以后大量企业成功的案例进行研究论证，揭开了99℃企业走向成功的1℃谜底，其实它遵循的往往是一些非常简洁的商业逻辑，但这几乎是很多成功企业最不为人知的一面。

在当今市场的模式下，原料及人工成本上升，而价格在红海里死拼，利润来自哪里？中国制造成本越来越高，大量的外企甚至把工厂搬到制造成本更低的印度或越南，面对这些问题，《一度战略》为我们解开了许多谜团，它提醒我们要充分整合内外部资源去创造全新的营销战略模式。在成本优势上体现嫁接第三方、第四方……第N方。不完全依赖资产，而是重点地对有形或无形的企业内外资源进行有效链接。

我想在此书正式面世的时候，将会有许多企业家和我一样，成为受益者。

---

* 深圳市一品居实业有限公司总裁。